滕阁读书
TENGGE READING

U0624862

中小学生发展的影响因素测评工具研发与应用

胡咏梅◎编著

江西教育出版社
JIANGXI EDUCATION PUBLISHING HOUSE

·南昌·

赣版权登字-02-2022-649

版权所有 侵权必究

图书在版编目（CIP）数据

中小学生发展的影响因素测评工具研发与应用 / 胡咏梅编著 . –– 南昌 : 江西教育出版社 ,2023.2
ISBN 978-7-5705-3496-8

Ⅰ . ①中… Ⅱ . ①胡… Ⅲ . ①中小学教育 – 教育研究 Ⅳ . ①G632.0

中国版本图书馆CIP数据核字（2022）第255112号

中小学生发展的影响因素测评工具研发与应用
ZHONGXIAOXUESHENG FAZHAN DE YINGXIANG YINSU CEPING GONGJU
YANFA YU YINGYONG

胡咏梅　编著

江西教育出版社出版
（南昌市学府大道 299 号　邮编：330038）

出　品　人：熊　炽
责任编辑：冯会珍
书籍设计：邓　生

各地新华书店经销
南昌市红黄蓝印刷有限公司印刷
700 毫米 ×1000 毫米　　16 开本　　32.25 印张　　476 千字
2023 年 2 月第 1 版　　2023 年 2 月第 1 次印刷

ISBN 978-7-5705-3496-8
定价：88.00 元

赣教版图书如有印装质量问题，请向我社调换　电话：0791-86710427
总编室电话：0791-86705643　　编辑部电话：0791-86708350
投稿邮箱：JXJYCBS@163.com　　网址：http://www.jxeph.com

序　言

为贯彻落实《国家中长期教育改革和发展规划纲要(2010—2020年)》和教育部《关于推进中小学教育质量综合评价改革的意见》精神,自2011年起,中国基础教育质量监测协同创新中心与各地教育局合作,联合开展"区域教育质量健康体检"项目,为推动基础教育质量评价改革、建立和完善综合评价指标体系、全面提升教育质量提供专业支持与服务。通过对各地小学四年级、初中八年级学生学业质量及其相关影响因素进行测评与分析,积累了一大批能够刻画我国整体教育质量、反映义务教育的优势与不足、对现实教育教学具有积极指导意义的测评数据。

该项目主要围绕中小学综合评价体系中的品德行为、身心健康、学业发展、兴趣爱好和学业负担等全面反映学生发展的五大重要维度和影响学生发展的个体、家庭、学校、社区等四个主要方面,构建体现素质教育要求、以学生发展为核心、科学多元的中小学教育质量综合评价体系;形成职责明确、规范长效的教育质量促进机制;建立区域教育质量"健康图谱",提高教育质量评价的科学化水平。通过数据分析和评价结果的运用,促使教育工作者更加客观、理性、全面地看待复杂的教学现象,为有效地诊断和改进教学,规范教学行为,形成正确的教育质量观提供依据,从而在教育质量管理中,更好地体现"关注学生的综合素质""关注学生的成长过程与投入成本""关注影响学生成长的环境因素"的改革方向。

总之,该项目的主要任务之一是建立一套完整的测评影响中小学生发展的相关因素的调查问卷,以理解学生学科素养、心理健康素养、实践与创新能力、学科态度及行为以及教育系统的有效性为直接指向。基于教与学的相关理论,参照PISA(国际学生评估项目)、TIMSS(国际数学与科学趋势研究项目)等国际大型测试项目的背景问卷设计框架,同时充分考虑东方文化的特点与中国基础教育的国情,并合理借鉴国内已有成果(如学业质量"绿色指标"、教育部基础教育质量监测的研究成果等),选取关键的与教育政策、教学投入、过程及结果相关的指标,为诊断与改进区域基础教育质量提供必要的数据来源。

本书主要基于"区域教育质量健康体检"项目设计,聚焦中小学生发展的影响因素,对相关测评工具进行论证说明,并利用专题研究阐释其在教育教学改进和学校效能研究中的应用,以期为学校教育质量提升提供实证依据和决策参考。

本书由"区域教育质量健康体检"项目子课题"影响学生发展的相关因素测评工具研发与诊断分析"负责人胡咏梅教授设计大纲,组织课题组成员合作撰写。梁文艳副教授、唐一鹏副教授、范文凤博士、李佳丽博士、张平平博士、周达博士、李佳哲博士、元静博士生、赵平博士生、吴亚男硕士、王亚男硕士等参与了书稿部分章节的撰写工作,胡咏梅教授参与撰写各章内容,并负责统校全文。本书分为上篇、下篇两部分。上篇包括测评工具设计的理论基础、问卷设计的框架、影响学生发展的相关因素设计论证,以及利用这套测评工具在某省开展的实测结果形成的"某省中小学生学业发展的影响因素报告";下篇是胡咏梅教授和课题组成员利用"区域教育质量健康体检"项目数据所开展的影响学生发展的相关因素研究成果,即教育效能的实证研究,这些研究成果均已在专业学术期刊上发表。

在撰写过程中,作者参考了国内外的有关文献资料,并引用了其中的一些材料和数据。在此,谨向所引文献的作者和出版单位以及发表下篇所选用文章的杂志社表示诚挚的谢意。另外,本书的撰写得到了"区域教育质量健康体检"项目主持人刘坚教授以及总项目组、各子课题组老师和同学的大力支持,在此表示衷心的感谢!

最后,感谢江西教育出版社总编辑桂梅女士在本书出版过程中给予的支持与帮助。感谢审稿人对此著作提出的宝贵意见,使得此著作更为完善。由于笔者水平所限,书中难免存在一些不当甚至错漏之处,由衷地希望得到读者和同行的批评指正。

胡咏梅

2022 年 3 月 11 日

目　录

上　篇

下 篇

表 目 录

图 目 录

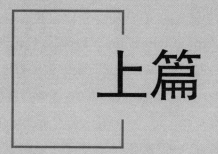

上篇

第一章　测评工具设计的理论基础

　　教育效能研究（Educational-Effectiveness Research，EER）是在教育"背景—投入—过程—产出"（Context-Input-Process-Output，CIPO）的全过程视域下，对学生发展有效性及其影响因素进行全方位监测与评价，它已被用于 PISA（Programme for International Student Assessment）等学生能力国际测评项目中并取得丰硕的研究成果。将这一理论和研究框架运用到"影响学生发展的相关因素测评工具与诊断分析"项目，不仅有助于全面设计影响学生个体发展因素的指标体系，同时还能开展教育生产的实证研究，分析班级层面、学校层面、区域层面的教育投入产出效率问题，为诊断和改进学校教育质量提供决策参考。

第一节　教育效能的概念界定与教育效能研究的层次

（一）概念界定

1. 国外文献中教育效能的概念界定

　　国外学者从不同学科或理论视角对教育效能进行概念界定。Scheerens[1] 从组织理论的角度对教育效能进行定义，他认为不同的组织管理理论有不同的关于教育效能的观点。经济理性的组织管理理论认为，教育效能就是学校达到其预定目标的程度；有机系统的组织观认为，教育效能就是学校适应外部环境，保持学校健康发展的能力；人际关系的组织观认为，教育效能是学校内部教职工有较高的满足感与和谐的氛围；政治模式的组织观认为，教育效能就是学校内部成员满足学校外部重要群体的需要。Mortimore[2] 从经济学角度出发对教育效能进行定义，他认为教育效能是指学生进入学校后实际的学习进步要大于根据其入学时的水平预测所应该获得的学习进步，即与其他有相同生源的学校相比,有效的学校能够提高学生的学业成绩。

另外,有一大批学者强调教育效能由多种因素构成,通过这些因素可以鉴别出高效能的学校。如 Purkey 和 Smith 认为,教育效能的构成因素不仅仅包括学生较高的学业成绩,还包括校长的领导力、学校组织气氛、课堂与教学、学校文化与价值等[3]。Levine 和 Lazotte[4] 提出教育效能的八个因素:有生产力的学校气氛与文化、学生核心学习技能的习得、对学生进步做适度监测、学校中以实用为导向的教职员发展、卓越的领导、家长的积极参与、有效教学的安排与实施、对学生的高期望。

2.国内文献中教育效能的概念界定

我国学者孙绵涛、洪哲从学校功能的角度引申出教育效能的概念,认为教育效能是指学校合理地利用教育资源,实现教育目标,并能不断满足系统内各方面的要求,进而使学校及其成员和社会得到相应发展的特性和有效作用[5]。郑燕祥从学校功能出发,根据学校的五种功能将学校效能划分为技术/经济效能、人际/社会效能、政治效能、文化效能、教育系统效能五类[6]。

从经济学视角来看,教育效能是指学校发挥积极作用,促进学生学业成就的发展[7]。而吴清山认为学校效能是指一所学校在各方面均有良好的绩效,包括学生学习成绩、校长领导、学校气氛、学校文化和价值、教学技巧和策略、教师专业成长,以及社区家长支持等,由此达到学校预定的目标。因此,教育效能的测评应该以学生、学校、教师和家长为对象[8]。

概括而言,教育效能主要体现在学校的所有资源使学生和学校的受益程度,前者如学生个体综合素质(学业成绩、认知、能力、学习态度和行为发展等,大部分研究只考虑学生学业成绩)的增值程度,后者如学校组织的发展程度,包括教职员专业发展、领导力、家长参与态度、教学安排和实施等各方面的提高与改进。另外,教育效能有很强的外溢效应,即学校系统对社会其他系统如社区、环境等发展的贡献。

(二)教育效能研究层次

Scheerens 在对教育效能理解的基础上把 EER 定义为"以寻找或发现对学校产出有积极影响的学校特征或其他因素为目的的研究"[9]。孙河川认为教育效能研究关注学校、教师对学生学习和发展的增值影响,关注学生的学习成就以及学生在认知成果、高阶能力、学习态度和行为发展等方面的进步幅度[10]。Creemers 和 Kyriakides 认为教育效能研究的主要目标是考虑到学生的背景特点(如个体能力、家庭社会经济地位、之前的学业成绩)之后,估计不同层面(如班级、学校、系统等)的因素(如教学、课程和环境)直接或间接地对学生产出影响的差异[11]。在《学校效能研究论纲》一文中,谌启标从学校主体和情境两个维度探讨了学校效能,认为学校主体效能包括以校长为领导主体的学校水平效能、以教师为主体的课堂教学效能和以学生为主体的个体学习效能;学校情境效能包括学校组织情境效能、教师教学情境效能和个体学习情境效能[12]。综上所述,本研究认为教育效能研究是从系统层面、学校层面、班级层面和个体层面提取出对学生的学业成就和社会性发展产出有积极影响因素的研究。

1. 学生效能研究

学生个体层面的特点对学生学业产出的增值有很大的影响,如 Creemers 和 Kyriakides 认为学生的能力、社会经济背景、动机、任务时间、机会使用、社会文化背景、学习任务、思维风格等特点,会对学生学业产出的增值产生效能[11]。Scheerens 和 Creemers[13]把个人能力、学生家庭背景等学生个体因素作为构成教育效能的主要特征因素。因此,产生了一大批对个体层面因素感兴趣的教育效能研究,我们把这一类研究看作是学生效能研究。学生效能研究是研究者考察学生的个体特点(如性别、家庭经济背景、社会文化背景、能力、学习态度、学习动机、学习机会等)对学生发展是否和如何产生影响所进行的一类研究。

不同的研究显示,学生个体特征对学生发展的影响有差异。Sirin[14]研究发现,学生的背景特征,如家庭社会经济地位(Socioeconomic Status,SES)、种族、性别等,可以解释学生成就的差异。但是,Sammons 等人[15]对性别和社会经济状况同时进行研究发现,两因素的交互影响很小。同样的,学习动机与学业成绩的关系没有统一的结论[16-18]。另外,不少研究发现,学生在学习中的个人努力程度不但会影响其学业成绩,而且会随着在校教学活动中参与的增加而对其学业成绩产生更加积极的影响[19-20]。

2. 班级效能研究

Scheerens 和 Creemers[13]认为,班级层面的教育效能应该关注分组教学、学习材料、教师质量、教学管理、教师行为等特点。Edmonds 重视教师行为对学生成就的影响,并且认为教师行为是有效学校的特征[21]。由此,我们认为班级效能研究是研究者对教师质量、教学质量、学习氛围、学习质量、课程内容等班级层面的因素是否和如何对学生成就的增值产生影响所开展的一类研究。班级效能的研究核心就是教师效能的研究。

教师效能研究即教育研究者把教师的行为、教学方法、实践和学生的学业成绩联系起来作为班级层面研究的一类研究,从操作层面上来说,就是教育研究者开始关注教师可观测的教学方法和教学实践对学生产出的影响的研究。Schroeder 等人对 1980—2004 年间发表的以美国为样本的 62 份研究进行了元分析,据此估算不同教学策略对学生科学成绩的平均影响效应。估计结果表明,提问策略的效应值为0.74,操控策略的效应值为 0.57,拓展学习材料策略的效应值为 0.29,评价策略的效应值为 0.51,探究策略的效应值为 0.65,增强内容策略的效应值为 1.48,教学技术的效应值为 0.48,合作性学习策略的效应值为0.95[22]。Caro 等人基于 PISA 2012(2012 代表年份,下同)数据,探究了教学策略对学生数学成绩的影响,结果发现在教学过程中,教师引导学生思考、探究、解决问题的频率对学生数学成绩有显著的正向影响,但这种影响效应随着频率的增加而降低[23]。

当然,班级层面的班级规模和同伴群体对学生学业成绩的影响,也是班级效能研究关注的重点。一些研究者对班级规模影响学生学业成绩的研究得出不一致的结论,Albert Park 和 Emily Hannum[24]、Hoxby[25]分别对中国和美国学生进行研究,发现班级规模对学生成绩的影响均不显著。Blatchford 等人[26]采用多水平模型研究了英国小学班级规模对学生成绩的影响,研究结论显示,班级规模对学习成绩有显著影响,且班级规模对不同学习成绩的学生影响不一样。Fredriksson 等人[27]对小学班级规模的长期效应进行评估,使用来自瑞典的丰富数据,研究发现小学最后三年(10～13 岁)小班化教学有利于 13 岁学生认知能力和非认知能力的培养,并能提高 16 岁学生的学习成绩。也有研究表明,班级规模与学生成绩之间呈倒"U"形曲线[28-29]。另外,关于同伴效应的研究结果也并不一致,Angrist 和 Lang 以波士顿学校项目数据为基础,研究发现同伴成绩对个人成绩几乎无影响[30]。杨钋在研究中发现同伴能力对学生成绩有不显著的正向、非线性影响,学生成绩因同伴能力差异的扩大而显著地降低[31]。袁玉芝基于 PISA 2012 上海数据,研究结果表明同伴作为教育生产函数中的重要因素对个体的成绩有较大的影响[32]。

3.学校效能研究

Creemers 和 Kyriakides[11]认为,学校效能是通过对班级效能的影响,特别是教学实践的影响,对学生的成就产生间接的影响。Scheerens 和 Creemers[13]认为,学校效能研究内容包括学校课程、评估政策、监督系统、差别政策。Edmonds[21]认为强有力的校长领导对学生学业成绩有很大的影响。Levine[33]对近 400 个相关研究进行分析,提出影响教育效能的学校因素有学校气氛与文化、领导力、家长参与等。综合以上对学校效能进行的相关研究来看,学校效能研究是对校长领导力、学校环境、学校课程设置、校长对教师的评估、学校氛围、家长参与等学校层面的特征是否和如何间接对学生成就产生影响的一类研究。另外,从财政投入和教育管理制度来看,学校层面的效能研究还包括教育经费、生师比、生源构成等投入因素对学生成就影响的研究。

已经有很多研究者开展了学校效能研究。Dupper、Meyer-Adams[34]、Endya[35]的研究均发现,学校环境等因素都能对学生的学业成绩产生积极影响。并且 Endya 还发现,学校环境中的凝聚力对学生的成绩有着很大的影响,但是学校结构因素与个人层面因素相比,对学生学业成绩的影响力相对较小。Creemers 指明学校对课程设置、教师教学和其他行为的评估控制是产生教育效能的主要原因[36]。Kyriakides[18]认为,成功的组织管理氛围是一个学校进步的动力。另外,Jeynes[37]和 Houtenville 等人[38]发现父母参与孩子的学校生活(如参加教师会议、参与学校活动)可以使孩子的学业成绩表现得更好。

4.系统效能研究

系统效能研究其实是对 CIPO 模型中的背景因素的研究,目前还没有形成比较可靠的研究范式。简略来说,系统效能研究的主要工作是从系统层面(国家、区域）提取出对学生成绩增值可能产生影响的重要因素。Creemers 和 Kyriakides[11]认为，国家或者区域的教育政策和相关教育政策评估、教育环境能通过改善学校教学环境而提高学生学业产出。Creemers 和 Scheerens[13] 则认为，系统效能研究还包括国家课程指导、教育评估指标体系、学校支持资源等因素。

国家或者区域的教育政策在一定程度上会对学生发展产生影响。系统效能研究可以对国家或者区域的政策的有效性进行评估。Betheny Gross[39]对美国得克萨斯州综合学校改革政策进行评估，发现综合学校改革政策对学生的阅读成绩没有明显的影响，对不同类型学生的数学成绩影响不同。Carlson 等人[40]通过主动实施的数据驱动改革随机实验研究发现，数据驱动改革政策有效地提高了学生的数学成绩，也对阅读成绩产生积极的影响，但是其影响效应不具有统计学意义上的显著性。

第二节　教育效能研究的模型、方法及其改进

(一)CIPO 模型

正如前文所述，多数 EER 属于学校效能研究。学校效能研究的标准模式是将学校教育看作一个由背景、投入等变量与学校教育教学过程交互作用，获得学生产出的系统。20 世纪 60 年代，美国学者斯塔弗尔比姆以及国际教育成就评价协会（International Assooiation for the Evaluation of Educational Achievement，IEA）在设计学生能力大规模国际测评项目（International Large-Scale Assessment，ILSA）时，均提出了这种以 CIPO 为基本结构的模型，后来被许多学者不断改进，如表 1-1 为由 Scheerens 和 Bosker[41]改进的 CIPO 模型，主要包含学校、班级和学生个体三个层面的投入、过程、产出指标，以及国家或地区层面的教育环境背景指标。

表 1-1　CIPO 模型的基本因素

背景（Context） 学校结构、课程、教育传统与导向、教师教育、预算和管理制度、社会经济文化背景			
	投入（Input）	过程（Process）	产出（Output）
学校层面	生师比、教师资质、学生群体特征、家长参与、生均经费	教学质量、学校课程、领导力、教师合作、教师专业发展、凝聚力、学校文化（范式与价值）、学校氛围、内外部评价	学校平均成绩
班级层面	班级规模、教师胜任力	课堂教学质量：学习机会、课堂管理、以学生学习为中心的课堂氛围、富有挑战性的认知活动	班级平均成绩
学生层面	SES、社会文化资本、家庭支持、性别、语言、移民、一般知识能力、学习基础	投入时间、自我管理、动机与兴趣、自我概念、学习策略	学生个体成绩

　　根据教育学和教育社会学理论，学校教育的核心是学生发展，学校希望学生努力取得优异成绩，因而学校教育的主要产出是学生成绩。教育过程被定义为帮助学生找到一个适合他们获取知识、提升能力的途径。各种教育干预措施（如课程、内外部评价、学习机会、自我管理、学习策略等）必须与学生以前的学习基础和个体特征（如性别、家庭背景等）相适应。在学校日常教育教学实践中，教师应及时监测学生成绩以及干预措施带来的变化。例如，当教师在分配作业或学习任务、设计小组学习、给出学习评价、确定升级或留级等教育规划时，教师不可避免地需要考虑每个学生以前的知识基础。而且，学生个体在学习上的时间投入、教师对教学的投入（如生师比等）以及学校的办学条件（如班级规模、生均经费等）等都是影响学生成绩的重要因素。此外，众所周知，学校和学生发展离不开国家或所处地区教育环境的影响。国家的教育方针、课程结构和标准、教育财政投入以及教师培训等是任何一所正规学校所必须遵循和执行的制度，而且当地的社会经济文化背景又影响着社会对学校教育的观念和对学校教育的支持状况。因此，解释学校效能的指标包括以上来自学校、班级、学生个体层面的投入、过程、产出指标以及国家或地区层面的教育环境指标。

EER 的主要目的在于识别不同层面（如班级、学校、学区等）的教学、课程、学习环境，以便能够直接或间接解释学生成就①差异，包括考虑背景特征（如学生能力、社会经济地位以及学习基础）对学生成就的影响。因而，表 1-1 中 CI-PO 矩阵中的所有因素指标可以用来解释学生成就的变异。事实上，EER 已经成为基于对学校和学生基本特征进行调查或对学校教育教学干预进行实验（如学生自我管理培训、同伴互助学习等）来解释学生成就变异的代名词。

（二）EER 方法的新进展

1. 教育效能研究的动态模型

EER 模型的最新进展是由 Creemers 和 Kyriakides[42] 所提出的教育效能研究的动态模型。所谓动态模型，是指 EER 将学校或者其他教育因素的相互作用视为动态发展变化的过程（相对于以前的研究，则是将教育因素的相互作用视为静态的过程），同时将各层次的影响因素综合在一起考虑，并关注到它们之间的交互效应［相对于以前的研究，则是没有关注到不同层面的因素之间的交互效应，尽管已经在使用多水平模型（Hierarchical Linear Models，HLM）。］[43]

由图 1-1 可以看出[42]，动态模型由国家或地区、学校、班级和学生个体四个层面构成。涉及国家或地区层面的因素主要是指影响一个国家或地区教育发展的各项政策，它们构成了学校发展所处的体制或制度环境。学校层面因素包括会影响教学质量的学校政策（如教学评估政策等），班级层面因素包括结构化的课堂教学管理、课堂学习氛围等，学生个体层面因素包括个人特征、学习机会、学习动机、期望等。不同层面的因素之间相互作用，比如教学质量会影响学生个体学习情况（如学习机会等），同时，学生个体学习动机、能力等因素又会影响班级教学质量。班级教学质量不仅受到来自学校层面制度的影响，还会受到国家层面政策的影响。当然，这四个层面的因素均会不同程度地对学生产出（认知的和非认知的产出）产生直接或间接的影响。值得注意的是，每个层面因素的测量都需要考虑频率、聚焦、阶段、质量和差异化五个维度。频率维度用于

---

① 这里的成就既包括学生的认知技能（如学生学业成绩），也包括学生的情感、意志和行为等非认知产出。

定量分析每个因素指标对教育效能的作用,即通过测量每个有效性因素在国家或地区、学校、班级和学生个体层面出现的频率来估计该因素对学生成就的效应;聚焦是指分析与每个有效性因素相关的具体行为或活动的重点及目的;阶段是指每个因素指标的测量都需要具有连续性,以考察各个因素对学生成就产出的持续的直接或间接效应;质量是指投入、过程、产出指标测量时既需要考虑数量指标,也需要考虑质量指标;差异化是指针对不同群体(如男女生、不同民族、不同 SES 学生群体等)实施区别化的教育投入和教育干预,以实现最大化学生成就效应的目的。

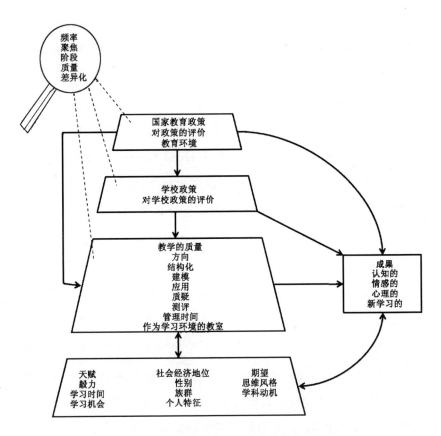

图 1-1　教育效能研究的动态模型

动态模型有助于在学校效能和学校改进研究中建立以理论驱动和证据为本的研究方法。动态模型的一个显著特征是它不仅考虑解释学生成就变异的重要因素,而且试图解释这些因素是如何产生成就效应的(通过验证理论假设而实现这一目的)。这有利于学校和教师识别有效投入和教育干预路径,在教育教学实践中调整和改进教育教学策略。因此,动态模型建立了学校效能研究与学校改进研究的桥梁。采用动态模型的 EER 更多地使用结构方程模型(Structual Equation Modeling,SEM)甚至多水平结构方程模型,评估来自不同层面的因素(如班级、学校、学区、国家)对学生产出的直接和间接效应,检验来自理论的各种研究假设,从而帮助教育政策制定者和教育实践者针对薄弱环节提出提高学校效能和学校改进的最优策略。此外,从最近的发展趋势来看,断点回归模型等计量方法的使用,使得研究者能够测量学校相对自身发展的差异,进而获得学校发展绝对有效性的估计,而不像以前的 EER 关注的是学校与学校之间的相对差异。

2. 课堂教学质量测评框架的演变

下面以 CIPO 模型中最为重要的结构元素——课堂教学质量为例来阐释其背后的理论,并描述其测评框架的演变,同时引进一些典型的基于 ILSA 的 EER 经验研究。

在早期传统的行为心理学研究中,通常将完成某种学习目标所需时间作为教学有效性的判断标准。在 1963 年 Carroll[44] 利用学习时间来预测学生成绩的研究出现之后,许多关于学习时间的研究相继出现。与此相类似的是,学习机会(Opportunity to Learn,OTL)对成绩的影响效应研究,这一研究也是最早出现在 Carroll 的研究中。在这类研究中,研究者赋予教学质量的操作化定义:达到某种教学目标而能够减少的学习时间(与标准时间相比)。

OTL 已经成为学生能力或成绩国际评估项目中的重要概念,因为许多跨国经验研究表明,它与学生成绩高度相关。Stevens 归纳了已有研究中常用到的四类 OTL 变量[45]:一是内容覆盖度,测量课堂教学内容是否涵盖了某年级课程大纲所要求的内容;二是教学内容呈现,包括各项教学任务的分配时间以及教学内容的深度;三是重点内容范围,教学重点与次重点内容的安排是否合适;四是教学过程质量,这类变量是用于揭示课堂教学活动(如教学呈现)是如何影响学生学业成绩的,即教学有效性或教学效能指标。

在某些学者看来,OTL 已经成为学生所经历的课堂教学质量的代名词。

然而，Schmidt 和 Maier[46]认为，学生在学校学到什么与教师所教直接相关，因而，他们将 OTL 限定在教学内容呈现变量上。为了解释学生课程成绩差异，教师或学生通常被询问教学内容是如何呈现的，此外，也要咨询课程专家，教师是否按照教学大纲或课本要求来开展教学活动。利用这些调查数据，分析判断教师在课堂教学中的内容呈现达标度。

除了以上描述 OTL 的变量外，一些学者将课堂教学过程有效性的变量也加入其中，如高度结构化的课堂教学，包括及时监测教学效果、调整教学进度和维持课堂秩序，清晰地呈现教学内容，形成性的和鼓励性的口头评价。这些元素有助于创设一种有序的课堂教学氛围，并且有利于提高学生的学习效率。不过，学生学习动机和非认知能力的提升则涉及教学过程的其他方面，比如班级氛围和师生关系，这些方面将能够提升学生的学习自主性、独立性和人际沟通能力。此外，布朗提出，为了促进学生对概念的理解，教学中应当安排一些富有挑战性的学习活动。Klieme 等人归纳提炼以上学者的观点，形成了教学质量的三个基本结构维度[47]：一是清晰的、高度结构化的课堂教学管理；二是支持性的以学生为中心的班级氛围；三是富有挑战性的认知激活。

不少学者开展的 EER 经验研究也证实了上述教学质量三维结构框架的科学性和可行性。例如，Klieme 等人[48]利用 TIMSS(The Trends in International Mathematics and Science Study)视频数据进行的一项关于初中数学教学质量评价的研究，Lipowsky 等人和 Baumert 等人[49-50]关于初中数学教学有效性的经验研究均为这一教学质量的测评框架提供了经验证据。Klieme 等人和 Kunter[51-52]利用 PISA 项目的国内扩展数据得到了与之相似的结构维度。Pianta 和 Hamre[53]利用美国小学数据也揭示了这一三维结构。

3. 总结

基于对 EER 相关研究的全面梳理与总结，我们不难发现，对影响学生发展相关因素进行测评是 EER 的核心，其重要目标是在全面关注学生发展过程中所涉及的"背景—投入—过程—产出"的基础上，找出影响学生发展的关键性指标，测算各项指标对学生发展的影响效应，所得结论是教育诊断和改革至关重要的科学依据。从国际范围来看，教育效能研究设计已成为 PISA、TIMSS 等各类型国际大型测评项目设计的核心。诊断和分析影响学生发展相关因素的最终目标是评估学校、班级、家庭和区域在教育生产过程中的有效性,从这点而言,教育效能研究的设计思路与本项目非常契合。因此,"影响学生发展的相关因素测评工具研发与诊断分析"项目同样引入了教育效能研究的思想,从教育背景、学校教育(投入及过程)、教育产出(Background-Schooling Outcomes,BSO)的维度开展研究设计,就学生个体及家庭层面、班级层面、学校层面、区域层面四个方面进行问卷设计论证。

第二章　影响学生发展的相关因素问卷设计与研究设计框架

第一节　问卷设计的整体思路

　　对影响学生发展的相关因素进行测评是 EER 的核心内容,其重要目标是找出影响学生发展的关键性指标并分析其对学生发展的影响程度,进而为不同群体实施教育改革计划提供实证依据。整体来看,影响学生发展的因素可以分为四个层面,即学生个体及家庭层面、班级层面、学校层面、区域层面。因而,本项目将从这四个层面设计对学生发展可能产生重要影响的关键因素指标体系框架,由此形成四个层次的教育效能研究框架,参见图 2-1。

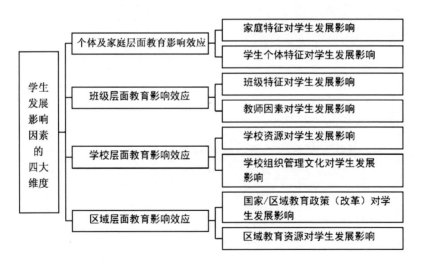

图 2-1　四个层次教育效能研究框架

　　在梳理大量国内外 EER 文献,并总结 PISA 等国际大型测评项目中有关 EER 的设计和实践的基础上,本项目拟基于国际教育效能研究最新的分析模式——BSO 模式设计影响学生发展的相关因素测评工具并开展诊断分析。相

较于其他教育效能研究,BSO模式最突出的特点在于以下三个方面:

在投入指标上,区分了教育系统可改变和不可改变的投入指标,即分为背景性指标(个体或群体当期不可改变的外生变量)和主体教育投入指标(个体或群体可改变的投入指标)。[①] 引入背景性指标,不仅能够获得学校教育系统内部相关投入和过程指标"净"影响效应,同时,可以发现特殊群体、特殊背景因素可能对学生发展产生的影响,这对于提高教育质量、推进教育公平、促进教育均衡等目标是重要参考信息。

在产出指标上,不仅关注到传统教育效能研究中普遍关注的认知技能产出(通常我们用各学科测试成绩测量),而且关注到非认知技能产出以及社会性发展产出。2013年教育部颁布的《中小学教育质量综合评价指标框架(试行)》中对于学生发展的评价指标包括五大方面,即品德发展水平、学业发展水平、身心发展水平、兴趣特长养成和学业负担状况。因而,本研究也将这五个方面作为学生发展的产出测量指标。事实上,近期大量学术研究普遍认为品德行为、兴趣爱好、身心健康等非认知技能和社会性发展产出是青少年人力资本构成更为关键的因素。从微观上讲,它们会影响青少年进入劳动力市场后的表现;从宏观上讲,它们会影响国家社会经济发展。

在分析视角上,不仅层层剖析学生个体和家长层面、班级层面、学校层面以及区域层面相关因素对学生发展的直接影响,还考察各层因素之间相互作用后对学生产出的间接影响,尤其关注各项指标通过作用于学校教育过程从而对学生发展所产生的影响。

第二节　问卷设计框架

基于第一节所提出的教育效能研究框架,本项目的调查对象包括学生个体、学生家长、学校教师、校长/学校管理者,因而需要研发针对这四类群体的调

---

① Creemers、Kyriakides认为教育效能研究的主要目标是考虑到学生的背景特点(如个体能力、家庭社会经济地位、之前的学业成就)之后,估计不同层面(如班级、学校、系统等层面)的因素(如教学、课程和环境)直接或间接地对学生产出影响的差异。因而,BSO模式区分了背景指标与主体投入指标。

查问卷，以及采集区域人口结构、经济发展水平以及教育管理政策等相关信息。

（一）问卷整体框架

表 2-1　BSO 模式下学生发展影响因素研究问卷框架

	背景 Background	学校教育 Schooling			产出 Outcomes
	个体或群体学生特征变量	主体投入	核心过程	教育资源分配	学业产出及非认知能力
学生个体及家庭层面	• 人口统计学背景：性别、年龄、民族、家庭规模 • 家庭社会经济背景：父母受教育水平、家庭经济水平、父母职业 • 成长经历：学前教育经历、随迁经历、留守经历	• 学生前期学习基础 • 家长教育参与：参与学校活动、日常交往、子女学习 • 家长教育期望 • 学生自我期望 • 学校选择：择校行为	• 学生学习品质：学习意志力、自信心、动机、策略等 • 学业负担：课外辅导、作业量、考试频率、学习压力等	• 学生时间分配：家庭作业时间、课外辅导时间 • 家庭教育资源：电脑、网络、图书等 • 家庭教育支出：择校费、课外补习费	• 学科学业测试成绩 • 学业负担 • 心理健康 • 身体素质 • 品德行为
班级层面	• 班级规模 • 班级学生构成：性别比例、少数民族学生比例、学生平均SES、不同成长经历学生比例	• 班级学生平均前期学习基础 • 任课教师特征：受教育水平、所学专业、授课科目、编制、职称、教师资格、骨干教师 • 教师工作投入 • 教师专业发展 • 班级层面家长教育参与	• 学生学校归属感：学校认同感、同体关系、师生关系 • 教师教学策略：因材施教、互动合作和引导探究、教学反馈与调整策略 • 教师学校认同感 • 教师工作压力 • 教师工作满意度	• 课程齐备和学科教师缺乏情况 • 班级层面家庭教育资源	• 学生个体产出变量在班级层面汇总 • 标准达成状况 • 高层次认知能力状况

（续表）

	背景 Background	学校教育 Schooling			产出 Outcomes
	个体或群体学生 特征变量	主体投入	核心过程	教育资源分配	学业产出及 非认知能力
学校层面	• 学校类型、规模、师资结构 • 学校学生构成：性别比例、少数民族学生比例、学生平均SES、流动儿童比例 • 所在社区经济水平：学校所在地 • 学校竞争：生源竞争	• 学校层面平均家长教育参与水平 • 校长人力资本特征（校长任职年限、学历等客观指标） • 学校管理制度 • 教师对学校领导与管理的评价 • 学校问责（地方统一考试）	• 学校氛围：教师学校归属感、教师合作、学校人际关系、教师与领导相互信任 • 校长课程领导力 • 管理自主权	• 学校教育资源：硬件、软件、经费、学科师资等 • 教师工作负担（工作时间、备课时间、批改作业时间、周课时等） • 教师平均收入 • 学校层面家庭教育资源	• 学生个体产出变量在学校层面汇总 • 标准达成状况 • 高层次认知能力状况
区域层面	• 区域人口结构与经济发展水平：地区生产总值、人均收入、地区财政收入/支出、学龄人口构成 • 区域学生构成：少数民族学生构成、流动儿童构成	• 区域生均教育经费投入：总量和财政性经费 • 区域教师地位：绝对 & 相对工资收入	• 区域教育政策/改革：绩效工资、招生政策等	• 地方教育财政投入：努力程度 • 各个结构维度生均经费：人员/公用/基建经费	• 学生个体产出变量在区域层面汇总 • 标准达成状况 • 高层次认知能力状况 • 毕业率 & 升学率

（二）学生问卷框架

表2-2　学生问卷设计框架

	一级指标	二级指标	具体指标或量表
Part One 学生个人 背景信息	个体特征	人口统计学特征	性别、出生年月、民族等
	家庭背景	家庭构成	子女规模、监护人、家庭完整性
		家庭社会经济地位	父母受教育程度、父母职业（小学家长问卷中无此项指标）、家庭拥有物（含藏书量等）
	成长经历	教育经历	是否接受学前教育、接受几年学前教育
		生活经历	是否流动儿童、是否留守儿童、是否住校

（续表）

	一级指标	二级指标	具体指标或量表
Part Two 过程性信息	学习品质	学习意志力	学习意志力量表
		学习策略	认知策略、元认知策略、探究性学习策略等
		学习自信心	学习自信心量表
		学习动机	内部动机、外部动机
	学业负担	客观校内、校外负担，主观校内、校外负担	校内作业量、校内课时量、睡眠时间、课外辅导时间与类型、校外作业时间，作业难度、考试难度等
	教学策略	教师教学策略	因材施教、互动合作、引导探究
	学校归属感	学校认同感、同伴关系、师生关系	学校认同感、同伴关系、师生关系的量表
Part Three 投入信息	前期教育基础	前期认知技能	前期各学科测试成绩
	父母教育参与	父母参与子女学习	交流学习、谈论学校、检查作业等
		父母参与子女生活	交流兴趣、一起锻炼、参观场馆等
	教育期望	自我教育期望	学生对自我升学的期望
	课余时间	课余时间的分配	作业时间、锻炼时间、娱乐休息时间、课外辅导时间及使用手机学习、娱乐时间（中学）等
	家庭教育资源投入	各项学习资源	单独的学习空间、电脑、网络、书籍等

（三）学生家长问卷框架

表 2-3　学生家长问卷设计框架

	一级指标	二级指标	具体指标或量表
Part One 家庭背景信息	家长背景	人口统计学特征	性别、民族、户籍等
		家庭成员	与学生的关系
		父母职业和学历	父母文化程度、父母职业等（中学家长问卷中无此项指标）
Part Two 家庭教育投入	家庭教育投入与学习资源	父母教育参与	父母参与子女学习、父母参与子女生活
	教育选择	学校选择	择校行为是否发生等（小学家长问卷中无此项指标）
	父母教育期望	对子女升学的期望	对子女学历的期望

（四）教师问卷框架

表 2-4　教师问卷设计框架

	一级指标	二级指标	具体指标或量表
Part One 教师背景 信息	人口统计学特征		年龄、性别、民族等
	职业相关指标	受教育状况	最初、最后学历及专业，教龄，编制，教师资格证，教师职称等
		收入信息	工资、津(补)贴等
Part Two 工作投入 信息	工作投入	教学工作量	每天工作时间、课时量、备课工作量、批改作业工作量、所教授学科
		其他任务工作量	是否为班主任、是否负责学校其他行政性工作等
	专业发展	自主学习与培训进修	自学方式、时间、是否进修、培训频率、培训层次
		专业引领与创新	相关描述自评(量表)
		同事交流与互助	相关描述自评(量表)
		个人教学反思	相关描述自评(量表)
Part Three 过程性 信息	教学组织策略	课堂教学过程	因材施教策略、参与式教学策略、引导探究策略(量表)
		课外教学策略	教学反馈与调整策略(量表)
	教师工作压力	工作负荷压力	相关描述自评(量表)
		专业发展压力	相关描述自评(量表)
		社会及学校评价压力	相关描述自评(量表)
		学生学业压力	相关描述自评(量表)
		学生问题行为压力	相关描述自评(量表)
	校长课程 领导力	教学民主决策	相关描述的评价(量表)
		鼓励教学创新	相关描述的评价(量表)
		教师专业发展	相关描述的评价(量表)
		维持教学秩序	相关描述的评价(量表)
		教学督导与评价	相关描述的评价(量表)
	学校氛围评价	教师学校认同感	相关描述的评价(量表)
		学校人际关系	相关描述的评价(量表)
		教师合作	相关描述的评价(量表)
		教师与领导相互信任	相关描述的评价(量表)

（续表）

	一级指标	二级指标	具体指标或量表
Part three 过程性 信息	教师工作 满意度	对学校教学环境的 满意度	工作环境满意度、对领导与管理的满意度、同事及师生关系满意度（量表）
		对职业发展及待遇 的满意度	职业发展满意度、对付出—回报合理性的满意度（量表）

（五）校长问卷框架

表 2-5　校长问卷设计框架

	一级指标	二级指标	具体指标或量表
Part One 学校背景 信息	学校基本信息	学校内部信息	学校类型、学生规模、教师规模、学生性别比例、流动学生构成信息等
		学校外部信息	所在区域经济水平等（学校所在地）
	校长基本信息	人口统计学特征	年龄、性别、民族等
		人力资本特征	工龄、职称、受教育状况、职业经历等
Part Two 学校投入 信息	学校教育 资源投入	办学条件	图书、计算机设备、教学耗材、体育场、宿舍条件等
		师资队伍	教师性别结构、教师年龄结构、教师学历结构（教育水平）、教师职称结构、教师学科结构
		学校经费	经费收入、经费支出、生均经费等
		课程齐备或师资配置充足	艺术类、体育类、综合实践类课程开设齐全或师资缺乏
Part Three 过程性 信息	学校组织与 教学管理	绩效工资制度	工资制度相关安排等
		弱势群体学生帮扶政策	学生补贴、营养餐等
		分层教学管理	按能力分班、班级内按能力分层等
		教学信息公开	成绩信息公开、公开方式、成绩信息使用
	学校问责	教育管理部门对学校的问责	是否地方统一测试等

（续表）

	一级指标	二级指标	具体指标或量表
Part Three 过程性信息	学校管理自主权	人事管理自主权	教师招聘等
		课程设置自主权	课程改革、校本课程、教材选择等
		财政分配自主权	教师福利待遇、学校经费使用等
	校长行为与领导力	校长管理行为	听课、交流、规划
		校长课程领导力	教学民主决策、鼓励教学创新、支持教师专业发展
		校长支持行为	对教师的支持
Part Four 学校所处环境	学校竞争	生源竞争	招生是否存在竞争等（竞争学校数）

（六）地方教育管理部门调查框架

地方教育管理部门的调查以访谈和文本材料的定性研究为主，一些关键性的公开指标可以通过公开出版的文献和网络资料获得。地方的界定需要分为省级和县市级两个层面。

1. 地区社会经济发展水平

地区生产总值、人均收入水平、地区财政收入、地区财政支出、城镇化率等指标。

2. 地区学生构成

少数民族学生构成、适龄儿童人口比例、流动/留守儿童学生构成等指标。

3. 地方教育投入

地方教育财政经费支出、地方生均教育财政经费、教育经费总支出、生均教育经费总支出等指标。

4. 地方教师地位

教师绝对工资水平、教师相对于地区公务员工资水平等指标。

5. 地区教育管理政策

教师工资制度、示范校、地方统一考试政策、教师培训政策、学校问责机制、学校课程管理权、学校教师人事权等信息。

第三节　影响学生发展的研究设计框架

　　基于以上影响学生发展的相关因素的系列问卷设计框架,以及教育效能研究的文献分析,我们拟定了影响学生发展的分析框架(参见表 2-6、表 2-7),适用于分别开展以学生个体为分析单位以及以学校、区域为分析单位的影响学生学业成绩、品德行为、心理健康、身体素质、兴趣爱好的研究。[①]

　　① 需要说明的是,师生关系、同伴关系、亲子关系、家庭教养方式等量表由本项目心理健康组团队研发,没有纳入本书第三章设计论证中。

表 2-6 个体层面学生发展影响因素分析框架

学生发展指标	学生个体指标	班级因素指标	学校因素指标	区域层面
学生学业发展	·人口统计学特征 a 变量的影响 ·学生生活学习经历 b 的影响 ·学习时间和闲眼时间的影响 ·学习压力的影响 ·学习质量的影响 ·学生家庭结构特征 c 的影响 ·家长教育资源参与 d 的影响 ·家长学校归属感 e 的影响 ·自我期望和家长期望的影响	·教师职业特征 n 的影响 ·教师专业发展 g 的影响 ·教师教学策略 h 的影响 ·教师工作压力 i 的影响 ·课程教育质量 j 的影响 ·同伴特征 k 的影响 ·同伴关系 的影响	·校长课程领导力状况 l 的影响 ·学校办学条件状况 m 的影响	·教师收入状况 的影响 ·地方教育投入 的影响
学生学习品质发展	·人口统计学特征 a 变量的影响 ·学生生活学习经历 b 的影响 ·学生家庭结构特征 c 的影响 ·家长教育参与 d 的影响 ·学生学校归属感 e 的影响	·教师专业发展 g 的影响 ·教师教学策略 h 的影响 ·师生关系 i 的影响 ·同伴特征 k 的影响	·校长课程领导力状况 l 的影响 ·学校办学条件状况 m 的影响	·教师收入状况 的影响 ·地方教育投入 的影响
学生身体素质发展	·人口统计学特征 a 变量的影响 ·学生生活学习经历 b 的影响 ·闲眼时间活动类型的影响	·同伴特征 k 的影响	·学校办学条件状况 m 的影响	
学生心理健康发展	·人口统计学特征 a 变量的影响 ·学生生活学习经历 b 的影响 ·学习压力的影响 ·学生学校归属感 c 的影响 ·家庭教养方式 f 的影响 ·亲子关系的影响	·师生关系 i 的影响 ·同伴特征 k 的影响 ·同伴关系 c 的影响 ·学生学校归属感的影响	·学校办学条件状况 m 的影响	

（续表）

学生发展指标	学生个体指标	班级因素指标	学校因素指标	区域层面
学生兴趣爱好发展	·人口统计学特征ᵃ变量的影响 ·学生生活学习经历ᵇ的影响 ·学生家庭结构特征ᶜ的影响 ·家长教育资源参与ᵈ的影响	·师生关系ⁱ的影响 ·同伴特征ᵏ的影响	·学校办学条件状况ᵐ的影响	

注：a—年龄、性别等；b—包含流动留守儿童经历、包含负面事件（父母离异等）、同胞个数、社会经济背景特征等；c—包含学生家庭归属感指数（师生关系、同伴关系、学校认同感）；d—家庭教育方式指数；f—家庭教育资源参与变量汇总；g—教师专业发展指数；h—师生关系指数；i—师生关系变量汇总；j—课程教学质量指标；k—班级层面同伴个体特征变量汇总；l—校长课程领导力指标；m—学校人、财、物指标；n—教师职业特征，包括教师教龄、职称/骨干教师等。

表2-7　学校和区县层面学生整体发展影响因素分析框架

	学生因素	班级因素	学校因素	区域因素
学校学生平均学业发展	学生因素变量在学校层面汇总（如同伴构成、前期学习基础、学习时间等）	·教学策略在学校层面汇总 ·师生关系在学校层面汇总 ·教师工作投入在学校层面汇总 ·教师工作压力在学校层面汇总	·学校类型（城乡、九年一贯等） ·学校办学条件（人力、财力、物力等） ·学校管理制度（分班、绩效、课程设置、教师激励等）与学校管理自主权 ·教师工作满意度 ·校长课程领导力 ·校长人力资本本特征（任职年限、职称等） ·校长对教师的支持	·教师工资待遇 ·地方教育投入（统考） ·问责（统考） ·生源竞争
区县学生平均学业发展	学生因素变量在区县层面汇总（如少数民族儿童占比、流动儿童占比、学习时间等）	·教学策略在区县层面汇总 ·师生关系在区县层面汇总 ·教师工作投入在区县层面汇总 ·教师工作压力在区县层面汇总	·学校类型在区县层面汇总 ·办学条件在区县层面汇总 ·学校管理制度在区县层面汇总 ·教师工作满意度在区县层面汇总 ·校长课程领导力在区县层面汇总	·教师工资待遇 ·地方教育投入（统考） ·问责（统考）

第三章　影响学生发展的相关因素设计论证

第二章基于教育效能理论建构了 BSO 模式下学生发展影响因素研究的问卷框架,阐释了影响学生发展的因素分为四个层面,即学生个体及家庭层面、班级层面、学校层面以及区域层面,因而,本研究从这四个层面设计对学生发展可能产生重要影响的关键因素指标体系框架,本章将对学生、家长、教师、学校问卷涉及的各个指标和量表工具开展设计论证,为设计和开发系列问卷提供政策背景、理论和文献支撑。

第一节　学生个体因素

2010 年颁布的《国家中长期教育改革和发展规划纲要(2010－2020 年)》在第一章"指导思想和工作方针"中指出:"全面贯彻党的教育方针,坚持教育为社会主义现代化建设服务,为人民服务,与生产劳动和社会实践相结合,培养德智体美全面发展的社会主义建设者和接班人。"2013 年,教育部颁布的《中小学教育质量综合评价指标框架(试行)》包括五大方面,即品德发展水平、学业发展水平、身心发展水平、兴趣特长养成和学业负担状况。过重的课业负担会严重损害儿童、少年身心健康。2018 年,教育部等九部门发布《关于印发中小学生减负措施的通知》指出,各地要进一步明确并强化政府、学校、校外培训机构、家庭等各方责任,推进育人方式改革,发展素质教育,规范学校办学行为和校外培训机构发展,扭转不科学的教育评价导向,引导全社会树立科学教育质量观和人才培养观,切实减轻违背教育教学规律、有损中小学生身心健康的过重学业负担,促进中小学生健康成长,培养德智体美劳全面发展的社会主义建设者和接班人。因此,本章中影响学生发展的相关因素既包括学生成绩的影响因素,又关注学生个体心理健康发展的影响因素。

正如第一章学生效能研究综述所提及的,学生个体因素对学生发展有很大的影响。如 Creemers 和 Kyriakides 认为学生的能力、社会经济背景、动机、任务时间、机会使用、社会文化背景、学习任务、思维风格等特点会对学生产出的增值产生效能。[42]Sammons 和 Pam 也认为学生的能力、学习动机、任务时间分配、思维风格等特点会对学生产出的增值产生影响[54]。不同领域的学者对学生发展的关注点并不相同。在教育经济学领域,学者关注的主要是学生的学业发展,例如学习成绩、高层次认知能力以及学业达标率等;而心理学领域的学者们更关注的是学生的心理健康发展,包括社会适应、学习品质、个人品德以及学业负担等。

(一)人口学特征

人口作为具有一定质量和数量的社会群体,与具体历史条件下的经济、社会、文化、政治等因素密切相关。人口的特征通常包括所处空间、年龄、性别、文化、职业、收入等。学生群体是社会的特殊群体,组成该群体的大部分成员处于儿童向成人转变的过渡期,具有独特的认知和社会心理发展特点。

不同的性别特征意味着不同的社会群体,男女两性在社会文化的建构过程中表现出不同的特征和差异。在美国出版的《教育现况(2000)》中,性别差异是衡量美国教育公平状况的维度之一[55]。联合国教科文组织在教育公平方面,也涵括性别这一客观指标。因此,我们将性别作为可能影响学生发展的重要因素。

自改革开放以来,农村剩余劳动力向城市转移对中国经济和社会生活产生了巨大的影响。在向城市"进军"的过程中,农民工在劳动、就业、社会保障以及接受教育等各个方面受到不公平的对待甚至是歧视[56],而产生这种歧视的根源在于我国特有的城乡二元分割的户籍制度。这种"身份标识"使得学生群体被人为地分割,典型的"身份标识"群体包括流动儿童学生群体和留守儿童学生群体。这些特殊群体学生常常伴随着社会焦虑、孤独感以及抑郁等诸多不良表现[57]。因此,本研究也考察是否流动、留守儿童对学生发展的影响。

1. 性别

(1)相关政策

"性别差异"和"两性公平"一直是国际社会高度关注的重要议题。1995

年,联合国第四次世界妇女大会上专门针对两性教育公平发表《行动纲领》,并做出详细的规定:"各国政府和行动者,应推行一种积极和明显的政策,将性别观点纳入所有的方案和决策之中,在做出决定之前,分别就对于男女产生的影响进行分析。"为了呼吁更多的人关注两性之间的平等成长,联合国把 10 月 11 日指定为"国际女童日"。

在中国,我们一直注重两性公平的追求。《中华人民共和国宪法》第四十八条第一款就男女平等问题明确指出:"中华人民共和国妇女在政治的、经济的、文化的、社会的和家庭的生活等各方面享有同男子平等的权利。""男女平等"作为基本国策在党的十八大上首次写入报告。伴随着我国构建和谐社会和民主社会的进程加快,教育领域的公平和公正成为构建和谐社会的重要部分,因而学校教育在人才培养过程中需要关注性别差异。我们认为促进两性公平是现代教育发展的一个重要标志。

(2)概念界定

生理性别是指男女之间由于其解剖及荷尔蒙分泌不同而造成生理结构上的差异,是人与生俱来的特征,不因人的种族、民族、地域或者国别而有所差别。它是人的一种自然属性、一种客观存在。而有别于生理性别,美国女性学者 Ann Oakley 在《性别、社会性别与社会》中提出"社会性别"。社会性别理论认为,两性间的许多差异实际上是文化性的而不是生物性的,但是社会性别必须以生理性别作为分析的基础[58]。

(3)已有的相关研究

以往的研究更多关注性别差异的研究。学业成绩中的性别差异一直是教育研究者关注和研究的重要问题之一。但是众多的研究之间存在较大的争论。现有关于学业成绩的性别差异研究主要包括两个方面的内容:

一方面是对学业成绩进行总体分析。此类研究中存在不同的结论,一些研究认为女生学校课程的学习成绩要高于男生。例如,1996 年在对新南威尔士高中学生学业成绩的调查中发现女生的成绩要高于男生,女生在测验中取得的成绩超过男生有两倍之多。但美国教育考试服务中心(Educational Testing Service,ETS)1997 年对全美四、八、十二年级的 1500 万名学生的调查结果显示,男生和女生在所有学科成绩上的平均分之间无显著差异。

另一方面是对学业成绩性别差异的研究集中在不同学科的对比上。Dwyer 的研究发现,在智力发展的过程中,男生较容易出现智力两级现象,而女生的智力发展较为均衡;男生的空间知觉能力、理解能力、抽象逻辑思维能力优于女生,但女生的听觉能力、语言能力、形象思维能力要优于男生[59]。因此很多人假设女性在物理、数学等学科上与男生存在差异,但是相关实证研究并未得出一致的结论。Maltby 发现男生的数学能力在高中阶段一直优于女生,这种优势会一直保持到成人期[60]。赖小琴等人基于 PISA 数据分析发现,在数学素养上,男生表现显著优于女生,但在科学素养上,性别差异不显著,仅在"科学内容"和"科学能力"维度上男女存在显著性差异[61]。胡咏梅和唐一鹏基于中国高中学生科学素养大规模测评数据,利用无条件分位数回归模型发现性别是影响学生科学素养及能力差异的重要因素,男生的科学素养(科学解释问题能力、运用科学证据的能力)要显著高于女生[62]。数学成绩与性别之间的关系一直引发学术界的广泛讨论。"男性更大变异假设"和"性别相似假设"理论的提出使得更多的学者去探究数学成就与性别之间的关系[63]。一些研究发现,总体上,男性和女性的数学成就在平均水平上差异较小,呈现出相似性多于差异性的特点,但男性内部出现的变异较女性更大[64]。而 Voyer[65] 使用元分析方法,对 369 篇文献中的 502 个效应值进行分析,研究结果打破了传统的刻板印象,表明在学业成绩上女生存在稳定的优势,女生在语言成绩上优势最大(平均差距 $d=0.374$,95% CI[0.316,0.432]),在数学成绩上优势最小(平均差距 $d=0.069$,95% CI[0.014,0.124]),其中样本的国别、种族构成、性别构成是影响效应值大小的显著调节因子。

一些研究认为,男女生在不同学科呈现的性别差异,不仅由于二者学科素养的不同,还存在其他影响因素。徐柱柱利用 PISA 2003 的学生问卷数据,发现男女生之间数学成绩存在差异的主要原因是学生在学习策略的选择上存在显著的性别差异[66]。也有研究发现,良好的劳动习惯使女生形成良好的学习习惯和学习管理策略,再加之女生对英语具有较高的学习兴趣与动机,因此女生的英语成绩显著高于男生[67]。此外,一项来自宾夕法尼亚大学的研究发现,在自律方面,男生比女生晚成熟一年。进入中学以后,女性这种自律行为的优势会进一步扩大,而自律行为带给女生良好的学习习惯,使其学业成绩优于男生[68]。

除了认知能力、学业成绩这些智力因素存在性别差异以外,非智力因素也存在显著的性别差异。在情感方面,男生一般易受环境影响,情感外露、粗犷、波动大、易冲动、控制力不强。女生一般情绪稳定,内隐不外露、细腻、敏感、理智性强。在意志力方面,男生意志力强弱受外界环境影响较大。因此,男生有时表现顽强,不怕困难,有时容易泄气,缺乏坚韧性。相对而言,女生受外界环境因素影响不大,意志的坚韧性强。性格方面,男生性格多外倾,活泼、好动、喜冒险,愿意大胆尝试新奇事物;不拘泥于细枝末节,不计较点滴得失,心胸多豁达;女生性格多内倾,柔弱文静、心细如发、善解人意。而在自我意识方面,男生"成就感"、自信心更强一些,难于对自己做出正确评价,意志和情感发展具有两极性、复杂性和不稳定性[69]。张冲、孟万金基于全国八省的整群抽样数据,发现心理、健康和道德幸福感量表得分存在显著的性别差异,表现为女生得分显著高于男生,学习和社会幸福感则不存在显著差异[70]。姜言霞等人基于对中小学生核心素养的发展的调查,发现男生、女生在核心素养的发展表现上各有优势项,男生在科学精神和实践创新两大核心素养的表现上有明显优势,女生在人文底蕴、学会学习和责任担当这三类核心素养的表现上有显著优势[71]。

(4)相关测量工具

衡量性别的指标通常是在一些背景特征里面询问答题者的生理性别,比如PISA 2015、2012 学生问卷中通过设立题目"你是男生还是女生?"(Are you female or male?)让学生进行选择。TIMSS 2011(2011 代表年份,下同)的学生问卷里面也是通过设立个人基本情况的题目"你是男孩还是女孩?"(Are you a girl or a boy?)让答题者进行选择。本研究拟设立题目"你的性别是?"并提供男、女两项选择,让答题者进行选择。

2.流动/留守

(1)相关政策

2001 年 5 月,国务院颁发的《关于基础教育改革与发展的决定》第 12 条规定:"要重视解决流动人口子女接受义务教育问题,以流入地区政府管理为主,以全日制公办中小学为主,采取多种形式,依法保障流动人口子女接受义务教育的权利。"2003年9月,国务院办公厅转发教育部等六部门《关于进一步做好进城务工就业农民子女义务教育工作的意见》,其中第二条规定:"进城务工就业农民流入地政府负责进城务工就业农民子女接受义务教育工作,以全日制公办中小学为主。"2006年3月,国务院发布的《关于解决农民工问题的若干意见》第二十一条规定:"保障农民工子女平等接受义务教育。"2015年,时任教育部副部长刘利民表示,将进一步扩大城镇义务教育容量,将随迁子女义务教育"全纳入"城镇义务教育。2016年2月,国务院发布《关于加强农村留守儿童关爱保护工作的意见》规定:"加大教育部门和学校关爱保护力度。县级人民政府要完善控辍保学部门协调机制,督促监护人送适龄儿童、少年入学并完成义务教育。"2018年12月第二次修正《中华人民共和国义务教育法》第十二条规定:"父母或者其他法定监护人在非户籍所在地工作或者居住的适龄儿童、少年,在其父母或者其他法定监护人工作或者居住地接受义务教育的,当地人民政府应当为其提供平等接受义务教育的条件。"一系列政策的相继出台,一定程度上也说明流动及留守儿童问题得到了政府和社会各界的高度关注。

(2)概念界定

目前学术界对流动、留守儿童的概念尚未统一界定,全国妇女联合会对流动、留守儿童的界定如下:留守儿童指父母双方或一方从农村流动到其他地区,孩子留在户籍所在地的农村地区,并因此不能和父母双方共同生活在一起的儿童。流动儿童是指随务工父母到户籍所在地以外生活学习半年以上的儿童。儿童的年龄界定在18岁以下(0~17岁)①。国内学者范兴华等人[72]的研究中认为一些经济条件较好的外出打工父母将子女带在身边,设法让其在打工城市入学,但户籍仍然留在农村,这些儿童被称为"流动儿童";大部分进城务工父母由于无力支付孩子进城就读所面临的住宿费、学费等诸多开支以及其他原因,只能将子女留在农村,由爷爷奶奶或留守在家的父母一方或亲戚抚养照顾,造

---

① 源自2013年5月10日全国妇联发布的《我国农村留守儿童、城乡流动儿童状况研究报告》。

成亲子长期不能共同生活的局面,因而出现了大批的"农村留守儿童",简称留守儿童。我们发现多数学术研究,如梁文艳[73]等人的研究中,对于流动儿童的界定未考虑"在外学习生活半年以上"。本研究借鉴全国妇女联合会的定义,认为流动儿童指随务工父母到户籍所在地以外生活学习的儿童,而留守儿童指父母双方或一方从农村流动到其他地区,孩子留在户籍所在地的农村地区,并因此不能和父母双方共同生活在一起的儿童。

(3)已有的相关研究

《中国 2010 年第六次人口普查资料》的数据表明①,全国有农村留守儿童6012.55 万,占农村儿童总数的 37.7%,占全国儿童总数的 21.88%;全国城乡流动人口 3581 万,其中具有农业户口性质的占比 80.35%。由此可见,流动和留守儿童的规模巨大。

由于流动儿童大部分属于农村户籍,加之流动儿童的父母通常从事较脏、较累的工作,这使得流动儿童在城市生活中频繁地遭受歧视并感受到不公平[74]。留守儿童由于亲子教育的缺失,诱发了不良人格因素。因此,流动、留守儿童多沉默寡言、自卑拘谨[75],自尊心较低[76]。城乡之间的隔阂使得流动儿童无法融入正常的城市生活,社会适应不良问题较为突出[77]。段成荣和周皓对北京的流动儿童进行调查后发现,大部分流动儿童对城市缺乏认同感[78]。周宗奎等人对湖北省的英山县、京山县和随州市儿童进行调查研究后发现,留守儿童较非留守儿童在人际关系和自信心方面显著低下[79]。梅红等人以陕西省两县初中生为样本,发现与其他学生相比,超龄留守学生在学业绩效、学业满意、父母沟通频率、父母师生关系、学校融入等方面得分更低[80]。

不良的社会适应使得流动儿童容易出现心理问题。蔺秀云等人对北京市公立学校和打工子弟学校的学生进行调查后发现,流动学生与北京市学生在心理健康水平上存在显著差异[57]。朱丽娜对武汉市进城务工农民随迁的子女进行调查后发现,进城务工农民随迁子女的心理健康水平整体上低于城市少年[81]。韩煊等人利用《学生心理健康诊断测验手册(MHT)》对深圳市的 3 所

---

① 数据来源:国家统计局(http://www.stats.gov.cn/)。

学校的 1335 名儿童进行调查后发现,流动儿童的心理健康水平较常住儿童显著低下[82]。

大量的研究也显示,流动、留守儿童的学业成绩要低于非流动、非留守儿童。刘勇和杨永国 2013 年对福州市的流动儿童进行调查发现,流动儿童因其缺乏父母的指导,学习成绩始终处于下滑的状态[83]。此外,研究发现流动儿童求知欲不强,学习方法不够科学,自觉性太差,因此学习成绩较差[84]。马艳林和阳德华发现,留守儿童较非留守儿童缺乏父母的监督和指导,自律水平较低。在学习习惯上,留守儿童与非留守儿童存在显著差异。梁文艳和张亚星基于福建小学调查数据构建倾向得分配对模型后发现,流动儿童与本地儿童在学习方式和学习动机上存在差距,而这些差距是由于流动儿童处于较低的社会经济文化地位,相比本地儿童,他们在家庭教育资源、教育期望等方面表现较弱[73]。袁舟航、王晓兵等人调查了在上海打工子弟学校上学的安徽籍小学生和在户籍所在地农村公立学校上学的安徽小学生,采用多元线性回归法估计不同类型学校就读学生之间的数学成绩差距并分析造成差距的原因。研究发现,安徽农村小学学生的数学成绩要远好于安徽籍在上海打工子弟学校就读学生,学校设施、班主任质量是造成两类学校学生成绩差距的关键因素[85]。

已有研究表明,流动、留守儿童由于社会经济地位的不同,享有的教育资源有限,较非流动、留守儿童在学业成绩上存在差异。而城乡隔阂、亲子教育缺失等因素严重影响了流动、留守儿童的身心发展,信心缺乏、交际困难等社会适应不良现象也对其学习动机、自信心产生负面影响。

(4)相关测量工具

现有的相关大型调查项目中,通常设计与流动、留守状况相关的题目来判断研究对象是否为流动、留守儿童。例如中国家庭追踪调查(China Family Panel Studies,CFPS)问卷可以依据"现居住地与出生地是否相同""居住时间"等题目进行流动儿童的筛选[86]。国际上,PISA 学生问卷中,设置题目"Who usually lives at＜home＞with you?"来判断是否为留守儿童,通过询问父亲和母亲的出生地"In what country were you and your parents born?"以及"你来此地的年限"来判断其孩子是否为流动儿童。而本研究中,考虑到家长比学生对流动、留守儿童的概念更为清晰,因此通过在家长问卷中设立题目"您的孩子属于下列哪种情况",包含选项"①留守儿童(父母在外地打工,孩子在老家读书);②流动儿童(孩子跟随父母在打工地读书);③以上均不是"来判断其孩子是否为流动、留守儿童。

3. 出生日期

(1)相关政策

九年制义务教育制度自 1986 年开始在我国实施,规定凡年满 6 周岁的儿童应开始接受义务教育,政策在执行层面规定:截至到当年 8 月 31 日年满 6 周岁的儿童可报名就读,而当年 9 月 1 日及以后出生的孩子须等到次年入学。依据此规定,同一年级学生存在相对年龄效应,通过对学生具体出生日期的测量可以进一步探究学生相对年龄对其学业表现、心理健康等方面的影响。

(2)已有的相关研究

相对年龄效应在学业成就方面的影响引起了部分国内外研究者的关注。有研究发现,在美国四年制的大学中,每个年级同年出生但月份较晚的学生人数比例较低,不到 11.6%。出生月份较晚,起点处于劣势的学生在步入大学的时候显示出了与其他同学间的差异[87]。另一研究曾对参与 TIMSS 项目的青少年的出生月份与其测试成绩的相关性进行了分析,发现在四年级及八年级的学生中,相对年龄最大的学生得分均高于相对年龄最小的学生。德国国际阅读素养研究项目(Progress in International Reading Literacy Study,PIRLS)的证据也表明,推迟入学年龄可提高(四年级或八年级)成绩 0.4 个标准差[88]。

儿童心理学的研究指出,年龄有差异的儿童之间存在着心理差异,而且年龄越小,这种年龄特征的差异越明显。在学业表现方面,王养华、阚蔚[89]通过对 10 所小学一至六年级学生的问卷调查发现,同一年级中年龄相差较大的两类学生在一、二年级的学习方面存在较明显的差异。然而随着年级的升高,这种差异会逐渐消失,即年龄因素对我国小学低年级学生的学习影响较大。Verachtert 等人[90]使用生长曲线模型对 3187 名佛兰德斯小学儿童的纵向数据进行分析,结果表明,出生季节对小学一、二年级学生的年级保留率和数学成绩均有影响。由于出生在第四季度的孩子总是年级年龄组中最小的,其中近 20%

的儿童在二年级结束前被留级或转入特殊教育;而在第一季度出生的儿童中,这一比例仅为 6.34%。然而,在接下来的两学年里,第一季度和第四季度出生的孩子之间的成绩差距显著缩小。

除了相对年龄效应对学生学业成就的影响,部分学者也关注相对年龄现象与学生非认知能力之间的关系。杜伊和利普斯科姆使用美国在 1960 年、1972年、1980—1982 年三次面向高中学生的调查,研究了相对年龄现象与领导力之间的关系。他们发现,相同年级同一年龄的孩子中,出生相对较早(相对年龄较大)的 25% 的孩子相对于出生较晚(相对年龄较小)的孩子拥有领导职位的可能性高出 4%~11%。同时,他们还发现出生较早的孩子比出生较晚的孩子多积累了大约 5% 的领导经验[91]。马红梅、曾奇奇[92]利用 PISA 2012 的上海数据,基于教育生产函数的解释框架检验了学校生活中的相对年龄效应。研究发现,在严格遵守入学政策并正常升级的情况下,同一年级中相对年龄较大的学生在认知(数学、阅读和科学)和非认知(未来教育期望)等若干身心发展指标上均表现更优秀。通过工具变量方法发现,学校生活质量的"相对年龄效应"具有内生性,OLS/MLE 低估了年龄的实际影响。

此外,我国学者刘德寰、李雪莲[93]的研究表明:按规定正常入学的青少年群体中,当年 7—8 月出生的青少年在自我建构、日常学习层面与前一年 9—10月出生的青少年相比,存在明显的相对年龄劣势与适应性危机,11 月—次年 6月出生的青少年表现居中。且这种效应存在累积效应,即在优质教育资源获得层面,7—8 月出生的青少年升入重点中学的可能性最低,升入职业学校的可能性最高,是一种难以逾越的"七八月陷阱"。

(3)相关的测量工具

如图 3-1(图片来自 PISA 2015 学生问卷),在 PISA 2015 问卷中,通过设置选择题分别调查学生出生年、月、日从而获知其在同一年级学生中的相对年龄。

ST003	On what date were you born? *(Please select the day, month and year from the drop-down menus to answer the question.)*						
ST003Q01TA	Day	Please choose Option A Option B Option C Option ...		1 2 3 4 5 6 7 8 9 10 ...		
ST003Q02TA	Month	Please choose Option A Option B Option C Option ...			January February March April May June July August September October November December	
ST003Q03TA	Year	Please choose Option A Option B Option C Option ...				1998 1999 2000 2001

Consistency check/soft reminder if day, month or year is missing: "please enter your complete birth date".

图 3-1　调查出生日期

本研究参照 PISA 问卷设置相应题目,具体如下:

小学生问卷

你的出生年份:

(1)2006　(2)2007　(3)2008　(4)2009　(5)2010

你的出生月份:

(1)1　(2)2　(3)3　(4)4　(5)5　(6)6

(7)7　(8)8　(9)9　(10)10　(11)11　(12)12

初中学生问卷

你的出生年份:

(1)2003　(2)2004　(3)2005　(4)2006　(5)2007

你的出生月份:

(1)1　(2)2　(3)3　(4)4　(5)5　(6)6

(7)7　(8)8　(9)9　(10)10　(11)11　(12)12

(二)学习投入

学习投入,又称学业投入、学习参与,是指个体在学校学习或者参与非学习活动中所付出的时间和精力。在 Kuh 等人看来,自我与学习角色处于一个动态和互相转化的过程中,学习投入反映学生在校期间的学习经验。学习投入高的个体能收获较高的学业成就[94]。而 Fredricks[95] 则认为,学习投入包括行为、情绪和认知三个独立维度,行为投入是指个体参加在校期间的学业或非学业活动的高度卷入;情绪投入是指面向学业任务或者他人的积极情感反应及对学校的归属感;认知投入是一种"思维训练",包括学生在学习时使用的认知策略和心理资源的高度卷入。

本研究中,学习投入包括学业负担和课余时间分配等指标,下面分别对这些指标测评进行论证。

1.学业负担

(1)相关政策

长期以来,中小学生课业负担过重问题一直困扰着我国基础教育事业的发展。《国家中长期教育改革和发展规划纲要(2010－2020 年)》强调过重的课业负担严重损害青少年身心健康,危害民族未来。正确处理中小学生课业负担过重问题不仅是解决现实教育弊端的需要,更是提高国民素质、为社会培养合格人才的需要。2013 年教育部颁布的《中小学教育质量综合评价指标框架(试行)》包括五大方面,即品德发展水平、学业发展水平、身心发展水平、兴趣特长养成和学业负担状况,首次将学业负担状况纳入了教育质量综合评价的指标体系。2018 年教育部等九部门《关于印发中小学生减负措施的通知》指出:"各地要进一步明确并强化政府、学校、校外培训机构、家庭等各方责任,推进育人方式改革,发展素质教育,规范学校办学行为和校外培训机构发展,扭转不科学的教育评价导向,引导全社会树立科学教育质量观和人才培养观,切实减轻违背教育教学规律、有损中小学生身心健康的过重学业负担,促进中小学生健康成长,培养德智体美劳全面发展的社会主义建设者和接班人。"

学业负担的测评旨在帮助地方教育部门和学校发现学生负担中存在的关键问题和共性问题,对症下药,同时,为地方相关教育政策的制定、减负政策效果评估、政策目标调整提供科学依据。此外,学业负担测评结果的公布将会吸引社会各界关注和监督学生过重的学业负担问题,形成缓解学生过重学业负担的合力。

(2)概念界定

学业负担可分为客观学业负担和主观学业负担,而主、客观学业负担又分别分为校内学业负担和校外学业负担。具体来说,客观学业负担方面,校内学业负担通常指学生实际承担的与学校课程有关的任务,如课时数、校内补习时间、作业量、考试频率等;而校外学业负担主要指课外补习数目、时间,课外补习作业时间等。主观学业负担方面,校内主观学业负担包括作业量感受、考试频率感受、学习紧张程度、作业难度、考试难度、课堂教学内容难度、考试焦虑程度、来自校内竞争压力等;校外主观学业负担包括课外作业量感受、父母攀比压力、父母期望压力等。

(3)已有的相关研究

关于中小学生学业负担的研究可以概括为三个方面:第一,中小学生主观学业负担和客观学业负担的评价指标及现状;第二,中小学生学业负担的影响因素研究;第三,中小学生学业负担对学生发展的影响研究。

对于学生客观学业负担的评价,学习时间是一项重要的评价指标。国内学者在研究中根据我国中小学生学习时间的特点对学习时间进行了细分。例如,汤林春、傅禄建将学生从事学习的时间分为学生上课时间、完成教师布置作业的时间、完成教师布置预复习的时间、完成家教布置作业的时间、完成家长布置作业的时间等[96]。方丹、曹榕等人使用校内学习时间和校外学习时间来测量小学生的客观课业负担,其中校内学习时间包含校内作业和课程学习时间,校外学习时间包含校外学习课程和校外参加兴趣班的时间[97]。

而关于主观学业负担的评价指标,学者们普遍认为学生对课程的主观感受是主观学业负担的重要构成部分,包括对课程难度、课程时长的感受。张峰等人编制了中学生学业态度量表,主要测查学生对学业负担程度的感受,校内主观课业负担包括作业量感受、考试频率感受、学习压力感受、作业难度感受、考试难度感受和课堂教学内容难度感受等六个方面;校外主观课业负担包括课外学习时间感受、课外学习内容感受、课外作业量感受和课外考试频率感受等四个方面[98]。秦玉友和赵忠平从课业多不多、课业难不难、完成课业累不累这三个问题考察学生课业负担，把学习时间长短作为课业负担轻重的核心指标，选择课业难度作为衡量学生课业负担的第二个指标，把关注学生完成相应课业内容后累不累作为考察学生课业负担的第三个指标[99]。

除了对课程的感受，学生对作业的感受也是用来衡量学业负担的常用指标。在印度，相关的学校压力研究结果显示，学校功课占据青少年绝大部分时间，33.6%的学生平均花1/3的时间在学校功课上，且学校作业会让他们感到不快乐、沮丧、担忧和焦虑[100]。汤兆武和杨若翰研究发现，学生对作业的情绪态度可以用来表达学生的课业负担。选择作业情绪作为课业负担的测量指标，有以下三个优点：其一，这个指标是人们经常用来推测学生课业负担的，比较接近人们的日常认识；其二，包含心理层面的负担（情绪态度），容易让人接受；其三，该指标相对比较容易测量[101]。也有学者认为，在测量学业负担水平时，应该把学生的压力判断与主观感受作为主要度量标准，而把客观的学习任务与学习时间作为辅助指标。并且作者基于数据结果，提出单纯地"减量"并不一定能真正减轻学生的学业负担，更应该关注学生的实际学习状态[102]。许多学者在研究中发现中小学生客观学业负担与主观学业负担呈正相关，即中小学生投入学习中的时间越多，主观感知的学习任务的数量和难度等越重[96−97]。

在中小学生学业负担影响因素的实证研究方面，徐志伟基于浙江省绍兴6所中小学部分初中三年级、小学六年级学生的问卷调查进行实证研究，把课业负担的影响因素归为学生、学校、家长、社会四个方面，使用相关分析方法的研究发现，影响学生课业负担最重要的因素是学生自身因素，其次是学校因素、家庭因素，而社会因素与课业负担的相关系数未达到显著性水平[103]。卢珂基于北京市中小学生调查数据的研究发现，良好的师生关系有利于降低学生的主观课业负担[104]。

在中小学生学业负担对学生发展的影响研究方面，学者关注较多的是学生学业负担与学业成绩之间的关系。有关学习时间与学业成绩之间的关系尚未达成一致结论。Barber等人的研究表明，家庭作业时间与学生成绩之间存在正向相关关系,且家庭作业时间越长,学生的学习成绩越好[105]。当然,也有一些研究认为家庭作业时间与学生成绩之间存在负向关系或者无任何关系。例如,2000 年 Westerhof 在荷兰的一项研究表明,学生家庭作业时间与学习成绩之间有弱的负向相关性,而这种负相关关系是因为成绩好的学生做作业所需时间比较少[106]。王云峰等人通过对北京市五年级学生的问卷调查和学业水平测试发现,家庭作业时间在 1 小时以上各时段的学生成绩均低于能够在 1 小时以内完成家庭作业的学生 0.94～4.79 分,且作业时间越长的学生对应的数学成绩越低[107]。

也有部分学者指出,无论是处于何种年龄段,都有最佳的家庭作业时间。当学生的家庭作业时间接近或等于最佳时间的时候,家庭作业与学生的学习成绩之间存在正向相关关系。但当学生的家庭作业时间超过最佳时间时,学生的成绩就开始下降。Beaton 等人对 41 个国家 13 岁学生的家庭作业时间与成绩之间的比较研究后发现,家庭作业时间与学生的成绩存在曲线关系,适量的(1～3 小时)家庭作业时间的学生学习成绩最好[108]。PISA 2012 上海的测试结果显示,上海学生作业时间为平均每周 13.8 小时,几乎相当于各参与国平均值的 2 倍,位列 65 个国家和地区的第 1 位。该项目组秘书长陆璟介绍,做作业对提高成绩非常有效,但并非越多越好。数据分析表明,上海 15 岁学生平均每周最佳作业时间在 11 小时左右①。Fernández 等人的研究表明,学生每天家庭作业的最佳时间为 1 小时。他们的研究还发现,花在作业上的努力和时间对学生成绩的影响不是最重要的,做作业时的自主性对学生数学和科学成绩的影响最大[109]。

关于校外学业负担的评价指标,学者们普遍认为课外补习是学生校外学业负担的重要来源。课外补习,也称"影子教育",它主要指除正常学校教育以外,家庭购买的额外的教育服务形式,包括聘请家庭教师为子女授课或送子女到补习班就读[110]。近年来,关于课外补习对学生学业成绩影响效应的研究日益增

---

① 译自 PISA in Focus 25:Are countries moving towards more equitable education systems? (https://www.oecd.org/pisa/pisaproducts/pisainfocus/pisa%20in%20focus%20n25%20(eng)——FINAL.pdf)。

多,但课外补习能否提高学生学业成绩仍未达成共识。Buchmann 等人基于美国全国教育纵向调查数据,分析了影子教育现状及其对 SAT(标准化测试,Standard Achievement Tests)分数和大学录取的影响,结果表明昂贵的 SAT 课程和课外补习对 SAT 分数和大学录取的选择性有中度的影响[111]。曾晓东等人利用北京市中小学生数学素养测试的数据,发现四年级学生是否进行数学补习和数学素养得分之间没有显著相关,但八年级学生的数学素养得分与是否补习之间呈现显著相关[112]。薛海平采用 PSM(倾向值得分匹配,Propensity Score Matching)方法发现初中生参加学术类课外补习有助于提高语文、数学、英语各单科成绩,但对各单科成绩提升幅度有较大差异;未参加学术类课外补习的初中生的语文、数学、英语各科潜在补习收益均高于参加课外补习组的补习收益。[113]胡咏梅等人利用 PISA 2012 数据发现,数学补习会给上海低家庭 SES(家庭社会经济地位,Social Economic Status)学生带来更大的成绩收益,而且会缩小高 SES 学生与低 SES 学生的成绩差距。[114]方晨晨将小学生的校内补习时间、校外补习时间纳入统一分析框架下进行研究发现,校内补习时间对小学生学业成绩有显著的负向影响,校外补习时间对小学生学业成绩有显著的正向影响[115]。

而汤林春的研究却发现,学生的课外补习造成了学生的负担压力增大,并且与学业成绩并没有太大的关系,仅出现轻微的负相关[116]。过早地参与课外补习不利于学生的认知发展。张羽等人采用多层线性模型对北京市某初中的九年追踪数据进行实证研究后发现,不同学习阶段课外补习对学业成绩的影响是不一致的。小学低年级阶段参与数学和语文课外补习,对初中初始的学业成绩产生负向影响;小学高年级参与补习会提高初中阶段的初始成绩,但对初中三年的学业增长有负向影响[117]。Zhang Yu[118]利用 2010 年中国高考学生的数据,试图探究课外私人补习对学生高考成绩的影响。该研究发现,私人补习对学生的高考数学、语文、英语成绩以及高考总分的影响是混合和异质性的。私人补习的平均效果不显著,但对成绩较差的城市学生可能有显著的正向影响。

此外,还有学者对中小学生主观学业负担和学业成绩之间的关系进行了研究。杨亚威等人将小学生学业负担分为学习时间、课业质量、课业难度和学习压力四个维度,并按数学成绩将样本分为 3 组,结果表明:学业负担的轻重对不同数学成绩层次的学生会产生不同程度的影响[119]。方丹、曹榕等人在研究中按照心理测量学上通行的极端组划分方法将全体小学生被试的学业成绩划分为 3 个等级,然后采用单因素方差分析方法,比较他们在主观课业负担上的差异,结果显示:成绩优良组、成绩中等组、成绩不良组的主观课业负担两两之间差异显著,成绩优良组感受到的课业负担最轻,成绩不良组学生感受到的课业负担最重[97]。

(4)相关测量工具

PISA 历年的学生问卷中包含了有关学生学习时间的问题,主要由常规课程时间以及校内外补课时间组成,而校内外补课时间又包括校内补课、校外辅导班时间以及一对一私人家教时间,2012 年 PISA 学生问卷还加入了作业时间。

例如在 PISA 2012 的问卷中,提供 5 个等级划分(没有参加、一周 2 小时以内、一周 2～4 小时、一周 4～6 小时、6 小时及以上)询问个体参与不同学科(数学、科学等)校外补习的时间。采用开放性的题目,让被访者自行填写从事与学校课程相关的各项学习活动的时长(参见表 3-1、3-2)。

表 3-1　平均一周花费多少时间在课外补习

	没有参加	一周 2 小时以内	一周 2～4 小时	一周 4～6 小时	一周 6 小时及以上
数学					
科学					
其他学科					

表 3-2　平均一周花费多少时间从事与学校课程相关的学习活动

Q43 Thinking about all school subjects: on average, how many hours do you spend each week on the following? (When answering, include time spent on the weekend too.)	
a) Homework or other study set by your teachers	＿＿＿＿ hours per week
b) Out of the time spent in(a), how many hours do you work on your homework with somebody overlooking and providing help if necessary ("guided homework"), either at school or elsewhere?	＿＿＿＿ hours per week
c) Work with a personal ＜tutor＞ (whether paid or not)	＿＿＿＿ hours per week
d) Attend out of school classes organised by a commercial company, and paid for by your parents	＿＿＿＿ hours per week
e) Study with a parent or a other family member	＿＿＿＿ hours per week
f) Repeat and train content from school lessons by working on a computer (e. g. learn vocabulary with training software)	＿＿＿＿ hours per week

　　本研究基于对 2013 年教育部颁布的《关于推进中小学教育质量综合评价改革的意见》中学业负担指标体系的解读和国内外相关研究对学业负担的界定,以及国际测评项目和国内大型学业负担调查的测评维度,编制中小学生主、客观学业负担问卷。

　　其中,客观学业负担问卷包括校内作业量、校内课时量、睡眠时间极少的原因、补习类型、补课时间、兴趣班及校外辅导班时间、校外作业量等等。具体题目如下:

　　上学期,你每天(周末和假日除外)花多长时间做校内老师布置的作业?

(1)几乎没有　　　　　　　　(2)1 小时以内(不含 1 小时)

(3)1～2 小时(不含 2 小时)　　(4)2～3 小时(不含 3 小时)

(5)3～4 小时(不含 4 小时)　　(6)4 小时及以上

　　上学期,你周末(周六、周日)每天花多长时间做校内老师布置的作业?

(1)几乎没有　　　　　　　　(2)1 小时以内(不含 1 小时)

(3)1～2 小时(不含 2 小时)　　(4)2～3 小时(不含 3 小时)

(5)3～4 小时(不含 4 小时)　　(6)4 小时及以上

上学期,你一般每天上几节课(不包括早晚自习)?

(1)5 节及以下　　　　(2)6 节　　　　　　(3)7 节

(4)8 节　　　　　　　(5)9 节　　　　　　(6)10 节及以上

上学期,你每天(周末和假日除外)的睡眠时间大概是多少?

(1)少于 7 小时(不含 7 小时)　　　　(2)7~8 小时(不含 8 小时)

(3)8~9 小时(不含 9 小时)　　　　　(4)9~10 小时(不含 10 小时)

(5)10 小时及以上

下列哪些活动占用你的时间过多,导致你的睡眠时间少? (至多选两项)

(1)学校老师布置的学习任务

(2)家长安排的作业、家教补习或兴趣班

(3)看电视电影、玩手机或网络游戏等消遣活动

(4)自主安排的与学习、运动、兴趣爱好等相关的活动

(5)家校距离远,回家所需时间长

(6)其他

上学期,你周末(周六、周日)每天的睡眠时间大概是多少?

(1)少于 7 小时(不含 7 小时)　　　　(2)7~8 小时(不含 8 小时)

(3)8~9 小时 (不含 9 小时)　　　　　(4)9~10 小时 (不含 10 小时)

(5)10 小时及以上

上学期,你参加过什么类型的补习? (可多选)

(1)没有补习　　　　　　　　　(2)学校统一组织的补习

(3)一对一的辅导　　　　　　　(4)非一对一的校外辅导班

实际上,你每周参加学校统一组织的补课时间大概是多少?

(1)没有　　　　　　　　　　　(2)3 小时以下(不含 3 小时)

(3)3~6 小时(不含 6 小时)　　　(4)6~8 小时(不含 8 小时)

(5)8 小时及以上

上学期,你每周参加与学校课程考试无关的兴趣班(比如舞蹈、绘画、武术、游泳、球类、琴类、棋类等)的时间大约是多少?

(1)没有　　　　　　　　　　　(2)1 小时以内(不含 1 小时)

(3)1～2 小时(不含 2 小时)　　　　(4)2～3 小时(不含 3 小时)

(5)3～5 小时(不含 5 小时)　　　　(6)5 小时及以上

上学期,你每周参加家教补习或课外辅导班的时间大约是多少?

(1)没有　　　　　　　　　　　　(2)3 小时以下(不含 3 小时)

(3)3～6 小时(不含 6 小时)　　　　(4)6～8 小时(不含 8 小时)

(5)8 小时及以上

上学期,你每天(周末和假日除外)花多长时间做校外其他人布置的作业?

(1)几乎没有　　　　　　　　　　(2)1 小时以内(不含 1 小时)

(3)1～2 小时(不含 2 小时)　　　　(4)2～3 小时(不含 3 小时)

(5)3～4 小时(不含 4 小时)　　　　(6)4 小时及以上

上学期,你周末(周六、周日)每天花多长时间做校外其他人布置的作业?

(1)几乎没有　　　　　　　　　　(2)1 小时以内(不含 1 小时)

(3)1～2 小时(不含 2 小时)　　　　(4)2～3 小时(不含 3 小时)

(5)3～4 小时(不含 4 小时)　　　　(6)4 小时及以上

本研究自 2014 年起对中小学生主观学业负担进行指标构建和题目编制,2017 年对问卷进行了调整。调整后,主观学业负担分为校内主观学业负担和校外主观学业负担两个维度,其中校内主观学业负担包括作业量感受、考试频率感受、学习紧张程度、作业难度、考试难度、课堂教学内容难度、考试焦虑程度、来自校内竞争压力等;校外主观学业负担包括课外作业量感受、父母攀比压力、父母期望压力等。具体题目(根据以下描述,请选择最符合你实际情况的选项)如表 3-3。

表 3-3　主观学业负担量表

描述	非常 不同意	不太 同意	有点 同意	比较 同意	非常 同意
上学期,我觉得学习很紧张	(1)	(2)	(3)	(4)	(5)
上学期,学校老师布置的作业太难了	(1)	(2)	(3)	(4)	(5)
上学期,校内各种考试太难	(1)	(2)	(3)	(4)	(5)
上学期,有的老师上课所教内容太难	(1)	(2)	(3)	(4)	(5)

（续表）

描述	非常 不同意	不太 同意	有点 同意	比较 同意	非常 同意
每次考试排名次、公布名次压力很大	（1）	（2）	（3）	（4）	（5）
上学期，家长、家教、辅导班等布置的作业太多	（1）	（2）	（3）	（4）	（5）
父母总是拿我与别人进行比较	（1）	（2）	（3）	（4）	（5）
父母对我的学习期望过高	（1）	（2）	（3）	（4）	（5）

（5）工具质量报告

①信度

对 2017 年小学（67 570）和初中（49 687）的有效样本数据进行统计分析发现，主观学业负担总量表的克隆巴赫系数（Cronbach's Alpha）分别为 0.848 和 0.897，校内主观学业负担、校外主观学业负担量表的克隆巴赫系数也均在 0.6 以上，达到了测量学信度要求。具体结果见表 3-4。

表 3-4　学生主观学业负担量表的内部一致性系数

学段	维度	题目数	克隆巴赫系数	
小学	校内主观学业负担	5	0.862	0.848
	校外主观学业负担	3	0.692	
初中	校内主观学业负担	5	0.897	0.897
	校外主观学业负担	3	0.759	

②效度

对 2017 年小学（67 570）和初中（49 687）有效样本的验证性因素分析发现，学生主观学业负担量表的验证性因素分析模型拟合指数比较理想，小学各项目载荷在 0.623～0.851 之间，初中各项目载荷在 0.682～0.895 之间，符合心理测量学标准，有较好的结构效度。具体结果见表 3-5 和表 3-6。

表 3-5　学生主观学业负担量表的验证性因素分析模型拟合指数

学段	χ^2	df	CFI	TLI	RMSEA	N
小学	230 803.616	28	0.940	0.912	0.104	67 570
初中	238 054.820	28	0.928	0.893	0.135	49 687

表 3-6　学生主观学业负担量表的验证性因素分析因子载荷

维度	题干	小学载荷	初中载荷
校内主观学业负担	上学期,我觉得学习很紧张	0.680	0.691
	上学期,学校老师布置的作业太难	0.839	0.887
	上学期,校内各种考试太难	0.851	0.895
	上学期,有的老师上课所教内容太难	0.800	0.850
	每次考试排名次、公布名次压力很大	0.627	0.691
校外主观学业负担	上学期,家长、家教、辅导班等布置的作业太多	0.623	0.682
	父母总是拿我与别人进行比较	0.690	0.742
	父母对我的学习期望过高	0.661	0.743

2.课余时间

中小学生课余时间分配方式直接反映其学习和生活状态。杨雪[120]认为利用课余时间,使用各种方式进行活动和娱乐,可以寓教于乐,促进学生身心健康,以达到全面发展的目的。在中小学生课余活动日益多样与多元的今天,教育工作者需要对学生课余活动本身有较为科学的认识与评价,不仅要在观念上予以重视,还应在制度建设上有新的突破。

(1)概念界定

马健生等人[121]认为学生的时间分配表现出空间结构与内容结构特性,并受到权力结构的约束。学生时间分配的决策机制既受到我国有关教育政策(尤其是考试政策)的直接影响,也受到学生成绩利益相关方(学校)选择性安排的制约,更受到家庭的支持与干预,最后归于学生对这些影响的认知与选择。具体来说,课余时间是指按照学校培养计划,除去规定的在校学习时间之外的所有时间,包括完成老师或家长布置作业的时间,自主学习的时间,可供学生自由支配的闲暇时间,及生理所需的吃饭、睡眠等休息时间[122]。本研究中的课余时间包括学生用于学习、娱乐、锻炼等方面的时间。

(2)已有的相关研究

关于中小学生课余时间所进行的活动类型的研究,杨欣、陶蕾将小学生在课余时间经常参加的活动分为 5 类,分别为"完成家庭作业""阅读课外读物"

"参加体育锻炼""打游戏""参加社会实践"。他们研究发现,小学生在课余时间经常参加的活动中"完成家庭作业"所占比例最大,"阅读课外读物""参加体育锻炼""打游戏""参加社会实践"所占的比例都非常小[123]。郑惠生将小学生的课余时间活动分为读课外书、看电视、上网、用手机发信息给别人、完成课外作业、睡觉、爸爸妈妈请家庭教师辅导其学习、参加课外辅导学习等八个方面[124],其研究发现小学生普遍把较多的课余时间用在作业、补习或电子传媒的接触上。郑惠生的研究发现,城乡小学生最喜欢的课外活动依次是"看课外书""看电视或电影""听音乐"和"跟同学、朋友一起玩"等[125]。

就国别差异而言,张晓静[126]的研究发现中美中小学生在课余时间的学习和生活上存在着极大的差异。相比中国学生课余之外以学习为主的情况,美国中小学生相对比较轻松,他们有充裕的时间做自己感兴趣的事情。就性别差异而言,杨欣、陶蕾[123]的研究发现男女生在"完成家庭作业""阅读课外读物""参加体育锻炼""打游戏"上存在显著差异,在"参加社会实践"方面没有显著差异。女生"完成家庭作业""阅读课外读物"的时间超过男生,而男生"参加体育锻炼""打游戏"的时间比女生多。这可能是由男生、女生的性格差异造成的,男生更喜欢参加一些较为刺激的户外活动,而女生更喜欢安静些的室内活动。郑惠生[125]的研究发现小学女生最喜欢"看课外书""帮父母做家务""听音乐"的比例都高于小学男生,而最喜欢"打游戏""上网""跟同学、朋友一起玩"的比例则低于小学男生。就城乡差异而言,万作芳、朱宁洁[127]的研究发现北京市绝大多数小学生周末睡眠时间相对充裕,县郊学生睡眠时间最少,农村学生学习时间最少,城区学生英语学习用时最多。杨欣、陶蕾[123]的研究发现城乡学生在"完成家庭作业""阅读课外读物""打游戏"方面差异极为显著。具体而言,可能是由于农村资源缺乏,农村学生在"阅读课外读物"和"打游戏"方面的比例低于城市学生,而在"完成家庭作业"方面的比例高于城市学生。此外,城乡学生在"参加体育锻炼"和"参加社会实践"上差异较为显著,"参加体育锻炼"及"参加社会实践活动"的农村学生比例均低于城市学生。郑惠生[125]的研究发现城镇小学生最喜欢上网、睡觉、运动、聊天和参加课外辅导班学习的比例都高于农村小学生,而最喜欢帮父母做家务的情况则相反。

在学校类型差异上,杨欣、陶蕾[123]的研究发现不同类型的学校在"参加体育锻炼"和"打游戏"两项活动上差异不显著,而在"完成家庭作业""阅读课外读物","参加社会实践"三项活动上均存在差异。其中非重点学校学生在"完成家庭作业"的比例上高于重点学校学生。课余时间用来"阅读课外读物"的重点学校学生比非重点学校学生比例高。在年级差异上,万作芳、朱宁洁[127]发现北京市绝大多数小学生随着年级越高锻炼时间越少。杨欣、陶蕾[123]的研究发现不同年级学生在课余时间安排上存在显著差异。随着年级的升高,选择"完成家庭作业"的比例越高。而在"阅读课外读物""参加体育锻炼""参加社会实践"方面,五年级均是一个拐点。在"打游戏"上,初中生比例明显高于小学生。萧黎通过对南京市小学生课后作息情况的调查发现,小学低年级学生的校外学习时间,随着年级的升高明显地增加[128]。

此外,关于流动儿童和城市本地儿童放学后时间的分配问题,周金燕认为将学龄儿童放学后的时间理解为"空闲时间"是一种误解,学龄儿童的放学后生活存在着一些问题,比如受到妇女就业率上升、单亲家庭数量增加等职业和家庭结构转变的影响,现代家庭常常没有时间和精力照顾放学后的孩子,这导致儿童有可能面临安全问题,包括穿越拥挤的道路回家、一个人在家沉溺于网络游戏,或与同伴在不安全的街头玩耍等[129]。该研究将儿童放学后时间分为放学后处境的安全、学校教育时间的延长、培养兴趣的机遇和自由安排等四个方面,其中处境的安全包括路上接送、无人监护;学校教育时间延长包括做学校作业、上补习班;兴趣培养即上兴趣班,而自由安排则包括看课外书、看电视、上网和参加体育活动等。研究发现放学后流动儿童比城市本地儿童更易处于危险的境遇,他们较少有教育补习和发展兴趣的机会。且城市本地儿童更偏好看课外书、上网查资料、看科普教育类的电视节目等,而流动儿童,尤其是来自农村的流动儿童,更多沉迷于看电视剧、电影,上网玩游戏等。

总之,大体上中小学生课余时间的分配存在明显的课堂化倾向,且学生的课余时间分配具有明显的国别、性别、城乡、年级、学校类型等方面的差异。

(3)相关测量工具

本研究中课余时间指标采用项目组自编问卷(在上学期,周一至周五你大约每天花多少课余时间进行下列活动），具体题目如表 3-7 所示。

表 3-7　课余时间量表

	基本没有	0.5 小时及以内	0.5～1 小时（包括 1 小时）	1～1.5 小时（包括 1.5 小时）	1.5～2 小时（包括 2 小时）	超过2 小时
看自己感兴趣的书	(1)	(2)	(3)	(4)	(5)	(6)
与学习相关的阅读	(1)	(2)	(3)	(4)	(5)	(6)
利用网络查找与学习相关的资料或在线学习	(1)	(2)	(3)	(4)	(5)	(6)
上网聊天或玩游戏	(1)	(2)	(3)	(4)	(5)	(6)
参加体育锻炼或比赛（如跑步、游泳、打球、武术、下棋等）	(1)	(2)	(3)	(4)	(5)	(6)
参加与艺术相关的活动（如演奏乐器、听音乐会、观看表演等）	(1)	(2)	(3)	(4)	(5)	(6)
看电视或网络节目	(1)	(2)	(3)	(4)	(5)	(6)
社会实践活动或志愿者服务	(1)	(2)	(3)	(4)	(5)	(6)
做家务	(1)	(2)	(3)	(4)	(5)	(6)

（三）学习品质

鄢超云认为学习品质主要包括：学生的好奇心与兴趣、学生的主动性、学生的坚持与注意力、学生的创造与发明、学生的反思与解释。其中学生的好奇心与兴趣主要指儿童具有好奇感，有寻求新信息的兴趣，有对新知识的敏锐，渴望学习等；学生的主动性具体包括肯接受任务，愿意参与学习活动，学新东西时会进行合理的冒险等；学生的坚持与注意力具体包括在完成任务时，表现出坚持性，能够集中注意力，不容易被干扰或被弄得很沮丧；学生的创造与发明具体包括儿童能够利用想象等拓展知识，进行新的学习。需要指出的是，这里不是指向儿童创造与发明的具体表现，而是指向利用想象、创造与发明来进行学习；学生的反思与解释具体包括吸收、思考、理解已有知识和信息，以便进行进一步的学习[130]。

关于学习品质的另一个界定是学习心理品质。班华认为,学习心理指导的一项重要内容是学习心理品质的培养,学习心理品质是学习主体内在的、稳定的学习心理特征,是心理素质的重要组成部分。学习心理品质表现为明确的学习目的、正确而强烈的学习动机、积极的学习态度,以及学习过程良好的智力品质、学习方式等。学习心理品质可以分为智力品质(包括观察品质、记忆品质、思维品质、动手操作品质)和非智力品质(包括目标意识上的学习自觉性品质、学习动机自我意识上的积极性品质,学习态度上的自信心、谦虚、细致、合作品质以及坚持性和自制力等意志品质)[131]。由于心理学中对心理品质研究比较具体,因此学习心理品质的内涵比较广泛而且比较明确,这为我们理解学习品质具有重要的指导意义。

彭贤智认为学习品质是指在学习中形成,并在学习活动中表现出来的影响学习效果的稳定的心理倾向和特征。它是一个人先天素质和后天教育的结果。学生学习的品质好坏,对学习效果产生重要的影响。学习品质是一个多因素、多层次、多侧面的复杂系统,如学习动力、学习倾向、学习监控、学习策略、学习能力等,都是学习品质的子系统。其中学习动力的形成与学生的学习需要、动机和兴趣密切相关;学习倾向性由学习目标、学习态度、学习理想构成;学习监控是学生形成元学习能力的基础,它包括自我认知、自我控制、自我反思三种心理成分;学习策略是指学习者在学习过程中,为实现学习的目标而遵循的学习原则、方法和学习的技巧;学习能力是指顺利地完成学习活动所必备的个性心理特征[132]。

郑秉洵认为学习品质即以什么样的精神和态度从事学习,是决定学习行为倾向性和独特性的心理素质,是思想品质、非智力因素在学习活动中的表现。在这一界定中,强调了学习心理素质,其中又特别强调了思想品德和非智力因素的作用。郑秉洵认为学习方向(动力)、学习品质(习惯)、学习方法是学习的三要素,学习品质有两大类(奋斗献身精神、科学求实精神)18 种(献身真理、献身祖国、热爱、责任感、勤奋、持之以恒、克服困难、突破失败、虚心、求师、交友协作、信心、胆识、独立性、进攻性、好奇心、严谨认真、诚实)。也就是说,学习品质从狭义上说是指良好的学习习惯,从广义上说是学习的基本素养(除了学习策略和学习方法外)[133]。

葛明贵和杨永平认为学习品质对学习的促进作用,主要是通过浓厚的学习兴趣、强烈的学习动机、必要的学习自信心以及自觉踏实的学习态度对学习活动加以维持、激励、引导、调节来实现的。学习过程中所表现出的学习热情、学习兴趣与动机、学习的意志以及学习态度等方面的品质,是学习品质的优劣的具体表现[134]。

学习品质的具体内容涉及注意力、坚持性、好奇心、主动性、问题解决的灵活性等方面。本研究综合郑秉冰、葛明贵、杨永平等学者对学习品质的理解,认为学习品质指能反映学生以多种方式进行学习的倾向、态度、习惯、风格等,具体内容主要包括学习动机、学习策略、学习自信心和学习意志力四个方面。

1.学习动机

(1)概念界定

冯忠良等人认为,学习动机是激发个体进行学习活动、维持已引起的学习活动,并使个体的学习活动朝向一定的学习目标的一种内部启动机制。学习动机一旦形成,就会自始至终贯穿于某一学习活动的全过程,促进学习活动[135]。

学习动机可以促进学习活动。但一般而言,学习动机对认知建构过程的促进作用是间接的,学习动机是以学习情绪状态的唤醒、学习准备状态的增强、学习注意力的集中和学习意志力的提高为中介来影响认知建构过程。综合这些中介因素,学习动机对学习可以产生引发、定向、维持和调节四个方面的作用。此外,学习动机对学习成效有作用。Uguroglu 和 Walberg 考察了大量学习动机与成就关系的研究报告,其结果表明,高动机水平的学生学业成就高。但学习动机强度和学习效率并不完全成正比,过分强烈的学习动机会使学生焦虑,降低学习效率[136]。

陈琦、刘儒德认为学习动机可以划分为内部动机和外部动机。内部动机是指人们对学习本身的兴趣所引起的动机。动机的满足在活动之内,而不是活动之外,它不需要外界的奖惩来使行动指向目标,行动本身就是动力。外部动机是指人们由外部诱因所引起的动机,这些外部因素包括奖励、他人认可和评估、避免惩罚、与他人竞争等。外部动机的满足不在活动之内,而在活动之外,学习者并非对学习活动感兴趣,而是对学习带来的结果感兴趣[137]。

内部动机和外部动机决定着学生是否去持续掌握所学的知识。具有内部动机的学生渴望获得知识经验,他们的学习具有自主性和自发性,学生会积极参与学习过程,具有好奇心,乐于挑战,在解决问题时具有独立性。

内部动机和外部动机的划分不是绝对的。任何外界的要求、外在的力量都必须首先转化成个体内在的需要,才能成为学习的动力。在外部动机发生作用时,学习活动多依赖于责任感、希望得到奖励、规避惩罚的信念,从这个意义上说,外部动机实质上仍然是一种学习的内部动力。

(2)已有的相关研究

大量研究表明,学习动机和学业成绩之间存在相关,学习动机对学业成绩有预测作用,动机水平高的学生学习成绩好。姜琨等人采用 Amabile、Hill、Hennessey 和 Tighe 编制的《学习动机量表》对 240 名 16~23 岁的学生进行测试,将结果与学生最近一学年的学业成绩相匹配,得出以下结论:学业成绩越高的学生学习动机水平越高,学业成绩越低的学生学习动机水平越低。高分学生在内部动机、外部动机两个水平上均较高,低分学生均较低[138]。张宏如[139]、霍金芝[140]、谷生华[141]、辛涛[142]等学者的研究也证实了学习动机与学业成绩之间是相关的。

学习动机对学业成绩不仅有直接的影响,还会通过其他因素的作用进而影响成绩,两者之间不是单纯的线性关系。刘加霞和辛涛采用 Biggs 1987 年编制的《学习过程问卷》中学习动机题项,对北京某中学 398 名学生进行了调查,结果表明:学习动机不仅对学业成绩有直接影响,还通过影响学习策略从而间接影响学业成绩[143]。佐斌和谭亚莉认为学习动机与学业成绩间并非单纯的线性关系,在学业自我效能相等的条件下,学习动机水平中等的学生比学习动机较高的学生更有可能取得好成绩[144]。

基于 PISA 的研究报告,研究者发现学习兴趣与阅读成绩相关。在 2009 年的 PISA 报告里,除去哈萨克斯坦,所有国家中最喜欢阅读的学生成绩要高于最不喜欢阅读的学生。在经济合作与发展组织(Organization for Economic Co-operation and Development,OECD)成员国,学生对于阅读的喜欢程度可以解释 18% 的阅读成绩差异。张文静和辛涛基于 2009 年 PISA 数据库里中国（上海）、韩国、芬兰和美国的数据发现，阅读兴趣对阅读素养表现有正向预测作用，不同文化背景中表现出基本一致的模式[145]。

　　一些研究表明，学习动机对语文和数学成绩有显著影响。谷生华等人的研究采用语文和数学成绩作为学科成绩代理变量，其结果表明学习动机对语文和数学成绩有显著影响[141]。霍金芝等人采用学习动机诊断测验，选择期末数学和语文成绩作为学科成绩的代理变量，对苏州 568 名中学生的学习动机和智力与学习成绩的关系进行分析，结果表明：学习动机对语文和数学学习成绩的影响较大，学习动机强者学习成绩好，并且学习成绩对学习动机可能有反馈作用[140]。胡定荣等人采用语文、数学、英语三科成绩作为代理变量，对北京某薄弱中学学生的研究表明，不同成绩学生的学习动机存在显著差异，学业成绩越好，学习动机越强[146]。佐斌等人[144]、刘加霞等人[143]针对中学生的语文、数学成绩与学习动机的关系研究，得到了相同的结果。

　　许多研究发现，学习动机对英语成绩有显著影响。曾细花和王耘采用英语成绩度量学业成绩，发现了内部动机和英语成绩存在正相关[147]。杨新焕和戴璐的研究表明，中学生学习内部动机、外部动机均与英语成绩呈现正相关[148]。

　　众多研究表明，内部动机对学业成绩的影响比外部动机更大。李炳煌采用由余安编制的《个人取向成就动机量表》（内部动机）和《社会取向成就动机量表》（外部动机）混合而成的量表作为测量工具，将标准化的语文、数学、外语三科成绩均值作为学业成绩指标，对 308 名农村初中生进行测量。该研究发现，学习动机、内部动机与学业成绩存在显著的相关，外部动机不存在显著相关，内部动机对学业成绩有直接的预测作用[149]。曾细花和王耘采用 Ryan 和 Connell 在 1989 年编制的学习自我调节问卷来测量中学生英语学习动机，其研究表明，内部动机可以显著预测学生的英语学习行为和学习成绩，外部调节动机则会对学生的英语学习行为产生消极影响。同时具有强的内部动机和认同调节动机的学生英语学习行为和英语成绩最好[147]。

　　还有一些学者找出比学习动机更有力的预测指标。佐斌和谭亚莉在借鉴他人研究成果的基础上编制学习动机量表，并收集数学、语文考试成绩作为学业成绩指标,其研究表明,学业自我效能是学业成绩的良好预测指标之一,学习动机的预测力较学业自我效能弱[144]。

(3)相关测量工具

Amabile、Hill、Hennessey 和 Tighe 编制的《学习动机量表》,由 30 个项目组成,包括内部动机和外部动机两个分量表。量表采用 4 级评分,得分越高表示动机水平越高。编制者以 1323 名美国东北部两所大学的学生为样本所测得的 Cronbach 系数为 0.79(内部动机分量表)和 0.78(外部动机分量表),一年后的重测信度分别为 0.79 和 0.84,结构效度和预测效度也较理想,是区分和测量内外部动机有效的、可靠的工具。

池丽萍、辛自强对 Amabile、Hill、Hennessey 和 Tighe 编制的《学习动机量表》进行了修订,修订后的量表可以区分成用于测量内部动机(包括挑战性和热衷性两个维度)和外部动机(包括依赖他人评价、选择简单任务、关注人际竞争和追求回报四个维度)的两个分量表(参见表 3-8)。

表 3-8　修订后 Amabile《学习动机量表》细目表

一级指标	二级指标	题号
内部动机	挑战性	3、5、7、10、13、17、26、27
	热衷性	8、11、20、22、23、30
外部动机	依赖他人评价	1、15、16、18、19、24
	选择简单任务	2、9、14、21
	关注人际竞争	4、6、28、29
	追求回报	12、25

两个分量表的多种信效度指标都十分理想,可用于对中国被试的有关研究[150]。姜琨等人对 240 名青少年学生的学习动机测试时也采用了该量表[138]。具体量表如表 3-9 所示:

表 3-9　学习动机量表

题目	完全不符合	比较不符合	比较符合	完全符合
1.我并不那么在乎别人对我的学业表现有什么看法	(1)	(2)	(3)	(4)
2.我比较喜欢在工作中有人替我设定清楚的目标	(1)	(2)	(3)	(4)
3.越困难的问题,我越乐于尝试解决它	(1)	(2)	(3)	(4)
4.我十分清楚我的目标或目的是追求好成绩	(1)	(2)	(3)	(4)
5.我希望我所从事的工作能够提供我增加知识与技能的机会	(1)	(2)	(3)	(4)
6.对我而言,成功意味着比别人做得更好	(1)	(2)	(3)	(4)
7.我喜欢独立思考解决疑难	(1)	(2)	(3)	(4)
8.无论我所做事情的结果如何,只要能够感觉到我得到了新的经验,我便会觉得满足	(1)	(2)	(3)	(4)
9.我喜欢相对简单而直接的任务或作业	(1)	(2)	(3)	(4)
10.我十分清楚我自己在学业成绩上要达到的目标	(1)	(2)	(3)	(4)
11.我做许多事都是受好奇心驱使	(1)	(2)	(3)	(4)
12.我更关心的不是我做什么工作,而是从中得到什么回报	(1)	(2)	(3)	(4)
13.我乐于钻研那些对我来说是完全新的问题	(1)	(2)	(3)	(4)
14.我喜欢选择自己有把握做好的工作,而非那些需要我竭尽全力的工作	(1)	(2)	(3)	(4)
15.我很在乎别人对我的观点怎么反应	(1)	(2)	(3)	(4)
16.我很少想到分数和奖赏	(1)	(2)	(3)	(4)
17.当我能自己设定我的目标,我会更为称心如意	(1)	(2)	(3)	(4)
18.我认为工作表现很好但无人知晓的话是没有什么意义的	(1)	(2)	(3)	(4)
19.对我而言,我所能赢得的成绩是推动我去努力的主要动力	(1)	(2)	(3)	(4)
20.对我而言,能够做我喜欢的工作是很重要的	(1)	(2)	(3)	(4)
21.我喜欢做程序步骤十分明确的工作或任务	(1)	(2)	(3)	(4)
22.只要做的是我乐于做的事,我不那么在乎分数和奖赏	(1)	(2)	(3)	(4)

（续表）

题目	完全不符合	比较不符合	比较符合	完全符合
23. 我乐于从事那些会使我专心得忘却一切的有兴趣的工作	(1)	(2)	(3)	(4)
24. 能赢得他人的肯定和赞赏是推动我去努力的主要动力	(1)	(2)	(3)	(4)
25. 无论做什么，我总希望有所报酬或报偿	(1)	(2)	(3)	(4)
26. 我乐于尝试解决复杂的问题	(1)	(2)	(3)	(4)
27. 对我而言，有机会表现自我是很重要的	(1)	(2)	(3)	(4)
28. 我想要知道自己究竟能在学业上做得多出色	(1)	(2)	(3)	(4)
29. 我希望别人发现我在学业上会有多出色	(1)	(2)	(3)	(4)
30. 对我来说，最重要的是喜爱自己所从事的工作	(1)	(2)	(3)	(4)

Pintrich 和 De Groot 1990 年编制了"学习动机策略问卷"。学习动机策略量表（Motivated Strategies for Learning Questionnaire，MSLQ）包含动机子问卷和自我调节学习策略子问卷两部分，共有 56 个题目。按照因子分析的结果，从 56 个题目中选择了 44 个进行测试，另外 12 个题目则因为关联性不强或因子结构不稳定而被删除。该模型认为个体的动机结构由三个维度构成：自我效能、内在价值和学习焦虑；自我调节学习策略由两个维度构成：包括认知策略的使用和自我调节策略。MSLQ 在经验研究里被广泛地使用，并证实它具有良好的信度和效度。

表 3-10　学习动机策略量表

题号	题目	分值 完全不像我 → 极为像我
1	与班里的其他同学相比，我希望学习更好	1　2　3　4　5　6　7
2	我肯定自己能够理解这堂课上讲的内容	1　2　3　4　5　6　7
3	我期望自己在班里学习非常好	1　2　3　4　5　6　7
4	与班里的其他同学相比，我相信自己是一名好学生	1　2　3　4　5　6　7
5	我敢肯定我能够出色地完成老师布置的作业和任务	1　2　3　4　5　6　7
6	我想在班里我能够得到一个好的等级分数	1　2　3　4　5　6　7

（续表）

题号	题目	分值 完全不像我 → 极为像我
7	与班里的其他同学相比,我的学习能力是优秀的	1　2　3　4　5　6　7
8	与班里的其他同学相比,我想我对这一专业的知识知道得更多	1　2　3　4　5　6　7
9	我知道自己能够学习课堂上呈现的学习材料	1　2　3　4　5　6　7
10	我喜欢有些难度的学习内容,这样我可以学到新的东西	1　2　3　4　5　6　7
11	对我来说,学习课堂上老师教授的内容是重要的	1　2　3　4　5　6　7
12	我喜欢课堂上所学的内容	1　2　3　4　5　6　7
13	我想我能够把一堂课上所学的内容运用到另一堂课上	1　2　3　4　5　6　7
14	我经常思考一些能够从中学到东西的问题,即使这样需要更多的付出	1　2　3　4　5　6　7
15	即使考试的成绩很差,我也试图从自己做错的题目中学到东西	1　2　3　4　5　6　7
16	我想我在课堂上所学的东西有助于自己增长知识	1　2　3　4　5　6　7
17	我认为我在课堂上所学的内容是有趣的	1　2　3　4　5　6　7
18	理解这一专业知识的内容对我是重要的	1　2　3　4　5　6　7
19	考试时,如果不能回忆起所学的内容,我会感到很紧张	1　2　3　4　5　6　7
20	考试时,我会感到紧张、不适	1　2　3　4　5　6　7
21	对于考试,我极为担心	1　2　3　4　5　6　7
22	考试时,我担心自己会考得很糟糕	1　2　3　4　5　6　7
23	复习备考时,我把课堂上所学的知识与课本上的内容结合在一起复习	1　2　3　4　5　6　7
24	做家庭作业时,我努力回忆老师在课堂上所讲的内容,以便能够正确地把问题回答出来	1　2　3　4　5　6　7
25	阅读时,我很难把握住其中的要点	1　2　3　4　5　6　7
26	学习时,我把重要的观点用自己的话来表述	1　2　3　4　5　6　7
27	我总是试图理解老师所讲的内容,即使它的意义不清楚	1　2　3　4　5　6　7
28	复习时,我反复复述重要的事实	1　2　3　4　5　6　7
29	学习时,我抄录自己的笔记,以帮助自己记忆学习材料	1　2　3　4　5　6　7
30	复习迎考时,我尝试着把重要的观点一遍遍默记下来	1　2　3　4　5　6　7

（续表）

题号	题目	分值 完全不像我 → 极为像我
31	我把从过去的作业和课本中学到的东西，应用到新的作业中	1 2 3 4 5 6 7
32	学习新的主题时，我试图把每一项内容结合在一起	1 2 3 4 5 6 7
33	阅读新课的材料时，我反复地阅读以帮助自己记忆	1 2 3 4 5 6 7
34	我把课本中的各章列成提纲，以帮助自己记忆	1 2 3 4 5 6 7
35	阅读时，我努力把自己正在阅读的内容与自己已有的知识结合起来	1 2 3 4 5 6 7
36	为了确保自己弄明白所学的内容，我会提问自己	1 2 3 4 5 6 7
37	遇到有难度的学习任务时，我要么放弃，要么只做容易的部分	1 2 3 4 5 6 7
38	即使没有要求，我也会对每章后面的问题进行练习和解答	1 2 3 4 5 6 7
39	即使学习内容枯燥乏味，我也会把它完成	1 2 3 4 5 6 7
40	开始学习前，我会考虑自己需要做哪些事	1 2 3 4 5 6 7
41	我经常发现，自己对正在阅读的东西不知所云	1 2 3 4 5 6 7
42	我发现教师讲课时，自己想其他的事，没有听老师所讲的内容	1 2 3 4 5 6 7
43	阅读时，我会停顿一会儿，回顾一下前面阅读过的内容	1 2 3 4 5 6 7
44	尽管我不喜欢课上所学的内容，但是为了取得一个好分数也努力学习	1 2 3 4 5 6 7

表 3-11　MSLQ 量表细目表

	一级指标	二级指标	题号
学习动机策略问卷	动机	自我效能	1～9
		内在价值	10～18
		学习焦虑	19～22
	自我调节学习策略	认知策略的使用	23～35
		自我调节策略	36～44

　　PISA 2012 中关于数学学习动机的测量：想想你如何看待数学，你在多大程度上同意表 3-12 里的说法；想想对你而言很重要的人如何看待数学，你在多大程度上同意表 3-13 里的说法。

表 3-12　PISA 2012 **数学学习动机量表**(1)

题目	非常同意	同意	不同意	非常不同意
我喜欢数学方面的书	(1)	(2)	(3)	(4)
努力学好数学是值得的,因为它会对我将来从事的工作有帮助	(1)	(2)	(3)	(4)
我很期待上数学课	(1)	(2)	(3)	(4)
我做数学题是因为我喜欢数学	(1)	(2)	(3)	(4)
对我来说,学数学是值得的,因为它会提升我的就业前景并增加机遇	(1)	(2)	(3)	(4)
我对数学中学到的东西很感兴趣	(1)	(2)	(3)	(4)
数学对我而言是一门重要的学科,因为它是我今后学习的基础	(1)	(2)	(3)	(4)
数学中学习的很多东西有助于我找工作	(1)	(2)	(3)	(4)

表 3-13　PISA 2012 **数学学习动机量表**(2)

题目	非常同意	同意	不同意	非常不同意
我的大多数朋友数学很好	(1)	(2)	(3)	(4)
我的大多数朋友学数学很努力	(1)	(2)	(3)	(4)
我的朋友们喜欢数学测验	(1)	(2)	(3)	(4)
我父母认为学习数学对我很重要	(1)	(2)	(3)	(4)
我父母认为数学对我以后的事业很重要	(1)	(2)	(3)	(4)
我父母喜欢数学	(1)	(2)	(3)	(4)

　　本研究中,学习动机测评维度的划分参照池丽萍对 Amabile、Hill、Hennessey 和 Tighe 编制的《学习动机量表》的修订。修订后的量表可以区分成用于测量内部动机和外部动机的两个分量表。这两个分量表的多种信效度指标都十分理想。国内许多学者也采用这个量表测量学习动机[150]。

　　另外,根据实际情况,对部分二级指标进行了调整。外部动机中的"选择简单任务"维度下的题目多与"任务""工作"相关,与本次测量中的中小学生的学习不太相关,因此删除了"选择简单任务"维度。修改后的学习动机量表维度如表 3-14 所示。

表 3-14　学习动机量表维度

	一级指标	二级指标
学习动机量表	内部动机	热衷性(学科兴趣)
		挑战性
	外部动机	追求回报
		关注人际竞争
		依赖他人评价

表 3-15　中小学生学习动机量表

维度	题目	不同意	不太同意	不确定	比较同意	同意
外部动机	1.只有获得好成绩才能得到老师和父母的表扬。(依赖他人评价)	(1)	(2)	(3)	(4)	(5)
	2.努力学习是为了获得好成绩。(追求回报)	(1)	(2)	(3)	(4)	(5)
	3.任何一门课程,无论喜欢与否,我都要争取好名次。(追求回报)	(1)	(2)	(3)	(4)	(5)
	4.我经常想在和同学的学习竞争中获胜。(关注人际竞争)	(1)	(2)	(3)	(4)	(5)
内部动机	5.我喜欢学习新知识。(热衷性)	(1)	(2)	(3)	(4)	(5)
	6.学习本身是一件有趣的事情。(热衷性)	(1)	(2)	(3)	(4)	(5)
	7.我认为学习的目的是为了使我们学会思考、掌握知识。(热衷性)	(1)	(2)	(3)	(4)	(5)
	8.我乐于尝试有挑战性的学习任务,比如科技小制作、科学实验、课堂展示等。(挑战性)	(1)	(2)	(3)	(4)	(5)

(4)工具质量报告

①信度

对 2014 年小学生和初中生的有效样本进行统计分析发现,该量表总体克隆巴赫系数(Cronbach's Alpha)及其有效样本量的具体结果见表 3-16。

表 3-16　学习动机量表的内部一致性系数

	题目数	克隆巴赫系数
小学生内部动机量表	4	$0.595(N=166\ 162)$
初中生内部动机量表	4	$0.599(N=16\ 934)$
小学生外部动机量表	4	$0.721(N=166\ 140)$
初中生外部动机量表	4	$0.728(N=165\ 071)$

②效度

对 2014 年小学生（170 322）和初中生（168 063）的有效样本的验证性因素分析发现，学习动机量表的验证性因素分析模型拟合指数比较理想，各项目载荷在 0.304~0.731 之间，符合心理测量学标准，有较好的结构效度。具体结果见表 3-17 和表 3-18。

表 3-17　儿童青少年动机量表的验证性因素分析模型拟合指数

	χ^2	df	χ^2/df	CFI	TLI	$RMSEA$	N
小学生	32 330.696	19	1701.616	0.862	0.797	0.100	170 322
初中生	74 201.977	19	3905.367	0.722	0.590	0.152	168 063

表 3-18　学习动机量表的验证性因素分析因子载荷

维度	题号	小学生问卷因子载荷	初中生问卷因子载荷
外部动机	1	0.453	0.649
	2	0.463	0.698
	3	0.603	0.347
	4	0.509	0.304
内部动机	5	0.704	0.664
	6	0.731	0.721
	7	0.626	0.639
	8	0.477	0.522

2.学习策略

(1)概念界定

关于学习策略的概念,目前还没有一个统一的认识。比较流行的有三种解释。

第一种认为,学习策略是学习的规则和方法。Rigney 指出,学习策略是学生用于获取、保存和提取知识及作业的各种操作的程序[151];Duffy 认为,学习策略是内隐的规则系统[152]。

第二种认为,学习策略是学习的信息加工活动过程。Kail 和 Bisanz 认为,学习策略是一系列学习活动的过程[153]。Nisbet 和 Shucksmith 认为,学习策略是选择、整合、应用学习技巧的一套操作过程[154]。Mayer 认为,学习策略是学习者有目的地影响自我信息加工的活动[155]。

第三种认为,学习策略是学习监控和学习方法的结合。Sternberg 指出,学习中的策略(他称为"智力技能")是由执行的技能和非执行的技能整合而成,其中前者指学习的调控技能,后者指一般的学法技能,要达到高质量的学习活动,这两种技能都是必不可少的[156]。由此可见,国外学者们对学习策略的看法各有侧重之处。

我国学者对学习策略的定义多集中于"方法和技巧""程序和步骤",与国外学者的定义类似。例如,史耀芳的研究指出,学习策略是学生在学习过程中,为达到一定的目标,有意识地调控学习环节的操作过程,是认知策略在学生学习活动中的体现形式,它在一定程度上表现为学习方法和技巧[157]。刘电芝认为,学习策略是指学习者在学习活动中,有效学习的规则、方法、技巧及其调控[158]。

在本研究中,学习策略指的是学习者为了提高学习的效果和效率,有目的、有意识地制订有关学习过程的复杂的方案。

鉴于我国新课改强调培养学生分析和解决问题的能力,因而本研究将探究性学习策略纳入学习策略测量框架中,以下先综述探究性学习概念。国外对探究性学习的定义有如下几种类型。美国《国家科学教育标准》中给"探究活动"下的定义是:"探究是一个全方面活动,是几个思维活动的综合体。" Graham Butt 认为,探究性学习就是给学生创造一种复杂的问题,最后用富有个性的语言进行描述的一项活动[159]。J. J. Schwab 认为,研究型学习儿童在通过科学的过程与方法,自主地参与到学习知识的活动中,获得探寻科学知识的重要途径,同时形成对基本知识这一科学概念的认识,从而进一步培养他们探索自然界的上进的态度[160]。

国内学者对探究性学习的定义主要有两种。徐学福认为,探究性学习是指学生在教师指导下,为获得科学素养以类似科学探究的方式所开展的学习活动[161]。冯新瑞也认同徐学福的看法,认为学生应该像科学家搞科研一样,在发现问题和解决问题中增长他们的知识,提高他们的能力,塑造他们的情感态度价值观,以达到科学的概念、科学的方法、科学的态度三者的统一发展与提高[162]。

本研究使用徐学福的定义,认为探究性学习是指学生在教师指导下,为获得科学素养以类似科学探究的方式所开展的学习活动。

在新课程改革中,非常重视基于问题解决的探究性学习。所谓问题解决,一般是指形成一个新的答案,超越过去所学规则的简单应用而产生的一个解决方案。问题解决多与程序性知识相联系。程序性知识是关于"怎么做"的知识,如怎样解决问题、决策等。从信息加工的角度,可以把知识分为陈述性知识和程序性知识。陈述性知识是关于"是什么"的知识,是对事实、定义、规则和原理等的描述。

在新课程改革(此处为第八次课程改革)中,希望通过探究性学习来培养学生解决问题的能力。当常规或自动化的反应不适应当前情境时,问题解决就发生了。问题解决需要应用已经习得的概念、命题和规则,进行一定的组合,从而达到目的。Gagne 将问题解决视为高级规则的学习。杜威最早提出了"探究学习"和"问题解决"的五阶段论,后来的研究者在此基础上继续发展,将问题解决的过程分为以下四个阶段:

第一,理解和表征问题阶段。解决问题的第一步是通过识别有效信息,确定问题究竟是什么。然后准确地表征问题,将问题归类,激活特定的图式。

第二,寻求解答阶段。可通过算法式和启发式去寻求解答。算法是为达到一个目标或解决一个问题而采取的一步一步的程序。常见的启发式方法有四种：(1)手段目的法，即将目标划分为多个子目标，将问题划分为多个子问题后，寻找解决每个子问题的手段；(2)逆向反推法，即从目标开始，退回到未解决的最初的问题；(3)爬山法，即设立一个目标，选取与起始点临近的未被访问的任意节点，向目标方向移动，逐步逼近目标；(4)类比思维，即寻求与此相似的情景的解答。在问题解决中，常常采用以上方法解决问题。

第三，执行计划或尝试某种解答阶段。选好解决方案后，下一步要执行计划、尝试解答。

第四，评价结果阶段。即需要对问题探究结果进行评价。

(2)已有的相关研究

学习策略有四个方面的特征，即主动性、有效性、过程性和程序性。主动性是指学习者有意识地采用学习策略。例如，在学习时，学习者首先分析学习任务和自身特点，然后根据这些条件制订适当的学习计划。有效性是指策略的相对效果和效率。一个人用最原始的方法学习，最终也可能达到学习目的，但效果不会好、效率不会高。例如背单词时，分散复习法和尝试背诵法的记忆效果和效率，就要高于简单重复的朗读。过程性是指学习策略是关于学习过程的策略，它规定学习时做什么不做什么，先做什么后做什么，用什么方式做，做到什么程度等诸多方面的问题。程序性指的是同一种类型的学习存在着的基本相同、常见的一些学习策略。

不同学者对学习策略的分类有所不同，常见的分类有五种。

一是温斯坦的分类，他认为学习策略包括以下四类：(1)认知信息加工策略，如精细加工策略；(2)积极学习策略，如应试的策略；(3)辅助性策略，如处理焦虑；(4)元认知策略，如监控新信息的获得[163]。

二是迈克卡等人的分类，他们将学习策略分为认知策略、元认知策略、资源管理策略三类。陈琦、刘儒德也认同这一分类。他们指出认知策略是加工信息的一些方法和技术，能使信息较为有效地在记忆中存取。认知策略可以分为复述、精细加工和组织策略三种。复述策略是指在工作记忆中为了保持信息，运用内部语言在大脑中重现学习材料或刺激，以便将注意力维持在学习材料之上的策略，包括重复、抄写、做记录等。精细加工策略是通过把所学的新信息和已有的知识联系起来，以此增加新信息的意义，如想象、总结等。组织策略指整合所学新知识之间、新旧知识之间的内在联系，形成新的知识结构的策略，如列提纲、画结构图等[137]。

元认知策略是指学习者对自己认知活动的监控、调节和计划性措施。迈克卡认为，元认知策略也可以分为三种：计划策略、监控策略和调节策略。计划策略是根据认知活动的特定目标，在一项认知活动之前计划各种活动，预计结果、选择策略，想出各种解决问题的方法，并预估其有效性。监控策略是指在认知活动的实际过程中，根据认知目标及时评价，反馈自己认知活动的结果与不足，正确估计自己达到认知目标的程度或水平的策略。调节策略是指根据对认知活动结果的检查，及时修正、调整认知策略。

资源管理策略是辅助学生管理可用环境和资源的策略，包括时间管理策略、学习环境管理策略、努力管理策略和学业求助策略。

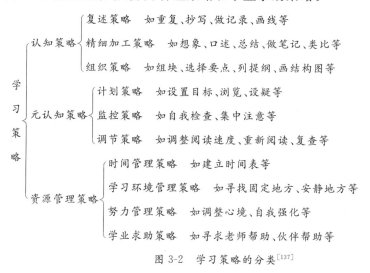

图 3-2　学习策略的分类[137]

三是 Pokay 等人的分类，他将自我调节学习策略分为三类：元认知策略，即学习者对自己认知活动的计划、监控与评价策略；认知策略，即新旧知识的组织与综合策略；资源操纵策略，指学习者主动调整自己的努力程度，有效地使用时间，创造适宜学习环境的策略[164]。这与迈克卡等人对学习策略的分类意见基本一致。

四是 O'Malley 和 Chamot 的分类，他们将学习策略分为认知策略、元认知策略和社会情感策略三大类。认知策略属于基础策略系统,指的是对信息的有效识别、理解、组织、保持和提取;元认知策略在三者中处于最高位置,它指的是对自我认知过程的认知,包括元认知知识、元认知体验、元认知监控三类;社会情感策略是支持性策略,与态度、动机等因素有关[165]。

五是谷生华等的分类,他们将学习策略分为元认知策略、认知策略、动机策略和社会策略四大类,其中,元认知策略是指监控、调节、计划性措施,认知策略是指具体的学习方法,动机策略是指态度和动机,社会策略是指他人的帮助和广泛的社会学习[141]。

综观相关研究,虽然学者们对学习策略的结构问题意见不统一,但始终有两方面被普遍认同是学习策略的基本内容,即认知策略和元认知策略,因而本研究也将这两类策略作为学习策略的重要维度。此外,具有辅助和支持功能的资源管理策略和动机策略也是学者们关注的重点。鉴于本研究中已有专门关于学习动机的测量,故此处略去动机因素,只采纳资源管理策略。据此,认知策略、元认知策略和资源管理策略就构成了本研究对学习策略结构的划分,即迈克卡的分类方式。

表 3-19　学习策略的结构

研究者	年份	分类方式
温斯坦	1985	(1)认知信息加工策略;(2)积极学习策略;(3)辅助性策略;(4)元认知策略
迈克卡等	1990	(1)认知策略;(2)元认知策略;(3)资源管理策略
Pokay 等	1990	(1)元认知策略;(2)认知策略;(3)资源操纵策略
O'Malley、Chamot	1987	(1)元认知策略;(2)认知策略;(3)社会情感策略
谷生华等	1998	(1)元认知策略;(2)认知策略;(3)动机策略;(4)社会策略

大量研究证实,学习策略与学生学业成绩之间存在非常显著的正相关,研究者一致认为学生有效运用学习策略能够提高其学业成就。刘志华和郭占基的研究表明,对初中生而言,学习策略对学业成绩影响显著。不同成绩的学生在学习策略上有显著差异,这是导致成绩分化的主要原因之一[166]。王振宏和

刘萍的研究也证实了学习策略和学业成绩之间的正相关,研究结果表明学习策略能够解释12%的学业成就变异[167]。胡桂英和许百华认为,认知策略直接影响着初中生的学业成就[168]。

一些研究者发现,中学生学习策略对学习成绩的影响也因年级群体不同而有所差异。辛涛等人研究表明,初中和高中阶段表现出不同的学习策略水平。初中阶段,不同成绩组的学习策略水平存在显著差异,并且低成绩组在所有维度上的得分都低于高分组。而高中阶段则不存在这种差异[142]。李荟等人的研究也证实了这点,初中生的学习策略与学习成绩的关系比高中生的要密切[169]。

基于PISA的研究报告,研究者发现学习策略与阅读成绩相关。在2009年的PISA报告里可以发现,理解和识记信息策略、总结策略、控制策略的使用都与阅读成绩呈现正相关。OECD成员国中,理解和识记信息策略指数每增加一个单位,阅读成绩提高35分甚至更多;总结策略指数每增加一个单位,阅读成绩提高42分。张文静和辛涛基于2009年PISA数据库中中国(上海)、韩国、芬兰和美国的数据发现,阅读策略的使用可显著提高阅读素养成绩,尤以控制策略、理解和识记元认知策略与总结元认知策略的作用最明显[145]。

大量研究表明,学习策略对语文和数学成绩有显著影响。刘加霞和辛涛的研究采用语文和数学成绩作为学科成绩代理变量,其结果表明学习策略对语文和数学成绩有显著影响,学习策略对学业成绩的解释为18%[143]。谷生华采取语文和数学成绩研究,得到了类似的结果[141]。

有研究发现,学习策略对英语成绩有显著影响。方义桂采用英语成绩度量学业成绩,证实了学习策略对英语成绩有影响[170]。葛明贵和晋玉的研究表明,中学生的英语学习策略及其认知和调控策略与学生学业成绩之间呈显著正相关,交际和资源策略与学生的学业成绩则没有显著相关[171]。

一些研究表明,学习策略对人文、科学成绩均有显著影响。刘志华和郭占基将语文、英语、物理、生物学、历史、政治和地理等作为学科成绩代理变量,结果证实学习策略对各科学业成绩影响显著[166]。王振宏和刘萍的研究成果也证实了这点[167]。

一些学者的研究表明,学习策略充当学习动机和学业成绩的中介变量。刘加霞和辛涛的研究表明,学习动机除对学业成绩有直接影响外,还通过影响学习策略从而间接影响学业成绩[143]。Pokay 和 Blumenfeld 认为,学习策略作为学生的成就目标和学业成就之间的中介变量,在学生的成就目标的实现方面起着举足轻重的作用[164]。

此外,学者一致认为,学习动机和学习策略也直接相关,学生的学习动机决定着他们选择学习策略的种类以及使用的效果。刘加霞和辛涛的研究表明,中学生的学习动机(除表面型动机外)、学习策略、学业成绩两两之间呈显著正相关[143]。Biggs 等人的研究发现,动机水平良好的学生相对于动机水平较差的学生表现出积极的自我监控和自我策略指导,可以生成更有效的学习策略[172]。隋洁等人的研究表明,深层学习动机和表层学习策略促进不同学科的知识获得。在学习初期,高深层学习动机促进物理学科结构化知识的掌握,促进语文学科细节知识的掌握。高表层学习策略比低表层学习策略更能促进学生对物理和语文细节知识的掌握[173]。

(3)相关测量工具

北京师范大学发展心理研究所编制的学习策略量表中的学习策略包含四个维度:元认知策略、认知策略、动机策略和社会策略[174]。该量表共 52 道题,采用五点记分,被试从"总是如此"(5 分)到"从不如此"(1 分)。量表的维度设置如表 3-20 所示。

表 3-20　北京师范大学发展心理研究所学习策略量表维度

	一级指标	二级指标
学习策略量表	元认知策略	监控
		调节
		计划性措施
	认知策略	具体的学习方法
	动机策略	态度和动机
	社会策略	他人的帮助
		广泛的社会学习

温斯坦等人编制的学习策略问卷(Learning and Study Strategies Inventory, LASSI)。LASSI 是在广泛研究的基础上编制出来的比较成熟的学习策略问卷,已在美国许多高校使用并已建立了常模,在欧美、亚洲诸国也有使用。我国学者潘颖秋等人对北京地区中学生学习策略水平进行调查研究,结果表明该量表具有较高的信度和效度。该量表由十个分量表组成,包括 77 个测题,被试回答方式采用的是从完全否定到完全肯定的五级式计分。十个分量表分别为态度量表、时间管理量表、焦虑量表、动机量表、信息处理量表、自我检查量表、专心量表、选择要点量表、考试策略量表和学习辅助手段量表[175]。

在本研究中,学习策略的测评维度划分参照了迈克卡关于学习策略的分类,将学习策略分为认知策略、元认知策略和资源管理策略三类。之所以采纳这种分类方式,是因为其符合大多数学者的研究结果。学界普遍认同认知策略和元认知策略是学习策略的基本内容。而且,资源管理策略中的时间管理和努力管理策略与元认知策略中的计划和监控策略内涵有部分重叠,所以,本研究没有再考虑资源管理策略,仅把认知策略和元认知策略纳入学习策略维度中。另外,根据新课改"培养学生分析、解决问题的能力"的要求,把探究性学习策略纳入学习策略量表的维度中。

表 3-21　学习策略量表维度

	一级指标	二级指标
学习策略量表	认知策略	复述策略
		精细加工策略
		组织策略
	元认知策略	计划策略
		监控策略
		调节策略
	探究性学习策略	

表 3-22 中小学生学习策略量表

维度	题目	完全不符合	不太符合	有点符合	比较符合	非常符合
认知策略	1.我会尝试用多种方法解决一个问题。(认知:精细加工)	(1)	(2)	(3)	(4)	(5)
	2.我能够借助一些方式,如画图、举例子、打比方等理解知识或解释问题。(认知:精细加工)	(1)	(2)	(3)	(4)	(5)
	3.我尝试总结已经学过的知识。(认知:精细加工)	(1)	(2)	(3)	(4)	(5)
	4.我经常把学习过的知识进行比较、归纳,以便更深入地理解所学的知识。(认知:组织)	(1)	(2)	(3)	(4)	(5)
	5.我尝试用所学的知识解释自然现象(比如为什么先看见闪电后听到雷声)或解决生活中的问题(比如利用醋除水垢)。(认知:精细加工)	(1)	(2)	(3)	(4)	(5)
元认知策略	6.在寒暑假,我会制订学习计划,比如拟定假期作业日程表、列出阅读书单等。(元认知:计划)	(1)	(2)	(3)	(4)	(5)
	7.学习时,我通常会反思是否还有尚未掌握的内容。(元认知:监控)	(1)	(2)	(3)	(4)	(5)
	8.我会及时改正作业和试卷中的错误。(元认知:调节)	(1)	(2)	(3)	(4)	(5)
探究性学习策略	9.我喜欢在观察大自然的时候提出问题,比如雨后为什么有时会出现彩虹。(仅限小学)(探究性学习策略) 我喜欢探究性学习活动,比如设计物理实验,分析实验结果等。(仅限中学)(探究性学习策略)	(1)	(2)	(3)	(4)	(5)
	10.我喜欢利用小组讨论来学习。(探究性学习)	(1)	(2)	(3)	(4)	(5)

(4)工具质量报告

①信度

对 2014 年小学生(165 035)和初中生(164 321)的有效样本进行统计分析发现,该量表总体克隆巴赫系数分别为 0.859 和 0.837。具体结果见表 3-23。

表 3-23　学生学习策略量表的内部一致性系数

	题目数	克隆巴赫系数
小学生学习策略量表	10	0.859（N＝165 035）
初中生学习策略量表	10	0.837（N＝164 321）

②效度

分别对 2014 年小学生（172 301）和初中生（169 568）的有效样本进行验证性因素分析，结果发现，学生学习策略量表的验证性因素分析模型拟合指数比较理想，各项目载荷在 0.514～0.744 之间，符合心理测量学标准，有较好的结构效度。具体结果见表3-24和表 3-25。

表 3-24　学生学习策略量表的验证性因素分析模型拟合指数

	χ^2	df	χ^2/df	CFI	TLI	$RMSEA$	N
小学生	17005.354	32	531.417	0.967	0.954	0.055	172 301
初中生	28631.684	32	894.740	0.938	0.913	0.073	169 568

表 3-25　学生学习策略量表的验证性因素分析因子载荷

维度	题号	小学生量表因子载荷	初中生量表因子载荷
认知策略	1	0.557	0.514
	2	0.679	0.617
	3	0.703	0.697
	4	0.734	0.719
	5	0.608	0.606
元认知策略	6	0.657	0.616
	7	0.691	0.744
	8	0.562	0.595
探究性学习	9	0.538	0.489
	10	0.539	0.565

3.学习自信心

（1）概念界定

学习自信心是以学生自身的学习能力为认识、评价的对象，它本质上是学生对自己所具有的学习能力的一种估计与高度自我接纳的态度。不少学者给出了学习自信心的界定。如练国铮认为,学习自信心是指学生个体对自己完成学习任务、实现学习目标所持有的一种积极的、肯定的反应倾向[176]。学习自信心作为一种学习态度,它是由自信认识、自信体验和自信意向三种要素所构成的。李艳萍也认为学习自信心是学生在学习过程中对自己的能力、价值、目标和潜能等的认识和体验,是反映个体对自己是否有能力成功地完成学习活动的信任程度的心理特征。同时,学习自信心还是学生在学习过程中对自我价值的表达,也是对自身能力的认识和充分估计,坚信自己能完成任务和达到目标[177]。

本研究采用朱巨荣的定义,认为学习自信心是学生在学习过程中对自己的能力、目标、潜能等各方面的体验,是一种积极肯定的心理体验[178]。

(2)已有的相关研究

关于学习自信心的维度有多种划分方式。车丽萍和黄希庭通过国内外的文献分析与整理以及大量的实证研究,建构了关于自信心的理论维度。他们把自信心视为一个具有复杂结构的多维度层次系统,第一层是整体自信,抽象程度较高,比较稳定,反映了个体长期维持的一种基本水平,具体包括个体对其自身能力、意志力、性格、品德、特长等方面的总体认识与态度。第二层次是具体自信,是整体自信的支持因素,更多地体现了系统组成要素的功能,共有三个维度,即学业自信、社交自信和身体自信。其中,学业自信是指个体对自身外语、动手操作和创造等方面的肯定和确认程度;社交自信是个体在其社会交往中的自信;身体自信是个体对其外表体形、身体素质、健康状况及体育运动等方面的信心和确认度[179]。毕重增和黄希庭认为,青年学生的自信心由才智自信、人际自信、品质自信、应对自信和成就自信五个因素构成[180]。

大量研究发现,学习自信心与学业成绩相关。Reddy 1983 年的一项研究表明,自信关系实际名次和成就需要[181]。姜月和杨丽珠采用大连市的样本发现,不同自信水平的 7~9 岁小学生的学业总成绩及其数学、语文和英语成绩差异非常显著[182]。何声清、綦春霞研究发现,对数学学优生而言,学习自信心对数学成绩的影响最大[183]。朱巨荣通过相关分析和结构方程模型分析发现,学习自信心与学业成就显著正相关[178]。胡鸿雁等人采用大学生的样本发现,自信心与学生英语成绩呈中度正相关[184]。

(3)相关测量工具

PISA 2012 关于数学学习自信心的测量(想想你的数学课,你在多大程度上同意以下说法?),具体如表 3-26 所示。

表 3-26 PISA 2012 **数学学习自信心量表**

题目	非常同意	同意	不同意	非常不同意
如果我足够努力,我就能学好数学	(1)	(2)	(3)	(4)
我是否能学好数学,完全取决于我自己	(1)	(2)	(3)	(4)
家庭需要或其他问题让我无法在数学学习上投入大量时间	(1)	(2)	(3)	(4)
如果换个老师,我会试着更努力学习数学	(1)	(2)	(3)	(4)
如果我想,我的数学成绩可以很出色	(1)	(2)	(3)	(4)
不管我考前是否用功准备,我的数学成绩都不好	(1)	(2)	(3)	(4)

学习自信心主要指学生个体相信自己完成学习活动的心理特性,本项目对学习自信心的测量,主要参考 PISA 2012 学习自信心的题目,具体如表 3-27 所示。

表 3-27 **中小学生学习自信心量表**

	题目	不同意	不太同意	不确定	比较同意	同意
学习自信心	1.我天生不是学习的料	(1)	(2)	(3)	(4)	(5)
	2.只要我努力就会学得更好	(1)	(2)	(3)	(4)	(5)
	3.如果某个问题看起来很复杂,我就不愿意去尝试	(1)	(2)	(3)	(4)	(5)
	4.我相信自己能在考试中取得好成绩	(1)	(2)	(3)	(4)	(5)
	5.我总是能实现自己所设定的学习目标	(1)	(2)	(3)	(4)	(5)

(4)工具质量报告

①信度

对 2014 年小学生(162 244)和初中生(162 256)的有效样本进行统计分析

发现,该量表总体克隆巴赫系数分别为 0.600 和 0.623,内在一致性信度达到测量学基本要求。具体结果见表 3-28。

表 3-28　学习自信心量表的内部一致性系数

	题目数	克隆巴赫系数
小学生学习自信心	5	0.600($N = 162\ 244$)
初中生学习自信心	5	0.623($N = 162\ 256$)

②效度

对 2014 年小学生(168 471)和初中生(166 305)有效样本的验证性因素分析发现,学习自信心量表的验证性因素分析模型拟合指数不太理想,各题项载荷在 0.337～0.742 之间,基本符合心理测量学标准,结构效度一般。具体结果见表 3-29 和表 3-30。

表 3-29　学习自信心量表的验证性因素分析模型拟合指数

	χ^2	df	χ^2/df	CFI	TLI	RMSEA	N
小学生	34 817.689	5	6963.538	0.677	0.354	0.084	168 471
初中生	24 720.494	5	4944.099	0.770	0.540	0.069	166 305

表 3-30　学习自信心量表的验证性因素分析因子载荷

	题号	小学生量表因子载荷	初中生量表因子载荷
学习自信心	1	0.495	0.443
	2	0.593	0.470
	3	0.422	0.337
	4	0.568	0.742
	5	0.362	0.492

4.学习意志力

(1)概念界定

近几年来,教育家、心理学家、神经科学家和经济学家等各个不同领域的专家都普遍认为,决定孩子成功的最重要因素,并不是我们给幼年的孩子灌输了多少知识,而在于能否帮助孩子培养一系列的重要性格特质,如毅力、自我控制、好奇心、责任心、勇气以及自信心,这些都将影响其一生。

积极心理学则提出了七项指标,认为它们是预示孩子未来成功的"七大秘密武器"。这七项指标分别是：grit（坚毅）、zest（激情）、self-control（自控力）、optimism（乐观态度）、gratitude（感恩）、social intelligence（社交智力）、curiosity（好奇心）。其中，坚毅是首要指标。

最近几年美国教育学界被一种全新的教育理念所席卷，那就是 Grit。Grit 一词在古英语中的原意是"沙砾"，即沙堆中坚硬耐磨的颗粒。Grit 可译为"坚毅、坚韧、意志力"，但其含义远比毅力、勤勉、坚强要丰富得多。美籍亚裔心理学家、宾夕法尼亚大学副教授 Angela Lee Duckworth 在 2013 年 TED 演讲时，给 Grit 定义："向着长期的目标，坚持自己的激情，即便历经失败，依然能够坚持不懈地努力下去，这种品质就叫作坚毅。"

由此，Grit 是对长期目标的持续激情及持久耐力，是不忘初衷、专注投入、坚持不懈，是一种包含了自我激励、自我约束和自我调整的性格特征。如果你见一个孩子"能很投入地一直做一件事很久"，这就是 Grit。

（2）已有的相关研究

美国著名社会心理学家罗伊·鲍迈斯在《意志力：关于专注、自控与效率的心理学》"序言"中曾指出："心理学家在寻找能预示成功的个人品质时发现，智力和自控力最能预示成功。"而且他还强调，迄今为止，人们在探索如何提高人们智力的问题上存在着许多困惑，但是，"研究意志力与自我控制，是心理学家最有希望为人类做出贡献的地方"。

2012 年，斯坦福大学心理学教授 Carol Dweck 和纽约《时代》周刊编辑保罗·图赫的著作《性格的力量：勇气、好奇心、乐观精神与孩子的未来》，已经将"培养坚毅性格"的教育理念带入大家的视野。2013 年，宾夕法尼亚大学心理学副教授 Angela Lee Duckworth 在 TED 的演讲则引起教育界对"坚毅"的空前关注，Angela Lee Duckworth 教授和她的团队甚至制定了测量"坚毅指数"的工具，并将其发表于 2005 年原名为"Self discipline outdoes IQ in predicting academic performance of adolescents"（自制力完胜智商：预示青少年未来学业表现）的研究成果，更名为 Grit Research。

Duckworth 编制了一个名为"坚韧量表"的工具。该量表由 12 个题项组成。举两个例子："我克服挫折从而赢得了一个重要挑战"和"挫折并没有使我灰心"。这个量表完全由个人自我报告。Duckworth 发现,在具有挑战性的情境中,一个人的坚韧分数能够高度预测其成就[185]。

从 2005 年开始,Duckworth 一直致力于研究性格对于成功起到的作用。她对数以千计的高中生进行了调研,并跟随西点军校、全国拼字比赛、国内一流大学等进行观察和分析。她的研究发现:在美国的精英军校——西点军校中,军校学员的坚韧得分是他们在人称"野兽兵营"的严酷的夏季训练计划中取得成功的最好预测因素。在斯克里普斯全国拼字比赛中,最坚韧的参赛者是最有可能晋级总决赛的——至少有一部分是因为他们学习得更久,而不是因为他们是更聪明或是更好的拼写者。那些成功获得博士学位的人比获得学士学位的人拥有更大程度的坚韧品质。Duckworth 的研究表明,当涉及高成就时,坚韧也许是和智力一样是必要的因素。这是一个重大的发现,因为长久以来,人们总认为智力才是成功的关键。

(3)相关测量工具

Duckworth 教授和她的团队制定的测量"坚毅指数"的工具包含 12 个项目,归为两个维度:持续的兴趣(2、3、5、7、8、11)、坚持不懈的努力(1、4、6、9、10、12)。所有题目采用五级计分。具体见表 3-31 和表 3-32。

表 3-31 "坚毅指数"测量量表

描述	完全符合	比较符合	有点符合	不太符合	完全不符合
1.我克服挫折从而赢得了一个重要的挑战	(1)	(2)	(3)	(4)	(5)
2.新的想法和项目总会分散我对之前想法或是项目的注意力	(1)	(2)	(3)	(4)	(5)
3.我的兴趣每年都有转变	(1)	(2)	(3)	(4)	(5)
4.挫折并没有使我灰心	(1)	(2)	(3)	(4)	(5)
5.我总是短时间喜欢某一想法或项目,但是后来又失去兴趣	(1)	(2)	(3)	(4)	(5)
6.我是一个努力工作的人	(1)	(2)	(3)	(4)	(5)
7.我经常设定一个目标但后来又去追求另外一个	(1)	(2)	(3)	(4)	(5)

（续表）

描述	完全符合	比较符合	有点符合	不太符合	完全不符合
8.我很难将注意力保持集中在需要几个月完成的项目上	(1)	(2)	(3)	(4)	(5)
9.我做任何事都有始有终	(1)	(2)	(3)	(4)	(5)
10.我通过多年的工作实现了一个目标	(1)	(2)	(3)	(4)	(5)
11.我每隔几个月就会有新的追求	(1)	(2)	(3)	(4)	(5)
12.我非常勤奋	(1)	(2)	(3)	(4)	(5)

表 3-32 "坚毅指数"量表细目表

一级指标	二级指标	题号
坚毅	持续的兴趣	2、3、5、7、8、11
	坚持不懈的努力	1、4、6、9、10、12

注：其中 2、3、5、7、8、11 为反向题。

坚毅得分为所有项目的平均分（处理完反向计分后），最大值为 5 分，表示非常坚韧；最小值为 1 分，表示一点也不坚韧。

北京师范大学易度科技有限公司认为好的学习意志力主要包括以下三方面内容：

a.学习的主动性和独立性。

学习的主动性和独立性，是指学生能善于自觉地调节控制自己的学习活动，使它服从于一定的学习目的，而不只靠外力的推动。具备了这种学习意志品质的学生，他不用等待别人的暗示、提示，也不屈从于周围的压力。在全部活动中，会从科学的信念和追求的目标出发，规定自己的举止和言行。他会充分相信自己所做决定的正确性，在学习的征途上克服各种困难，勇往直前。

b.学习的坚持性。

学习的坚持性是指在较长的时间内，克服内部和外部的各种困难，坚决完成学习任务的品质。学习的坚持性包括在学习过程中具有充沛的精力和坚韧的毅力。许多同学并不常常具有这种品质，有的同学在学习开始时可以精力充沛地干着一件事，可是很快就疲倦了。他只有短时间应对困难的突击能力，缺乏毅力,不能顽强持久地攻克学习难关。有学习坚持性的人才能顽强地、持久地克服一切障碍,为达到既定目标而坚持不懈。

c.学习的自控力。

学习的自控力是指在学习生活中善于控制和支配自己行动的能力。有自控能力的学生,为了提高学习质量,会在教师的指导下管理自己、约束自己,科学地组织学习,不会不经过深思熟虑而发生一时的冲动,干扰自己学习计划的执行,更不会白白地浪费时间,破坏自己规定的学习时间。

小学生学习意志力问卷包含 24 个题项,中学生学习意志力问卷包含 34 个题项,具体见表 3-33、表 3-34。

表 3-33　北京师范大学易度科技有限公司小学生意志力问卷

题号	描述	完全不符合	多数不符合	一般/不确定	多数符合	完全符合
1	我愿意独立负责班级的工作	(1)	(2)	(3)	(4)	(5)
2	我能够独立做出决策	(1)	(2)	(3)	(4)	(5)
3	我习惯独立处理问题	(1)	(2)	(3)	(4)	(5)
4	我能马上去做一件应该做的事	(1)	(2)	(3)	(4)	(5)
5	我认为正确的事情,我总是立即去做	(1)	(2)	(3)	(4)	(5)
6	下决心要做的事情我一定尽快去做	(1)	(2)	(3)	(4)	(5)
7	我做事情总是干脆利索	(1)	(2)	(3)	(4)	(5)
8	遇事我能及时做出决定	(1)	(2)	(3)	(4)	(5)
9	只要有成功的机会,我就立即行动	(1)	(2)	(3)	(4)	(5)
10	我善于把握机会	(1)	(2)	(3)	(4)	(5)
11	我能够坚持完成自己的计划	(1)	(2)	(3)	(4)	(5)
12	我喜欢可以考验自己毅力的运动	(1)	(2)	(3)	(4)	(5)
13	我每天都按时起床	(1)	(2)	(3)	(4)	(5)
14	我是一个有毅力的人	(1)	(2)	(3)	(4)	(5)
15	只要下了决心,我能克服任何困难坚持下去	(1)	(2)	(3)	(4)	(5)
16	我坚持今日事今日毕	(1)	(2)	(3)	(4)	(5)
17	我兴趣多变,总是这山望着那山高	(1)	(2)	(3)	(4)	(5)

（续表）

题号	描述	完全 不符合	多数 不符合	一般/ 不确定	多数 符合	完全 符合
18	我能长时间做一件重要但枯燥无味的工作	(1)	(2)	(3)	(4)	(5)
19	在做作业时，再好看的电视剧我也不看	(1)	(2)	(3)	(4)	(5)
20	我常因看电视而耽误做作业	(1)	(2)	(3)	(4)	(5)
21	我总是买回一些没有多大用处的东西	(1)	(2)	(3)	(4)	(5)
22	没做完功课我就不会去玩	(1)	(2)	(3)	(4)	(5)
23	我能很好地克制自己	(1)	(2)	(3)	(4)	(5)
24	我能够严格遵守课堂纪律	(1)	(2)	(3)	(4)	(5)

表 3-34　北京师范大学易度科技有限公司中学生意志力问卷

题号	描述	完全 不符合	多数 不符合	一般/ 不确定	多数 符合	完全 符合
1	我总希望别人来帮助我做决定	(1)	(2)	(3)	(4)	(5)
2	我愿意独立负责班级的工作	(1)	(2)	(3)	(4)	(5)
3	我能够独立承担重要的工作	(1)	(2)	(3)	(4)	(5)
4	我能够独立做出决策	(1)	(2)	(3)	(4)	(5)
5	我习惯独立处理问题	(1)	(2)	(3)	(4)	(5)
6	遇事我喜欢自己拿主意	(1)	(2)	(3)	(4)	(5)
7	我喜欢独立承担重要的工作	(1)	(2)	(3)	(4)	(5)
8	我能马上去做一件应该做的事	(1)	(2)	(3)	(4)	(5)
9	我认为正确的事情，我总是立即去做	(1)	(2)	(3)	(4)	(5)
10	下决心要做的事情我一定尽快去做	(1)	(2)	(3)	(4)	(5)
11	我做事情总是干脆利索	(1)	(2)	(3)	(4)	(5)
12	遇事我能及时做出决定	(1)	(2)	(3)	(4)	(5)
13	只要有成功的机会，我就立即行动	(1)	(2)	(3)	(4)	(5)
14	我善于把握成功的机会	(1)	(2)	(3)	(4)	(5)
15	我能够坚持完成自己的计划	(1)	(2)	(3)	(4)	(5)
16	我喜欢可以考验自己毅力的运动	(1)	(2)	(3)	(4)	(5)
17	我每天都按时起床	(1)	(2)	(3)	(4)	(5)

（续表）

题号	描述	完全不符合	多数不符合	一般/不确定	多数符合	完全符合
18	我是一个有毅力的人	(1)	(2)	(3)	(4)	(5)
19	只要下了决心,我能克服任何困难坚持下去	(1)	(2)	(3)	(4)	(5)
20	我能长时间做一件重要但枯燥的工作	(1)	(2)	(3)	(4)	(5)
21	我信奉"凡事不干则已,干则必成"	(1)	(2)	(3)	(4)	(5)
22	我坚持今日事今日毕	(1)	(2)	(3)	(4)	(5)
23	答应别人的事,我绝不食言	(1)	(2)	(3)	(4)	(5)
24	我常不能按时完成计划	(1)	(2)	(3)	(4)	(5)
25	我常常因为打游戏而不能按时入睡	(1)	(2)	(3)	(4)	(5)
26	我常因看电视而耽误做作业	(1)	(2)	(3)	(4)	(5)
27	我总是买回一些没有多大用处的东西	(1)	(2)	(3)	(4)	(5)
28	没做完功课我就不会去玩	(1)	(2)	(3)	(4)	(5)
29	上课时,我会忍不住看有趣的课外书	(1)	(2)	(3)	(4)	(5)
30	为了更好地学习,我会忍住不看喜欢的电视剧	(1)	(2)	(3)	(4)	(5)
31	我能很好地克制自己	(1)	(2)	(3)	(4)	(5)
32	我能够严格遵守课堂纪律	(1)	(2)	(3)	(4)	(5)
33	我能控制自己不乱吃零食	(1)	(2)	(3)	(4)	(5)
34	我从不乱花钱	(1)	(2)	(3)	(4)	(5)

表 3-35　北京师范大学易度科技有限公司中小学生意志力量表细目表

一级指标	二级指标	题号
学习意志力	学习的主动性和独立性	小学:1～10 中学:1～14
	学习的坚持性	小学:11～18 中学:15～24
	学习的自控力	小学:19～24 中学:25～34

本项目对学习意志力的测量,借鉴了 Duckworth 教授和她的团队制定的

测量"坚毅指数"的工具(兴趣的持续性)以及师大易度开发的学习意志力量表
(学习的坚持性、自控力),将学习意志力测量确定为学习目标和兴趣的持续性、
坚持性、自控力三个维度。此外,考虑到中小学生在意志力方面的差异,对小学
生没有测量学习目标和兴趣的持续性。

表 3-36　中小学生学习意志力测评维度

一级指标	二级指标
学习意志力	学习目标和兴趣的持续性(仅中学生)
	学习的坚持性
	学习的自控力

表 3-37　中小学生学习意志力量表

一级指标	二级指标	题目
学习 意志力	学习目标和兴趣的 持续性(仅中学生)	我的学习兴趣多变,总是这山望着那山高
		我的学习兴趣每年都有改变
		我经常设定一个学习目标,但后来又会改变
	学习的坚持性	我给自己定的学习计划,经常因为自己不努力而不能如期完成
		有时躺在床上,下决心第二天好好学习,但到第二天,这种劲头又消失了
		我能够做到今日事今日毕
		在学习上,遇到任何困难,我不会轻易放弃
	学习的自控力	上课时,我有时忍不住去和同学说话或干别的事情
		没做完功课我就不会去做别的事情(比如玩手机、上网、看电视等)
		寒暑假,我能够按时完成学校老师布置的学习任务

(4)工具质量报告

对 2014 年小学生(169 664)和初中生(168 221)的有效样本进行统计分析

发现,该量表①总体克隆巴赫系数分别为 0.334 和 0.432,内在一致性信度较低,这可能与测试题目数量较少有关。具体结果见表 3-38。

表 3-38　学习意志力量表的内部一致性系数

	题目数	克隆巴赫系数
小学生学习意志力	3	0.334($N = 169\ 664$)
初中生学习意志力	3	0.432($N = 168\ 221$)

(四)学校认同感

(1)概念界定

学校认同感最早常与"从属""投入""依恋"等具有积极含义的术语作为"退学"一词的对立面一同出现。一般认为,学校认同感是一个植根于需要层次理论的心理学概念,指的是学生对学校的依恋体验[186]。在此基础上,Voelkl 对学校认同感作出了更进一步的阐释,认为这一概念衡量的是学生在多大程度上与学校产生情感联结,并将学校作为其自我概念和生活方式的重要构成要素[187]。具体来看,学校认同感包含两层含义:一是学校归属感,即学生对学校有内在的归属感,认为他们自身是学校环境的重要组成部分,同样的,学校也在他们的生活中占据重要地位;二是学校评价,即学生在意与学校相关的目标或结果[188-190],认为学校教育是有价值、有回报的[186]。从既有研究对学校认同感的操作性定义来看,学校归属感在学校认同感的概念中占据更加重要的地位。

(2)已有的相关研究

对不同特征的学生群体来说,其对学校的认同感存在着不同程度的差异。Voelkl 通过一项面向 3539 名八年级学生的调查发现,女性儿童的学校认同感显著高于男性儿童[189];而且,学生前期的学业成绩对其学校认同感存在一定的影响[187]。Lizzio 等人在对 167 名高中生进行调查分析后,发现正式担任班干

---

①　由于 2014 年正式施测限于学生问卷的篇幅,仅选用了表 3-37 中的 2 个题(5 点计分,从"完全不符合"到"非常符合"),并且改编了该表中的一个题目,分别是:1. 我给自己定的学习计划,经常因为自己不努力而不能如期完成;2. 有时躺在床上,下决心第二天好好学习,但到第二天,这种劲头又消失了;3. 学习时,即使电视在播放我喜欢的节目,我也会先学习后看电视。这三个题项主要考查中小学生在学习中的坚持性和自控性。由于题项数少,没有对学习意志力再分维度。

部的学生的学校认同感显著高于其他学生[191]。

根据已有研究,影响学生学校认同感的外部因素主要来自学校。Voelkl 将影响学生学校认同感的背景变量归纳为四类,分别是与同伴的相似性、在学校里的安全感、纪律的公平性和对成绩的认可、教师提供的学业或生活支持[190]。这表明校内的人际关系是学校认同感的重要前因变量,既有研究也为此提供了佐证。对中学生来说,教师的尊重、鼓励、支持、反馈与学生的学校归属感存在正向关系[186];类似的,大学生的同伴关系能够非常强烈地正向预测其对所在高校的认同[192]。另外,学校管理对学校归属感的直接影响作用很大。杜好强认为,一所学校能不能使学生产生归属感并且热爱学校,主要在于学校对学生们的管理是否做到以学生为本,是否尊重学生的权利,是否真正关心学生的发展和成长,这同时也是当今学校管理需要改进的地方[193]。

作为一种积极态度,学校认同感往往能够激发学生积极的、富有成效的学习行为,进而有利于学生在学校实现较好的发展[190]。一些较早的研究认为,对学生而言,学校认同感会提高学生对班级(学校)活动的参与程度,尤其是学生的出勤率、课堂准备、守纪行为以及课堂活跃程度等,学生的参与程度同样也会反作用于学校认同感,二者之间的良性循环能够为学生带来较高水平的学习投入与学业成绩[189,194-195];学校认同感也会进一步影响学生的长期发展结果,比如,提高儿童接受更高层次教育的机会。从学校认同感的具体构成来看,归属感与学生的学习投入程度、功课努力程度、学习动机(包括对学业成功的期望与学习兴趣)存在正相关关系;除此之外,学生对学校相关结果的重视程度还能够正向预测其学业表现[187]。陈权和陆蓉的研究以江苏三所高校在校大学生为研究对象,发现大学生的学校认同感对其学习动机和自主学习能力有显著的正向影响[196]。Reynolds 等人通过对 340 名七年级学生的调查发现,学校认同感不仅对学生的阅读、写作与数学成绩具有直接影响,而且在学校氛围与学业成绩之间起到中介作用[197]。另外,也有个别研究认为学校认同感可能会影响学生的非认知能力与心理健康。毛晋平等人采用自编问卷对初一到高二共 792 名学生进行调查发现,学校认同对青少年领导力具有显著的正向预测作用,这主要通过激发青少年的自尊得以实现[198]。Bizumic 等人对 693 名高中生进行调查发现,学校认同感与学生的自尊、积极情绪等积极心理状态具有正向的相关关系[199]。

另一方面,学校认同感也能够减少学生的不良行为。Finn 认为学生的学校认同感越高,辍学行为出现的可能性越小,这也是学校认同感最早受到学界关注的原因之一[188]。有社会学研究发现,个体对组织产生的心理联系有利于减少个体的酗酒行为、攻击性行为、欺凌行为[200],而对学校不甚认同的学生容易出现不良行为,甚至是违法犯罪行为[187]。Finn 和 Frone 对 315 名 16～19 岁的学生进行调查后发现,自我效能感和学校认同感能够减少学生的作弊行为,这对存在学业困难的学生来说尤其重要[201]。

从社会心理学出发,社会认同理论一定程度上可以解释学校认同感对个体发展的影响机制。当个体认同特定组织时,组织内部的规范、价值、信仰等会逐渐内化到个体的自我系统中[197]。认同学校的学生更有可能遵守学校成文或不成文的规定,进而有助于激发组织特征对个体行为的形塑作用。

(3)相关测量工具

综观既有文献,针对中小学生的学校认同的测量工具较少。在借鉴 Goodenow 的学校归属感问卷的基础上,Voelkl 于 1996 年开发了面向八年级学生的学校认同感问卷,其以较高的信效度得到了相关学者的一致认可与改编应用[187,201-202]。该量表包含学校归属感与学校评价两个维度,共 16 道题目,其中,1～9 题属于学校归属感维度,10～16 题属于学校评价维度。量表采用 4 点计分制[(1)=完全同意,(2)=比较同意,(3)=比较不同意,(4)=完全不同意],其具体题目如表 3-39 所示。

表 3-39　Voelkl 开发的学校认同感量表

题目	完全同意	比较同意	比较不同意	完全不同意
1.我为我是这个学校里的成员感到骄傲	(1)	(2)	(3)	(4)
2.在学校里,我会受到尊重	(1)	(2)	(3)	(4)
3.在学校里,我受到关注主要是因为我惹了麻烦	(1)	(2)	(3)	(4)
4.我积极参加学校的活动	(1)	(2)	(3)	(4)

（续表）

题目	完全同意	比较同意	比较不同意	完全不同意
5.在学校里,我不受老师关注	（1）	（2）	（3）	（4）
6.与现在就辍学相比,我愿意继续上学	（1）	（2）	（3）	（4）
7.在学校里,我有可以一起聊天的老师	（1）	（2）	（3）	（4）
8.学校是我最喜欢去的地方之一	（1）	（2）	（3）	（4）
9.在学校里,我觉得大家对我比较感兴趣	（1）	（2）	（3）	（4）
10.即使我的学业成绩很糟糕,我也能够找到好工作	（1）	（2）	（3）	（4）
11.学校在我的生活中占据比较重要的地位	（1）	（2）	（3）	（4）
12.我在课堂上学习的多数知识都是无用的	（1）	（2）	（3）	（4）
13.在学校学习的知识对于找工作来说是重要的	（1）	（2）	（3）	（4）
14.对我来说,上学就是浪费时间	（1）	（2）	（3）	（4）
15.对我来说,辍学是一个错误的决定	（1）	（2）	（3）	（4）
16.学校对我来说很重要	（1）	（2）	（3）	（4）

另外,其他相关研究也在学校认同感的测量方面取得了一定进展。例如,Lizzio 等人使用一个仅包含 3 个题目的 7 点计分量表对高中生的学校认同感进行测量,同样具有较高的信效度,具体题目如表 3-40 所示[203]。

表 3-40 Lizzio 等人开发的高中生学校认同感量表

题目	非常不同意	很不同意	稍不同意	一般	稍稍同意	很同意	非常同意
1.我觉得自己在学校里有独特的价值	（1）	（2）	（3）	（4）	（5）	（6）	（7）
2.我觉得自己是学校里的成员	（1）	（2）	（3）	（4）	（5）	（6）	（7）
3.我为成为这个学校的学生而骄傲	（1）	（2）	（3）	（4）	（5）	（6）	（7）

Lee 等人针对澳大利亚七至十年级学生对学校氛围与学校认同的感知开发了测量工具。其中,学校认同感量表包含 6 个题目,并表现出良好的信效度[204-205],具体题目如表 3-41 所示。

表 3-41　Lee 等人开发的初中生学校认同感量表

题目	非常不同意	很不同意	稍不同意	一般	稍稍同意	很同意	非常同意
1.成为学校的一员对我很重要	(1)	(2)	(3)	(4)	(5)	(6)	(7)
2.我很高兴能成为学校的一员	(1)	(2)	(3)	(4)	(5)	(6)	(7)
3.我对学校有着很强的归属感	(1)	(2)	(3)	(4)	(5)	(6)	(7)
4.我认同现在的学校	(1)	(2)	(3)	(4)	(5)	(6)	(7)
5.我感觉我属于现在的学校	(1)	(2)	(3)	(4)	(5)	(6)	(7)
6.我关心现在的学校	(1)	(2)	(3)	(4)	(5)	(6)	(7)

从既有研究来看,学校认同感的测量工具主要关注学生对学校学习生活感受的评价。本研究在参考已有研究对学校认同感的概念界定与测量工具的基础上,设置具体题目见表 3-42。

表 3-42　学校认同感量表

题目	非常不同意	不太同意	有点同意	比较同意	非常同意
1.我喜欢待在学校	(1)	(2)	(3)	(4)	(5)
2.我在学校里感觉很安全	(1)	(2)	(3)	(4)	(5)
3.我感觉学校像个大家庭	(1)	(2)	(3)	(4)	(5)
4.我在学校里感到快乐	(1)	(2)	(3)	(4)	(5)

(4)工具质量报告

①信度

对 2017 年小学生(67 570)和初中生(49 682)的有效样本进行统计分析发现,该量表总体克隆巴赫系数分别为 0.846 和 0.903,反映量表内在一致性信度较高。具体结果见表 3-43。

表 3-43　学校认同感量表的内部一致性系数

	题目数	克隆巴赫系数
小学生学校认同感	4	0.846($N = 67\ 570$)
初中生学校认同感	4	0.903($N = 49\ 682$)

②效度

对 2017 年小学生(67 570)和初中生(49 682)有效样本的验证性因素分析发现,量表的验证性因素分析模型拟合指数比较理想,小学各题项载荷在0.697～0.836 之间,中学各题项载荷在 0.784～0.866 之间,符合心理测量学标准,有较好的结构效度。具体结果见表 3-44 和表 3-45。

表 3-44　学校认同感量表的验证性因素分析模型拟合指数

	χ^2	df	CFI	TLI	$RMSEA$	N
小学生	116 738.577	6	0.962	0.887	0.180	67 570
初中生	128 408.851	6	0.975	0.925	0.179	49 682

表 3-45　学校认同感量表的验证性因素分析因子载荷

题目	小学生量表因子载荷	初中生量表因子载荷
1.我喜欢待在学校	0.697	0.784
2.我在学校里感觉很安全	0.721	0.809
3.我感觉学校像个大家庭	0.836	0.884
4.我在学校里感到快乐	0.802	0.866

第二节　家庭因素

美国国家教育质量调查委员会 1983 年发表的《国家在危险中:教育改革势在必行》报告中有一部分是写给家长的。报告强调:"你们是你们子女的第一个和最有影响的教师""你们有责任积极参加对孩子的教育"。当时任里根政府教育部部长的贝尔指出:"教育问题的本质是社会问题,以学校教学为中心的教育改革充其量只能影响和改变学生每天 6～8 小时的生活。"因此,要提高一个社会的教育水平,学校必须得到家庭和社会的全力配合。

我国《国家中长期教育改革和发展规划纲要（2010—2020年）》中提出：充分发挥家庭教育在儿童少年成长过程中的重要作用。家长要树立正确的教育观念，掌握科学的教育方法，尊重子女的健康情趣，培养子女的良好习惯，加强与学校的沟通配合。

2016年11月，全国妇联和教育部等9部门印发的《关于指导推进家庭教育的五年规划（2016—2020年）》指出："要强化家长家庭教育主体责任，教育引导家长注重培养儿童的优良品质、健康人格和良好行为习惯。加强家庭亲子教育、亲子互动、亲子阅读研究与指导。"同年12月，习近平主席在会见第一届全国文明家庭代表时强调了建设家庭教育的重要性，"把家庭教育提升到治国理政和社会治理的新高度。引导家长主动学习家庭教育方法，增加亲子沟通交流，做好孩子的引路人"。加强家庭教育已然成为新时代下提高教育质量、推进教育现代化、建设人力资源强国的重要举措。帮助家长树立正确的教育观念，掌握专业的教育知识，运用科学的教育方法，是当前落实家庭教育新政策的重要路径。

（一）家庭人口结构

（1）概念界定

家庭是社会的基本单位，家庭人口结构和家庭规模是重要的家庭背景特征变量。家庭结构主要指家庭成员的代际和亲缘关系的组合，它通过家庭的人口数、夫妻对数、代际层次和具体的家庭类型表现出来[206]。从稳定性来说，可以将家庭结构分为健全型家庭、无双亲家庭以及单亲型家庭三大类型。单亲家庭主要是指由父母亲一方与18周岁以下的未婚子女组成的家庭，包括离婚式单亲家庭、丧偶式单亲家庭以及其他单亲家庭。

（2）理论基础

资源稀释理论认为，生育数量下降的时候，家庭进行子女人力资本投资时所面临的资源约束得以放松，因此会加大平均每个孩子的教育投入，也由此带来产出增加，平均每个孩子的学习质量也会上升[207]。

结构功能理论认为父母角色缺席对孩子发展具有重要影响。结构功能理论强调每个成员有其独特的功能，因此失去父母的任何一人等于失去一方的功能。

经济剥夺理论强调家庭经济压力对孩子发展的影响。经济剥夺理论主要关注因离婚而导致的人力资本和经济资本资源变化对孩子的影响。

冲突理论关注父母间冲突对孩子的影响。以达伦多夫和科塞为代表的冲突理论强调社会冲突所具有的独特功能。这一理论视角强调父母间的冲突以及其难以解决的过程给孩子健康成长造成的负面影响，并认为这是父母离婚给孩子带来的最大负面影响。

符号互动理论强调父母适应对孩子成长的影响。这一理论视角主要强调父母对离婚的适应状况与孩子成长之间构成的互动关系。该理论认为父母的适应状况直接影响到孩子的适应和成长，并将注意力集中在监护人的适应上，因为尽管孩子会受到非监护人的影响，但毕竟生活在监护人的环境里，因此监护人对其影响更大一些。

（3）已有的相关研究

①兄弟姐妹

国内外许多学者围绕家庭子女数与家庭教育投资、子女学业成绩及认知能力之间的关系开展了研究。我国学者龚继红和钟涨宝对湖北省随州市农村家庭进行调查研究后发现，不同子女数量的家庭对子女的教育投资期望是不一致的，多子女家庭对子女的教育期望（接受高等教育方面）存在显著的性别差异[208]。有学者认为，兄弟姐妹数与学业成绩之间的关系无法避免"选择性"的问题。家庭经济学认为父母的生育决策面临孩子数量与孩子质量的相互权衡，家庭社会经济地位高的父母可能为了避免孩子数量对家庭资源的"稀释"作用，更倾向于生育较少的子女，从而保证出生的子女获得更高的人力资本[209]。为解决选择性偏差的问题，Downey[210]在多元回归模型中，控制孩子的家庭背景因素后发现，孩子的学业成绩以及孩子所获得的家庭资源随着兄弟姐妹数的增多而下降。我国学者张月云和谢宇采用倾向得分匹配的方法，发现兄弟姐妹数对个体的学业成绩起到消极的作用[211]。郑磊等人基于"西部地区基础教育发展项目影响力评价"项目数据分析发现，家庭规模缩小有利于提高儿童的学业成绩[212]。陶东杰利用中国教育追踪调查数据研究表明，对于七年级和九年级的青少年而言,同胞数量越多,认知能力越差。进一步机制检验表明,同胞数量越多,子女所获得的家庭各类教育资源投入越少;"质量"越低的父母生育数量越多[213]。国外也有研究认为,同胞数量对青少年认知能力的影响可能一定程度上来源于父母的生育选择。当面临经济动荡或生育政策冲击时,生育率会急剧下降,在此过程中,"质量"越低的父母选择生育越多的孩子[214]。

伴随中国计划生育政策的实施,家庭规模逐渐缩小,独生子女的家庭比例急剧上升。国内有些学者对家庭规模或子女数量对亲子关系的影响做了一些探索研究。郝玉章等人对湖北省武汉市、荆州市、随州市、襄阳市、十堰市五地区 10 所中小学进行调查研究后发现,独生子女家庭具有亲子互动更为频繁、亲子关系伙伴化、父母对子女具有较高期望值、偏重子代等特点,且独生子女的学业成绩显著高于非独生子女[215]。刘斌等人的研究发现:同胞数量对小学生亲子关系的影响呈现先下降后上升的趋势,随着同胞数量的增加,亲子关系水平先下降再上升。同胞数量对亲子依恋和关爱的影响较大,对亲子冲突影响较小;独生子女家庭和二孩家庭小学生的亲子关系及其各个维度的表现不存在显著差异,但是三孩家庭的小学生亲子关系显著降低且存在一个拐点,当同胞数量达到一定水平时亲子关系反而变好[216]。父母资源可以在一定程度上解释同胞数量对亲子关系的负向作用,且人际关系资源较经济资源的解释力更大。透过家庭资源稀释理论的分析可见,随着同胞数量的增多,父母资源被稀释,对亲子关系有负面影响,但另一方面,多子女家庭中还存在父母资源可共享的"规模效应"和多子女之间的"反馈效应"。

此外,一些研究发现,独生子女较非独生子女具有更加强烈的学习动力[217]。何蔚运用 Y-G 人格测验量表对河南省某市的重点中学进行调查后发现,独生子女的性格更加乐观积极,不容易产生问题行为[218]。

②单亲家庭

20 世纪 80 年代末,伴随着我国离婚率的升高,我国学者就离异家庭问题进行研究。一般来说,单亲家庭的发生主要源于四种形式:丧偶式单亲家庭、离婚式单亲家庭、未婚式单亲家庭、分居式单亲家庭。

整体上,近乎 96% 的文献都表明,单亲家庭对子女发展具有消极的影响[219]。一些研究表明,来自离婚或单亲家庭的儿童学习成绩通常低于来自没有离婚家庭的儿童[220-223]。Gary Marks 根据 PISA 数据对 OECD 30 个成员国的研究表明,在经济较发达的国家,单亲或重组家庭对儿童的学习成绩的负面影响更大[224]。

相对于完整家庭的子女来说,离异家庭子女的同伴关系、亲子关系较差,自我评价较高,自我控制能力较差,在情绪、品德、性格、学习等方面表现出问题的人数比例较高。相关实证研究表明,单亲家庭的子女心理健康问题较为突出,缺少父母的情感温暖以及理解,缺乏安全感以及家庭自豪感[225]。单亲家庭子女长时间处于孤僻、自卑的状态,不利于社会交往,容易形成极端的性格,造成抑郁等情绪障碍[226]。凌辉等人的研究发现,单亲开始年龄越大的儿童,其自立行为发展水平越低[227]。胡咏梅和李佳哲的研究发现,单亲儿童比较容易遭受各种类型的校园欺凌[228]。

但是,也有一些研究表明,不良的家庭环境会成为学生奋发向上的动力。具体来说,单亲家庭孩子的自立愿望得到加强;单亲家庭子女虽然家庭环境差,生活条件相对较差,但是大多数能够体谅父母的艰辛,与单亲父母的情感依赖较强;部分单亲家庭子女的生活技能更多。孙立萍认为,特殊的家庭环境使得单亲家庭子女的心智更为成熟,在自我实现愿望方面更为突出[229]。

(4)相关测量工具

我国大型调查项目 CFPS 在家庭成员确认问卷中,对成员的新入和离去进行个案辨认,对其新入和离去的原因进行访问,包括去世、出家、服刑、参军、离家出走等。本研究关于家庭人口结构则是直接给出相应的题目来判断是否为独生和离异家庭:

你家中有几个亲兄弟姐妹(除你之外):

(1)0 个(你是独生子女)　(2)1 个　(3)2 个　(4)3 个　(5)3 个以上

你的家庭情况是:

(1)完整家庭　　　　　　　(2)父母离婚

(3)父亲或母亲去世　　　　(4)其他

(二)家庭社会经济地位

(1)概念界定

家庭社会经济地位的概念源于社会经济概念,最早源自西方学界有关社会分层的相关研究。家庭社会经济地位是一个综合性的多维度概念,其含义与人们特定的社会、经济、文化背景密不可分[230]。社会经济地位是由家庭的经济资本(如家庭经济收入)、人力资本(父母受教育程度、工作技能)和社会资本(如父母的职业声望)构成的综合指标[231]。在儿童的发展和教育阶段,家庭社会经济地位一般是对学生家庭成员(一般指父母)的社会和经济地位的度量,根据个体能够获取或者控制的社会资源的数量对其进行社会层级的划分,一般参照家庭成员的受教育程度、收入水平和职业声望来确定[232]。Merola 指出家庭社会经济地位的概念一般由父母的受教育程度、父母的职业地位以及家庭所拥有的经济资源三个要素构成[233]。本研究中,由于家庭收入较难测量,选取父母受教育水平、职业以及家庭拥有物三个指标的合成指标作为家庭社会经济地位的代理变量。

(2)已有的相关研究

①父母受教育程度

在美国和欧洲,大多数关于父母受教育程度对学习成绩的影响的研究发现,父母的受教育程度对其孩子的在校成绩有显著的正向影响,即父母受教育程度越高,其孩子的学习成绩就越好[234-236]。Woessmann 利用 TIMSS 数据对东亚 5 个国家和地区的儿童学习成绩进行研究后发现,父母受教育程度对其孩子的成绩有显著的正向影响[237]。胡宏伟等人利用 Ordered Probit 模型对农民工子女进行调查后发现,母亲的受教育水平正向显著地影响农民工子女的学业成绩,母亲受教育水平越高,农民工子女的学业成绩就越好[238]。

McEwan 使用智利 1997 年八年级学生成绩的调查数据发现,父母的受教育程度对学生成绩有显著正向影响,且母亲的受教育程度影响更大[239]。但也有研究认为,父母的受教育程度与子女成绩的关系受到中介变量(学习介入)的影响,父亲介入孩子的学习水平越高,孩子的成绩也越好;受教育水平低的父亲,通常很少介入孩子的学习之中[240]。

受教育水平高的父母,往往也具有较高的教育期望。Pamela 采用结构方程模型研究了包括父母文化程度在内的家庭社会经济背景如何影响儿童的学习成绩。结果发现,家庭社会经济背景通过父母的信念和行为与儿童的学习成绩间接相关[241]。杨宝琰和万明钢认为,父母的教育期望在经济资本和学业成绩之间的中介作用受到客观的文化资本的调节,越是在客观文化资本较低的家庭,父母教育期望的正向中介作用也越强。而客观的文化资本匮乏的家庭进一步加剧经济资本的稀少对学业成绩产生的不良作用,客观的文化资本丰富的家庭则会减轻经济资本的匮乏对学业成绩产生的不良影响[242]。

Albert Park 和 Emily Hannum 采用中国甘肃农村基础教育调查的数据估计了小学生家庭社会经济背景对学生成绩的影响。研究结果显示,在控制教师特征和班级规模后,父亲的受教育程度对学生的数学成绩有显著正向影响,但对语文成绩没有显著影响。母亲受教育程度和家庭人均支出对学生的语文和数学成绩的影响均不显著[24]。综上,至今学界对于父母受教育程度与子女学业成绩关系的实证研究结论并不一致。

②父母的职业

父母的文化程度在很大程度上影响了其职业,而职业又能够反映家庭的经济收入,从而直接影响到家庭的物质条件。职业地位较高者,多属于社会的中上层,具有足够的实力投入于子女的教育,而处于社会下层的体力劳动者或失业者,大多数收入很低,用于子女教育开支的部分少之又少。Hanushek 研究发现,家庭收入增加 1000 美元将会提高学生成绩 1.8 个标准差[243]。Carneiro 和 Heckman 在控制许多背景变量(如父母亲的受教育程度)后发现,家庭收入对儿童的学业成就具有长期效应,儿童阶段家庭的收入水平对儿童能否上大学有显著影响,但收入水平对儿童当前的学业成绩没有显著影响[244]。Levy 和 Duncan 采用了收入变动研究的面板数据(Panel Study of Income Dynamics, PSID)分析发现,不管是否控制家庭的固定效应,在孩子年龄小时,家庭收入对学生成绩有更大的作用[245]。

一些研究发现,父母的职业类型会对子女的智力水平和性格发展产生较大的影响,父母的职业地位越高,其子女发展取向越积极[246]。父母可以为子女提供更多、更好的社会资本和经济资本,子女也将获得更好的教育。也有一些研究发现,职业地位高的父母(司法、警察、军人、行政等)相比职业地位低的父母(普通工人、服务行业人员等)对子女的教育期望更高,希望子女能够接受进一步教育[247]。而这类父母的子女也有更高的自我期待,希望能够选择继续升学[248]。

③家庭拥有物

庞维国、徐晓波等人借助 PISA 测验探讨家庭投入资源与学生学业成绩之间的关系。研究发现,家庭中的学习辅助工具对学生学业成绩的影响最为显著;家庭财富水平与学生学业成绩之间的关联,取决于投资物品与学生学习活动的关联度。家庭中的字典、图书和杂志的拥有量也会影响学生的学业成绩。例如,家庭中拥有 1 本字典、超过 25 本书和大量杂志的学生相比家庭中阅读材料少的学生来说,其阅读熟练程度的得分平均要高出大约 15 个百分点。[249]

(3)相关的测量工具

一般来说,家庭社会经济地位主要包括父母的受教育程度、父母的职业地位以及家庭拥有的经济资源。采用的测量方式要么直接使用其中某一单一要素作为代理变量,例如,新西兰学者 Elley、Irving 将职业划分为六个分数等级作为社会经济地位的衡量;要么采用合成的做法,通过一定的计量方法将 SES 若干要素合并成为单个综合性指标,并以此进行个体家庭社会经济地位的描述和判断[250]。

在大型的测量项目中,关于家庭社会经济地位的测量,通常设立关于父母受教育程度、家庭拥有的经济资源以及父母的职业地位相关的题目。例如,PISA项目学生问卷中,对父母职业的问题设定采用开放型题目——"你母亲/父亲的主要工作是什么?"以及询问母亲/父亲最近的工作状况,提供 4 个选项(全天工作、兼职、正在找工作、退休或者在家);而对父母受教育程度的测量采用选择题的形式:"你母亲/父亲的最高学历是什么?"以及"你父母还继续接受什么样的教育?"。在对家庭资源拥有物的调查中,设立题目"Which of following are in your home?"调查是否有课桌、房间、安静的地方、电脑、教育软件、网络、经典书籍、书架等资源。同时,统计家庭中电视、电脑、汽车、浴室等数量。同样,在 TIMISS 调查中,家庭资源拥有物的调查通过询问书本数量以及提供相应的选项(电脑、书桌等)是否为你拥有;而父母的文化程度通过设立题目"你父母的最高学历是什么?",提供 9 个国际教育分类标准进行选择。而对父母的职业测量来说,参考 PISA 项目,设立选择题调查父亲/母亲的工作状态,但是和 PISA 项目有所区别的是,提供 9 种不同的职业进行选择,而不是采用开放性题目。本研究中,我们借鉴 TIMISS 和 PISA 项目的做法,在家长问卷中,设立如下题目进行父母受教育程度、职业的测量:

孩子父亲受教育程度是:

(1)没有上过学　(2)小学　(3)初中　(4)高中(含职业高中、中专)

(5)大专　(6)大学本科　(7)研究生(硕士或博士)　(8)不知道

孩子母亲受教育程度是:

(1)没有上过学　(2)小学　(3)初中　(4)高中(含职业高中、中专)

(5)大专　(6)大学本科　(7)研究生(硕士或博士)　(8)不知道

孩子父亲的职业是:

(1)工人　(2)农民(含林业生产人员、牧民、渔民)

(3)私营或个体经营者(自己开店或开公司)

(4)商业服务业人员(如售货员、服务员、销售员、快递员、司机、护工等)

(5)政府工作人员(如公务员、消防员、警察、邮政人员等)

(6)教育、医务和科研人员(如校长、老师、医生、护士、研究员等)

(7)企业管理人员(如总裁、董事长、部门经理、部门主管、部门负责人等)

(8)军人　(9)进城务工人员　(10)其他职业　(11)无工作　(12)不清楚

孩子母亲的职业是:

(1)工人　(2)农民(含林业生产人员、牧民、渔民)

(3)私营或个体经营者(自己开店或开公司)

(4)商业服务业人员(如售货员、服务员、销售员、快递员、司机、护工等)

(5)政府工作人员(如公务员、消防员、警察、邮政人员等)

(6)教育、医务和科研人员(如校长、老师、医生、护士、研究员等)

(7)企业管理人员(如总裁、董事长、部门经理、部门主管、部门负责人等)

(8)军人　(9)进城务工人员　(10)其他职业　(11)无工作　(12)不清楚

在学生问卷中,设立如下题目进行父母受教育程度、家庭拥有物的测量:

你父亲的受教育程度是:

(1)没有上过学　(2)小学　(3)初中　(4)高中(含职业高中、中专)

(5)大专　(6)大学本科　(7)研究生(硕士或博士)　(8)不知道

你母亲的受教育程度是:

(1)没有上过学　(2)小学　(3)初中　(4)高中(含职业高中、中专)

(5)大专　(6)大学本科　(7)研究生(硕士或博士)　(8)不知道

你家中是否有以下物品:

	没有	有
你自己单独的卧室	(1)	(2)
家用汽车	(1)	(2)
配有浴缸或淋浴的房间	(1)	(2)
供你学习和做作业的个人电脑	(1)	(2)
安静的学习空间	(1)	(2)

你家里大概有多少本书(不包括杂志、报纸,也不包括你的课本)?

(1)没有或基本没有(20 本以下)　　(2)非常少(21～50 本)

(3)有一些(51～100 本)　　(4)比较多(101～200 本)

(5)很多(200 本以上)

需要特别说明的是,家庭拥有物中题项"供你学习和做作业的个人电脑""安静的学习空间""你家里大概有多少本书(不包括杂志、报纸,也不包括你的课本)"同时也构成家庭教育资源这一合成指标。

(三)家庭教育

人的教育是一项系统的教育工程,包含家庭教育、社会教育以及学校教育三者相互作用。家庭教育在人的成长过程中具有重要的作用。本研究主要关注父母参与以及父母及子女的教育期望。

1.父母参与

(1)相关政策

1991 年我国颁布包含"家长必须承担教育子女责任"条款的《中华人民共

和国未成年人保护法》,1992 年国务院颁布《九十年代中国儿童发展规划纲要》指出:到 2000 年"使 90％的儿童家长不同程度地掌握保育、教育儿童的知识"。《教育部关于加强家庭教育工作的指导意见》(以下简称《意见》)指出,要充分认识加强家庭教育工作的重要意义。要进一步明确家长在家庭教育中的主体责任,家长要"依法履行家庭教育职责、严格遵循孩子成长规律、不断提升家庭教育水平"。而且,《意见》强调要努力拓展家庭教育空间,不断创造家庭教育机会,积极主动与学校沟通孩子情况,支持孩子参加适合的社会实践,推动家庭教育和学校教育、社会教育有机融合。可以看出,政府已经开始重视家长应当履行在帮助子女成长中的职责,并倡导家庭教育、学校教育、社会教育三者有机融合。2016 年 11 月,全国妇联和教育部等 9 部门印发的《关于指导推进家庭教育的五年规划(2016－2020 年)》指出:"要强化家长家庭教育主体责任,教育引导家长注重培养儿童的优良品质、健康人格和良好行为习惯。加强家庭亲子教育、亲子互动、亲子阅读研究与指导。"加强家庭教育已然成为新时代下提高教育质量、推进教育现代化、建设人力资源强国的重要举措。这为本研究建构父母参与量表结构提供了政策基础,也体现了本研究的价值与政策意义。

(2)概念界定

父母参与,也称"家长参与","家长－教师配合","教育介入"等。Epstein[251]关于父母教育卷入结构的划分在早期的应用最为广泛。这一理论结构强调学校在促进父母教育卷入中的重要作用,并从教师的角度,把父母教育卷入分为六个方面:(1)养育,帮助父母建立能够支持儿童青少年学业成绩的家庭环境;(2)交流,设计学校与家庭、家庭与学校和社区之间交流的有效形式;(3)志愿者活动,寻找吸收和训练父母作为学校和班级志愿者的多种途径;(4)家庭学习,与家长分享改进学生家庭作业的策略以及其他在家学习的类型,提供学生需要学习的各种类型技巧的信息;(5)决策,请家长作为学校团体、顾问团或者委员会的一员,参与学校事务的决策;(6)与社区合作,整合社会中的服务和资源,促进学校、家庭中的学生学习。Fantuzzo 等人[252]以 Epstein 类型划分系统为理论依据,将父母教育卷入分为基于家庭的卷入、基于学校的卷入和家校沟通三个维度,设计了父母教育卷入问卷(Family Involvement Questionnaire,FIQ),统计结果满足测量学要求。之后被 Garbacz 和 Sheridan[253]推广至对新西兰小学生的调查,虽略有调整,但保持了问卷结构的稳定性。

Grolnick[254]及其同事在对家长参与进行深入研究后,提出了家长参与的三维结构。他们主要是从个体心理活动和过程视角出发,将家长参与分为三个维度:(1)行为参与:父母亲通过具体行为参与孩子的学校教育,如参加学校会议或开放式课堂等;(2)情感参与:父母亲通过恰当的情绪反应或情感表达来参与孩子的教育活动,如悉心体察儿童对学习任务的情绪表现,关注其不良情绪反应等;(3)认知参与:父母亲选择某些针对性活动,促使儿童接触有助于智力开发的学习材料或参加有益于认知发展的活动,如提供书籍、去科技馆、讨论时事等。Christensen[255]的研究发现家长参与主要体现在四个维度:(1)对子女的学业期望和热情;(2)参与学校活动和计划;(3)提供学业支持的家庭环境;(4)与子女就学校事宜进行交流。

我国一些学者也编制了父母参与相关的工具。参见表 3-46。

表 3-46　国内学者编制或修订的父母参与相关量表

作者	问卷名称	测查对象	包含维度	自编或修订	信效度分析
韩仁生、王晓琳	小学生家长参与问卷	小学生	情感参与 行为参与 智力参与 管理引导参与	问卷结构来自Grolnick 与 Keith 的理论模型,题目自编	内部一致性系数 探索性因素分析 验证性因素分析
李云	家长参与家庭作业动机问卷	小学生父母	期待积极影响 避免消极影响 家长效能感	自编	内部一致性系数 分半信度 探索性因素分析 验证性因素分析 效标效度
孙百才、叶月婵	义务教育阶段学生家庭参与调查问卷	小学生与初中生父母	父母对子女的期望 辅导孩子学习时间 对孩子教育的知晓程度 与老师交流	自编	无

注:表格内容来源吴艺方、韩秀华、韦唯等:《小学生父母教育卷入行为理论模型的建构与验证》,北京师范大学学报(社会科学版),2013(01):61-69。

吴艺方等人在搜集和分析了包含父母教育卷入问卷结构或维度的文献基础上,提出了父母教育卷入行为的理论模型,包含六个维度:家庭监控、学业辅导、亲子沟通、学习资源与学习机会创设、家校沟通和学校活动参与。各维度的具体定义为:家庭监控,即父母对子女学习、生活及交往等的监督、控制行为;学业辅导,即家长按照教师要求或自行在家中对子女的学习进行辅导的行为;亲子沟通,即家长在日常生活中就子女学习、生活、交往以及学校事务进行沟通和交流的行为,以达到共同理解、信任的过程;学习资源与学习机会创设,即为开阔视野、促进身心发展,父母带孩子到家庭和学校以外的场所进行的一些文体活动、游玩等;家校沟通,即家长为了获取子女在校表现的信息和了解学校当前进行的工作而进行的家校之间的沟通与交流;学校活动参与,即家长以监护人、教师助手或工作人员的身份参与学校举办的活动或相应的事务[256]。之后经过专家分析和实际测试信效度分析结果后对维度进行了调整,最终形成包含"家庭监控、学业辅导、亲子沟通、共同活动、家校沟通"五个维度共 29 道题的父母教育卷入行为(父母回答版)测量工具,并在全国多省市进行了施测。

(3)已有的相关研究

1966 年美国科尔曼教授团队发布的《教育机会平等报告》通过考察美国不同族裔学生成绩的影响因素后发现,家庭背景是导致学生成绩变异的主要因素。

长期以来,欧洲国家较为重视家长的学校参与,欧盟七国(苏格兰、奥地利、比利时、法国、意大利、荷兰、葡萄牙)开展了大量的家长参与学校项目的研究[257]。OECD 成员国[加拿大、丹麦、法国、德国、爱尔兰、日本、西班牙、英国(大不列颠及北爱尔兰联合王国,简称英国)和美国]在 1997 年也开展了关于学校与家庭合作的研究,不少国家以立法的形式鼓励家长参与到学校的管理之中,如美国联邦政府颁布的《目标 2000 年教育法》中将"父母参与"列为第八项国家教育目标。一些针对家长的学校参与的跨国研究发现,家长通过参与学校教学与管理,增加孩子的竞争力,促进技能发展、潜能开发以及动机激发,对从学前到高中毕业期间孩子的学习成绩产生了积极的影响[258]。Parcel 和 Dufur 研究发现父母参与孩子的学校活动对孩子的数学成绩有着积极的影响[259]。

随着"家长参与"研究的不断深入,其内涵也有新的发展。国内外相关文献普遍发现,父母家庭教育参与对儿童学业发展具有重要影响[260]。如 Endya 认为父母与孩子的讨论对孩子的学业成绩产生积极影响[261]。许多学者试图测量家长投入的时间与儿童成绩之间的关系。Leibowitz[262-263]发现,如果母亲花在孩子身上的时间的数量和质量较高,孩子的成绩就越好。Datcher-Loury 发现,对受过 12 年教育的母亲来说,他们看护孩子的时间显著地影响他们子女的受教育年限,但是对于受较低层次教育的母亲来说,她们的看护却没有什么效果[264]。

Jeynes[37]发现,父母参与孩子的学校生活(参加教师会议、学校活动)会使得孩子的学业成绩表现得更好。Parcel 和 Dufur[259]发现,父母参与孩子的学校活动对孩子的数学成绩有着积极的影响。Stewart[35]认为父母与孩子的讨论对孩子的学业成绩产生积极影响。Jennifer Jun 和 Li Chen[265]搜集了香港三至五年级 270 名青少年的调查问卷数据,进行结构方程模型分析,结果显示:基于父母不同支持程度的学生的学业成绩在不同的年级水平存在重要的差异。对四年级学生来说,父母的支持与他们的学业成绩呈负相关的关系,但对三年级学生来说两者呈现正相关的关系。

Dalun Zhang 等人认为已有的研究已经表明,在普通教育中,家长参与与学生学业成绩之间有着紧密的联系,但在特殊教育中关于二者关系的研究却很少。此外,他们认为,以往研究中关于"家长参与"中的"家长"定义得非常广泛,包括各种类型的父母,这样就很难评估一些特殊父母对学生学业成绩的影响。针对上述不足,Dalun Zhang 等通过结构方程建模,对特殊儿童小学生父母参与(包括父母参加学校的活动、父母和孩子谈论他们在学校学习的经历、对孩子接受高等教育的期望)与学生成绩的关系进行研究,发现在家中的父母行为对学生的学业成绩有着积极的影响,而参与学校的活动对学生的学业成绩没有显著的影响[266]。

诸多事实表明,父母的家庭教育参与对孩子的成长具有重要的意义。国内外大量的研究也证明,父母的教养方式对子女的人格完善、认知发展、性格形成、价值观形成等具有不同程度的影响,子女能否健康地成长,很大程度上取决于父母采用的教养方式是否适当[267-268]。蒋奖[269]、吴伟娥等人[270]采用家庭教养方式和青少年行为量表对家庭教养方式对学生的影响进行研究,结果表明家庭教养方式与学生的问题行为相关。其中家庭教养方式的子维度对学生的问题行为起着决定性作用。另外,陈培娟[271]在其硕士论文中对家庭教养方式与学生成就之间的关系进行研究,研究结果表明,父母养育方式与学生学业成绩有着比较密切的关系,其中父母的情感温暖与理解和惩罚严厉两个维度对学生学业成绩影响最大,能够起到很大的预测作用。以上研究均表明,家庭教养方式与学生的问题行为和学生的学业成绩相关。

Boonk 等人[272]总结了 2003—2017 年间共 75 项有关家长参与的研究后认为,现有研究缺乏对不同年龄段或学段学生家长参与情况的异质性分析。家长参与的收益可能取决于孩子的发展水平。直接的家长学习参与,如指导孩子学习在儿童教育早期收益最大。但随着儿童年龄的增长,对于家长来说,更重要的是创设一种利于孩子学业成功的情境,创造舒适的空间以激发孩子的学习动机。李波[273]也认为,家长参与对子女学业成绩的影响,会因教育阶段的不同而存在异质性,子女年龄越小,家长参与的作用越大。

(4)相关的测量工具

关于家长教育参与的测量,国际上具有影响力的调查项目如 PISA 和 TIMSS、PIRLS 等中均有体现,美国全国教育调查项目 NAEP、NHES、ELS、ECLS 也均有家长参与的指标。周文叶[274]对这些项目中关于家长参与的维度进行了总结,参见表 3-47。

表 3-47　大型教育调查工具中"家长参与"指标

		PISA	TIMSS	PIRLS	NAEP	NHES	ELS	ECLS	次数
在校参与	家校委员会等决策行动	√	√	√		√	√	√	6
	学校活动	√	√			√	√	√	5
	家长培训或研讨会			√			√	√	3
	做学校志愿者	√	√	√	√	√	√	√	7
	家校沟通	√	√	√	√	√	√	√	7
	家长期望		√			√	√	√	4

（续表）

		PISA	TIMSS	PIRLS	NAEP	NHES	ELS	ECLS	次数
在家参与	指导、监督、陪同孩子学习	√	√	√	√	√	√	√	7
	帮孩子确立时间等规定			√		√	√	√	4
	与孩子交流沟通学习问题	√		√	√	√	√	√	6
	创设、提供学习环境、条件	√	√	√	√	√	√	√	7
其他		选择学校、与其他家长交流、去图书馆或书店、参加校外活动							

　　PISA 2012 家长问卷单独设立维度进行家长教育参与的测量，包括家长在学校中的教育参与、家长在家里的教育参与以及日常生活参与。具体题目如表 3-48 和表 3-49 所示。

表 3-48　PISA 2012 家长在学校中的教育参与题项[①]

During the last（academic year），have you participated in any of the following school-related activities?（Section D PA10）（Please tick one box in each now）	YES（是）	NO（否）
（a）Discussed my child's behaviour with a teacher on my own initiative. 主动地找老师谈论孩子的行为表现		
（b）Discussed my child's behaviour on the initiative of one of his/her teachers. 教师主动向我谈论孩子的行为表现		
（c）Volunteered in physical activities，e. g. building maintenance，carpentry，gardening or yard work. 志愿参加建筑维修、木工、园艺或庭院等体力活动		
（d）Volunteered in extra-curricular activities，e. g. book club，school play，sports，field trip. 志愿参加读书俱乐部、学校游戏、体育、野外旅行等课外活动		
（e）Volunteered in the school library or media centre. 在学校图书馆或媒体中心做志愿者		
（f）Assisted a teacher in the school. 在学校协助教师		

---

　　① 资料来源：https://www.oecd.org/pisa/pisaproducts/pisa2012database—downloadabledata.htm。

（续表）

(g)Appeared as a guest speaker. 作为一个演讲嘉宾		
(h) Participated in local school ＜government＞, e. g. parent council or school management committee . 参加当地学校或者政府的家长会或学校管理委员会		
(i)Discussed my child's progress with a teacher on my own initiative. 主动地和老师谈论孩子的进步		
(j) Discussed my child's progress on the initiative of one of their teachers. 老师主动找我谈论孩子的进步		
(k)Volunteered in the school ＜canteen＞. 在学校（食堂）当志愿者		

How often do you or someone else in your home do the following things with your child? (Section F PA13)(Please tick only one box in each row)

		Never or hardly ever	Once or twice a year	Once or twice a month	Once or twice a week	Every day or almost every day
a	Discuss how well my child is doing at school. 讨论孩子在学校的表现					
b	Eat the main meal with my child around a table. 与孩子一起吃正餐					
c	Spend time just talking to my child. 花些时间与孩子聊天					
d	Help my child with his/her mathematics homework. 帮助孩子完成数学家庭作业					
e	Discuss how my child is performing in mathematics class. 讨论孩子在数学课上的表现					
f	Obtain mathematics materials for my child. 为孩子获取数学资料					
g	Discuss with my child how mathematics can be applied in everyday life. 与孩子讨论数学在日常生活中的应用					

PISA 2009 家长问卷中也有家长参与的题目(Q8),与 2012 年家长问卷 Section F PA13 类似,只不过没有聚焦到关于某一学科(如数学)的学习参与。

表 3-49　PISA 2009 家长问卷中家长参与相关题目

Q8 How often do you or someone else in your home do the following things with your child? (Please tick only one box in each row)		Never or hardly ever	Once or twice a month	Once or twice a week	Every day or almost every day
a	Discuss political or social issues. 讨论政治或社会问题				
b	Discuss books,films or television programmes. 讨论书籍、电影或者电视节目				
c	Discuss how well your child is doing at school. 讨论孩子在学校的表现				
d	Eat the main meal with your child around a table. 与孩子一起吃正餐				
e	Spend time just talking to your child. 花些时间与孩子聊天				
f	Go to a bookstore or library with your child. 和孩子一起去书店或者图书馆				
g	Talk with your child about what he/she is reading on his/her own. 与孩子谈论他正在阅读的书籍				
h	Help your child with his/her homework. 帮助孩子做家庭作业				

PISA 2018 家长问卷中也有家长参与的题目,与 2012 年家长问卷 Section F PA13 类似,聚焦到阅读方面的学习参与。

表 3-50 **PISA 2018 家长问卷中家长参与相关题目**

		Never or hardly ever	Once or twice a year	Once or twice a month	Once or twice a week	Every day or almost every day
a	Discuss how well my child is doing at school. 讨论孩子在学校的表现					
b	Eat the main meal with my child around a table. 与孩子一起吃正餐					
c	Spend time just talking to my child. 花些时间与孩子聊天					
d	Help my child with his/her reading and writing homework. 帮助孩子完成阅读和家庭作业					
e	Discuss political or social issues. 讨论政治或社会问题					
f	Go to a bookstore or library with my child. 和孩子一起去书店或者图书馆					
g	Talk with my child about what he/she is reading on his/her own. 与孩子谈论他正在阅读的书籍					

TIMSS 2011 在其学生问卷中,并没有直接给出家长教育参与的维度,通过询问学生在家情况间接地得到家长的学校教育参与和家长在家的教育参与。

表 3-51　TIMSS 2011 家长教育参与题目（学生问卷）

How often do the following things happen at home? （Fill in one oval for each line）				
	Every day or almost every day	Once or twice a week	Once or twice a month	Never or almost never
（a）My parents ask me what I am learning in school. 我父母问我在学校学到什么	①	②	③	④
（b）I talk about my schoolwork with my parents. 我跟父母讨论学校功课	①	②	③	④
（c）My parents make sure that I set aside time for my homework. 我父母确定我是否留出时间做家庭作业	①	②	③	④
（d）My parents check if I do my homework. 父母检查我的作业	①	②	③	④

PIRLS、TIMSS 2011 Learning to Read Survey 中有家长参与相关的题目，第 9 题询问了孩子开始上小学后，家长在家里对子女的教育参与的情况。

表 3-52　PIRLS、TIMSS 2011 家长参与相关题目

How often do you or someone else in your home do the following things with your child? Check one circle for each line.				
	Every day or almost every day	Once or twice a week	Once or twice a month	Never or almost never
（a）Discuss my child's schoolwork with him/her. 与孩子讨论功课				
（b）Help my child with his/her schoolwork. 帮助孩子完成功课				

（续表）

（c）Make sure my child sets aside time to do his/her homework. 确保孩子留出时间做作业				
（d）Ask my child what he/she learned in school. 询问孩子在学校学到了什么				
（e）Check if my child has done his/her homework. 检查孩子是否完成作业				
（f）Help my child practice his/her reading. 帮助孩子练习阅读				
（g）Help my child practice his/her math skills. 帮助孩子练习数学技能				
（h）Talk with my child about what he/she is reading. 与孩子讨论其阅读的内容				

从 PISA 2012 和 TIMSS 2011 的调查来看，"家长参与"主要关注家长学校教育参与和家长家庭教育参与两个方面。当然，也有学者自己开发了问卷，马天宇从家长参与的观念、态度、内容、形式、频度、程度以及效果七个维度探究家长学校教育参与[275]。

Tam 设计父母教育参与的问卷[276]，采用四点计分的方式，具体题目见表 3-53。

表 3-53　Tam 设计父母教育参与的问卷

支持自主性	我们鼓励孩子独立完成家庭作业
直接参与	我们检查孩子的作业确保其完成
提出要求	我们制定和建立家庭作业的标准

根据以往国内外相关研究，在本次调查中，我们从学生视角测量家长参与。学生问卷中关于家长参与的衡量主要通过父母参与子女的生活与参与子女的学习合成，没有像 PISA 2012 家长问卷那样区分发生在学校、家庭的教育与日

常生活参与来建构测量维度,而是根据参与的主要内容来划分,包含父母参与子女学习、父母参与日常交往两个维度,共有8个测试题(其中7个测试题见表3-54)。父母参与子女学习主要指父母参与子女学习活动的频率和强度。父母参与子女日常交往指父母参与子女日常生活的频率和强度。

表 3-54　父母参与量表

题目	每天或几乎每天	每周1～3次	每月1～3次	每学期1～3次	从不或几乎从不
1.父母问我在学校学习了什么	(1)	(2)	(3)	(4)	(5)
2.我与父母讨论学校的事情	(1)	(2)	(3)	(4)	(5)
3.父母检查我是否完成了作业	(1)	(2)	(3)	(4)	(5)
4.父母询问我的学习成绩	(1)	(2)	(3)	(4)	(5)
5.父母和我讨论如何和同学相处	(1)	(2)	(3)	(4)	(5)
6.父母花时间陪我谈论我感兴趣的电视节目、电影、新闻或书籍	(1)	(2)	(3)	(4)	(5)
7.父母陪我一起锻炼身体(如跑步、打球、游泳、跳绳、爬山等)	(1)	(2)	(3)	(4)	(5)

8.父母陪我去动物园、博物馆、科技馆、美术馆、音乐厅等场所:

(1)每周至少1次　　(2)每月至少1次　　(3)每学期至少1次

(4)每年至少1次　　(5)从未有过

(5)工具质量报告

①信度

对2017年小学生(67 570)和初中生(49 684)的有效样本进行统计分析发现,该量表总体克隆巴赫系数分别为0.773和0.820,内在一致性信度较高。具体结果见表3-55。

表 3-55　父母参与量表的内部一致性系数

	题目数	克隆巴赫系数
小学生父母参与	8	0.773($N = 67\ 570$)
初中生父母参与	8	0.820($N = 49\ 684$)

②效度

对 2017 年小学(67 570)和初中(49 684)有效样本的验证性因素分析发现，父母参与量表的验证性因素分析模型拟合指数比较理想，小学各题项载荷在 0.420～0.737 之间，中学各题项载荷在 0.398～0.822 之间，符合测量学标准，有较好的结构效度。具体结果见表 3-56 和表 3-57。

表 3-56　父母参与量表的验证性因素分析模型拟合指数

	χ^2	df	CFI	TLI	$RMSEA$	N
小学生	168 317.697	28	0.909	0.865	0.109	67 570
初中生	182 350.669	28	0.935	0.904	0.112	49 684

表 3-57　父母参与量表的验证性因素分析因子载荷

维度	题干	小学生量表因子载荷	初中生量表因子载荷
父母参与子女学习	父母问我在学校学习了什么	0.737	0.817
	我与父母讨论学校的事情	0.732	0.793
	父母检查我是否完成了作业	0.615	0.730
	父母询问我的学习成绩	0.643	0.723
父母参与日常交往	父母和我讨论如何和同学相处	0.695	0.762
	父母花时间陪我谈论我感兴趣的电视节目、电影、新闻或书籍	0.726	0.822
	父母陪我一起锻炼身体(如跑步、打球、游泳、跳绳、爬山等)	0.717	0.778
	父母陪我去动物园、博物馆、科技馆、美术馆、音乐厅等场所	0.420	0.398

2.教育期望

(1)概念界定

Spenner 和 Featherman[277]认为，教育期望是在地位取得过程中，依个人价值观和主观认知所建立的教育成就期望，并建立应达到的学历水平目标。教育期望可以从以下两个方面阐释：第一，人们对教育保持相当的期望，以及对其亦有工具性效用，而教育成就是获得社会地位的重要工具和途径。第二，教育是内在价值的肯定，教育程度或学历本身为一种外显的地位表征，而教育期望可以反映出一个人对教育成就的向往与追求，显示出其社会地位水平。

学术界内缺乏对父母教育期望的精准定义,通常将其与子女应受多少教育、获得多高的学历程度等同。于是,在定义教育期望时便限定为父母对其子女在校成绩、未来教育成就的期望[278]。父母的教育期望主要是指父母在考虑现实环境后,对子女接受、达到何种文化程度的期望[279]。

(2)已有的相关研究

父母对儿女的教育期望存在普遍较高的现象[280]。Lippman 等基于一项美国的统计分析报告指出,超过九成的六至十二年级学生父母期望子女在上完高中以后能够继续接受教育,接近三分之二的父母期望子女完成大学教育[281]。影响父母教育期望的因素较多,刘保中和张月云等人研究发现,经济状况和父母学历层次间接影响了子女对自身的教育期望[282]。杨春华的调查也发现,父母的学历与对孩子的教育期望呈现高度的相关性,拥有高学历的父母双方,对子女的教育期望也越高[247]。梁梦健认为父母职业构成直接或间接地影响对子代教育经济的投入,也在一定程度上影响对子代的教育期望。在教育代际传递中,父母职业构成影响子代对教育成就的追求[283]。

当然,家庭社会经济地位会对子女的教育期望产生正向的影响,高社会经济地位家庭,父母对子女的教育期望也越高。我国学者梁前德[284]发现,生活在不同城镇类型的家庭,对子女的受教育程度期望存在差异。但是部分研究发现,家庭经济条件并不影响父母对子女的教育期望,高的经济收入并不能促进父母对子女产生较高的期望值[285]。当然,也有研究指出,过高的教育期望会使孩子面临更多的压力与挫折,给孩子造成负面影响,如造成心理压力过大以及孩子容易产生挫折感甚至失败感[286]。

总的来说,影响父母教育期望的因素大体分为两类:一为家庭背景因素(父母的社会经济地位、家庭居住地、父母的受教育程度、父母的职业、父母的年龄);二为子女个人因素(性别、年龄、子女数、子女的出生次序)。

对学生个体来说,父母的教育期望能够对其学业成绩产生影响。父母教育期望对子女教育结果的影响得到了较为一致的结论,即父母教育期望是学生学业成绩、学校毕业率和升学率等教育结果变量的重要影响因素[287-289]。方晨晨利用中国教育追踪调查 2014 年数据,基于 Wisconsin 模型从个人、家庭和学校层面分析父母教育期望和学生自我教育期望的影响因素以及对学生成绩的影响。其研究发现，家长"望子成龙""望女成凤"的期望对学生学业成绩有显著的正向影响。[290]

庞维国等人[289]借助 PISA 测验探讨家庭背景与其学业成绩之间的关系。研究结果发现：父母教育期望对子女的学习成绩有显著影响。父母对孩子的教育期望越高，孩子的学业成绩越好，学校类型在这种影响中具有调节作用。Jennifer Sheridan[287]使用威斯康星州的纵向研究数据，运用 Logit 回归发现，父母的教育期望（这里指的是父母无意识地对子女的教育期望）对子女的教育结果（高中毕业、大学入学率、大学毕业、研究生入学率）有着显著的影响。Monica J. Jacob[291]通过调查美国中西部 5 个学校八年级至十年级 598 位学生家长，运用 Scale of Educational Aspirations and Expectations for Adolescents（SE-AEA）量表发现，父母的教育期望是影响学生成绩、学生自己的教育期望以及学生实际所接受的教育的关键因素。

（3）相关的测量工具

教育期望的测量通常包括父母对子女的学历期望与子女自身的学历期望。大型的调查项目中，例如，中国教育追踪调查家长问卷中就设立相关题目——"您希望孩子读到什么程度"，学生问卷中设立相关题目——"你希望自己读到什么程度"来进行教育期望的测量。杨习超等人[292]对这两道题目进行合成，重新编码来测量家长的教育期望。

PISA 2012 的家长问卷中也设立了父母对子女教育期望的题目，即"您希望您的孩子完成以下哪个学段的教育"，并给出 6 个备选项：ISCED level 2；ISCED level 3B or C；ISCED level 3A；ISCED level 4；ISCED level 5B；ISCED level 5A or 6（其中 ISCED 为国际教育标准分类）。

我们设立相关的题目来对学生的自我教育期望和父母教育期望进行测量。学生问卷和家长问卷的题目如下：

你计划上学上到什么程度？（学生问卷）

（1）初中　　　（2）中专或职业高中　　　（3）普通高中

（4）大专　　　（5）大学本科　　　（6）研究生（硕士或博士）

您希望您的孩子上学上到什么程度？（家长问卷）

(1)初中毕业　　(2)初中之后上中专或职高　　(3)高中毕业

(4)上大学　　　(5)读研究生　　　　　　　(6)没有考虑过这个问题

其中第一题是学生自我教育期望，第二题是父母的教育期望，测量的是学生的学历期望。

第三节　教师和班级因素

众所周知，教师作为教学活动的实践者，教师资格、教师工作经验、教师工作投入、教学策略、教师的专业发展、教师工作满意度等对学生的发展起着至关重要的作用。美国教育经济学家哈努谢克认为，学校的教师质量对学生学业成绩有显著影响，如果把美国质量最差的 5%～8% 的教师替换为平均质量水平的教师，会为美国创造 100 万亿美元的经济收入[293]。

目前，世界上大多数国家仍采用班级授课制作为最基本的教学组织形式。班级授课制有利于大规模的高效教学，有利于学生获得系统、连贯的知识，有利于发挥群体的教育作用，但班级授课制度难以照顾学生的个性发展。自从有了班级授课这种形式，班级规模的问题也随之而生。在国外，班级规模问题较早受到重视，许多国家实施缩减班级规模的措施以达成提高教育质量的目的。尤其自 20 世纪 80 年代以来，西方一些国家的学校中，一些学生参加学校各项活动时得不到积极的反馈，出现了严重的厌学现象。基于此，如何通过缩减班级规模来提高基础教育质量，成为教育界人士普遍关心的问题。各国相关研究与实践极为丰富，如美国的"缩小班级规模"实验、美国田纳西州的"STAR 计划"、法国著名的"模范中学"实验、日本国立教育政策研究所的班级规模调查以及韩国的"十大教育改革"方案等。这些研究多数旨在通过积极招聘教师，逐渐缩小班级规模，使得教师尽可能为所有学生倾注更多心血，从而提高学生的学业成绩。综上，教师因素和班级规模都对提高学业成绩、促进学生发展有着重要的作用。

(一)职业身份特征

（1）相关政策

《中华人民共和国教师法》规定：中国公民凡遵守宪法和法律，热爱教育事业，具有良好的思想品德，具备本法规定的学历或者经国家教师资格考试合格，有教育教学能力，经认定合格的，可以取得教师资格。教师资格标准由国家制定，在《中华人民共和国教师法》第三章"资格和任用"中，明确规定了各级教师的入职学历。《国家中长期教育改革和发展规划纲要（2010－2020年）》提出，要加强中小学教师队伍建设，提高教师队伍整体素质，进一步提高教师任职学历标准和品行要求。教师队伍建设包括数量与质量、结构与配置等多个方面，而学历结构，尤其是农村地区学校教师的学历结构是制约农村学校教师队伍建设的关键因素。

《国务院关于加强教师队伍建设的意见》在总体目标处提到"教师队伍的年龄、学历、职务（职称）、学科结构以及学段、城乡分布结构要与教育事业发展相协调"。2018年中共中央、国务院发布《关于全面深化新时代教师队伍建设改革的意见》，其中指出"提高教师培养层次，提升教师培养质量。推进教师培养供给侧结构性改革，为义务教育学校侧重培养素质全面、业务见长的本科层次教师，为高中阶段教育学校侧重培养专业突出、底蕴深厚的研究生层次教师"。

2006年新修订的《中华人民共和国义务教育法》规定："国家建立统一的义务教育教师职务制度。教师职务分为初级职务、中级职务和高级职务。"《国家中长期教育改革和发展规划纲要（2010－2020年）》也指出：要"建立统一的中小学教师职务（职称）系列，在中小学设置正高级教师职务（职称）"。同时出台的《中小学教师职称制度改革试点的指导意见》，进一步指出了职称制度改革需要完善的几个方面，其中重点指出了要"完善评价标准"。《关于深化中小学教师职称制度改革的指导意见》指出："中小学教师专业技术水平评价标准，要适应实施素质教育和课程改革的新要求，充分体现中小学教师职业特点，着眼于中小学教师队伍长远发展，并在实践中不断完善。"

1990年，国家教育委员会下发了《全国中小学教师继续教育工作座谈会会议纪要》，明确提出要开展"面向全体教师，突出骨干教师的培训"。1998年12

月,国务院批转下发的《面向 21 世纪教育振兴行动计划》将骨干教师队伍建设列为"跨世纪园丁工程"的重点,决定于 1999 年和 2000 年在全国选拔 10 万名中小学及职业学校骨干教师(其中 1 万名由教育部组织重点进行培训),通过开展校本教学改革试验、巡回讲学、研讨培训和接受外校教师观摩进修等活动,发挥骨干教师在当地教学改革中的带动和辐射作用。2010 年教育部、财政部启动"国培计划",包括"中小学教师示范性培训项目"和"中西部农村骨干教师培训项目"两项内容,旨在通过创新培训机制,采取骨干教师脱产研修、集中培训和大规模教师远程培训相结合的方式,对中西部农村义务教育骨干教师进行针对性的专业培训。"国培计划"项目实行招投标机制,2010 年全国共有 25 所院校中标承担"国培计划(2010)中小学骨干教师研修项目"任务。2018 年中共中央、国务院发布的《关于全面深化新时代教师队伍建设改革的意见》提出:"开展中小学教师全员培训,促进教师终身学习和专业发展。转变培训方式,推动信息技术与教师培训的有机融合,实行线上线下相结合的混合式研修。改进培训内容,紧密结合教育教学一线实际,组织高质量培训,使教师静心钻研教学,切实提升教学水平。"

以上有关中小学教师队伍建设的相关政策突显了国家和教育部门对于教师队伍建设的高度重视,教师培养与选聘标准、职称晋升与评价标准、骨干教师培训等都是教师队伍建设的重要组成部分。

(2)概念界定

学历:英文中"学历"即教育背景,是指人们在教育机构中接受教育的经历或者曾在哪一级别学校肄业或毕业。我国学者认为学历系学习经历,表示一个人的受教育程度。按照现代教育体系划分,可以将其分为小学、初中、高中(中专)、大专、大学本科、研究生(又分研究生班、硕士和博士)等层次。学历的本质是知识的积累情况,所以,一般而言,学历越高,知识积累越多。教师知识积累越多,则越有利于教师自身、学生以及学校教育教学工作发展。

职称:教师职称评定是教育评价、教师评价的重要组成部分。对于教师来说,职称评定是他们最为看重的评价之一。职称评定关乎教师的身份、地位、工资乃至荣誉,对于大多数教师来说,晋升更高一级的职称是自己努力的目标和不断进取的动力。中小学教师职称设置从正高级职称到员级 5 个等级,依次为正高级教师、高级教师、一级教师、二级教师、三级教师,与职称的正高、副高、中级、助理、员级相对应。

骨干教师:1962 年 12 月,教育部出台的《关于有重点地办好一批全日制中、小学校的通知》中首次出现骨干教师一词。一般来说,骨干教师是指在一定范围的教师群体中,师德修养、职业素质相对优异,有一定知名度、被大家公认的、具有较为丰富的教育教学经验,在学校的实际教育教学活动中承担了较重的工作量,对教育研究有一定兴趣和较为突出的能力,取得过一定的教育教学研究成果,并对一般教师具有一定示范作用和带动作用,能够支撑所在地区或学校的学段或学科教学和教学研究工作的优秀教师代表。

(3)已有的相关研究

①学历

国外学者 Cooper 和 Cohn 使用随机边界估计方法发现,有硕士学位的教师对学生的成绩有显著正向影响,其他学位的教师影响不显著[294]。Krueger[295]、Dewey 等人[236]也发现教师学历影响不显著。哈努谢克等人采用固定效应模型发现高学历的教师似乎对四年级的学生成绩有负向影响[296]。Albert Park 和 Emily Hannum[24]对中国甘肃农村小学教师研究表明,教师是否有高中学历对学生数学和语文成绩的影响都不显著,而教师是否有大学学历对学生数学成绩有显著正向影响,但对学生语文成绩没有显著影响。Boonen 等人[297]基于佛兰芒小学教育纵向研究 SIBO 项目数据,研究发现教师学历对学生阅读、拼写和数学成绩均没有显著影响。Lai 等人以中国北京市中学生为样本,建立学校固定效应模型,结果表明学校有本科学历教师的比例对学生成绩的影响不显著[298]。

国内学者邓业涛利用中英甘肃基础教育项目 1999 年的基线调查数据,运用教育生产函数方法,探讨了甘肃四个项目县小学师资状况与教育质量的关系。研究结果表明,教师的学历水平和教龄对教育质量有显著影响[299]。谢敏等人发现香港教师的受教育水平对学生成绩的影响显著,表现为教师的受教育水平越高,其学生的数学成绩越好[300]。薛海平估计了教师素质相关因素对西部甘肃农村初中生数学和语文成绩的影响,结果发现:具有大专和本科学历教师所教学生的数学成绩显著高于具有中专学历教师所教学生的数学成绩;具有高中学历教师所教学生的语文成绩显著高于具有中专学历教师所教学生的语文成绩[301]。北京教科院《北京市义务教育阶段 2008 年学业成绩差异分析研究报告》的结论是:教师具有大学本科以上学历的百分比对于五年级语文和数学、八年级数学学科成绩的影响显著,即教师大学本科以上学历百分比越高的学校,其学生相应学科的学业成绩越好。李赛琦对新疆维吾尔族初中生学业成绩的影响因素研究中发现,学校教育质量与学校规模、教师学历和学校资源占有量呈正比,本科及以上学历的教师比例越高,学校的教学质量越好[302]。白胜南等人基于 TIMSS 2015 数据,运用多层线性模型探讨了教师变量对学生数学成绩的影响,结果表明教师的学历越高,所教授班级的学生数学成绩也会越好[303]。但是,陈纯槿和胡咏梅利用分层线性模型对我国西部地区农村中小学教师质量与学生学业成绩的关系进行的实证分析中,发现教师入职学历对西部农村中小学学生的学业成绩的影响不显著[304]。

由此可见,无论是国内还是国外的研究中,教师学历对学生学业成绩的影响都没有明确的结论,但在国内学者的研究中,大多发现具有较高学历的教师所教学生的成绩高于低学历教师所教学生。

②教师职称

教师职称是衡量教师质量的重要指标。在我国中小学,教师职称根据教师学历、工作年限、工作业绩等因素来评定。大多数研究显示教师职称对学生学业成绩有显著影响。国外部分学者估计了中国教师职称对学生成绩的影响。Albert Park 和 Emily Hannum 估计了小学教师职称对学生成绩的影响。从数学成绩看,较高职称的教师将有助于大幅提高学生成绩,但对教师职称与教师教龄的交互项的分析表明,随着教师教授同一批学生的时间推移,其教师职称对成绩的影响将会递减。从语文成绩来看,最高职称的教师仍对学生成绩有很大的影响,但教师职称与教师教龄的交互项的影响不显著[24]。Ding Weili 和 Steven F. Lehrer 利用中国江苏省高中学生高考成绩和学生、教师背景等数据,发现中国的教师职称对于学生成绩有显著正向影响[305]。Lai 等人发现学校高级职称教师的比例对学生成绩有显著正向影响[306]。

国内学者李琼和倪玉菁采用固定效应模型估计的结果表明,中学高级和中学一级职称占比解释了学校固定效应 35% 到 50% 的差异,研究也探测了其他教师质量变量如教师学历、工作年限等对学生成绩的影响,结果发现这些特征只能解释 5% 到 10% 的学生成绩的差异[307]。王骏等人[308]建立 HLM 模型,探究了学校投入对高中生会考成绩的影响,结果表明高级职称教师占比对文科会考成绩有显著的正向影响,而对理科会考成绩影响不显著。薛海平采用 OLS 回归方法对我国西部农村初中教师素质与教育质量的关系进行了实证研究,结论显示教师学历、教师资格、教师职称、教师教龄以及教育项目专家培训对教育质量有显著正影响[301]。

③骨干教师

胡咏梅和杜育红使用两水平线性模型进行研究,发现教师任职资格、是否骨干教师、生均图书册数、生均公用经费等资源投入对学生学业成绩产生显著的正向影响[309-310]。胡咏梅和卢珂使用倍差法估计"西部基础教育发展项目"对学生学业成绩的影响效应,结果表明是否骨干教师对学生学业成绩影响较大,对学生学业成绩产生正效应[311]。李维等人对 9 省 20 县 5285 名义务教育教师进行实证分析后发现,骨干教师的工作满意度显著高于非骨干教师[312]。

④专业与所教学科是否一致

Kunter 等人[313]探究了教师专业能力与学生学业表现的关系,结果表明教师的储备知识对学生数学成绩有显著正向影响,而一般教学能力对学生数学成绩的影响不显著。张咏梅等人利用多层线性模型,发现数学专业教师所教班级的学生学业成绩显著高于非数学专业教师所教班级的学生成绩[314]。李琼和倪玉菁的研究发现,教师的数学学科知识对学生的数学成绩没有表现出显著的预测作用;而教师的学科教学知识对学生的数学成绩的影响显著[307]。谢敏等人发现,在瑞典和美国教师中,数学专业对口对学生数学成绩的影响非常显著,即数学专业的教师所教学生的数学成绩要好于非数学专业教师教授的学生[300]。而白胜南等人基于 TIMSS2015 数据却得出了与以上研究相反的结论,非数学专业的教师所教授班级的学生数学成绩比数学专业的教师高[303]。

⑤教师收入

薛海平和王蓉基于北京大学中国教育财政科学研究所 2007 年在中国中部 A 省和 B 省进行的中国农村义务教育调查数据,使用多水平模型建立教育生产函数,探究影响小学生和初中生数学成绩的因素。研究发现,小学数学教师的月工资和奖金的增加对于学生成绩的影响不显著,而初中数学教师的月工资和奖金的提高对学生成绩有显著的正向提升作用,其中月工资每增加 1 元,初中学生的数学成绩增加 0.008 分,2006 年下半年获得的总奖金每增加 1 元,学生成绩增加 0.004 分[315-316]。薛海平和闵维方基于甘肃基础教育调查研究 2004 年初中学生调查数据,采用分层线性模型分析影响学生学业成绩的因素,研究发现数学教师的月基本工资对数学成绩的影响不显著,但月奖金对于数学成绩有显著的负向影响,语文教师的月奖金对于学生的语文成绩也有显著的负影响[317]。薛海平和王蓉探讨了义务教育教师绩效奖金对学生数学成绩的影响,研究结果表明,教师绩效奖金对学生成绩有显著正向影响;教师集体绩效奖金对学生成绩影响效应大于个人绩效奖金,而且,教师集体绩效奖金中的班级绩效奖金对学生成绩影响最大[318]。

(二)教师工作经验

(1)概念界定

教师工作经验是指教师个体在经历与体验具体的日常教育教学实践中获得的知识或技能,以及在教育教学实施中对所形成的规律性方法的总结,它是在一定的教学理论的指导下教师的长期教学实践活动的升华与结晶。结合布迪厄的“场域—惯习”理论可以对教学经验做进一步阐释:从静态的角度来说,教学经验是教师个体在日常教育实践过程中所形成的认识与行动图式,是一种被建构化了的结构;从动态的角度来说,教师的教学经验系统是教师在自身的日常教育实践中,通过学习、交流与实践,不断反思、体悟,被塑造与生产,是一种建构中的结构。一般以教龄或者是教师工作年限来作为教师工作经验的代理指标。

(2)已有的相关研究

Cooper 和 Cohn 使用随机边界估计方法发现,在美国南卡罗来纳州教师工作年限对学生成绩影响不显著[294]。与之相反,Clotfelter 等人发现教师工作年限对北卡罗来纳州的学生成绩有正向影响[319]。Dewey 等人分别使用了传统的 OLS 回归和工具变量法研究教师工作年限对学生成绩的影响,结果表明教师工作年限对学生学习成绩具有显著正向影响,但采用工具变量方法估计的效应值更大[236]。哈努谢克等人使用增值模型发现,在得克萨斯州,与没有工作年限的教师相比,有 2 年左右工作年限的教师对学生成绩(四、五年级数学成绩除外)有显著的正向影响;然而,他们也发现更高工作年限的教师对学生成绩没有影响[320]。与此对比的是,Krueger 发现教师工作年限对学业成绩的影响大小不到哈努谢克等人的研究结果的一半;而且使用含有工作年限的平方项的模型,Krueger 发现在 20 年顶点后的工作年限对学生成绩有正向影响[321]。但这并不直接与 Hanushek 等人的研究结论矛盾,因为他们对教师工作年限的界定存在差异。Albert Park 和 Emily Hannum 对中国甘肃农村小学教师的研究发现,教师教龄对学生的数学成绩有显著正向影响,但对语文成绩影响不显著[24]。Boonen 等人[297]同样研究发现教师工作经验对学生的阅读、拼写成绩没有显著影响,而对数学成绩有显著正向影响。

《教师蓝皮书:中国中小学教师发展报告(2014)》提出,国内外许多研究表明,教师教学工作经验对教学生产的影响轨迹呈倒"U"型,教师在入职后需要经过 3 年以上的经验积累,才能够促进教学生产,但这种教学质量的提升不会随着教学经验的增加而无限制增加,教师教学生产率在教师工作的第 15 年左右达到最高峰,之后进入经验的固化期,打破教师已有的经验,需要付出极大的努力[322]。

国内学者邓业涛利用中英甘肃基础教育项目 1999 年的基线调查数据,运用教育生产函数方法,探讨了甘肃四个项目县小学师资状况与教育质量的关系,发现教师的教龄对教育质量有显著影响[299]。白胜南等人发现,与教龄较短的教师相比,教龄长的教师所教授班级的学生数学成绩更好[303]。然而,谢敏等基于 TIMSS 2003 的国际学生测评数据研究表明,教龄对八年级学生数学成绩的预测力较弱[300]。张文静等人采用增值模型方法的研究结果也表明,教师的年龄和教龄对四年级学生数学成绩的提高无显著效应[323]。

由此可见,教师教龄对学生学业成绩的影响存在不同的结论,但大多数研究发现教龄对学生学业成绩的影响是非线性的。

(三)教师教学策略

(1)相关政策

2001 年教育部颁布的《基础教育课程改革纲要(试行)》指出,基础教育课程改革的具体目标要"改变课程实施过于强调接受学习、死记硬背、机械训练的现状,倡导学生主动参与、乐于探究、勤于动手,培养学生搜集和处理信息的能力、获取新知识的能力、分析和解决问题的能力,以及交流与合作的能力"。教学过程中强调"教师在教学过程中应与学生积极互动、共同发展,要处理好传授知识与培养能力的关系,注重培养学生的独立性和自主性,引导学生质疑、调查、探究,在实践中学习,促进学生在教师指导下主动地、富有个性地学习。教师应尊重学生的人格,关注个体差异,满足不同学生的学习需要,创设能引导学生主动参与的教育环境,激发学生的学习积极性,培养学生掌握和运用知识的态度和能力,使每个学生都能得到充分的发展"。

《国家中长期教育改革和发展规划纲要(2010—2020 年)》在人才培养体制改革中强调要"注重学思结合。倡导启发式、探究式、讨论式、参与式教学,帮助学生学会学习。激发学生的好奇心,培养学生的兴趣爱好,营造独立思考、自由探索的良好环境","注重因材施教。关注学生不同特点和个性差异,发展每一个学生的优势潜能。推进分层教学、走班制、学分制、导师制等教学管理制度改革。建立学习困难学生的帮助机制"。

《义务教育数学课程标准(2011 年版)》指出,教学活动是师生积极参与、交往互动、共同发展的过程。有效的教学活动是学生学与教师教的统一,学生是学习的主体,教师是学习的组织者、引导者与合作者。数学教学活动,特别是课堂教学应激发学生兴趣,调动学生积极性,引发学生的数学思考,鼓励学生的创造性思维;要注重培养学生良好的数学学习习惯,使学生掌握恰当的数学学习方法。教师教学应以学生的认知发展水平和已有的经验为基础,面向全体学生,注重启发式教学以及因材施教。

《小学教师专业标准(试行)》中关于教师教学能力的组织与实施提出教师

要"发挥小学生主体性,灵活运用启发式、探究式、讨论式、参与式等教学方式"。《中学教师专业标准(试行)》中关于教师专业能力中的教学实施提出教师要"通过启发式、探究式、讨论式、参与式等多种方式,有效实施教学","引发中学生独立思考和主动探究,发展学生创新能力"。

由上述国家和教育行政部门颁布的相关政策文件可以发现,教师教学方法和策略在人才培养改革和落实新课标中具有重要作用。倡导教师采用引导探究、因材施教、参与式教学等教学策略以激发学生好奇心,鼓励学生独立思考、自由探索,从而培养具有创新思维和解决问题能力的未来后备人才。

(2)概念界定

教学策略是教学领域中运用非常广泛的一个术语,关于其定义,众说纷纭,国内学者从不同的角度阐述了自己的观点,至今没有形成一个统一的定义。李康认为教学策略是为实现教学目标,完成教学任务所采用的方法、步骤、媒介和组织形式等教学措施构成的综合性方案[324]。王国英和沃建中在小学语文教师教学策略的结构中将教学策略定义为,教师为达到教学目标而采取的符合学生认知的教学方法、步骤以及行为方式的综合[325]。该研究将小学语文教师的教学策略分解为计划与设计策略、管理策略、讲授策略、提问与讨论策略、学习策略指导、情感、评估策略七个维度。和学新总结了学者对教学策略的定义的共性和分歧,认为共性表现在,教学策略有一定的目标,是在特定教学情境下,为完成特定教学任务而产生的,包括教学活动中的方法选择、材料组织、对师生行为的规范等;而在教学策略的归属问题上存在分歧,有人认为存在一定的理论基础,有人将教学策略等同于教学思想、教学模式、教学方法或者是教学方案[326]。

由此可以看出,虽然不同学者对教学策略的定义有所不同,但存在以下两个共同特征:一是教学策略具有目的性,主要依据教学目标;二是教学策略具有综合性,即形式的多样化。本研究采用王国英和沃建中对教学策略的界定,即教学策略是教师为达到教学目标而采取的符合学生认知的教学方法、步骤以及行为方式的综合。

(3)已有的相关研究

有效的教学是激发学生学习和提高学生学业成绩的良好手段。良好而适当的教学策略是教师开展有效教学的重要保障。在美国,有关教学策略和学生学业成绩的关系研究十分丰富。Schroeder 等人对 1980—2004 年间发表的以美国为样本的 62 份研究进行了元分析,据以估算不同教学策略对学生科学学习成绩的平均影响效应。估计结果表明,提问策略的效应值为 0.74,操控策略的效应值为 0.57,拓展学习材料策略的效应值为 0.29,评价策略的效应值为 0.51,探究策略的效应值为 0.65,增强内容策略的效应值为 1.48,教学技术的效应值为 0.48,合作性学习策略的效应值为 0.95[327]。Heller 等人基于在美国六个州开展的随机试验项目,探讨教师教学方式对学生成绩的影响。他们分别对不同组别的学生进行三种干预——教学案例、查看学生作业、元认知分析,结果表明这三种干预均可以提高学生成绩,但是只有教学案例和查看学生书面作业答题的准确性和完整性具有显著正效应[328]。Beerenwinkel 等人为研究建构式教学模式在科学课堂的使用情况,对德国、芬兰和瑞士三个国家共 60 个课堂进行了物理学科教学质量的研究,通过录像分析课堂中教师经常使用的建构式教学模式的类型,发现结构化知识获取和自主学习两种教学策略最为常见,同时,教师使用建构式教学结合学生自主能力培养的方式能够激发学生的学习动机。但是,在回归模型中发现学生的知识储备是预测学生学习动机更为重要的变量,而且对于不同性别和不同国家的学生而言没有统一的教学模式[329]。

国内也有一些学者在此方面开展了研究。罗生全通过对 13 个省区的调查研究,发现中小学教师的有效教学行为在各维度上的总体表现水平高低依次为:教学策略＞教学评价＞系统呈现教材;班级管理＞教学准备。且不同性别、不同学段、不同年龄/教龄、不同学历、不同地域中小学教师的有效教学行为存在显著差异[330]。郑太年等人对我国不同地区 5 个主要省会城市 60 所学校的581 名教师进行问卷调查,并对 5066 名学生的数学能力和问题解决能力进行测试,基于该调查数据,分析了我国教师的教学方法及其对学生数学成绩和问题解决能力的影响。研究发现,数学教师较多采用讲授教学法对学生数学成绩有显著正向影响,而全体教师较多采用讲授教学法却对学生问题解决能力有显著负向影响[331]。胡咏梅和唐一鹏基于中国基础教育质量检测协同创新中心在东部某省份中小学的抽样调查数据,发现对不同学段和不同能力水平的学生而言,教师的教学策略的影响是不同的,在小学阶段,教师的教学策略的影响效应要大于学生的学习策略,而初中阶段则相反;对于能力相对较低的小学生来说,教师的教学策略具有更大影响[332]。

由此可见,国内外研究都显示教学策略对学生发展有显著的影响,且教学策略对不同学段学生成绩的影响效应有所不同。

(4)相关的测量工具

PISA 项目通过学生问卷调查教师的课堂教学活动,如教学中是否依据学生的成绩水平进行能力分组,也即"因材施教",此外,还调查教师的教学行为。具体来说,包括以教师为中心的教学活动(陈述学习目标、总结上一节课、回顾家庭作业、检查练习册等)、以学生为中心的教学活动(鼓励表达、引导思考、小组合作学习、能力分组、学生自我评估、学生参与课程规划)、认知激活策略(如制作产品、写作等),以学生为中心的教学活动和认知激活策略体现出一定程度的"互动合作/参与式教学"和"引导探究"。

TIMSS 项目通过教师问卷调查了教师的教学活动,主要侧重于能够吸引学生学习,提升学生学习动机的非常具体的学科课堂教学方法,包括设定目标、引入有趣的材料、将学生的学习与日常生活结合起来、提供外部的奖励和表扬等。就科学学科来说,还包括教师注重科学探究活动。具体来说包括:总结课程学习目标、将课程与学生的日常生活联系起来、提问以引发推理和解释、鼓励学生展示进步、表扬学生的努力、将有趣的材料引入课堂。

NAEP(国家教育进步评价)项目通过教师问卷调查了教师的教学策略,主要侧重于教师针对不同学生采取的不同策略,也即"因材施教"。具体来说,以NAEP 2015 数学教师问卷为例,调查了教师在数学教学实践中针对不同学生,采取如下策略的频率:对一些学生设定不同的成就标准;对一些学生,用额外的材料来补充常规的课程教学;对一些学生开展不同的教学活动,在教授某些学生时采取不同的教学方法,对一些学生采取不同的教学进度。此外,NAEP 还调查了教师对学生数学学习进展进行的评价与相应的教学策略调整情况。

表 3-58　大型教育测评项目中的教学策略测量维度

项目	维度	子维度
PISA	以教师为中心的教学活动	陈述学习目标、总结上一节课、回顾家庭作业、检查练习册等
	以学生为中心的教学活动	鼓励表达、引导思考、小组合作学习、能力分组、学生自我评估、学生参与课程规划等
	认知激活策略	制作产品、写作等
TIMSS	教学活动	引导、鼓励、注重探究等促进学生学习投入的具体行为
NAEP	教学策略	因材施教
		教学评价与反馈

　　本研究通过学生问卷从"因材施教、互动合作、引导探究"和教师问卷"因材施教、参与式教学、引导探究、教学反馈与调整策略"方面测查教师的教学策略水平。其中,因材施教指的是教师鼓励学生使用适合自己的学习方法、发现学生学习上的优劣势、为不同的学生提出不同的学习建议、给学有余力的学生布置富有挑战性的学习任务、关注每个人的成长进步等。参与式教学指的是教师在课堂上组织学生进行小组活动和学生交流学习心得等。引导探究指的是教师引导学生就某个问题进行讨论、将教学内容与日常生活相联系、引导学生思考和提出自己的观点、鼓励学生用不同的思路解决问题等。具体的题目如表3-59所示。

表 3-59　教学策略测量量表

教学活动描述	从不	偶尔	有时	常常	总是
鼓励学生使用适合自己的学习方法	(1)	(2)	(3)	(4)	(5)
发现学生在学习上的优势和劣势	(1)	(2)	(3)	(4)	(5)
给不同的学生提出不同的学习建议	(1)	(2)	(3)	(4)	(5)
给学有余力的学生布置富有挑战性的学习任务	(1)	(2)	(3)	(4)	(5)
关注每一个学生的成长进步	(1)	(2)	(3)	(4)	(5)
在课上组织学生进行小组活动	(1)	(2)	(3)	(4)	(5)
让课堂气氛很活跃	(1)	(2)	(3)	(4)	(5)
和学生共同交流学习心得	(1)	(2)	(3)	(4)	(5)

（续表）

教学活动描述	从不	偶尔	有时	常常	总是
引导学生就某个问题进行讨论	（1）	（2）	（3）	（4）	（5）
讲课时尽量将所教内容与学生的生活实际相联系	（1）	（2）	（3）	（4）	（5）
鼓励学生猜想并通过各种方法验证猜想或得到结论	（1）	（2）	（3）	（4）	（5）
引导学生提出自己的观点	（1）	（2）	（3）	（4）	（5）
鼓励学生用不同的思路解决问题	（1）	（2）	（3）	（4）	（5）
根据试卷分析的结果调整自己的教学	（1）	（2）	（3）	（4）	（5）
根据教学目标和学生的实际情况自己编写习题	（1）	（2）	（3）	（4）	（5）
通过批改作业及时发现学生学习中的问题,并进行有针对性的辅导	（1）	（2）	（3）	（4）	（5）
批改作业时我会因人而异给出恰当的评语	（1）	（2）	（3）	（4）	（5）

（5）工具质量报告

①信度

对 2017 年小学（2232）和初中（3972）有效样本进行统计分析发现,该量表总体克隆巴赫系数分别为 0.962 和 0.966,反映量表的内在一致性信度很高。具体结果见表 3-60。

表 3-60　教师教学策略量表的内部一致性系数

	题目数	克隆巴赫系数
小学教师教学策略	17	$0.962(N=2232)$
初中教师教学策略	17	$0.966(N=3972)$

②效度

分别对 2017 年小学（2232）和初中（3972）有效样本进行验证性因素分析,结果发现,教师教学策略的验证性因素分析模型拟合指数比较理想,小学各项目载荷在 0.734～0.865 之间,初中各项目载荷在 0.766～0.888 之间,符合测量学标准,有较高的结构效度。具体结果见表 3-61 和表 3-62。

表 3-61　教师教学策略量表的验证性因素分析模型拟合指数

	χ^2	df	CFI	TLI	$RMSEA$	N
小学	1453.787	113	0.957	0.949	0.073	2232
初中	2195.931	113	0.965	0.958	0.068	3972

表 3-62　教师教学策略量表的验证性因素分析因子载荷

维度	教师问卷题目	小学量表因子载荷	初中量表因子载荷
因材施教	鼓励学生使用适合自己的学习方法	0.792	0.800
	发现学生在学习上的优势和劣势	0.862	0.878
	给不同的学生提出不同的学习建议	0.853	0.860
	给学有余力的学生布置富有挑战性的学习任务	0.734	0.775
	关注每一个学生的成长进步	0.757	0.785
参与式教学	在课上组织学生进行小组活动	0.810	0.798
	让课堂气氛很活跃	0.844	0.846
	和学生共同交流学习心得	0.846	0.874
引导探究	引导学生就某个问题进行讨论	0.833	0.841
	讲课时尽量将所教内容与学生的生活实际相联系	0.827	0.811
	鼓励学生猜想并通过各种方法验证猜想或得到结论	0.865	0.859
引导探究	引导学生提出自己的观点	0.865	0.888
	鼓励学生用不同的思路解决问题	0.860	0.879
教学反馈与调整	根据试卷分析的结果调整自己的教学	0.818	0.841
	根据教学目标和学生的实际情况自己编写习题	0.738	0.766
	通过批改作业及时发现学生学习中的问题,并进行有针对性的辅导	0.800	0.828
	批改作业时我会因人而异给出恰当的评语	0.742	0.767

(四)教师专业发展

(1)相关政策

2001 年教育部在《基础教育课程改革纲要(试行)》中提出:"应制订有效、持续的师资培训计划",促使教师的视野不断开阔,理念不断更新,自我发展意识不断强化。2010 年 4 月,《教育部关于深化基础教育课程改革进一步推进素质教育的意见》中重申,"把促进教师专业发展作为重要目标和任务,加大教师培训力度,不断改进培训模式,组织开发以教学实际问题为核心、以优秀教学案例为载体的培训课程、以校为本的教学研究制度,增强教师培训的针对性和实效性"。2010 年 7 月颁布的《国家中长期教育改革和发展规划纲要(2010—2020年)》强调,"严格教师资质,提升教师素质,努力造就一支师德高尚、业务精湛、结构合理、充满活力的高素质专业化教师队伍"。"要完善培养培训体系,做好培养培训规划,优化队伍结构,提高教师专业水平和教学能力。通过研修培训、学术交流、项目资助等方式,培养教育教学骨干、'双师型'教师、学术带头人和校长,造就一批教学名师和学科领军人才"。《教育部教师工作司 2013 年工作要点》中指出要"加强培养培训,有效推动教师专业化成长",包括"推进教师培养内涵式发展""建立教师学习培训制度""建设教师培养培训基地""加强名师名校长队伍建设"。

由此可见,政府和教育部门十分重视中小学教师的专业发展,通过完善培养培训体系,以提高教师专业水平和教学能力。

(2)概念界定

Eric Hoyle 将教师专业发展定义为"教师在教学职业生涯的每一阶段掌握良好的专业实践所必备的知识和技能的过程"[333]。Allan Glatthorn 将教师专业发展看成是"教师由于经验的增加和对教学系统的审视而获得的专业成长"[334]。叶澜把教师专业发展理解为"教师的专业成长或教师内在专业结构不断更新、演化、丰富的过程"。陈向明等人认为教师专业发展不仅指教师专业规范化和教师专业自主权,更重要的是关注教师个体的专业自主发展以及教师得以安身立命的条件保障。我国中小学教师的专业发展,主要采取短期集中培训和在行政要求下进行教研活动两种途径[335]。

(3)理论基础

①教师自我实现需要论

马斯洛将人的需要分为五个层次,分别为生理需要、安全需要、归属与爱的需要、尊重的需要、自我实现的需要,其中自我实现的需要是最高层次的需要。

马斯洛认为：自我实现是人的主体性实现的一种方式，本质上是人的能动的社会化成长过程，是人自身的潜能、价值和理想目标的实现，是人对自身能力的肯定和对现实自我的超越。而自我实现的需要是人格形成、发展、成熟的驱动力。自我实现的需要就是"人对于自我发挥和完成的欲望，也就是一种使他的潜力得以实现的倾向"。如马斯洛所说"我们有充分的理由假设，人有一种内在的或先天的趋向自我实现的成长需要"。正是由于人有了自我实现的需要，才使得有机体的潜能得以发挥、保持和增强。教师的专业发展最终会由外在的发展走向自我更新发展，即内在的自我实现发展，这是教师专业成长的根本之路。这种自我实现包括了自我审视、自我反思、自我学习、自我超越等，它需要教师在平时进行积累和完善，是教师在个人教育经验、教育实践知识的基础上进行的改变。

②教师专业发展阶段论[336]

弗勒的生涯关注理论：美国学者弗勒根据教师关注的内容把教师职业生涯分为四个阶段：教学前的关注阶段，早期生存关注阶段，教学情境关注阶段，关注学生阶段。

费斯勒的生涯发展理论：美国学者费斯勒把教师生涯发展分成八个阶段：职前教育阶段，实习导入阶段，能力建立阶段，热心成长阶段，生涯挫折阶段，稳定停滞阶段，生涯低落阶段，生涯隐退阶段。

沃尔夫的生涯发展阶段：美国学者沃尔夫等确定了在职业期间教师所经历的六个基本时期：新手，学徒，职业，专家，卓越者，名誉退休。教师在发展和保持职业成长过程中沿着这条路线形成了一个不断推动的发展模型。

③终身教育理论

1965 年 12 月，时任联合国教科文组织成人教育局局长，法国著名的成人教育家、终身教育理论的首倡者和奠基者 Paul Legrand，在巴黎召开的"第三届促进成人教育国际委员会"上，以"Education Permanent"为题作了学术报告。报告在与会专家与有关组织中产生了极大轰动，这标志着终身教育作为一种国际教育思想正式被确立了。此后，联合国教科文组织将"Education Permanent"改译为英文"Lifelong Education"（"终身教育"）。Paul Legrand 的代表作《终身教育导论》于 1970 年出版之后，被译为 20 多种文字广为流传。Paul Legrand 首先在他的"终身教育"报告中指出："终身教育所意味的并不是指一个具体的实体，而是泛指某种思想或原则，或者说是指某种一系列的观点及研究方法"，终身教育并非和"大众教育""成人教育"完全等同，而是它们的一种超越与升华，是一种"更加广泛的概念"。报告指出："每个人都要实现自己的抱负，发展自己的可能性，以适应激荡的社会不断投向人们的课题。"因而，未来的教育过程"不再是一个人由初等、中等或大学等任何一个学校毕业之后就完结的过程，而应该是通过人的一生持续进行"。终身教育论对于教师专业发展，具有理论和现实的学理价值。科学技术日益更新换代，社会不断向前发展，这都要求社会人才必须要紧跟社会与科技发展的步伐，满足科技、社会的变化以及加速变化的要求。而作为教师更应该与时俱进，不断地学习新的理论以及新的实践操作技能，并且持续终身，只有这样才能促进自身专业不断发展。

（4）已有的相关研究

教师因素与学生成绩的关系一直是众多教育研究的关注点，对学生发展影响的教师因素主要关注教师工资、工作年限、教师职前教育（如教育背景）的影响，而教师在职培训的影响却少有人关注，关于教师培训对学生成绩的影响的实证研究也相对较少。Kennedy 在对 93 项教师发展培训项目对学生成绩影响的研究进行元分析后指出，只有 12 项研究表明教师发展培训对学生成绩有积极的影响[337]。与上述结论相反，有研究发现教师发展培训项目对学生成绩的提高有一定的作用[338-339]。Dildy[340] 使用了随机实验的方法，Bressoux[341] 使用准实验的研究方法都发现教师培训提高了学生成绩。但是教师培训对学生发展的影响也随学校水平、学生特征、教学课程以及学生成绩测量方式的不同而不同。Angrist 和 Lavy 的研究发现，伊斯兰学校系统中的非宗教学校的教师接受培训能提高学生成绩，而这一结论在宗教学校则不明显，这可能是因为宗教学校的培训开始得更晚，而且是在更小的范围内实施；另外，研究还提出非宗教学校的教师接受培训相对于降低班级规模或者延长在校时间来提高考试成绩，是一种成本更小的方法[342]。Jacob 和 Lars Lefgren 借助芝加哥学校的改革估计了教师在职培训的影响，采用断点回归的方法估计了教师培训对小学生数学和阅读成绩的影响,结果发现在职培训对学生数学或阅读成绩都没有显著影响[343]。Harris 和 Sass 基于佛罗里达州学校行政记录数据库,研究发现中小学教师生产力随着经验(边干边学)而增加,但在教学中获得的正式培训通常不会提高教师提升学生成绩的能力。在职专业发展对教师提高学生成绩的能力影响甚微,但中学数学可能例外。作者认为正式的职前培训和在职培训对学生成绩没有显著影响,这可能是因为教师产出是针对具体情况的(例如,具体的课程和/或学生类型),教师培训可能不会集中在产生学生成就的技能类型上。另外,这种影响在不同年级和学科上存在很大差异。[344]Basma 和 Savage 选取了17 篇有关教师专业发展对学生读写能力影响的文献,进行系统评价和元分析,研究结果表明:第一,教师专业发展对学生读写能力的影响效应为 0.225,并且效应值是显著的;第二,短期的教师专业发展的影响效应更大;第三,培训质量的影响效应要大于培训的时间长度。[345]

Goldhaber 和 Brewer[346]研究了可观测的和不可观测的教师和学校特征对十年级学生数学成绩的影响。具体来说,那些觉得自己准备得很好、能够控制课堂内容、花较少时间维持课堂秩序、经常使用口语提问和强调问题解决能力的教师对学生成绩有正向影响。Dee Thomas[347]用田纳西州的班级规模随机实验的考试分数来考察学生成绩与本民族教师之间的联系。实证结果证实了学生与教师的种族匹配性,即学生被分配到本民族教师的班级中一年后,其数学和阅读成绩能够显著提高三至四个百分点,对黑人学生和白人学生都是如此。Matthew Ronfeldt 等人[348]对前人提出的教师的流动会影响学生的学业成绩假定进行检验。他们对纽约四、五年级教师流动对 85 万多名学生成绩的影响进行了为期 8 年的研究,建立了两个年级的混合影响模型,结果表明有高教师流动性的年级的学生在语言、艺术和数学方面的成绩更差,这种关系在差的学校和黑人学校表现得更加明显,而且教师的流动性也会负向影响教师的质量。

国内研究方面,张文静等人以房山区 42 所小学的 1238 名四年级学生和 42名数学教师为研究对象,在控制学生背景变量的条件下,考察教师的特征变量、教学方式和教师培训三个方面对小学生四年级数学学业成绩增长的影响。研究结果表明,教师参加新课程培训有显著的正向成绩效应[323]。赵健等人通过在我国华北、华南、华西、华中和华东分层抽取5所学校,研究我国教师的专业发展实践特征与学生学业成就的关系,研究发现集体备课和兄弟学校教师听评课始终对学生学业成就产生正向影响;只单独备课而不参与集体备课的教师行为,对学业成就产生负向影响[349]。薛海平采用OLS回归方法对我国西部农村初中教师素质与教育质量的关系进行了实证研究,也发现专家讲座培训对教育质量提升有显著正向影响[301]。白胜南、韩继伟、李灿辉基于TIMSS 2015数据,研究发现参加数学知识培训和数学教育培训对学生数学成绩有显著正向影响[303]。

(5)相关的测量工具

NAEP项目通过教师问卷测查了教师参与专业发展活动的状况,侧重于调查个人参与专业发展活动的形式以及各类专业发展活动带来的收获。以NAEP 2015数学教师问卷为例,该问卷测查了教师在过去两年中,是否参与或者领导过以下形式与数学教学相关的专业发展活动:大学课程,工作坊或培训,会议或专业协会会议,到其他学校参观,指导或观摩教学,定期讨论,教师集体或网络学习,个人或集体研究,定期自主阅读教育期刊、书籍或上网,共同教学或团队教学,与数学专家磋商等。

NAEP 2015还测查了教师参与以下几类专业活动带来的收获:学生怎样学习数学,数学理论或应用,数学内容标准,数学中可用的课程材料,数学教学方法,数学教学中操作的有效使用,数学教学中计算器的有效使用,数学教学中计算机或其他技术的使用,评估学生的数学学习,为地区或州评价做准备,与数学中的能力分组相关的问题,教授来自不同背景的学生学习数学的策略等。

TIMSS项目也通过学科教师问卷测查了教师参与培训的状况,主要侧重于专业发展互动的内容。具体来说,测查了在过去两年中,教师是否参与各类专业发展项目,如自然科学学科知识、自然科学教学方法、自然科学课程、将信息技术整合到自然科学课程中、自然科学评价、满足学生的个别需求。

表 3-63 大型项目中的教师专业发展测量

项目	维度	指标
NAEP	教师专业发展	参与或领导专业发展活动的形式
		参与专业发展活动的收获
TIMSS	教师专业发展	参加专业发展项目的类型

本项目测评从教师的自主学习与培训进修、专业引领与创新、同事交流与互助、个人教学反思四个方面对教师专业发展状况进行测查(见表 3-64)。其中,自主学习与培训研修主要测查了教师目前通过哪些方式进行专业学习,是否会针对所教授的课程自主学习相关知识,是否参加了如函授、电大、夜大、网络教育、在职研究生等形式的学历提升进修,上学年参加国家级、省(或直辖市)级、地市级、区县级培训或进修的时间,以及目前最需要的培训内容;专业引领与创新主要测查了教师听专家讲座、参加课题研究、参加教研部门或学校组织的教研活动的频率;同事交流与互助主要测查了教师观摩他人的教学并在课后进行研讨,与同事分享经验、讨论问题,教研组集体备课、评课的频率;个人教学反思主要测查了教师对教学案例进行分析、自我学习或反思的频率(教师参加教研活动频率量表见表 3-65)。

表 3-64 教师专业发展细目表

一级指标	二级指标	测查点
专业发展	自主学习与培训进修	专业学习方式、自学时间、是否进修、培训层次及时间
	专业引领与创新	相关描述自评
	同事交流与互助	相关描述自评
	个人教学反思	相关描述自评

表 3-65 教师专业发展量表

教研活动	0 次	1~2 次	3~5 次	6~9 次	10 次及以上
听专家讲座	(1)	(2)	(3)	(4)	(5)
参加课题研究	(1)	(2)	(3)	(4)	(5)
参加教研部门或学校组织的教研活动	(1)	(2)	(3)	(4)	(5)

(续表)

教研活动	0 次	1～2 次	3～5 次	6～9 次	10 次及以上
观摩他人的教学并在课后进行研讨	(1)	(2)	(3)	(4)	(5)
与同事分享经验、讨论问题	(1)	(2)	(3)	(4)	(5)
教研组集体备课、评课	(1)	(2)	(3)	(4)	(5)
对教学案例进行分析	(1)	(2)	(3)	(4)	(5)
自己学习或反思	(1)	(2)	(3)	(4)	(5)

(6)工具质量报告

①信度

对 2017 年小学(2232)和初中(3972)有效样本进行统计分析发现,该量表总体克隆巴赫系数分别为 0.887 和 0.858,量表内在一致性信度较高。具体结果见表 3-66。

表 3-66　教师专业发展量表的内部一致性系数

	题目数	克隆巴赫系数	N
小学	8	0.887	2232
初中	8	0.858	3972

②效度

对 2017 年小学(2232)和初中(3972)有效样本的验证性因素分析发现,教师专业发展量表的验证性因素分析模型拟合指数比较理想,小学各题项载荷在 0.465～0.849 之间,初中各题项载荷在 0.355～0.867 之间,有较好的结构效度。具体结果见表 3-67、表 3-68。

表 3-67　教师专业发展量表的验证性因素分析模型拟合指数

	χ^2	df	CFI	TLI	$RMSEA$	N
小学	610.212	17	0.941	0.902	0.125	2232
初中	981.265	17	0.936	0.894	0.120	3972

表 3-68　教师专业发展量表的验证性因素分析因子载荷

维度	教师问卷题目	小学量表因子载荷	初中量表因子载荷
专业引领与创新	听专家讲座	0.547	0.450
	参加课题研究	0.465	0.355
	参加教研部门或学校组织的教研活动	0.821	0.800
同事交流与互助	观摩他人的教学并在课后进行研讨	0.822	0.759
	与同事分享经验、讨论问题	0.849	0.867
	教研组集体备课、评课	0.843	0.833
个人教学反思	对教学案例进行分析	0.836	0.799
	自己学习或反思	0.804	0.824

(五)班级规模

(1)相关政策

我国在 1996 年 3 月 9 日发布"中华人民共和国国家教育委员会令第 26 号",其中《小学管理规程》第二章"入学及学籍管理"第十一条规定:小学采用班级授课制,班级的组织形式应为单式,不具备条件的也可以采用复式。教学班级学额以不超过 45 人为宜。近年来,对于"小班教学""小班化教育"的研究和呼声日渐增多。2004 年 9 月 14 日,在由深圳市人大常委会举行的教育强市座谈会上,数十名校长与教师代表纷纷建议市人大立法限定班组学生人数,推行"小班化"教育以保障教学质量。2005 年北京市教委出台的《北京市中小学办学条件标准》中,对中小学每个班级的学生数量做了具体规定,其中完全中学每个班的班额不得超过 40 人,独立设置的高中班额不得超过 45 人,班级数量最多不超过 36 个班。可见,教育行政部门和社会对缩减班级规模,采取小班化教学以提高教育质量十分关注。

(2)概念界定

和学新认为,班级规模又称"班额",是指分配并编入由某一名教师指导的具体的固定的一个班级或教育单位的学生数[350]。陶青提出了"经验班级规模"和"经验教学单位"的概念。他认为"经验班级规模"指课堂教学活动中影响学生学和教师教的实际人数,"经验教学单位"指"学生在课堂学习过程中所经历的教育单位大小"[351]。两者虽表述不一,但实质是一致的。总之,班级规模属于教育学领域的概念,它能够反映教师教与学生学的直接环境,对学生学业成绩产生影响。在我国,班级规模通常是指一个班级内的学生人数。本研究采用这个概念。

(3)已有的相关研究

关于班级规模与学生成绩关系的研究相当丰富。有部分研究发现,缩小班级规模与学生的成绩呈正相关。美国部分州进行了缩小班级规模与学生成绩关系的大型实验研究,例如田纳西州的"STAR 工程"(Student-Teacher Achievement Ratio)。该实验研究始于 1985 年,历时 4 年,对该州学前班及小学一、二、三年级的学生进行了追踪调查,是关于班级规模的一项重要的控制性实验研究,具有很大影响。其特点是:1)研究规模大,涉及 79 所学校、300 多个教室及 7000 名学生;2)随机抽样,在州有关专家的指导下,采取了随机抽样的方法,教师和学生的分配都是随机的;3)注意数据的收集与分析的科学性和可比性。该项研究得出的结论是:1)无论是标准化测试还是以课程为基础的测试,无论是白种人学生还是少数民族学生,无论是来自城市、郊区还是农村的学生,都表现出小班的学生成绩均显著高于大班的学生;2)在起始阶段,小班对于少数民族学生成绩的积极影响是白种人学生的两倍,后来逐渐趋于一致;3)无论有无额外的教学辅导人员,大班学生的学业成绩无明显差异。综合上述表述,其结论可以归纳为:班级规模缩小与学生成绩之间呈正相关的关系,"这项研究毫无疑问地表明:在低年级,小班比大班更有利"[352]。Ferguson 和 Ladd[353] 对美国亚拉巴马州的研究结论同样显示较小的班级规模有助于提高学生成绩。Krueger 和 Whitmore[354] 后来的研究表明,小的班级规模对学生的成绩有长远的影响。Angrist 和 Lavy 使用 20 世纪 90 年代以色列公立学校班级规模的政策"Maimonides' rule"(规定班级规模不能超过 40 人)引起的班级规模随机变化作为工具变量来研究班级规模的影响,结果发现,班级规模的下降有助于提高学生的成绩[355]。哈努谢克等人[356] 使用哈佛/UTD 得克萨斯学校项目数据库并使用了固定效应模型估计了班级规模的影响,研究发现,班级规模对于四、五年级学生的成绩具有显著的负影响,对于六年级的影响不显著。Peter Blatch-ford 等人[357]采用了多水平模型研究了英国小学班级规模对学生成绩的影响,研究中考察了学生先前成绩与班级规模的交互作用以及学校贫困生比例与班级规模的交互作用。研究结论显示,班级规模对学习成绩有显著影响,且班级规模对不同学习成绩的学生影响不一样。Cho 等人[358]以明尼苏达州大学三至五年级学生为样本,结果表明,缩小班级规模会影响数学和阅读成绩,但是这些影响非常小,班级规模每减少 10 个学生只能增加 0.04～0.05 个标准差。Fredriksson 等人[27]对小学班级规模的长期效应进行评估,使用来自瑞典的丰富数据,研究发现小学最后三年(10～13 岁)小班化教学有利于 13 岁学生认知能力和非认知能力的培养,并能提高 16 岁学生的学习成绩。同时,还发现小班对 27 岁至 42 岁的学生完成学业、工资和收入有积极影响。

也有一些研究发现,缩小班级规模与学生成绩没有相关关系。例如,汤姆林逊研究了美国从 20 世纪 50 年代到 1986 年的学生成绩和班级规模数据,没有发现班级规模与标准化测试成绩之间的相关性。而且,他提出从成本和对于教师队伍质量的潜在负向影响(缩小班级规模会导致对教师数量需求扩大从而导致教师质量降低)方面来说,现存的研究并不能证明缩小班级规模政策的正确性。但是他的研究招致了一些批评意见:1)这个分析把所有年级的学生囊括进去,而且以师生比作为班级规模的尺度并不能充分地反映真正的班级规模;2)汤姆林逊没有排除干扰因素(社会变化也有可能掩盖两者的关系)[359]。哈努谢克反复研究了几项关于学校资源投入(包括缩小班级规模)与学生成绩的关系。他的研究结论是[360]:缩小班级规模不一定会提高学生成绩,它们之间的相关性是微弱的,他呼吁重新考虑政府关于缩小班级规模的教育政策。

从以上研究看,关于缩小班级规模与提高学生成绩的关系,研究结论有较大的分歧,但是总结大多数研究者的观点得出的结论是:1)低年级的班级规模缩小有助于学生成绩的提高;2)若要使缩小班级规模对学生的成绩产生影响,还需要满足一定的条件。Goldhaber 和 Brewer[361]通过分析 1988 年的国家教育纵向研究数据(National Educational Longitudinal Study,NLES)得出结论:班级规模对成绩的影响是显著的,但符号是正的,即大班额的学生成绩更好。

Albert Park 和 Emily Hannum[24]采用中国甘肃农村基础教育调查的数据估计了班级规模对学生成绩的影响效应。在控制了教师和家庭特征变量后,班级规模对学生的数学和语文成绩的影响均不显著。Hoxby[25]采用面板数据,并使用了准实验技术来研究班级规模对美国康涅狄格学区学生考试成绩的影响,结果发现班级规模的影响不显著。

此外,还有部分研究发现,班级规模与学生成绩之间呈倒"U"形曲线。如贾勇宏[28]的研究发现,班级规模与学生学业成绩之间并非简单的线性关系,在规模适度范围内,班级规模扩大对小学生的语文和数学学习成绩有显著的积极影响,但班级规模过大对英语成绩会造成不利影响。梁文艳和胡咏梅基于西部5省农村初中大规模调查数据,构建随机前沿生产函数模型测算了农村初中办学效率,利用 Tobit 模型系统分析了效率的影响因素。该研究发现,班级规模与效率得分呈现倒"U"形曲线关系[29]。郑琦和杨钋基于 2015 年 PISA 大陆地区数据,研究发现初中阶段的班级规模与学生成绩呈现非线性关系,"大班"的学生显著更低。高中阶段的班级规模与学生成绩显著正相关,"大班"成绩更好[362]。

(六)教师工作负担

(1)相关政策

2019 年 12 月中共中央办公厅、国务院办公厅印发了《关于减轻中小学教师负担进一步营造教育教学良好环境的若干意见》,要求各地区各部门要"营造教育教学良好环境,让教师全身心投入教书育人工作,落实好立德树人根本任务"。并指出这项工作是各级党委和政府的职责所在,是全社会尊师重教的基本体现。《中华人民共和国劳动法》第三十六条规定:"国家实行劳动者每日工作时间不超过八小时、平均每周工作时间不超过四十小时的工时制度。"《中小学班主任工作规定》第十四条规定:"班主任工作量按当地教师标准课时工作量的一半计入教师基本工作量。各地要合理安排班主任的课时工作量,确保班主任做好班级管理工作。"

由以上相关政策和法规条例可见,政府和社会高度重视为教师减负的工作,要让教师从纷繁复杂的应酬性事务和与教育无关的社会性事务中解脱出来,不能让这些事务压得教师喘不过气来。通过全面清理和规范教育部门的各类检查、考核、评比活动,实行教师工作目录清单制度,未列入清单的事务不准开展,谁布置谁承担责任。从而让教师从繁重的填表工作和乱摊派工作中解脱出来,把时间和精力还给教师,让教师静下心来从事教学研究、备课和提高专业水平。

(2)概念界定

何谓负担?《现代汉语词典(第7版)》对"负担"的解释分两个词义:"承当(责任、工作、费用等);承受的压力或担当的责任、费用等"。归纳起来,负担的界定涉及两组关键词:一组是动词,包括承担、承受、担当。其中,承担可以理解为承受和担当的合成词。另一组为名词,包括责任、工作、压力与代价。其中,责任是分内应做的事。工作则属于职业责任,即法律规定某一职业应尽的义务。压力是个体对外在环境刺激与要求的知觉、评估与反应。代价包括身心付出、经济费用等。因此,负担可以概括为承受与担当的责任、工作、压力以及由此而付出的代价等。

关于教师负担的研究很多,却少有研究对教师负担做出一个明确的定义。柳士彬和胡振京将教师负担定义为教师应担当责任、履行的任务和承受的压力。他们将教师负担划分为生活负担、工作负担与心理负担[363]。王毓珣和王颖认为教师负担存在广义与狭义之分。所谓广义的中小学教师负担,是指中小学在社会生活中承担与担当的责任、工作与压力以及由此而付出的代价等。这既包括家庭负担、学校负担与社会负担,又包括职业负担与非职业负担。所谓狭义的中小学教师负担,是指中小学教师在学校教育工作中承受与担当的教育责任、教育工作与职业压力以及由此付出的代价等[364]。教师工作负担实际上就是狭义的教师负担。本研究参考以上学者关于教师负担的定义,将教师负担区分为教师工作量和教师工作压力。

有学者认为教师工作量是教育者直接或间接从事教育相关的工作的数量与质量的总构成[365]。也有学者将工作量等同于教学工作量即周教学时数[366]。王毓珣和王颖则进一步概括为专任教师为了履行教育教学职责而进行的一系列劳动的数量总和[364]。因此,可以使用工作时间、担任职务、授课班数等来测量教师工作量。何谓教师工作时间？世界经合组织将教师工作时间界定为教师在校时间，指的是"教师花费在学校中的工作时间，包括教学时间和非教学时间"[367]。美国学者西尼斯卡尔科更加具体地阐释了教师工作时间的内涵，即教师法定工作时间是指所有教师合同或服务条款中规定的工作时数，包括法定的实际教学时间以及参加其他教学活动的时间，如备课、批改作业、培训、会议、学生辅导和课外活动等[368]。郅庭瑾等人结合我国国情，同样将教师工作时间的概念具体化，认为教师的工作时间包括备课、上课、教研科研、辅导学生、联系家长等与工作有关的所有活动所占用的时间[369]。中小学教师担任的职务通常有班主任、年级组长，等等，承担这些职务往往需要投入更多的精力到班级管理和学校日常性事务当中。

关于工作压力，国内外学者给出了不同的界定。Kyriacou 与 Chris[370]将教师工作压力定义为：一种由教师工作角色施加于教师身上的要求，而这些要求使他们的自尊或身心健康受到威胁，因而产生负面的情感反应，且伴随着可能致病的生理改变。彭小虎认为，教师工作压力是教师与教学诸要素互动过程中产生的一种不适应状态，并导致教师在一定时间内心理、情感和教学行为等方面的失调[371]。邵光华认为，教师职业压力是指出教师的教育教学活动及生存状况相关的烦恼事件或学校工作环境等因素引起的一种精神状态及相应的行为表现[372]。综上，人们普遍将教师工作压力默认为一种压力过度状态，将其解释为在工作环境中使教师个体受到威胁的压力源长期、持续地作用于教师而使教师产生一系列生理、心理和行为反应的过程。

（3）已有的相关研究

近几年，我国有许多学者基于调查数据，从工作时间的角度揭示了教师工作时间负担重的现状。郅庭瑾等人以上海市义务教育阶段教师为样本，发现上海市中小学教师平均每天的工作时间普遍超过 8 小时[369]，随着工作时间的延长，教师用于睡眠、健身以及休闲娱乐的时间随之减少。秦玉友等人以全国东中西部 10 省 20 市（县）中小学教师为样本，同样发现超过半数的教师日均教学工作时间超过 8 小时，他们将教师的教学工作时间分为"班级面向"和"学生面向"的工作所花费的时间，两者的比例约为 2：1，并且发现教师的教学工作时间在学段、城乡、性别等方面存在显著差异[373]。童星基于 CEPS 数据,发现初中教师总工作时间偏长,但直接用于教学的时间偏少,课外研究、管理班级和处理行政事务占据了初中教师更多的时间,并且中低职称教师的工作时间更长[374]。王洁和宁波基于 TALIS 数据,比较了不同国家和地区教师的工作时间。他们的研究发现上海教师的"周工作时间"略高于国际平均值,但"上课"时间在所有国家和地区中处于最少[375],这在一定程度上也表明我国中小学教师的工作时间更多地被教学以外的时间所占据。综上所述,我国中小学教师普遍存在工作时间偏长、教学负担较重的问题,尤其是教学以外的时间,在教师的工作时间中占据较大比例。

教师的工作压力反映了教师在工作中心理上的负担。范先佐对我国中小学教师的调查显示,70% 的教师认为自己面临较大的职业压力,63.8% 的教师报告职业压力给自己造成了较大或很大影响,并且已给教师带来诸如心理、生理以及个人发展方面的负面影响[376]。邵光华和顾泠沅对我国中小学青年教师的压力情况进行研究,认为教师职业是一种压力程度颇重的职业,我国青年教师普遍承受着较重的压力,并且总结了 16 个教师压力源[377]。杨翠娥和黄祥祥对民族地区的中小学教师职业压力进行调查,结果发现 29.3% 的教师反映压力非常大,46.8% 的教师反映压力比较大,表明民族地区中小学教师普遍感觉压力比较大,而压力源主要有经济负担、工作不能得到客观评价、社会地位不高、学生问题等[378]。李琼等人的研究中,采用探索性因子分析将教师的职业压力分解为工作负荷、学生学业、社会及学校评价、专业发展、学生问题行为五个方面[379]。综上,我国中小学教师普遍感觉到压力较大,并且压力的来源是多方面的。

国内许多学者聚焦到班主任的工作负担,这是由于班主任既要承担教学工作,又要承担班级管理工作,工作负担往往较重。赵福江和刘京翠的实证研究结果表明,与非班主任教师相比,班主任日均工作时间长,八成以上的班主任平均每天在校工作时间超过 8 小时,九成以上班主任回家后还要花时间处理班级工作问题[380]。李静美等人认为班主任的工作负担主要表现在班主任工作和教学工作上的时间,班主任每天将一半左右的时间用于班主任工作,但是教学时间和其他科任教师基本相当;同时班主任还需要承担着学生安全、心理、学习等问题带来的工作压力[381]。同样,耿申通过问卷调查发现班主任工作压力大是最为突出的问题,而压力大的首要原因是安全责任压力,其次是班级管理任务重、工作量大[382]。

除了中小学教师工作负担现状和差异的研究之外,国内外许多学者也对工作负担与其他变量,尤其是心理感知的变量之间的关系进行了研究。Hakanen等人[383]运用工作要求—资源模型来探讨教师的工作环境与他们的身体健康状况和组织承诺感之间的关系。他们认为教师的工作要求(学生的行为问题、工作负担和物理工作环境)对职业倦怠感的影响作用可以预测教师的身体亚健康状况,教师的工作资源(工作控制、上级支持、信息获取、社会氛围、创新精神)对工作投入感的影响可以预测组织承诺。另外,工作资源与职业倦怠感成反比,反过来,职业倦怠感与工作投入感和组织承诺感也成反比。教师工作活动中有两个同时作用的潜在机制。第一个机制称为"能量"机制,在这个机制中,工作要求通过职业倦怠对教师的身体健康状况产生影响;第二个机制称为"动力"机制,工作资源通过对工作投入感产生作用,从而成为组织认同感的重要影响因素。李冰的研究发现人际关系、学生因素、工作负荷等都是教师职业倦怠的重要影响因素[384]。蔡永红和朱爱学指出,目前教师的工作负担普遍过重,而社会支持却普遍不足,这是导致教师职业倦怠的根本原因[385]。Droogenbroeck等人将教师的工作负担分为与教学有关的和与非教学有关的工作负担,其中,教学相关的工作负担和维持学生关系对教师的情绪衰竭有显著的影响[386],这一结果在一定程度上说明,情绪衰竭和得到缓冲,主要源于教学活动本身和其中所经历的关系的质量。齐亚静等人同样在研究中发现,超负荷的工作量和角色压力正向预测情绪衰竭[387]。

也有学者探究了工作负担与教师工作满意度之间的关系。许多研究表明,教师工作时间对工作满意度有显著的负向影响,即教师的周课时量、工作负担越大,教师的工作满意度越低。Skaalvik[388]探究了教师感知的学校环境变量对教师工作满意度的影响,其中,时间压力作为学校环境变量的一个维度,对工作满意度有显著的负向影响,并且主要通过影响到教师的情绪衰竭,进而间接影响到教师的工作满意度。李新翠在中小学教师工作量的调查研究中发现,只有不足三成的中小学教师对教学工作量满意,教师对工作量的不满主要是因为工作量超负荷,自己难以控制和管理,影响其工作效能,达不到工作的所有目标要求,同时也影响教师的身体健康[389]。李梅探讨了影响新教师工作满意度的因素,其中在工作量方面,新教师的客观工作量和主观感知的工作量存在显著的正相关,而主观感知的工作量对教师的工作满意度有显著的负向影响[390]。穆洪华等人分析了中学教师工作满意度现状,其中付出回报合理性满意度最低,两水平线性模型结果表明日工作量对教师总体工作满意度呈现显著的负向预测作用[391]。Siegrist在已有工作压力模型的基础上提出了同时兼顾人的特性与工作特征的工作压力模型:付出—回馈模型,指出从薪酬、晋升前景、工作安全性方面增加给予员工的回报,并从工作任务量、工作时间等方面降低要求以增强员工付出与回报之间的平衡感[392]。张河森关注到城市公办中小学代课教师,认为这一群体的付出回报是严重失衡的,与在编教师相比,代课教师要承担更多的课时,然而在报酬、社会保障和权利等方面远远不如在编教师,代课教师对工作和报酬的满意度较低[393]。

除此之外,不少研究表明教师的教学投入对其教学效果和教学质量具有很大影响。教师的教学投入通过两条路径影响教学质量:一是当学生感受到教师的教学投入之后会为教师的投入所感染,从而增加自己的学习投入,进而使得教学质量得到提升;二是教师的教学投入会导致教师自身教学水平的提高,从而增强教学的吸引力,提高学生的学习投入和学习质量。在教学活动中这两方面同时起作用,共同提高教学质量。从投入内容来看,教师的投入是多方面的,包括时间投入、精力投入、感情投入等,其中最主要的是时间和精力的投入[394]。

(4)相关的测量工具

关于教师工作时间的测量,主要有 TALIS 项目,TALIS 调研了不同国家和地区教师的两类工作时间:一是在最近一个完整的星期里,用于备课、批改作业、与本校同事交流合作以及处理其他与本校工作相关事务的时间;二是排除用于备课、批改作业等的实际教学时间,即"上课"时间。

本研究参考了 TALIS 关于教师工作时间的测量,并结合已有关于教师工作时间的概念界定,将教师的工作时间分为教学工作时间和非教学工作时间,其中教学工作时间包括每周的课时量、备课时间、批改作业时间、辅导个别学生时间;非教学工作时间包括参与班级管理时间、处理学校一般行政工作时间、与家长沟通的时间。具体题项如下:

上学期,您平时每天(工作日)的工作时间大约是:

(1)5 小时以下　　　　　　　　(2)5~8 小时(不含 8 小时)

(3)8~10 小时(不含 10 小时)　　(4)10~12 小时(不含 12 小时)

(5)12~14 小时(不含 14 小时)　　(6)14 小时以上

上学期,您每周总共要上多少节课?

(1)8 节以下　　　　(2)8~11 节　　　　(3)12~15 节

(4)16~20 节　　　　(5)21~25 节　　　　(6)26 节及以上

上学期,您工作日每天大约花多少时间用于备课?

(1)1 课时以下(不含 1 课时)　　(2)1~2 课时(不含 2 课时)

(3)2~3 课时(不含 3 课时)　　(4)3 课时及以上

上学期,您工作日每天大约花多少时间用于教研活动?

(1)1 课时以下(不含 1 课时)　　(2)1~2 课时(不含 2 课时)

(3)2~3 课时(不含 3 课时)　　(4)3 课时及以上

上学期,您工作日每天批改作业时间约有多长?

(1)1 课时以下(不含 1 课时)　　(2)1~2 课时(不含 2 课时)

(3)2~3 课时(不含 3 课时)　　(4)3 课时及以上

上学期,您工作日每天辅导学生(包括与个别学生交流)的时间约有多长?

(1)1 课时以下(不含 1 课时)　　(2)1~2 课时(不含 2 课时)

(3)2~3 课时(不含 3 课时)　　(4)3 课时及以上

上学期,您工作日每天参与班级管理的时间约有多长?

(1)1 课时以下(不含 1 课时)　　(2)1~2 课时(不含 2 课时)

(3)2~3 课时(不含 3 课时)　　(4)3 课时及以上

上学期,您工作日每天处理学校一般行政工作(如教研以外的会议、上级检查、撰写总结等)的时间约有多长?

(1)1 课时以下(不含 1 课时)　　　(2)1～2 课时(不含 2 课时)

(3)2～3 课时(不含 3 课时)　　　(4)3 课时及以上

上学期,您工作日每天与家长沟通的时间约有多长?

(1)1 课时以下(不含 1 课时)　　　(2)1～2 课时(不含 2 课时)

(3)2～3 课时(不含 3 课时)　　　(4)3 课时及以上

关于担任职务的调查,使用一个题目,如下所示。此外,本研究关注到班主任的工作负担,增加了对班主任所带班级数量的调查。

上学期,您兼任以下工作吗? (可多选)

(1)班主任

(2)本学科的组长/教研组长/备课组长

(3)除教本学科课程外,还兼教其他学科课程

(4)年级组长

(5)学生辅导工作

(6)没有兼任这些工作

如果您是班主任,您所带班级共＿＿＿＿＿＿学生(非班主任可不作答此题)。

关于中小学教师工作压力的测量,国外较早地关注到教师工作压力的结构和测量,Boyle 等人[395]自编了 20 个工作压力来源题目,最终分解为工作负担、学生不良行为、专业认知需要、时间/资源匮乏、不良同事关系五个维度。我国学者在 21 世纪初对中小学教师工作压力的测量和问卷编制进行了研究。其中,较具代表性的有朱从书等人[396]编制的《中小学教师职业压力问卷》。问卷中包括中小学教师工作中可能遇到的事件压力共 50 个项目,采用 5 等级计分,通过探索性因子分析将这 50 个项目分解为 6 个因子,分别为考试压力、学生因素、自我发展需要、家庭人际、工作符合、职业期望。此外还有石林等人编制的《中小学教师工作压力问卷》[397],该问卷分为压力源和压力反应两部分共 11 个维度,其中压力源部分主要有教育教学改革、学生、学校管理、工作特征、职业发展、身心特征、家庭和社会 8 个维度 36 个题目;压力反应部分主要有生理、心理和行为反应 3 个维度 17 个题目。后来,李琼等人[379]参考这两个问卷,从教师

职业特点、社会因素、学生学业、自身专业发展、学生问题 5 个方面编制职业压力源问卷,最后通过主成分分析法提取了 5 个因子,分别为工作负荷压力、学生学业压力、社会与学校评价压力、专业发展压力、学生问题行为压力。张建人等人选取《中小学教师工作压力问卷》[398]第一部分工作压力源进行调查,以湖南省某教育机构统一组织的中小学教师培训期间参加培训的全体教师为被试,问卷的内部一致性信度为 0.952。

本研究主要借鉴李琼等人编制的《中小学教师压力问卷》。该问卷分为工作负荷压力、学生学业压力、社会及学校评价压力、专业发展压力和学生问题行为压力 5 个维度,共 23 个题项,采用 5 点计分。5 个维度的累计方差贡献率为 58.24%。验证性因子分析结果表明,问卷项目在所属因子上的因子负荷值均比较理想,因子负荷值均在 0.48 以上($p < 0.01$),GFI、AGFI、NFI、IFI、CFI 依次为 0.91、0.89、0.88、0.90、0.90,RMSEA 为 0.06,问卷结构的各项拟合指数均达到了心理测量学的要求,问卷结构效度较好。此外,以教师职业倦怠 3 个维度的得分为效标,通过考察教师职业压力源的各维度得分与职业倦怠的相关程度,来检验自编问卷的效标效度。结果表明,教师职业压力源的 5 个维度与职业倦怠的 3 个维度均表现出显著的正相关,依次为:0.34,0.36,0.41,0.40,0.40,0.46,0.38,0.40,0.31,这表明该教师职业压力源问卷具有较高的效标效度。

本项目教师工作压力量表如表 3-69 所示。

表 3-69　教师工作压力量表

题目	非常不符合	比较不符合	一般	比较符合	非常符合
学生的学习问题,如动机不强,学习态度差会给我带来压力	(1)	(2)	(3)	(4)	(5)
学生在校的人身安全问题让我感到有压力	(1)	(2)	(3)	(4)	(5)
学生心理问题会给我造成压力	(1)	(2)	(3)	(4)	(5)
特殊学生(如狂躁症、自闭症学生等)给我带来工作压力	(1)	(2)	(3)	(4)	(5)

（续表）

题目	非常 不符合	比较 不符合	一般	比较 符合	非常 符合
对某些学生我常感到"束手无策"	(1)	(2)	(3)	(4)	(5)
学生之间的差异大,学习水平参差不齐让我感到有压力	(1)	(2)	(3)	(4)	(5)
教学改革给我带来压力	(1)	(2)	(3)	(4)	(5)
生源质量差给我带来压力	(1)	(2)	(3)	(4)	(5)
学生提出的疑难问题给我带来压力	(1)	(2)	(3)	(4)	(5)
我感到教学任务繁重	(1)	(2)	(3)	(4)	(5)
参加学校与教育部门的各种检查、评比给我带来压力	(1)	(2)	(3)	(4)	(5)
聘任制度让我感到有压力	(1)	(2)	(3)	(4)	(5)
教学研究与科研任务的要求给我带来压力	(1)	(2)	(3)	(4)	(5)
家长的投诉会给我带来压力	(1)	(2)	(3)	(4)	(5)
家长不管孩子,把责任推给老师,给我带来压力	(1)	(2)	(3)	(4)	(5)
每天要对学生负责,让我感到有压力	(1)	(2)	(3)	(4)	(5)
媒体对教师的负面报道会让我感到有一些压力	(1)	(2)	(3)	(4)	(5)
经常加班或把工作带回家,让我感到工作负担重	(1)	(2)	(3)	(4)	(5)
在职称晋升和职业发展方面我感到有压力	(1)	(2)	(3)	(4)	(5)
我感到自己难以较快地实施教育改革的新理念	(1)	(2)	(3)	(4)	(5)
自己对知识更新的要求让我感到有压力	(1)	(2)	(3)	(4)	(5)
我总担心学生的考试成绩不理想	(1)	(2)	(3)	(4)	(5)
学校主要根据学生的成绩来评价教师,让我感到有压力	(1)	(2)	(3)	(4)	(5)

（5）工具质量报告

①信度

对 2019 年初中（1831）有效样本进行统计分析发现,该量表总体克隆巴赫系数为 0.946,内在一致性信度很高。具体结果见表3-70。

表 3-70　教师工作压力量表的内部一致性系数

	题目数	克隆巴赫系数
初中教师工作压力问卷	23	0.946（$N=1831$）

②效度

对 2019 年初中（1831）有效样本进行验证性因素分析，结果发现，教师工作压力的验证性因素分析模型拟合指数比较理想，各题项载荷在 0.574～0.908 之间，符合心理测量学标准，有较高的结构效度。具体结果见表 3-71 和表 3-72。

表 3-71　教师工作压力量表的验证性因素分析模型拟合指数

	χ^2	df	CFI	TLI	$RMSEA$	N
初中教师	12 698.477	220	0.985	0.983	0.114	1813

表 3-72　教师工作压力量表的验证性因素分析因子载荷

维度	教师问卷题目	因子载荷
工作负荷压力	我感到教学任务繁重	0.729
	参加学校与教育部门的各种检查、评比给我带来压力	0.724
	经常加班或把工作带回家，让我感到工作负担重	0.736
	教学研究与科研任务的要求给我带来压力	0.752
	聘任制度让我感到有压力	0.666
	在职称晋升和职业发展方面让我感到压力	0.727
学生学业压力	学生之间的差异大，学习水平参差不齐让我感到有压力	0.781
	学生的学习问题，如动机不强，学习态度差会给我带来压力	0.689
	生源质量差给我带来压力	0.696
	对某些学生我常感到"束手无策"	0.715
	我总担心学生的考试成绩不理想	0.679
社会与学校评价压力	媒体对教师的负面报道会让我感到有一些压力	0.727
	家长不管孩子，把责任推给老师，给我带来压力	0.783
	家长的投诉会给我带来压力	0.677
	学校主要根据学生的成绩来评价教师，让我感到有压力	0.705
	每天要对学生负责，让我感到有压力	0.764

（续表）

维度	教师问卷题目	因子载荷
专业发展 压力	我感到自己难以较快地实施教育改革的新理念	0.826
	自己对知识更新的要求让我感到有压力	0.791
	在职称晋升和职业发展方面让我感到有压力	0.574
	教学改革给我带来压力	0.715
学生问题 行为压力	学生在校的人身安全问题让我感到有压力	0.757
	学生心理问题会给我造成压力	0.908
	特殊学生（如狂躁症、自闭症学生等）给我带来工作压力	0.844

（七）教师工作满意度

（1）相关政策

教师是学校发展的核心支柱，他们对工作的满意度影响着教师工作的积极性，直接关系到服务学生的质量。提高教师工作满意度是维系教师队伍稳定性的必要条件，也是增强教师职业吸引力和保障教育教学质量的重要支撑。

2006 年修订后的《中华人民共和国义务教育法》第三十一条指出："各级人民政府保障教师工资福利和社会保险待遇，教师的平均工资水平应当不低于当地公务员的平均工资水平。"2009 年 1 月 1 日开始实施的《关于义务教育学校实施绩效工资的指导意见》，再次重申义务教育教师平均工资水平不低于当地公务员平均工资水平。2012 年国务院颁布的《关于加强教师队伍建设的意见》，要求依法保证教师平均工资水平不低于或者高于国家公务员的平均工资水平，并逐步提高，保障教师工资按时足额发放。对长期在农村基层和艰苦边远地区工作的教师，实行工资倾斜政策。推进非义务教育教师绩效工资实施工作。按照事业单位改革的总体部署，推进教师养老保障制度改革。可见政府在努力达到提高教师收入，保障教师基本生活，提高教师满意度的目标。2013 年《教育部教师工作司 2013 年工作要点》指出，要"加强培养培训，有效推动教师专业化成长"，包括"推进教师培养内涵式发展""建立教师学习培训制度""建设教师培养培训基地""加强名师名校长队伍建设"。政府加大对教师职业发展的支持，以此来提高教师工作满意度。2015 年 6 月，国务院办公厅印发的《乡村教师支

持计划(2015－2020 年)》明确从八个方面解决农村教师队伍老龄化以及教学
质量低下的问题,并着力提升乡村教师的工作满意度。各种政策的相继出台,
说明社会各界对教师工作满意度问题的持续关注。2018 年 1 月,中共中央、国
务院颁布的《关于全面深化新时代教师队伍建设改革的意见》中明确指出要推
进教师薪酬制度改革,并确立了"到 2035 年,让教师成为具有幸福感、成就感、
荣誉感的职业"这一宏伟目标。

(2)概念界定

教师工作满意度的概念源于员工工作满意度。基于霍桑实验发现员工情
感及心理状态会影响其行为,进而影响产出。1935 年霍伯克在其经典著作《工
作满意度》中首次对工作满意度进行了较为清晰的定义,他认为工作满意度是
员工生理和心理两方面对其工作环境因素的满足感受。有学者认为工作满意
度就是个体对他所从事的工作的情感反应;也有学者把工作满意度定义为个人
对工作或工作经验予以评价以后所产生的愉快或积极的情绪状态[399]。总的看
来,工作满意度是指围绕着工作与个人的需求或价值发生关联时所产生的情感
反应。

国内关于工作满意度的研究兴起于 20 世纪 80 年代。常丽娟和谢力[400]结
合国内各学者对工作满意度的定义将其分为综合性解释、期望差距性解释、参
考架构式解释三类。所谓综合性解释,即认为工作满意度是工作者对工作本身
及其环境所秉持的整体态度或总体看法。此种定义将工作满意度看成一个整
体的概念,并不涉及对其各个构面和形成原因的解释;期望差距性解释是将工
作满意度视为工作者从工作环境中获取的价值与预期价值的差距。差距越小
表示工作满意度越高;参考架构式解释是将工作满意度视为对工作各个特征加
以解释后所得到的结果,即对各个构成因素的认知评价与情感反应。虽然学术
界对工作满意度是一种"情感体验"还是一种"态度"意见不一,但多数学者认同
第三类概念,即对工作特征进行多方位的评价。

本研究采用冯伯麟[401]对教师工作满意度的定义:教师工作满意度是指教
师对其工作与所从事职业,以及工作条件与状况的一种总体的、带有情绪色彩
的感受与看法。

(3)理论基础

"科学管理之父"泰罗在他的著作《科学管理原理》中推行科学管理方法,他注意到工人的"态度"对其工作行为的影响,例如他曾考虑如何减少工作疲劳,提出高报酬能影响工人的态度进而提高工作绩效。霍桑实验揭示出工人对工作情境的评价会影响到他们对工作的态度,强调了非正式团体的管理方式对塑造员工态度、影响其工作绩效的作用。

探讨工作满意度的理论,一般建立在激励理论之上。在某种内部或外部的激励因素影响下,可以使人处于一种兴奋的状态中,工作满意就是这样一种状态,通过激励使教师处于积极的工作状态中。比较有代表性的影响工作满意度的理论有"内容型激励理论"和"过程型激励理论"。

①内容型激励理论

需求层次理论:马斯洛 1943 年提出著名的需求层次理论,将人的需求分为生理的需求、安全的需求、友爱和归属的需求、自尊与受人尊重的需求以及自我实现的需求 5 个层次。马斯洛认为人的需求是从低级向高级逐步发展的,满足了低层次的需求才可能向高层次需求发展。工作满意是成人关注的主要满意方面之一,工作满意是由成人的需求(尤其是自我实现的需求)是否得到满足及满足的程度决定的。

双因素理论:20 世纪 50 年代赫茨伯格对匹兹堡地区 11 个工商业机构的 2000 名白领员工进行调查,要求他们回答"什么时候对工作特别满意""什么时候对工作特别不满意""满意或不满意的原因是什么"等问题,由此提出影响工作满意的因素主要有两类:保健因素和激励因素。保健因素是指能消除员工的不满,使其安于工作的因素,如经济收入、督导、地位、保障、工作环境、政策与行政等;激励因素则是与人们的满意情绪直接相关的因素,如工作本身、赏识、进步、成长的可能性、责任感、成就感等。赫茨伯格将传统观念中的满意或不满意的对立观点进行了新的分解,即满意或没有满意,不满意或没有不满意。满意的有无与工作的积极情绪有关,不满意的有无与工作的消极情绪有关。因此,若要增进工作满意,应从激励因素着手;若要避免工作不满意,则应从保健因素着手。

ERG 理论：奥德尔弗将马斯洛的需求层次理论简化为生存需求、关系需求以及成长需求。马斯洛的需求层次理论中的生理、安全需求对应生存需求，友爱和归属、自尊的需求对应为关系需求，自我实现的需求对应为成长需求。奥德尔弗认为需求是一个连续带，人们有自由选择的权利，亦能跳过某些需求，人类在某一时间可有一个以上的需求发生，并非马斯洛认为的必须从低到高的发展。

以上内容型的激励理论立足于人的需求，着重阐释激励的原因和起激励作用的因素。这些理论启示我们，教师的需求是多方面的，管理者要尽可能提供丰富的物质环境，满足教师的合理需求，提升教师的满意度。

b）过程型激励理论

期望理论：弗罗姆在其著作《工作与激励》中，提出著名的 $M = V \times E$ 的公式（M 代表动机，V 代表目标价值，E 代表期望概率），即人们采取行动的动机取决于他们对行动结果价值的评估和对实现结果的预期可能性的估计。同时，弗罗姆指出目标价值和期望概率中有一项值低，就难以使员工在工作中表现出足够的积极性。总的来说，期望理论认为，满意是期望被满足的结果，当期望所得大于实际所得时，个体就会不满意；反之，当期望所得小于实际所得时，个体就会满意。

公平理论：亚当斯提出"公平理论"旨在讨论个体对组织的贡献与从组织获得报酬之间的比例关系对个人工作行为的影响。一个人的满意程度取决于他在工作上的投入与回报（如时间、薪水、升迁、荣誉、福利等）之间的平衡感受，这种感受特别强调与他人的比较。如个人感到与他人相比较而言，其工作投入所获得的待遇及报酬是公平合理的，则满意度较高；反之则较低。可见，公平理论的观点是：员工的积极性与他所得到的绝对报酬关系并不密切，重要的是相对报酬。

差距理论：洛克在其理论中强调"实际"所得到的结果，认为工作满意度取决于特定的工作环境中"实际"获得的价值与"预期"应该获得价值的差距。若实际获得的价值比预期高，并且两者之间的差距越大，越满意；反之，若实际获得的价值比预期低，两者之间的差距越大，越不满意。

以上过程型激励理论着重研究动机的形成和行为目标的选择,这些理论启发我们,满意是教师的主观体验,管理者为教师创造积极的心理环境,教师才会有满意的体验。

(4)已有的相关研究

布格勒认为:查明教师工作满意度的影响因素,不仅对于教师素质、教师职业认同等产生积极作用,而且也会对学生学业成就、学生的教育满意度产生积极影响[402]。

国内外学者对影响教师工作满意度的因素进行了大量的研究。Michaelowa在其著作中对影响教师工作满意度的变量进行了总结,主要包括教室环境和学校设施,如班级规模与结构、学生入班成绩、教室设备等;教师个体变量,如性别、家庭状况、工作经历等;教师任职合同变量,如国家公务员、私立学校雇员或兼职人员等;人际关系的变量,如教师与同事的交流,与学生父母以及与学校管理者的沟通等[403]。赫茨伯格提出的双因素理论认为影响工作满意度的因素分为内在激励因素和外在激励因素,内在激励因素包括成就、赞赏、责任、升迁、工作本身等;外在激励因素包括薪资、成长可能性、人际关系、技术指导、组织政策、行政措施等[404]。一份关于美国教师工作满意度的统计分析报告指出:与教师工作满意度密切关联的工作条件包括行政支持与领导、良好的学生行为、积极的学校气氛和教师拥有的自主权等[405]。Skaalvik[388]探讨了学校环境与教师职业倦怠、教师工作满意度之间的关系,结果表明职业倦怠的情绪耗竭、自我实现减弱对教师工作满意度有显著的负向作用,学校自治对教师工作满意度有显著的正向作用。Klassen 和 Chiu[406]开展了教师的工作压力、自我效能感与工作满意度之间关系的研究,他们发现工作负担压力和来自学生表现的压力会对教师自我效能感产生负向作用,其中低课堂管理效能感和低教学策略效能感又会导致教师的低工作满意度。

冯伯麟归纳了国内关于教师工作满意度影响因素的研究结果后指出,现有研究得到的影响因素主要包括教师个人背景、组织氛围和领导行为、职业承诺、工作积极性等[401]。而且,国内学界对影响工作满意度的因素通常实行两分法或三分法。两分法即分为个体因素和工作因素。三分法即分为个体背景因素、个体心理因素以及组织与环境因素。具体来说,近几年国内学者主要关注工作压力、组织氛围、职业动机、校长行为对教师工作满意度的影响。2008 年《国家教育督导报告》调查显示,32.4%教师反映工作压力大[407]。研究表明,工作量和工作负担与工作满意度负相关。陈云英和孙绍邦[408]的研究表明,教师对自己所从事的职业及工作所怀有的兴趣与热爱程度,即教师工作的内在动机对工作满意度会产生重要影响。穆洪华等人发现不同学校之间的中学教师工作满意度差异较大,约占总差异的 15%,职业偏好、自主专业发展、日工作量等变量对中学教师工作满意度的影响极其显著且影响程度高于教师的人口统计学变量[391]。

关于组织气氛对教师工作满意度的影响,Ghavifekr 和 Pillai 以马来西亚沙巴州槟城地区 6 所公立中学 245 名教师为样本,研究结果显示,学校的组织气氛与教师工作满意度呈显著正相关[409]。姜勇等人[410]通过对 317 名教师进行问卷调查,发现组织气氛是教师工作满意度的直接影响因素。耿文侠和石壮[411]通过对在河北师范大学教育学院进修的 283 名中学教师进行调研,并将中学管理气氛分为民主作风、制度健全、管理系统性、关心体贴、领导威信五个维度,研究结果表明管理气氛与中学教师工作满意度呈显著正相关。潘孝富和秦启文[412]通过调查湖南省 229 名中学教师,并将中学组织气氛分为管理气氛、教学气氛、学习气氛、人际气氛四个维度,结果表明,学校组织气氛各维度(除人际关系维度外)与其教师工作满意度显著正相关。贺文洁等人考察了乡村教师感知的学校文化氛围、工作满意度与教师能动性之间的关系,结果表明教师能动性在学校文化氛围对教师工作满意度的影响中发挥部分中介作用[413]。

校长领导行为与教师工作满意度的关系是国内外教育管理领域的重要研究问题之一,也是在教育实践中校长和教师非常关注的问题。张忠山和吴志宏[414]以上海市区的小学教师和校长各 461 名为研究对象,探讨校长领导行为与教师满意度的关系,发现校长的实际关心体谅与领导行为和教师满意度之间呈正相关关系。孙锦明和王健[415]以江西省公办中学校长和教师为研究对象,发现中学校长的领导行为与教师的工作满意度各层面都具有非常显著的正相关关系。

国内外相关研究中探讨影响教师工作满意度的因素的研究较多,大体可以发现教师工作量和工作负担与工作满意度呈负相关,而组织管理气氛与教师工作满意度呈显著正相关。校长的实际关心体谅与领导行为和教师的工作满意度呈正相关。虽然探讨教师工作满意度与其相关变量间关系的研究较多,但是现有研究对于教师工作满意度对学生成绩的影响效应研究尚为少见。

(5)相关的测量工具

对教师工作满意度的测量多数借鉴员工工作满意度的测量。国外关于员工工作满意度的测量,使用较为广泛的问卷及量表包括明尼苏达满意度量表MSQ(Minnesota Satisfaction Questionnaire)等。它是 1957 年由明尼苏达大学Weiss 等人编制。MSQ 量表分长式量表(21 个分量表)和短式量表(3 个分量表)两种。短式 MSQ 量表分为成就、活动、提升机会、报酬、同事关系等维度。长式量表包括 120 个题项,测量工作人员对 20 个工作方面的满意度及一般满意度。工作描述指数 JDI(Job Descriptive Index)量表是 1969 年由 Smith 和Kendall 等人编制的。它包含 72 个题项,将工作满意度分为工作本身、上级、报酬、提升机会、同事关系五个维度。工作诊断调查量表 JDS(Job Diagnostic Survey)是 1975 年由 Hackman 和 Oldham 设计的,从员工一般满意度、内在动机、特殊满意度三个方面来评价员工工作满意度。其中特殊满意度包括工作安全、待遇、社会关系、成长等维度[416]。国际评估项目如 TIMSS 关于教师工作满意度的测量主要将教师工作满意度分为工作环境满意度、安全需求满意度、职业满意度、整体满意度四个维度。Lester E. P. 开发的教师工作满意度量表 TJSQ(The Teacher Job Satisfaction Questionnaire)将工作满意度分为晋升空间、同事关系、报酬、认可程度、责任心、安全感、监督管理、工作本身、工作条件等九个维度[417]。我国吴明隆设计的教师社会支持与工作满意度关系问卷,将教师工作满意度分为外在满意度和内在满意度两个基本维度[418]。陈云英和孙绍邦[408]、冯伯麟[401]、胡咏梅[419]的研究从教师工作条件、工作强度、自我实现、领导与管理、人际关系、工作收入、发展环境等维度来测量教师工作满意度。洪岑[420]从关注工作本身、工作回报、工作关系、工作环境、工作条件五个维度来测量。李微光、程素萍[421]从工作本身、工作报酬、晋升、人际关系、领导行为、组织认同及工作环境等七个维度来进行测量。

综合来看,以往国际评估项目如 TIMSS 关于教师工作满意度指数的测查没有一个清晰的框架,并且测查得不全面。相比较而言,TJSQ 的九个维度,包括晋升空间、同事关系、报酬、认可程度、责任心、安全感、监督管理、工作本身、工作条件等,对教师工作满意度的测量更加具体、全面。因此我们参考 TJSQ 项目问卷构建以下教师工作满意度框架,从领导与管理、发展环境、付出—回报合理性、自我实现、人际关系等五个维度测量教师工作满意度。

表 3-73　教师工作满意度问卷框架

一级指标	二级指标	维度
教育满意度	教师工作满意度	对领导与管理的满意度
		对发展环境的满意度
		对付出—回报合理性的满意度
		对自我实现的满意度
		对人际关系的满意度

其中对领导与管理的满意度这一维度,涵盖部分 TJSQ 问卷的"监督管理"这一维度的内容,并且补充部分有关学校规章制度的满意度的题项。本研究中教师对发展环境的满意度维度与 TJSQ 问卷的"工作条件"维度内涵大体相同。教师对付出—回报合理性的满意度维度与 TJSQ 问卷的"薪酬"维度大致相同,但 TJSQ"薪酬"维度题项没有涵盖福利、奖励制度的内容,这与国情不同有关,我们对此进行了相应的修改。此外,本研究中,教师对自我实现的满意度大体可以涵盖 TJSQ 问卷的"晋升空间"和"认可度"两个维度的内容。而教师对人际关系的满意度部分,涵盖了 TJSQ 问卷中"同事关系"和"责任心"的维度内容。

本研究教师工作满意度问卷维度与 TJSQ 明显的不同在于,没有涉及其"安全感"(3 个题项)、"工作本身"(9 个题项)。这是因为我国教师属于事业编制,一旦入职,一般不会轻易被辞退,所以基本不涉及"我害怕丢掉工作"的问题。"工作本身"题项所涉及的是教师对工作的认识(如"教学是非常有意义的工作""教师的工作是非常令人愉快的""教师的工作由一系列例行的活动组成"

"教学鼓励创新""我没有自己做决定的自由",等等),与对工作是否满意没有太直接的关联。所以,我们的问卷中没有设计此维度。具体来说,本研究教师工作满意度题项如下。

表 3-74　教师工作满意度量表

	非常 不满意	比较 不满意	有点 满意	比较 满意	非常 满意
您对学校领导的待人公平度感到	(1)	(2)	(3)	(4)	(5)
您对领导的亲和力和人格魅力感到	(1)	(2)	(3)	(4)	(5)
您对与领导的交往相处感到	(1)	(2)	(3)	(4)	(5)
学校的教师评价使您感到	(1)	(2)	(3)	(4)	(5)
您对学校现有的规章制度感到	(1)	(2)	(3)	(4)	(5)
您对学校教学设施的配置感到	(1)	(2)	(3)	(4)	(5)
您对校园文化的氛围感到	(1)	(2)	(3)	(4)	(5)
您对学校的发展前景感到	(1)	(2)	(3)	(4)	(5)
您对您的工资收入感到	(1)	(2)	(3)	(4)	(5)
您对目前的工作强度感到	(1)	(2)	(3)	(4)	(5)
您对学校提供的福利感到	(1)	(2)	(3)	(4)	(5)
您对学校对教师工作的奖励制度感到	(1)	(2)	(3)	(4)	(5)
您对自己的工作成就感到	(1)	(2)	(3)	(4)	(5)
您对学校提供的专业发展机会感到	(1)	(2)	(3)	(4)	(5)
您对自身工作获得学生的认可度感到	(1)	(2)	(3)	(4)	(5)
您对学校后勤人员的工作态度感到	(1)	(2)	(3)	(4)	(5)
您对与学校教师的相处感到	(1)	(2)	(3)	(4)	(5)
您对自己与学生的关系感到	(1)	(2)	(3)	(4)	(5)

(6)工具质量报告

①信度

对 2017 年小学(2232)和初中(3 972)的有效样本进行统计分析发现,该量表总体克隆巴赫系数分别为 0.959 和 0.968,内在一致性信度很高。具体结果见表 3-75。

表 3-75　教师工作满意度量表的内部一致性系数

	题项数	克隆巴赫系数
小学教师工作满意度量表	18	0.959（$N=2232$）
初中教师工作满意度量表	18	0.968（$N=3972$）

②效度

分别 2017 年对小学（2232）和初中（3972）的有效样本进行验证性因素分析，结果发现，教师工作满意度的验证性因素分析模型拟合指数比较理想，小学各题项载荷在 0.743～0.943 之间，初中各题项载荷在 0.783～0.959 之间，符合测量学标准，有较高的结构效度。具体结果见表 3-76 和表 3-77。

表 3-76　教师工作满意度量表的验证性因素分析模型拟合指数

	χ^2	df	CFI	TLI	$RMSEA$	N
小学教师	3217.900	125	0.934	0.919	0.105	2232
初中教师	5772.049	125	0.935	0.921	0.107	3972

表 3-77　教师工作满意度量表的验证性因素分析因子载荷

维度	教师问卷题目	小学载荷	初中载荷
对领导与管理的满意度	您对学校领导的待人公平度感到	0.926	0.944
	您对领导的亲和力和人格魅力感到	0.939	0.959
	您对与领导的交往相处感到	0.943	0.959
	学校的教师评价使您感到	0.886	0.910
	您对学校现有的规章制度感到	0.852	0.892
对学校发展环境的满意度	您对学校教学设施的配置感到	0.776	0.870
	您对校园文化的氛围感到	0.906	0.934
	您对学校的发展前景感到	0.899	0.892
对付出—回报合理性的满意度	您对您的工资收入感到	0.802	0.862
	您对目前的工作强度感到	0.840	0.875
	您对学校提供的福利感到	0.895	0.939
	您对学校对教师工作的奖励制度感到	0.848	0.919

（续表）

维度	教师问卷题目	小学载荷	初中载荷
对自我实现的满意度	您对自己的工作成就感到	0.764	0.830
	您对学校提供的专业发展机会感到	0.837	0.879
	您对自身工作获得学生的认可度感到	0.744	0.797
对人际关系的满意度	您对学校后勤人员的工作态度感到	0.743	0.783
	您对与学校教师的相处感到	0.811	0.899
	您对自己与学生的关系感到	0.754	0.866

（八）教师学校认同感

（1）相关政策

教师是学校教育实践的主要实施者,教师的质量在一定程度上决定学校教育的质量。国家"十二五"教育发展规划纲要提出"有好的教师,才有好的教育"。根据《国家中长期教育改革和发展规划纲要（2010－2020 年）》,教育部、财政部决定从 2010 年起实施"中小学教师国家级培训计划"（简称"国培计划"）。目前我国提高教师专业发展的政策和实践主要是从教师"外部"进行的,注重通过培训和提升教育管理效能来推动教师有效引导学生全面发展,进而提升教育质量。弗瑞德提出的个人职业认同变化的模型即洋葱模型,共分为六层,最外层为环境,由外向内依次是行为、能力、信念、认同、目标。外界环境对教师认同感的整体产生影响,同时教师自身的变化也作用于环境,两者是一种相互作用的关系。内在的目标和环境的变化是影响教师认同感变化的核心,这种变化是缓慢的,没有固定的模式,能够帮助教师更好地适应教育教学工作,提高教育教学效率。教师认同感是教师发展的动力和内在激励因素,可以从根本上改变教师对职业的态度,从而促进教师自主专业发展,提高教育质量。

（2）概念界定

组织认同感指个体对其组织的认同程度,是个体与组织具有一致性或从属于组织的心理表现及其过程[422]。当个体认同组织时,他就倾向于和组织荣辱与共、休戚相关。个人层面的因素（如对组织内部的熟悉程度、个人在组织中的地位等）、组织内部的环境因素（如内部价值观、竞争关系等）以及组织外部的环境因素(如组织间的竞争、组织声望等)都会对个体的组织认同感产生影响。组织认同感对个体的动机、决策、工作表现、组织承诺以及目标的达成等产生影响,进而改善组织绩效[423-424]。学校是重要的社会组织之一,教师的学校认同感指在教学活动中教师和学校的价值观以及需求相一致,并且自觉接受学校规范的心理活动过程[425]。从社会交换视角,学校在管理过程中,应将教师的需求和目标与学校的需求和目标整合一致,从而增加教师的学校认同感,进而增加其工作投入,创造教师和学校命运共同体,为其共同发展提供动力[425]。

(3)理论基础

①社会认同理论

该理论阐释了社会认同对于群体行为的重要解释作用,提出群体行为是建立在个体对群体的认同的基础上,这也意味着个体的社会认同会影响他们的知觉、态度和行为。通过社会认同,存在于社会中的每个个体不仅能从自身有别于他人的独有特征来认识和感知自己,而且还能与所在群体的其他成员以共享大家共同特征的方式来对自我概念进行定义。社会认同理论揭示并且解释了群集行为的内在心理机制。学校认同感的出现和发展是建立在社会认同理论基础之上。从社会认同理论的观点看,学校认同感是个体定义自我,从而归属学校的一个过程,它是教师个体与学校联结的心理纽带,教师对学校的认同感越高,就会更多地站在学校的角度去思考问题或做出某种有利于学校的行为。

②社会交换理论

社会交换理论认为,个体与组织之间的交换不但有物质的(如工资报酬等),而且也有心理的(如支持、信任、自尊和威望等)。当个体的社会情绪需要得以满足后,会产生义务回报组织的心态,从而做出有利于组织的行为。教师可能通过社会交换以实现社会情绪需要的满足,而该需要的满足又可以增强教师对学校的认同,进而对教师的工作行为和态度产生积极影响。

(4)已有的相关研究

不少学者对影响教师学校认同感的因素进行了探究。朱伏平[426]认为高校教师的工作自主性、组织环境等都会对学校认同感产生正向影响。高校教师对工作的自主性和灵活性要求很高,学校给予教师工作自主权,有利于教师在学校最大限度地体现自身价值;较高的工作自主性也会使教师增加自己的工作责任感,影响教师对工作和学校的态度,使教师感受到学校对其职业发展的支持,从而增强自己的学校认同感。张宁俊等人[427]认为职业认同感会对组织认同感产生正向影响,一方面,职业认同感较高的教师想要实现自身的职业理想和职业追求,需要与具有相同职业认同和职业理想的人进行合作,需要学校提供职业平台,这促进了教师对学校的认同;另一方面,当学校环境有利于实现教师的职业理想时,教师会对学校产生更加强烈的学校认同感。董海樱和方建中[428]基于浙江省高校的数据研究发现,组织内部的人际关系对教师的学校认同感有重要影响,人际交往不仅能联系教师彼此之间的情感,还能向个体传播学校的价值观和组织文化,有利于增加个人对学校的认同。方建中和金建东[429]认为,影响教师学校认同感的因素有:有敬业奉献精神的人是否能够成功,学校是否关心教师的生活、让教师感受到学校对他们的好处,教师之间来往程度的高低,学校是否关注教师的发展和进步。其中前两条是提升学校认同感的重要途径。此外,收入高的教师的学校认同感高于收入低的教师,可能原因是收入较低的教师以刚入职的居多,他们在消费和支出上面临着更多的生活压力,这种情况客观上分散了教师对自身职业的注意力和工作精力,从而影响了教师的敬业精神以及对学校的满意度。李永鑫等人[430]基于对河南学校教师的抽样调查数据得出,校际的竞争和教师的学校认同感正相关,可能原因是在激烈的学校竞争中,校际的边界更加突显,教师能够清楚地感知到自身与所属学校之间的联系,个体从属于学校的知觉更为明显。学校内部的竞争和学校认同感之间显著正相关,虽然学校内部的竞争可能会破坏组织的凝聚力,但在现代社会,竞争已经常态化,积极良性的内部竞争不仅不会破坏学校的凝聚力,反而会增进学校的活力,提升学校声誉,最终提升教师的学校认同感。

教师的学校认同感也会对其工作投入、对学校的忠诚度、创新行为和组织公民行为等方面产生影响。潘杨[431]认为教师的学校认同感对其创新行为存在显著的正向影响,对学校认同感较高的教师会产生内组织偏私行为,即把个体的认知和组织的要求、目标以及价值观有机地结合起来,把自己的进步发展和学校的进步发展联系在一起,激发个人进行创新的动力和进行团队合作的意愿,从而促进教师产生学校期望的创新行为。姜红和刘斌[432]认为当教师对自己的学校产生强烈的认同感和深厚的感情,他们会更加努力地工作,提高工作绩效,进而提高学校整体的地位和声望。黎光明和周国华[433]认为教师的学校认同感和组织公民行为之间存在显著的正相关关系,高校教师的学校认同感越高,教师的组织公民行为也越多。可能是因为当教师对学校有较高的认同感时,就会更加乐意与其他教师进行合作,增加有利于组织的公民行为出现的概率。梁拴荣等人[434]对太原、阳泉和晋中三地的中小学教师进行抽样调查,研究发现,教师的学校认同感在组织支持感对组织公民行为的影响中起到了中介作用。教师的学校认同感是维系教师和学校之间关系的重要纽带,是实现教师和学校共同发展的内在力量,也是影响教师行为和态度的重要因素。当教师感受到学校重视他们的贡献和关心他们的生存状况时,才会逐步接受组织的文化和价值观,他们对学校的认同感才会进一步增强并归属于学校。

考虑到教师学校认同感的重要作用,一些学者也对提高教师的学校认同感提出了建议。梁拴荣[425]认为在提高教师学校认同感的过程中,学校应让教师切实感受到学校对他们的支持,让教师自愿为学校付出,主动提高其创造性,在此过程中学校还应让教师感受到学校的公平和关心,进而增强对学校的归属感。此外,校长要和教师建立新型的"领导—成员"关系,即校长要用自己的实际行动和个人魅力为教师做好榜样,主动与教师进行情感的沟通和交流,传递正能量。姜红和刘斌[432]提出可以通过提升学校整体的声誉,将教师视为合作伙伴、尊重教师的价值导向,满足他们自我实现的需要,加强学校团队建设等方式提高教师的学校认同感。张宁俊等人[427]提出通过完善教师职业发展规划与培训,构建公平合理的薪酬体系,建立激励导向的绩效评价体系,营造有利于教师认同的组织文化等方式来提升教师的学校认同感。

(5)相关测量工具

关于教师学校认同感的测量,主要有 TALIS 问卷,在 TALIS 问卷中通过教师对学校氛围和人际关系等方面的评价来测量其对学校的认同感。

表 3-78　TALIS 问卷中关于教师学校认同感的测量

你同意以下关于本校的说法吗？	非常不同意	不同意	同意	非常同意
1. 学校员工对教育教学有着共同的信念				
2. 学校和当地社区有融洽的互助关系				
3. 学校员工可以公开谈论任何问题				
4. 教师之间相互尊重对方的想法				
5. 学校形成了一种共享成功经验的氛围				
6. 教师和学生之间的关系很好				

本书参考了 TALIS 问卷，从教师对学校的发展目标和愿景的认同以及对学校的忠诚度等方面进行测量。具体题项见表 3-79。

表 3-79　教师学校认同感量表

题目	非常不满意	比较不满意	有点满意	比较满意	非常满意
我很认同学校的发展目标和愿景	(1)	(2)	(3)	(4)	(5)
我非常高兴能在这所学校而不是其他学校当教师	(1)	(2)	(3)	(4)	(5)
我内心常常感到别人对本校的批评就好像是对我自己的批评	(1)	(2)	(3)	(4)	(5)
我愿意尽我最大的努力来促进本校的发展	(1)	(2)	(3)	(4)	(5)
我没有考虑过离开这所学校去其他学校任教	(1)	(2)	(3)	(4)	(5)

（6）工具质量报告

①信度

对 2017 年小学（2232）和初中（3972）的有效样本进行统计分析发现，该量表总体克隆巴赫系数分别为 0.917 和 0.923，反映量表内在一致性信度很高。具体结果见表 3-80。

表 3-80　教师学校认同感量表的内部一致性系数

	题目数	克隆巴赫系数
小学教师学校认同感问卷	5	0.917（$N=2232$）
初中教师学校认同感问卷	5	0.923（$N=3972$）

b）效度

对 2017 年小学（2232）和初中（3972）的有效样本的验证性因素分析发现，教师学校认同感量表的验证性因素分析模型拟合指数比较理想，小学各题项载荷在 0.774～0.918 之间，初中各题项载荷在 0.796～0.910 之间，符合测量学标准，有较高的结构效度。

表 3-81　教师学校认同感量表的验证性因素分析模型拟合指数

	χ^2	df	CFI	TLI	RMSEA	N
小学教师	388.532	5	0.954	0.908	0.185	2232
初中教师	766.844	5	0.951	0.901	0.196	3972

表 3-82　教师学校认同感量表的验证性因素分析因子载荷

维度	教师问卷题目	小学载荷	初中载荷
教师学校认同感	我很认同学校的发展目标和愿景	0.874	0.861
	我非常高兴能在这所学校而不是其他学校当教师	0.918	0.910
	我内心常常感到别人对本校的批评就好像是对我自己的批评	0.774	0.819
	我愿意尽我最大的努力来促进本校的发展	0.787	0.796
	我没有考虑过离开这所学校去其他学校任教	0.814	0.825

第四节　学校因素

（一）校长特征

中小学校长作为学校的教育者、领导者和管理者，是决定学校教育、教学质量以及学校发展的关键。校长专业化是学校教育改革的趋势，其核心为校长的素质和能力的发展。杨东升对兰州市城关区现任小学校长调查发现，校长的专业发展受到年龄结构、学历水平、任职年限等内在因素的影响[435]。这些因素造成了不同校长专业化水平的差异，继而影响到学校的管理水平和学生的发展状况。

(1)政策关注

我国实行中小学校长资格制度,原国家教育委员会1991年颁布的《全国中小学校长任职条件和岗位要求(试行)》、1997年颁布的《实行全国中小学校长持证上岗制度的规定》,均对中小学校长的思想素质、学历与经历、身体条件、岗位培训等方面做出了规定。

对中小学校长的资格要求主要有四个方面:

第一,思想政治方面。拥护中国共产党的领导,热爱社会主义祖国,热爱社会主义的教育事业,关心爱护学生,热爱本职工作,有一定的组织管理能力。

第二,学历与经历方面。乡镇完全小学以上的小学校长应有不低于中师毕业以上的文化程度,初中校长应有不低于大专毕业的文化程度,完全中学、高级中学校长应有不低于大学本科毕业的文化程度;中小学校长应分别具有中学一级、小学高级以上的教师专业技术职务,且具有从事相当年限的教育教学工作经历。

第三,身体条件方面。身体健康,能胜任工作。

第四,岗位培训方面。必须参加岗位培训,并获得岗位培训合格证书才能上岗;已经获得岗位培训合格证书的校长,每五年应继续参加国家规定时数的培训,获得相应的培训合格证书,作为校长继续任职的必备条件之一。

(2)已有的相关研究

国内关于校长基本特征的研究较少,现有研究主要集中于将校长基本特征作为影响学生发展的学校层面因素。北京市教科院基础教育教学研究中心依据北京市义务教育教学质量评价项目的数据,对2008年北京义务教育学业成绩差异进行分析。该研究报告发现,校长学历对五年级数学成绩以及八年级语文成绩、数学成绩和音乐成绩均产生了显著影响,校长的职称对五年级语文和音乐成绩的影响显著,校长任职年限对五年级语文、八年级语文和数学成绩的影响显著,即校长学历越高、职称越高、任职年限越长的学校,学生相应学科的学业成绩越好;另外,校长背景特征对五年级和八年级语文学科学业成绩的解释率分别为9%和16%,对数学和科学学科学业成绩的解释率分别为10%和9%,说明校长背景特征对学生相应学科学业成绩有一定的预测作用[436]。中央教育科学研究所从全国东、中、西部 8 省的 31 个区县中抽取 18 600 名小学六年级学生，进行语文、数学、科学、品德与社会四个学科的测试，研究发现校长任职年限与学生学业成绩水平呈现显著正相关[437]。综上，校长因素与学生学业成绩存在相关性，但是不同研究关于校长因素对学生学业成绩的影响效应的结果存在差异。

彭虹斌探讨了校长行为与学生成绩之间的关系，总结了海灵杰的有关校长对学生学业成绩影响的研究成果，分为如下三种模式：

直接影响模式：该模式认为校长领导的实践对学校的改进有直接的影响，在排除一些相关的变量后，这些效果可以直接进行测量。因而，研究者采用这种模式时，不需要控制其他学校内部变量（如组织气氛、教师承诺、教师组织）所带来的变化。虽然在 1987 年以前，对校长影响学生成绩的直接影响模式的研究比较常见，但随后有学者提出质疑，校长作为领导不会直接给所有学生上课，因而对学生的影响是间接产生的；近年的大多研究表明，校长对学生成绩的影响主要是通过教师群体、学校组织文化、学校学习氛围等中介变量来完成[438]。

中间效果模式：在该模式中，校长通过间接路径对学生成绩产生影响，也就是通过校长对中间变量的干预，进而对学生成绩产生影响。这些中间变量包括：学校文化、组织、教师组织承诺、教师规范和他们在教室里的实践。

互惠效果模式：该模式是一个双向模式，领导不仅通过影响中间变量，如教师规范和实践影响学生的学业成绩，并且，领导也受这些中间变量甚至学生成绩的影响。

此外，海灵杰等人的研究发现，校长通过创设一定的教学氛围可以促进学生阅读能力的提高。

（二）学校资源

1.教育经费

（1）概念界定

教育经费是指中央和地方财政部门的财政预算中实际用于教育的费用。教育经费包括教育事业费（即各级各类的学校的人员经费和公用经费）和教育基本建设投资（建筑校舍和购置大型教学设备的费用）等。教育经费是以货币形式支付的教育费用，是办学必不可少的财力条件。在中国，教育经费主要是指国家用于发展各级教育事业的费用。

区域项目对学校经费投入的测量,主要包括学校上年各项经费收入、上年一年的经费支出(公用经费、基本工资),由此可以计算出生均教育经费以及生均经费支出。

(2)已有的相关研究

大量国外研究表明,在当前教育体制下,增加教育投入,并不能大幅提高教育质量,相当多的证据显示,仅仅增加教育设施、生均支出等投入并不能带来学生能力和学习成绩的大幅提升[439-441]。一些跨国研究也表明,较高教育支出水平国家的学生成绩并不比较低支出水平国家的学生成绩好。

早期的研究一般采用了 OLS(普通最小二乘法,Ordinary Least Squares)回归方法来估计教育支出对学习成绩的影响。英国教育和科学部的研究发现,教育支出对学生成绩没有显著影响。West 等人却发现英国的地方教育支出与学生成绩高度正相关[442]。Jane S. Loups 采用美国经济教育全国调查数据发现,州一级生均支出、教学支出、班级教育支出都对学生成绩有显著的正向影响,其中班级教育支出的影响作用更大。但该研究没有解决遗漏变量问题,从而使得估计结果产生一定的偏误[443]。Wilson 在控制了美国家庭和邻居特征变量后发现,学校支出对高中毕业率以及学生受教育年限有显著的正向影响[444]。

由于传统的 OLS 回归无法解决内生性问题,从而使得估计结果产生一定的偏误和不一致,为了得到准确的因果效应,一些学者采用工具变量法和固定效应模型来估计教育支出对学生成绩的影响。Figlio 使用工具变量来探求某些州的收入和支出的缺口是否限制了这些州教育资源的配置,以及这种教育资源的"随机"变化是否能解释学生成绩的差异。他的结论表明,支出的下降会降低学生的数学、阅读、科学和社会学的成绩。而且,由于收入和支出的缺口导致的生均支出的下降对成绩的影响程度很大[445]。Dewey 等人使用工具变量的技术来推断生均支出和高考分数之间的因果关系,结论显示生均支出对高考分数有显著的正向影响。然而,该研究数据存在总量数据(州一级)偏差问题,并且样本规模也偏小(220 个观测值)[236]。Andrew Jenkins 等人采用英国的学生数据研究发现,普通初中生均支出对学生成绩有显著的正向影响。该研究采取两种方法来解决内生性问题:第一,控制学生、学校、家庭、邻居特征变量;第二,使用工具变量来反映学校生均支出的外生变量。工具变量包括政党类型、学校规模和学校类型的交互项。对普通最小二乘法和工具变量法的比较发现,工具变量法估计结果大于普通最小二乘法。研究进一步发现,生均支出水平对处于弱势地位的学生成绩的边际影响较大,但统计结果不显著。此外,额外的生均支出对较低能力的学生(在能力分布中处于底层 2/3 的学生)的影响较大,结果通过了显著性检验[446]。

也有一些学者采用元分析的方法研究教育支出与学生成绩的关系。Childs 和 Shakeshaft 采用元分析方法发现,与教学过程直接相关的支出对学生的成绩有很大的正向影响[447]。Hedges 等人[448]以及 Greenwald 等人[449]的元分析研究都发现生均支出对学生成绩有显著正向影响。

国内研究方面,蒋鸣和使用我国东、中、西部 9 个省 328 个县 1990 年的教育经费和教育事业统计数据开展教育生产函数研究。他利用多变量方差分析和相关分析方法分析基础教育经费、各地区基础教育投入与产出的差异,以及各种教育投入对教育质量的影响程度。研究发现各种教育投入,如教师学历、校舍及设备条件均与学业成绩显著相关,但生均经费和公用经费与学业成绩之间的相关关系较弱[450]。薛海平和王蓉利用北京大学中国教育财政科学研究所 2007 年"中国农村义务教育状况调查"数据,采用多水平模型研究发现,我国中、东部地区义务教育阶段生均公用经费均对教育质量有重要影响,校际教育质量的差异在较大程度上来源于校际教育资源配置的不均衡[451]。胡咏梅和杜育红利用多水平模型对西部五省农村小学和初中教育资源配置与教育质量关系的分析表明,农村中小学校际的教育质量存在显著差异,各种教育投入对教育质量的差异有不同程度的显著影响[310]。

2.师资

(1)概念界定

师资水平作为学校资源投入的一个指标,主要体现在数量和质量两个方面,数量指标通常采用生师比,质量指标一般包括高学历、高职称以及骨干教师的比例等。

(2)已有的相关研究

①生师比

Hanushek 分析了 152 项师生比与学业发展关系的研究,发现 27 项研究显示生师比与学业成绩之间关系显著,而正向显著的只有 14 项研究[452]。近年来的研究发现,生师比的减小有利于学生学业成绩的提高[453]。由此可见,生师比与学生学业成绩的关系并不十分明确。但是,生师比作为学校师资投入的一个重要指标,对学生学业成绩的影响十分重要。

北京教科院调查了北京市义务教育阶段 2008 年中小学语文、数学和音乐学科的学业成绩情况,结果发现:学校全职教师数量对于五、八年级语文学科学业成绩的影响显著为正,兼职教师数量对学生学业成绩的影响不显著;生师比情况对五年级语文和音乐、八年级语文和数学成绩产生显著正向影响,即生师比相对较高的学校,其学生相应学科的学业成绩较好[436]。

②教师质量

在教师和班级因素对学生发展的影响部分,高学历、高职称和骨干教师对学生成绩的影响已经有过论述。而在学校层面,作为人力投入的重要指标,教师质量主要是关注高学历、高职称和骨干教师在教师队伍中所占比例的大小,并探讨其对学校效能或学生发展的影响。

在《北京市义务教育阶段 2008 年学业成绩差异分析研究报告》中,北京教科院调查了中小学语文、数学和音乐的学业成绩及相关影响因素,报告指出:教师大学本科以上学历占比对五年级语文和数学、八年级数学成绩的影响显著,即教师大学本科以上学历占比越高的学校,其学生平均成绩越高[436]。李赛琦对新疆维吾尔族初中生学业成绩的影响因素研究中发现,学校教育质量与学校规模、教师学历和学校资源占有量呈正比,本科及以上学历的教师比例越高,学校的教育质量越高[302]。

薛海平[301]开展了教师素质对西部甘肃农村初中数学和语文成绩影响的研究,结果发现:具有大专和本科学历教师所教学生的数学成绩,显著高于具有中专学历教师所教学生的数学成绩;具有高中学历教师所教学生的语文成绩,显著高于具有中专学历教师所教学生的语文成绩;具有小教高级职称和中教一级职称的教师所教学生的语文和数学成绩,显著高于见习期的教师所教学生的语文和数学成绩。薛海平在研究中还发现,甘肃农村初中代课教师所教学生的语文、数学成绩,显著低于公办教师所教学生的语文、数学成绩。在农村地区的学校,代课教师数量庞大,其教学质量受到广泛关注,也是学校提升教师质量急需解决的一个问题。

从义务教育资源配置的均衡发展来看,教师资源的均衡配置是缩小不同区域内教育差距的重要途径。董玲玲对内蒙古莫力达瓦旗区域内师资情况进行调查,发现教师资源城乡分布不均衡;城乡教师学历差异明显,农村教师整体学历偏低,师资来源较差[454]。刘春峰对郑州市中原区师资均衡状况的调查也发现城乡师资失衡状况不容乐观[455]。范先佐等人指出,在我国农村,特别是偏远地区的农村学校,农村义务教育师资的失衡状况较为严重[456]。

3.教师工资及工资制度安排

(1)政策关注

1994年实施的《中华人民共和国教师法》第二十五条规定:教师的平均工资水平应当不低于或者高于国家公务员的平均工资水平,并逐步提高。在1993年颁布的《中国教育改革和发展纲要》中就已提出,教育系统平均工资要居于社会行业中等偏上水平。从经费支出分配角度看,教师工资是学校中最大的单项支出,如何提高教育经费使用效益一直是政府、学校和社会十分关注的问题。《中华人民共和国义务教育法》(2006年修订)再次提出,教师的平均工资水平应当不低于当地公务员平均工资水平。《国家中长期教育改革和发展规划纲要(2010-2020年)》指出,"教育大计,教师为本。有好的教师,才有好的教育。"而在未来,我国仍然需要"不断改善教师的工作、学习和生活条件,吸引优秀人才长期从教、终身从教"。

2006年为适应事业单位人事制度发展的需要,配合岗位聘用制的推进,我国教师工资制度实行改革,建立起了统一的岗位绩效工资制度。岗位绩效工资由岗位工资、薪级工资、绩效工资和津贴补贴四部分组成。绩效工资分为基础性绩效工资和奖励性绩效工资两个组成部分,义务教育学校两个组成部分的比重是7:3。绩效工资主要体现个人的工作努力程度、工作业绩、工作成效。

（2）概念界定

薪酬在我国是个比较复杂的概念，不同研究者对薪酬的界定不同。赵兰香认为薪酬应包含四个部分：外在的"经济性薪酬"是通常所指的工资性收入；内在的"经济性薪酬"指职工福利；外在的"非经济性薪酬"是指工作环境，包括硬件环境和软件环境即人文环境；内在的"非经济性薪酬"是指工作本身所提供的乐趣和个人发展空间。本研究中的薪酬是指经济性薪酬，将教师的薪酬界定在经济性薪酬部分，教师的薪酬构成主要包括国家工资、地方性津补贴、福利性收入和校内岗位津贴四部分。

绩效工资的基本特征是将雇员的薪酬收入与个人业绩挂钩。目前我国中小学教师实行岗位绩效工资制度，工资由基本工资、绩效工资和津贴补贴构成。其中，基本工资根据教龄、职称等确定，绩效工资由基础性绩效工资、奖励性绩效工资构成。在 2008 年国务院颁布的《关于义务教育学校实施绩效工资的指导意见》中指出："基础性绩效工资主要体现地区经济发展水平、物价水平、岗位职责等因素，占绩效工资总量的 70%，具体项目和标准由县级以上人民政府人事、财政、教育部门确定，一般按月发放。奖励性绩效工资主要体现工作量和实际贡献等因素，在考核的基础上，由学校确定分配方式和办法。根据实际情况，在绩效工资中设立班主任津贴、岗位津贴、农村学校教师补贴、超课时津贴、教育教学成果奖励等项目。"

（3）已有的相关研究

许多学者探讨美国的教师绩效工资制度对学校教育产出的影响。Helen F. Ladd 以美国得克萨斯州达拉斯市所实施的主要以教师绩效工资制度为主的学校激励项目为例，分析绩效工资制度对学校产出造成的影响。其中教育产出主要以七年级学生在 TAAS 考试中的阅读和数学考试成绩通过率为代表。通过建立教育生产函数，以考试通过率为因变量进行回归分析，研究表明，达拉斯市在实施以教师绩效工资制度为主的学校激励项目后，学生的阅读、数学考试通过率和基年相比有明显的提升，并且与得州其他未实施绩效激励项目或者实施力度、方案不够完善的地区相比，考试通过率明显较高[457]。Thomas S. Dee 和 Benjamin J. Keys 基于美国田纳西州所实施的义务教育绩效工资项目——教师职业阶梯计划，以及与之同时进行的田纳西州 STAR 项目（始于1985年，通过缩小班级规模和降低生师比来提高学生学习成绩）所提供的丰富数据，研究义务教育绩效工资制度是否能够成功奖励那些对提高学生成绩卓有成效的教师。研究中所有的教师和学生都是随机选择的，因此克服了选择偏好所带来的偏差，参与职业阶梯计划的教师除了得到金钱和物质上的奖励之外，还会获得如促进教师专业发展的非物质奖励。研究发现，当绩效工资制度拥有良好规范的评估体系时，高质量的教师是可以得到合理的绩效奖励的。绩效工资制度对提高学生的数学成绩有显著正向影响，但是对阅读成绩的影响不显著[458]。Figlio 和 Kenny 探讨了美国教师绩效工资制度对教师个体进行激励是否能对学生学习成绩产生积极影响。通过建立教育生产函数，并将实施教师绩效工资制度的程度分为三个不同的等级——高度激励、中度激励和低度激励。该研究发现对教师实施绩效激励的学校，学生分数较高；并且绩效激励的程度越高，对学生成绩的提升效果越好，这种正向效应在缺乏父母监督的学校中表现更加明显。教师绩效激励与学生学习成绩之间的正向关系，可能是由于教师绩效激励提升了学校整体目标，并且促使教师更加努力工作[459]。

除美国之外，关于教师绩效工资对学生成绩影响的研究在世界其他国家也得出了类似结论。Lavy 以以色列实施的教师绩效工资制度的试点中学为案例，探寻教师绩效工资制度对教师工作努力程度以及工作产出的影响。研究发现，绩效工资制度通过激励教师提高工作努力程度，从而有效地提高了教师的工作产出，而工作产出增加的最直观体现就在于学生成绩的提升[460]。Adele Atkinson 与 Simon Burgess 等人探寻了英国的教师绩效工资制度对学生成绩的影响。英国政府于1999年实施了教师绩效工资制度，评估教师绩效工资的标准是学生 GCSE 升学考试的通过率[461]。研究发现绩效工资制度对教师工作产生了显著影响，教师会对物质激励做出反应，从而提高自己的工作努力程度，促使学生成绩提高。Woessmann 运用跨国数据探讨绩效工资制度对学生学习成绩的影响。其数据涵盖28个 OECD 成员国 190 000 名15岁学生2003年 PISA 测试的成绩，通过建立教育生产函数模型发现，实施绩效工资制度国家的学生 PISA 数学测试成绩，要比没有实施绩效工资制度国家的学生高出 24.84

分,从而证实实施绩效工资制度对提升学生学习成绩有积极影响。同时,该研究发现,教师绩效工资的发放权在学校手中的激励效果,要好于在地方教育部门和国家教育部门的激励效果,并且各种工资调节因素在绩效工资制度下对学生学习成绩的影响更为显著[462]。

虽然大量研究表明实施绩效工资制度对教师产生了有效的激励,促使教师更加努力地工作,从而增加教育产出,提高学生的学习成绩,但是也有一些研究对绩效工资制度与学生学习成绩的积极影响持怀疑、否定的态度。Eberts 等人研究发现教师绩效工资制度与学生学习成绩之间的关系并不显著。他们将一所实施了绩效工资制度的学校与一所保持传统教师工资制度的学校进行对比,其中实施绩效工资制度的学校将会奖励提高学生保持率的教师,通过建立双重差分模型,发现绩效工资能够提高学生保持率,但是对年级考试平均分没有显著影响[463]。Paul Glewwe 在研究教师绩效激励的时候,也对其是否能对学生成绩产生影响提出质疑[464]。他评估了肯尼亚乡村小学教师的绩效工资计划,教师的绩效衡量标准是学生的考试成绩。研究发现,实施了绩效工资制度的学校,学生成绩相对于那些没有实施绩效工资制度的学校学生成绩有了明显的提高,但是教师只是在短期内提高学生考试分数上做出了努力,例如对学生实施了更多的短期测验,但是并没有在提高学生长期学习能力上付诸努力,例如,教师出勤率没有上升,家庭作业没有增加,教学方法没有改变。绩效工资制度结束以后,学生成绩上的进步消退。

国内学者薛海平和王蓉关于教师绩效奖金对学生成绩影响的研究结果显示:(1)个人绩效奖金与集体绩效奖金对学生成绩均有显著正向影响,但集体绩效奖金对学生成绩影响更大;(2)集体绩效奖金中,班级绩效奖金对学生成绩影响最大;(3)学校掌握教师绩效奖金分配自主权对学生成绩具有显著正向影响;(4)教师个人特征因素与工作业绩因素对教师获得绩效奖金均有重要影响。因此,作者认为,政府和学校应建立教师工作业绩导向的绩效工资制度,充分发挥绩效工资分配激励功能;坚持个人与集体绩效奖励相结合,注重班级层面教师集体绩效奖励;赋予学校教师绩效工资分配自主权,同时加强民主监督[465]。

(三)学校管理

1.学校自主权

(1)相关政策

2010年颁布的《国家中长期教育改革和发展规划纲要(2010－2020年)》在"建设现代学校制度"章节中提出:适应中国国情和时代要求,建设依法办学、自主管理、民主监督、社会参与的现代学校制度,构建政府、学校、社会之间新型关系。适应国家行政管理体制改革要求,明确政府管理权限和职责,明确各级各类学校办学权利和责任。为此需要落实和扩大学校办学自主权,政府及相关部门要树立服务意识,改进管理方式,完善监管机制,减少和规范对学校的行政审批事项,依法保障学校充分行使办学自主权和承担相应责任。同时认为应依法落实民办学校、学生、教师与公办学校、学生、教师平等的法律地位,保障民办学校办学自主权。

党的十八届三中全会通过的《中共中央关于全面深化改革若干重大问题的决定》提出要"深入推进管办评分离,扩大省级政府教育统筹权和学校办学自主权,完善学校内部治理结构"。2015年教育部发布的《关于深入推进教育管办评分离,促进政府职能转变的若干意见》提出,"依法明确和保障各级各类学校办学自主权。更加注重以法治方式保障学校办学自主权。在制定和修订相关法律法规时,进一步研究明确各级各类学校办学自主权;通过政府简政放权,进一步落实各级各类学校的法定办学自主权;通过章程制定,进一步健全法律法规规定的各项办学自主权的实施机制"。并强调要"进一步落实和扩大中小学在育人方式、资源配置、人事管理等方面的自主权"。

由上可见,政府和教育行政部门对落实和扩大学校办学自主权十分重视,推进教育管办评分离,依法依规保障各类学校办学自主权,完善学校内部治理结构,提高学校管理水平。

(2)概念界定

关于学校自主权的具体内涵,不同学者选择从不同角度切入对其进行解释。从词源学的角度,蒲蕊根据对《辞海》《现代汉语词典》《牛津高阶英汉双解词典》《英汉大词典》中有关"自主"含义的解读,认为"自主(性)"的解释强调从

"自己""自我"出发做出决定的权力、意志、行为,从而认为学校的自主权包含三部分:办学自主权、教学自主权与学习自主权[466]。滕大春从法学的角度认为学校自主权是学校在法律上享有的,为实现其办学宗旨,独立自主地进行教育教学管理,实施教育活动的资格与能力[467]。陆震认为办学自主权是一种相对的、有条件的概念,是学校在依据教育方针、教育规律、法律法规的前提下,针对其面临的任务和特点,为保障办学活动能够依据其自身特点、充分发挥其功能所必须具有的自我决策、自我运行的权力[468]。也有学者从经济学角度看待学校自主权。例如,罗朝猛通过对国外教育中的放权与分权的考察,指出公立中小学的办学自主权实质就是运营权[469]。葛新斌和胡劲松指出,由于公立学校由政府建立,因而政府理所当然地享有基于其产权的对学校的所有权、支配权和使用权,而学校的办学自主权本身以学校合法有效的存在为前提,包括经费筹措权、教师任用权、完整的事务处理权[470]。

综合各学者对于学校自主权内涵的理解,本研究将学校自主权定义为:学校在依据教育方针、教育规律、法律法规的前提下,针对其面临的任务和特点,为保障办学活动能够依据其自身特点、充分发挥其功能所必须具有的自我决策、自我运行的权力。具体来说包括人事管理自主权、课程设置自主权、教育经费分配自主权等。

(3)已有的相关研究

现有不少研究明确表明学校自主权对于提升学校效能具有重要意义。张慧英认为一定程度的自主办学是提高学校管理效能的重要途径[471]。蒲蕊认为办学自主权是学校自主的重要前提和保障,没有一定办学自主权的学校,其自主性必然受到压抑;教学自主权是教师自主的前提条件,也是学生学习自主、学校自主发展的基础;学习自主权是使学生成为自己学习活动的主人,是学生发展的前提条件[466]。黄崴认为加强学校自主权是激发学校内部改革和发展的动力;加强校长的权力,有助于学校的全面进步,同时也能提升学校成员对学校的忠诚度和凝聚力[472]。

关于学校自主权对学生学业成绩影响的实证研究并不多见。Wöbmann[473]认为,给予学校自主权对学生成绩的影响是复杂的,给予学校设定自己的预算、绩效目标和教学标准方面的自主权将对学生的成绩产生负向影响，因此这方面的权力应该被集中。相反，在一个有效的评估和监控机制下，给予学校达到目标和标准的自主权，如自主选择教学方法和采购物品，将有助于提高学生的成绩。他采用 TIMSS 数据研究发现，有统一设计的课程和统一选择的教科书将对学生的考试成绩产生正向影响。课程和教科书的权力集中可能会防止学校寻求降低工作量的行为，因而提高学生的考试成绩。由于样本量较少，这些统计结果都没有通过显著性检验，但结果仍具有启发意义。学校有招聘教师权和教师工资决定权的国家，其学生的数学和科学分数较高，因为教师招聘和工资决定权的下放，可以让学校留住更多的高质量教师。然而，学校有预算权的国家的学生数学和科学分数较低。

PISA 项目对学校自主权进行了调查，研究结果显示：在学校对教学内容和学生评价有更高自主性的国家，学生成绩往往更好。就国家层面而言，为设置自己的课程和评价负责的学校的数量越多，整个教育系统的表现就越好，即便控制了国家收入水平后结果也是如此。赋予学校在决定学生评价政策、开设的课程、课程内容和使用的教材上更大的自行决定权的教育系统，也是那些阅读成绩更高的教育系统。然而，分配资源上的自主性和成绩之间没有明确的联系。这也许是因为资源的分配方式往往使单个学校获益，但未必能影响教育系统的总体表现[474-475]。

国内学者薛海平和王蓉利用中国教育财政科学研究所 2007 年"中国农村义务教育状况调查"数据，使用教育生产函数模型分析影响学生成绩的因素。研究结果表明，学校掌握教师绩效工资分配自主权对学生成绩有显著正向影响，由此建议赋予学校教师绩效工资分配自主权，同时加强民主监督[318]。周金燕和邹雪基于 PISA 2012 数据的研究发现，学校在课程和评价方面的自主权会影响上海学生参与课外补习的概率，给予公立学校更多的自主权，能更好地满足学生需求，从而减少学生寻求校外教育补习的比例[476]。黄亮和赵德成采用 PISA2012 上海数据，探索我国教育体制背景下校长领导力对学生学业成绩的影响机制，研究发现校长领导力对学生学业成绩的影响受到学校组织情境特征的调节，其中学校自主权能够显著调节校长教学领导力对学生数学、阅读素养成绩的预测效果[477]。范勇和王寰安以 PISA 2015 中国四省市数据为基础,考察了学校自主权对学生学业成绩的影响。他们的研究发现财政自主权与管理自主权对学生学业成绩的影响不显著,人事自主权和教学自主权不仅对学生学业成绩具有显著正向影响,而且它对能力较差学生群体的学业提升作用更加明显[478]。

(4)相关的测量工具

余芳认为学校办学自主权包括招生权、教学权、受教育者学籍管理权、教职工管理权、财产和经费等方面的权利[479]。PISA 项目的学校问卷考察了学校在资源分配、课程和评价等方面的自主权。PISA 2009 向被试询问了在制定学生评价政策、选择教材、决定课程内容和决定开设的课程方面,负有重要责任的是"校长""教师""校委会或校董会""地方教育局"还是"教育部",而且统计了由"校长"或"教师"负有重要责任的这四类活动的数量和由"地方教育局"或"教育部"负有重要责任的活动数量的比例。PISA 2009 还要求被试回答在选聘教师、解雇教师、确定教师的起薪、确定教师的加薪、编制学校预算和确定学校内部预算的分配等方面负有重要责任的是"校长""教师""校委会或校董会""地方教育局"还是"教育部"。PISA 项目计算了由"校长"或"教师"负有重要责任的这 6 类活动的数量和由"地方教育局"或"教育部"负有重要责任的活动数量的比例。

不同学者对学校自主权结构划分的表述虽有不同,但大体上学者们普遍认可学校办学自主权作为学校的一项基本权利,其使用的主体是学校;同时办学自主权的内容主要涉及学校内部管理决策的相关内容,主要包括人事、教学、财务,以及其他有关方面的管理。

因此本研究将学校管理自主权分为人事管理自主权、课程设置自主权、教育经费分配自主权 3 个维度。其中人事管理自主权包括教师招聘等方面的自主权。课程设置自主权包括学校在课程改革、校本课程、教材选择等方面的自主权。教育经费分配自主权包括学校在教师福利待遇、学校经费使用等方面的自主权等。

2.校长课程领导力

（1）政策关注

校长是履行学校领导与管理工作职责的专业人员。校长作为学校改革发展的带头人，担负着引领学校和教师发展，促进学生全面发展与个性发展的重任。始于 2001 年的新课程改革对我国中小学校长的课程领导力提出了更高的要求。经过十多年的探索，不少教育部官员和学者认为，校长课程领导力对新课程改革的推动和实施起着至关重要的作用。2013 年 2 月，教育部正式颁布了《义务教育学校校长专业标准》，"领导课程教学"和其他五项职责成为校长聘任和考核的重要维度。"领导课程教学"的专业职责要求校长"要有效统筹国家、地方、学校三级课程，确保国家课程、地方课程的落实，推动校本课程的开发与实施，为学生提供丰富多样的课程教学资源"。"要建立听课与评课制度，深入课堂听课并对课堂教学进行指导，每学期听课不少于地方教育行政部门规定的课时数量"。"要积极组织开展教研活动和教学改革，建立完善促进学生全面发展的教育教学评价制度，不片面追求学生考试成绩和升学率"。

（2）概念界定

陶行知曾说过"校长是一个学校的灵魂，要想评论一个学校，先要评论它的校长"。校长是"学校行政的最高负责人。对外代表学校，对内主持全面校务。由国家教育行政部门、有关办学团体、个人任命或委派，或通过一定程序推举产生"[480]。课程领导这一概念最早出现在哥伦比亚大学 Harry A. Passow 教授于 1952 年完成的博士论文 *Group Centered Curriculum Leadership* 中[481]。在半个多世纪的发展历程中，西方学者在课程领导方面的研究成果丰硕，并形成了"创造性课程领导理论""革新型课程领导理论""分享式课程领导理论"三大经典派别[482]。校长领导力已经成为教育研究和实践中的热门词。

在国内，学者们对课程领导力内涵的解读主要可以分为"品质论"和"能力论"两种不同的派别。"品质论"者认为，校长课程领导力是校长个人的一种品质和特性，一种比较主观的个人修养和综合素养。如有的学者认为，校长课程领导力是"校长作为课程领导者在课程实践中吸引和影响教师及其利益相关者实现改善学生学习品质、促进教师专业发展、提升课程质量的领导品质"[481]。"能力论"者则多从"领导力"这一上位概念入手，认为校长课程领导力是校长领导力的一种，而且是一种比较核心、比较重要的领导力。有学者认为，校长的课程领导力主要是指校长领导教师团队创造性实施新课程，全面提升教育质量的能力，是一个校级团队决策、引领、组织学校的课程实施的控制能力。还有学者提出，校长的课程领导力表现在对课程的准确理解上，包括对国家课程的正确理解、对国家课程的校本实施、对校本课程的准确定位。张志勇教授认为，校长的课程领导力就是从学校办学实际出发，按照国家的教育方针、政策，规划、开发和实施课程的能力。

本研究从"能力论"角度将校长课程领导力定义为校长领导教师团队改进教学方法、开发新课程，对教师的课程实施和课程评价提供支持与引导、以帮助教师有效教学和提升教学质量的能力。校长课程领导力的关键在于把握教学本质，建设共同研究的教学团队，善于在实践中发现、研究、解决问题，不断实现教学质量和团队专业能力的提高。从内涵上分解校长课程领导力应当包括校长的教学创新引领能力、对教师教学和专业发展的支持能力，以及教学民主决策能力。

（3）已有的相关研究

美国著名学者、校长领导力研究权威托马斯·撒乔万尼认为，"校长很重要。就维护和改进优质学校而言，学校的任何其他职位都不具有比校长更大的潜力。研究成果和对成功学校的非正式观察得到的发现，都支持这些论断"。同样的，我国香港校长领导力研究学者郑燕祥也做过类似的表述，"校长是整所学校的直接管理者及领导者，影响着校内所有因素功能的发挥，因此校长效能是学校效能最主要的因素"[6]。Goddard 等人[483]采用结构方程模型对美国小学教师的研究结果表明，教师共享的校长教学领导力，不仅对教师的教学合作行为有直接影响，还存在通过教师合作对学生阅读和数学学业成绩的间接影响。Shaw 和 Newton 通过准实验研究发现，教师对校长的服务型领导行为的感知水平与教师的工作满意度存在显著正相关[484]。

国内的研究普遍发现，校长课程领导力指数对学校层面发展结果产生影响。把校长课程领导力作为自变量，探讨其对学生学业成绩、认知能力发展、品德行为、学业负担等方面的影响。研究结果普遍表明，校长课程领导力对学生学业成绩、品德行为等学校层面发展结果产生间接影响。北京市教委委托北京市教育科学研究院从 2003 年开始连续两年对北京市九年义务教育教学质量进行调查分析,方差分析结果显示,教师培训和学习因素对学生的学业成绩有影响。而无论是教师培训与学习因素还是教师教学策略的运用,都与校长的课程领导力有显著正向关系。陈水英[485]的研究发现:校长课程领导力的内在品质对学生的学习成果没有显著正效应,对课程目标的达成、课堂与教学的品质影响也非常弱,但是学校课程改革内部与外部环境对课程目标的达成、课堂与教学的品质与学生的学习成果有显著正效应。张平平和胡咏梅[486]研究了中小学校长领导力对教师专业合作行为的影响,有效的教师专业合作对于支持学校教学改进、促进教师反思教学策略、发展新的教学技术、提升自我效能感和工作满意度等方面存在着关键作用。校长领导行为通过影响教师合作来提升教师个人专业素养,继而对学生的学业成绩产生正向影响。

(4)相关的测量工具

PISA2012 从校长从事各项学校领导与管理活动的频率的角度对校长领导力进行了测量,其中涉及课程与教学的题目有:"我观察课堂的教学;我提供教师如何改善教学的建议;当教师在课堂上遇到问题时,我主动与她/他讨论;我告知教师改善知识与技能的可能机会;我检验课堂上的活动是否符合学校的教育目标;我将学生测验结果纳入课程发展决策的考量;我确保在课程协商上,权责有清楚的划分;当教师提出课堂上所遭遇的问题时,我们会一起解决;我注意课堂中的干扰行为"。

TIMSS 2011[①] 从校长在各项学校领导活动上花费时间的角度考察了校长的领导力,其中涉及课程与教学的题目有:"发展学校课程和教育目标、监督教师在教学上达到学校教育目标的成效、带动讨论以帮助在课堂上遭遇问题的教师、启动教育计划或改进方案"等。

TALIS 在学校领导能力方面,关注校长在以下几个方面的工作和表现:制

---

① 资料来源:TIMSS and PIRLS International Study Center 官网(http://timssandpirls. bc. edu/timss2011/downloads/T11_SchQ_4. pdf)。

定并讨论学校发展目标;教学监管与评价;课程协调;监测学生发展;促进教学改进与教师专业发展;协商者的角色;协调者及控制者的角色。调查将根据各种活动完成的情况来综合评价学校校长的领导与管理水平。

"改进校长工作,提高学生学业成就"(Leadership Improvement for Student Achievement, LISA)项目是由欧盟委员会教育、视听与文化署资助的中学校长领导力项目。该项目研究的核心问题是校长领导风格、态度和实践在改进学校效能和提高学生的学业成绩方面所起的作用,特别是提高欧洲学生 PISA 成绩等基本学习技能所起的作用。LISA 研究目标与宗旨:(1)在不同教育体系(集权或分权)及公民高期望的要求下,中学校长领导功能的实现过程。(2)在教育国际化的背景下,开发欧盟校长领导力的概念框架,测量学校领导效能。(3)通过设计有效校长领导力模型,发现学校领导特质与学生学业成绩之间的中介因素。(4)校长如何营造积极的学校氛围支持教师教学与学生学习。(5)在欧洲一体化背景下,促进学校领导与研究者开展合作研究,加快校长专业发展。(6)建立欧盟中小学校长信息数据库,帮助人们理解校长、教育系统和学校效能之间的关系,并发现 PISA、TIMSS 与校长领导力之间的关联。

在 LISA 项目中,校长领导力被概括为五种要素:教学型领导、参与型领导、人事发展型领导、企业家型领导、结构型领导。我国香港校长领导力研究学者郑燕祥开发的校长领导力模型中,将校长领导力分为教育领导力、人际领导力、结构领导力、政治领导力、文化领导力五种要素。由于 LISA 测试是由欧盟开发的,更适合于欧盟的文化语境,其维度划分和中国的实际情况并不完全相符。而郑燕祥开发的校长领导力模型,与我们区域教育质量健康体检项目的测评目标更为接近,也更能够全面客观地考察出被测地区学校的校长课程领导力。

基于《义务教育学校校长专业标准》对校长在领导课程教学方面的能力与行为要求,借鉴郑燕祥教授开发的校长领导力模型量表结构,本研究将校长课程领导力的测评分为教学民主决策、鼓励教学创新、支持教师专业发展三个维度。其中民主决策是指在学校教学管理中,领导层能够通过民主的方式来决定学校教育教学各类事项,而不是校长一个人做决定,然后让广大师生去执行。

民主决策对于建立现代学校制度来说显得非常重要。我们通过教师问卷中相关题目的设计,来较为客观地度量学校领导能否在教学管理中充分地倾听教师意见,能够实行民主管理,调动教师的教学积极性。教学创新指的是在教学中的创新做法,包括教学内容、教学方法、教学工具与以往所不同的做法。不少研究表明,教师自主地对教学内容和方法进行调整,能够更有利于学生的学习。所谓鼓励教学创新,是指校长对于教学创新行为和现象的鼓励程度。有些观念比较保守的校长,认为教学方法是固定的,而教学内容是多样的。因此,只需要不断更新教学内容即可,不需要在教学方法上有所创新。而那些观念较新的校长,能够把握最新动向,鼓励教师尝试新的教学方法,使用新的教学工具。如果一个学校的校长能够鼓励教学创新,特别是鼓励新的教学内容、教学方法和教学手段的使用,那么就能够大大提高新型教学模式出现的概率,也能够大幅提高学生的学业成绩。因此,鼓励教学创新是校长课程领导力非常重要的一个维度,它能够很好地度量一个学校的教学是否具有生命力,校长能否让教师充分发挥自己的教学潜能。教师专业发展是指教师在整个从教生涯中所经历的发展阶段。教师在整个从教生涯中会经历新手型、成熟型、专家型几个阶段。新手型教师,即从教 1~3 年的年轻教师,这些教师往往缺乏工作经验,对学生的学习规律和教材的内容都掌握得不够充分,难以在教学上做到有的放矢。成熟型教师,通常为从教 4~10 年的教师,这些教师工作年限较长,对学生身心发展特点和教材内容较为熟悉,能够较好地开展教学活动。专家型教师,通常为从教 15 年以上的教师。这些教师一般对教育教学具有非常深刻的理解,对学生身心发展规律和教材编写内容也有较为准确的把握,能够处理好教与学的关系。如何帮助每一位教师从新手型过渡到成熟型,再过渡到专家型,决定了一所学校的师资结构以及师资水平。如果校长能够创设有利于教师专业发展的条件和氛围,以鼓励处于每个阶段的教师向更高层次发展,那么学校的教育质量必然会得到较大幅度的提升。因而,本研究将支持教师专业发展作为一个非常重要的维度来度量校长课程领导力。

表 3-83　校长课程领导力的测量框架

一级指标	二级指标
校长课程领导力	教学民主决策
	鼓励教学创新
	支持教师专业发展

本研究校长课程领导力题项具体如表 3-84 所示。

表 3-84　校长课程领导力量表

题目	非常不符合	不太符合	有点符合	比较符合	非常符合
在涉及教师教学评价的问题上能够公平地对待每一位教师	(1)	(2)	(3)	(4)	(5)
能给教师提供参与深化教学改革的机会	(1)	(2)	(3)	(4)	(5)
能够就学校的教育教学管理等问题向教师征询意见	(1)	(2)	(3)	(4)	(5)
能够做到教务信息公开	(1)	(2)	(3)	(4)	(5)
能够做到校务信息公开	(1)	(2)	(3)	(4)	(5)
能够鼓励教师尝试新的教学方法与践行新的教学理念	(1)	(2)	(3)	(4)	(5)
能够尊重与支持教师在教学上的创新	(1)	(2)	(3)	(4)	(5)
能够鼓励教师重视新知识的学习与交流	(1)	(2)	(3)	(4)	(5)
能够鼓励教研组教师相互观摩学习	(1)	(2)	(3)	(4)	(5)
能够鼓励教师参与教学培训活动	(1)	(2)	(3)	(4)	(5)
能够为教师教育教学工作提供丰富的社会资源	(1)	(2)	(3)	(4)	(5)
能主动询问教师进修的需求并提供信息、资料及渠道	(1)	(2)	(3)	(4)	(5)
能通过教师职业生涯规划来促进教师的专业发展	(1)	(2)	(3)	(4)	(5)
能够邀请专家,创设机会为教师提供有效的专业指导与帮助	(1)	(2)	(3)	(4)	(5)

(5)工具质量报告

①信度

对 2017 年小学(506)和初中(256)的有效样本进行统计分析发现,该量表总体克隆巴赫系数分别为 0.974 和 0.959。具体结果见表 3-85。

表 3-85 校长课程领导力量表的内部一致性系数

	题项数	克隆巴赫系数
小学校长课程领导力	14	0.974($N=506$)
初中校长课程领导力	14	0.959($N=256$)

②效度

对 2017 年小学(506)和初中(256)有效样本的验证性因素分析发现,校长课程领导力量表的验证性因素分析模型拟合指数比较理想,小学各题项载荷在 0.716~0.968 之间,初中各题项载荷在 0.714~0.919 之间,符合测量学标准,有较好的结构效度。具体结果见表 3-86 和表 3-87。

表 3-86 校长课程领导力量表的验证性因素分析模型拟合指数

	χ^2	df	CFI	TLI	$RMSEA$	N
小学	1201.287	74	0.892	0.868	0.174	506
初中	615.905	74	0.861	0.829	0.169	256

表 3-87 校长课程领导力量表的验证性因素分析因子载荷

维度	教师问卷题项	小学载荷	初中载荷
教学民主决策	在涉及教师教学评价的问题上能够公平地对待每一位教师	0.878	0.832
	能给教师提供参与深化教学改革的机会	0.867	0.893
	能够就学校的教育教学管理等问题向教师征询意见	0.904	0.872
	能够做到教务信息公开	0.966	0.843
	能够做到校务信息公开	0.953	0.843
鼓励教学创新	能够鼓励教师尝试新的教学方法与践行新的教学理念	0.951	0.855
	能够尊重与支持教师在教学上的创新	0.968	0.909
	能够鼓励教师重视新知识的学习与交流	0.922	0.919
	能够鼓励教研组教师相互观摩学习	0.954	0.915

（续表）

维度	教师问卷题项	小学载荷	初中载荷
支持教师专业发展	能够鼓励教师参与教学培训活动	0.930	0.714
	能够为教师教育教学工作提供丰富的社会资源	0.804	0.859
	能主动询问教师进修的需求并提供信息、资料及渠道	0.808	0.884
	能通过教师职业生涯规划来促进教师的专业发展	0.716	0.851
	能够邀请专家，创设机会为教师提供有效的专业指导与帮助	0.724	0.771

综上所述，"影响学生发展的相关因素测评工具与诊断分析"问卷设计论证报告是基于教育效能研究的相关理论，参照 PISA、TIMSS 等国际大型测试项目的背景问卷设计框架，合理借鉴国内已有成果（如"学业质量绿色指标"、教育部教育质量监测中心的研究成果等），从教育背景、学校教育（投入及过程）、教育产出（Background-Schooling-Outcomes，BSO）的维度开展研究设计，就学生个体、家庭、教师和班级、学校五个层面进行了全面细致的问卷设计论证。论证内容既包括指标或工具选择的意义，又包括相关文献的梳理与归纳，同时给出量表工具的质量评估结果，为教育政策研究，以及学校教育教学和管理改进研究提供了翔实的文献综述以及高质量的测评工具。

第四章　某省中小学生学业发展的影响因素报告

　　大规模测验中,学业成绩的影响因素分析是学业质量评价体系的重要组成部分。通过数据分析深入洞悉影响中小学生学业成绩的因素,在宏观层面能够提高教育决策的科学性和专业性,并对促进义务教育均衡发展起到实证支撑的作用;在微观层面,对提高学校全面管理教育质量的能力、关注学生的全面发展、提高教师教学水平等有着重要的促进作用。

　　本章我们选择一个省的中小学生学业发展的影响因素报告为案例,阐述如何利用本项目设计开发的系列问卷数据,开展学校教育质量差异分析和探究影响学生学业成绩的关键因素分析。本章共分四节,第一节描述该省四年级、八年级参测学生学业成绩校间差异,并从学校办学自主权、校长课程领导力、师资配置与教师专业发展、学生学校认同感、父母参与等方面分析影响学生学业成绩的关键因素,以期为提高义务教育质量提供有益参考;第二节是学生学业负担专题研究报告,通过调查学生睡眠时间、作业时间、家教和课外补习时间、学习压力四个维度的情况来衡量学生的学业负担程度,探究适合学生学业发展的各类时间安排,分析学习压力与学生学业成绩的关系;第三节是学生学习品质专题研究报告,通过测量学习意志力、学习策略、学习动机和学习自信心四个维度来评价中小学学生的学习品质,并揭示学习品质与学生学业成绩的关系;第四节是教师工作满意度专题研究报告,描述样本省中小学教师工作满意度现状,并考察教师工作满意度水平不同的学校学生学业成绩的差异,同时对教师工作满意度的影响因素展开研究。

第一节   学生学业成绩学校间差异及影响因素

(一)测试说明与主要研究发现

2014年的区域教育质量健康体检项目问卷包括学生、家长、教师和校长四种,分别从不同方面调查学生学习的状况和可能影响学生学习的因素。学生问卷调查的内容包括学生基本情况、学校环境、学业负担、学习品质、学校归属感、教师教学策略等;家长问卷调查的内容包括对子女的教育参与、教育期望,以及对学校教育满意度的评价;教师问卷调查的内容包括教师基本情况,如学历、任职经历、职称等,另外还包括教师教学策略、教师工作投入、教师专业发展、教师工作满意度、学校氛围评价及对校长课程领导力的评价等;校长问卷调查的内容包括校长及学校基本情况、校长课程领导力、办学自主权,以及对教师的专业支持等。

基于对该省中小学学生、家长、教师和校长的大规模调查,得到如下研究结论:

第一,对于不同学科(四年级语文、数学,八年级语文、数学、科学),学生成绩均存在校间差异。从解释率来看,学校对学生成绩差异的解释率在18%到25%之间。

第二,该省中小学校长课程领导力普遍较强,校长课程参与程度较高,但是办学自主权较低。校长课程领导力、校长教学参与、办学自主权对学生成绩有显著的正向影响,因此提高校长课程领导力、学校办学自主权、校长教学参与程度都会促进办学质量的提升。

第三,该省八年级教师性别结构较四年级教师更为均衡,八年级女教师的平均比例为54.41%。此外,四、八年级教师素质整体较高,四年级具有高级职称教师的平均比例为85.28%,教龄超过16年的教师的平均比例为55.71%,所教与所学一致的教师的平均比例为78.71%;八年级具有高级职称教师的平均比例为73.17%,教龄超过16年的教师的平均比例为52.51%,所教与所学一致的教师的平均比例为95.34%。在周课时量方面,四年级和八年级一周内

16 节课以上的教师的平均比例分别为 36.36% 和 26.42%。对于该省中小学来说,高级职称比例、教龄在 16 年以上的比例等特征变量,都对学生平均成绩有显著正向影响,而一周内 16 节课以上的教师比例则有显著负向影响。

第四,该省中小学教师专业发展整体情况一般,小学教师专业发展情况略好于初中,初中超过一半的教师专业发展水平有待提高。该省中小学能够较好地运用教学策略开展教学活动的教师比例均不超过一半,小学教师在教学策略的掌握上要略好于初中教师。该省小学教师普遍工作投入程度较高,接近 60% 的教师工作投入度较高,而初中教师工作投入程度相对较低。对于该省中小学来说,提升教师专业发展水平、教学策略水平和工作投入程度都能够显著促进学生学业成绩的提升,其中教师教学策略水平对学生成绩的提升幅度最大。

第五,对于该省中小学来说,提升教师专业引领与创新和同事交流与互助水平,能够在一定程度上促进学生学业成绩的提高。具体而言,对于四年级来说,专业引领与创新、同事交流与互助、个人教学反思均对提升学生成绩具有正向影响,其中专业引领与创新、同事交流与互助不仅影响程度高而且在统计上具有显著性。对于八年级来说,专业引领与创新、同事交流与互助对提升学生成绩具有正向影响,但是不具有统计显著性。

第六,对于该省四年级来说,因材施教、互动合作和引导探究等教学策略均对提升学生成绩具有显著正向影响,其中因材施教的影响程度最高。对于八年级来说,因材施教、互动合作和引导探究等教学策略也都对提升学生成绩具有显著正向影响,其中引导探究的影响程度最高。总之,对于该省中小学来说,提高教师因材施教、互动合作、引导探究策略水平均对提升学生的学业成绩具有显著正向影响。

第七,对于该省小学来说,提高教师的教学工作认同和工作专注度对提升学生的学业成绩具有显著正向影响。对于该省初中来说,提高教师工作活力、工作认同、工作专注度都有助于提升学生的学业成绩。

第八,该省小学生和初中生的学校认同感程度普遍较高。对于四年级来说,学校认同感较高的学生,其平均成绩比认同感一般的学生高出 39 分;对于八年级来说,学校认同感较高的学生,其平均成绩比认同感一般的学生高出 25 分。对于该省中小学来说,提高学生的学校认同感有助于提升学生学业成绩。

第九,该省小学学生父母教育参与程度相对较高,而初中学生父母教育参与程度普遍较低。对于该省小学学生来说,父母的教育参与程度提高,有助于学生学习成绩的提高;对于该省初中学生来说,适当的父母教育参与程度有助于子女学业成绩的提高,而过多参与子女的学习反而会不利于子女自主学习和独立学习能力的提升,进而影响子女的学业发展。

(二)学生成绩学校间的差异

表 4-1 呈现了学校层面不同科目的学生平均学业成绩。四年级包括语文、数学两个科目,八年级包括语文、数学、科学三个科目。

表 4-1　不同科目学校层面学生学业成绩的描述统计量

科目	最低分	最高分	平均分	标准差
四年级语文	380.94	656.93	558.83	43.20
四年级数学	342.65	659.93	554.65	42.79
八年级语文	418.32	669.97	558.95	40.64
八年级数学	363.57	682.46	548.73	49.20
八年级科学	363.47	715.68	542.83	51.05

从表 4-1 的结果可以看出,对于四年级来说,语文成绩的平均分(558.83)略高于数学成绩的平均分(554.65),语文成绩的标准差(43.20)也略高于数学成绩的标准差(42.79)。对于八年级来说,语文成绩的平均分最高(558.95),而语文成绩的标准差最小(40.64);科学成绩的平均分最低(542.83),而标准差最大(51.05);数学的平均成绩(548.73)处于中间位置,标准差也处于中间位置(49.20)。

学生成绩的校间差异程度,一般可以用多层线性模型中的解释率来衡量。解释率是一个大于 0% 小于 100% 的数值,数值越大代表校间差异程度越高。图 4-1 给出了学校对学生各科成绩差异的解释率。

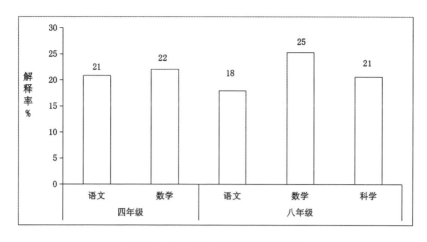

图 4-1　学生成绩校间差异的解释率

从图 4-1 中可以看出,四年级语文成绩和数学成绩的校间差异相差不大,分别为 21% 和 22%。八年级数学成绩的校间差异最大(25%),比语文成绩和科学成绩的校间差异分别高出 7% 和 4%。

(三)学校管理状况及其对学生学业成绩的影响

学校层面影响因素的分析,可以帮助教育管理者更好地把握教育教学规律,并为教育管理和决策提供依据。下面主要分析学校办学自主权、校长的课程领导力以及校长教学参与情况及其对学生学业成绩的影响。

1.学校管理状况描述统计

(1)学校办学自主权

办学自主权是学校及其他教育机构在法律上享有的,为实现其办学宗旨,独立自主地进行教育教学管理,实施教育教学活动的资格和能力[487]。本次调查主要评价学校在人事决策权、教师待遇决定权、经费支配权、课程自主权等方面的管理权限。按照办学自主权的大小将学校分为三类:自主权大、自主权较大、自主权较小。图 4-2 中呈现了三种类型在小学和初中样本中的分布情况。

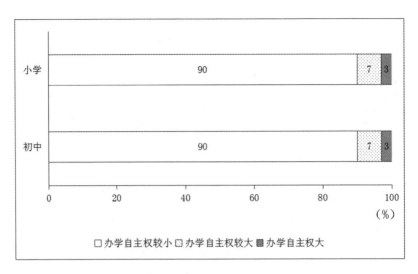

图 4-2　办学自主权学校分类比例

由图 4-2 可以看出,小学和初中办学自主权三类学校的比例相同,办学自主权大和较大的学校比例分别为 3% 和 7%,高达 90% 的学校办学自主权较小。总体来看,该省小学与初中办学自主权均较低。

(2)校长课程领导力

校长课程领导力测评包含五个维度,分别是教学民主决策、鼓励教学创新、支持教师专业发展、教学督导与评价、维持教学秩序。[①] 按照校长课程领导力的水平,将学校分为三类:课程领导力强、课程领导力较强、课程领导力一般。图 4-3 中呈现了三种类型在小学和初中样本中的分布情况。

---

① 　2014、2015 年区域基础教育质量健康体检项目校长问卷中是采用这五个维度测量校长课程领导力的。由于两年的质量测量评估都发现教学督导与评价、维持教学秩序部分题项的因子载荷不高,内在一致性信度也不够高,因而 2016 年起区域项目校长课程领导力量表只保留了前三个维度,即教学民主决策、鼓励教学创新、支持教师专业发展。第三章校长课程领导力工具的设计论证部分也仅对这三个维度进行了论证说明和呈现了这三个维度组成的校长课程领导力量表的质量评估结果。

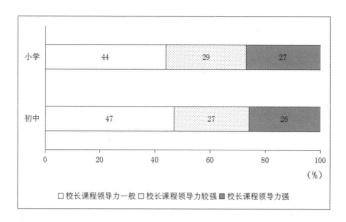

图 4-3　校长课程领导力学校分类比例

　　由图 4-3 可以看出,该省小学校长课程领导力强的学校比例为 27%,校长课程领导力较强的学校比例为 29%,校长课程领导力一般的学校占 44%。该省初中校长课程领导力强的学校比例为 26%,校长课程领导力较强的学校比例为 27%,校长课程领导力一般的学校占 47%。总体来看,该省中小学的校长课程领导力普遍较强。

　　(3)校长教学参与

　　校长的教学参与行为是指校长给学生上课、听课、评课以及与教师交流的行为。按照校长教学参与的程度,将学校分为三类:教学参与程度高、教学参与程度较高、教学参与程度一般。图 4-4 中呈现了三种类型在小学和初中样本中的分布情况。

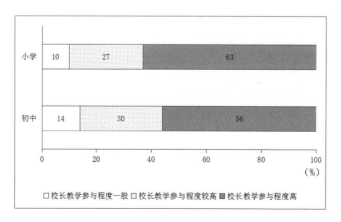

图 4-4　校长教学参与程度学校分类比例

由图 4-4 可以看出,该省小学校长教学参与程度高的学校比例为 63%,校长教学参与程度较高的学校比例为 27%,校长教学参与程度一般的学校占 10%。该省初中校长教学参与程度高的学校比例为 56%,校长教学参与程度较高的学校比例为 30%,校长教学参与程度一般的学校占 14%。总体来看,该省中小学校长的教学参与程度普遍较高。

2.校长的学校管理对学生成绩的影响

表 4-2　校长的学校管理对学生成绩的影响[①]

指标	四年级学生各科平均成绩	八年级学生各科平均成绩
办学自主权	7.399***	2.172
校长课程领导力	6.392***	9.394**
校长教学参与程度	12.929***	5.572**

注:*** 表示在 0.01 水平上差异显著,** 表示在 0.05 水平上差异显著,* 表示在 0.1 水平上差异显著。(下同)。

由表 4-2 的结果可知,不管是四年级还是八年级,校长课程领导力、校长教学参与程度对学生成绩都有显著的正向影响,即校长课程领导力越高,学生学业成绩越高;校长教学参与程度越高,学生学业成绩越高。办学自主权对于中小学学生学业成绩均产生正向的影响,但是在初中样本数据模型中系数统计不显著。总体来看,提高校长课程领导力、学校办学自主权、校长教学参与程度都会促进办学质量的提升。

(四)教师队伍状况及其对学生学业成绩的影响

本次测查的教师队伍特征主要包括五个方面:女教师的比例、高级职称教师的比例、教龄超过 16 年教师的比例、所学专业与所教学科一致教师的比例、一周内课时数在 16 节课以上教师的比例。

1.教师队伍状况描述

表 4-3 中呈现了该省中小学教师队伍在 5 个特征上的均值和标准差。

---

① 本章在做各回归模型时,均将学校平均社会经济地位(SES)作为控制变量。

表 4-3　教师队伍特征的描述统计　　　　（单位：%）

指标	四年级		八年级	
	平均值	标准差	平均值	标准差
女教师的比例	71.55	24.60	54.41	20.26
高级职称教师的比例	85.28	26.03	73.17	23.75
教龄超过 16 年教师所占比例	55.71	29.22	52.51	24.40
教师所学专业与所教学科一致的比例	78.71	21.11	95.34	8.73
一周内 16 节课以上的教师比例	36.36	34.15	26.42	26.17

由表 4-3 可知，四年级女教师的平均比例为 71.55%，高级职称教师的平均比例为 85.28%，教龄超过 16 年的教师的平均比例为 55.71%，所教与所学一致的教师的平均比例为 78.71%，一周内 16 节课以上的教师的平均比例为 36.36%。八年级女教师的平均比例为 54.41%，高级职称教师的平均比例为 73.17%，教龄超过 16 年的教师的平均比例为 52.51%，所教与所学一致的教师的平均比例为 95.34%，一周内 16 节课以上的教师的平均比例为 26.42%。由此看出，除了所教与所学一致的教师比例外，该省小学在其他各项教师队伍特征的比例上普遍超过初中。

2. 教师队伍状况对学生成绩的影响

为了分析教师队伍状况对学生成绩的影响，将校均学生成绩作为结果变量，学校教师队伍特征作为解释变量，同时控制学校平均社会经济地位这个因素分别进行线性回归。各多元回归模型的结果统一呈现在表 4-4 中。

表 4-4　教师队伍状况对学生成绩的影响

指标	四年级	八年级
女教师的比例	0.239***	0.113
高级职称教师的比例	0.548***	0.454***
教龄超过 16 年教师所占比例	0.298***	0.101*
教师所学专业与所教学科一致的比例	−0.117***	0.454***
一周内 16 节课以上的教师比例	−0.276***	−0.165***

由表 4-4 可知，对于四年级来说，女性教师比例、高级职称教师的比例、教

龄超过 16 年的教师比例都对学生成绩具有显著正向影响,而一周内 16 节课教师的比例对学生成绩有显著负向影响,其中高级职称教师的比例影响程度最大。对于八年级来说,高级职称教师的比例、教龄超过 16 年的教师比例、教师所学专业与所教学科一致的比例对学生成绩均有显著正向影响,而一周内 16 节课以上教师的比例对学生成绩有显著负向影响,其中高级职称教师的比例、所教与所学一致的比例的影响程度都较大。由此看来,对于该省中小学来说,高级职称比例、教龄在 16 年以上的教师比例等特征变量都对学生平均成绩有显著正向影响,而一周内 16 节课以上的教师比例对学生平均成绩则有显著负向影响。

(五)教师专业发展、教学策略、工作投入及其对学生学业成绩的影响

1.概念及测量维度

教师专业发展是指教师在整个专业生涯中,通过终身专业训练,习得教育专业知识技能,实施专业自主,表现专业道德,并逐步提高自身从教素质,成为一个良好的教育专业工作者的专业成长过程。本次测查包含专业引领与创新、同事交流与互助、个人教学反思三个维度。

教学策略是指在明确的教学目标下,在特定的教学模式的框架内的一种综合性的行为和方案,它决定了教学方法、教学媒体和教学组织形式的选择与调控。本次测查的教学策略包含三个维度:因材施教、互动合作、引导探究。

教师工作投入是指教师在心理上认同自己工作的一种认知或信念状态,以及行为表现。本次测查包含三个维度,分别为教学工作活力、教学工作认同、教学工作专注度。

2.教师专业发展、教学策略、工作投入状况

根据教师专业发展的状况,将学校分为三组:教师专业发展好、教师专业发展较好、教师专业发展一般。图 4-5 呈现了四年级和八年级不同组别学校的分布情况。

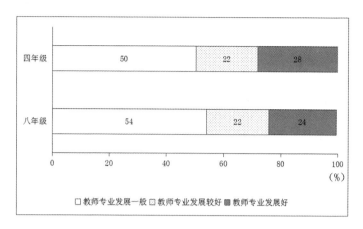

图 4-5　教师专业发展学校分类比例

由图 4-5 可知,对于四年级,教师专业发展好和较好的比例分别为 28% 和 22%,教师专业发展一般的比例为 50%。对于八年级,教师专业发展好和较好的比例分别为 24% 和 22%,教师专业发展一般的比例为 54%。由此看出,该省中小学教师专业发展整体情况一般,小学教师专业发展情况略好于初中,初中超过一半的教师专业发展水平有待提高。

根据教师教学策略的运用水平,将学校分为三组:教师教学策略好、教师教学策略较好、教师教学策略一般。图 4-6 呈现了四年级和八年级不同组别学校的分布情况。

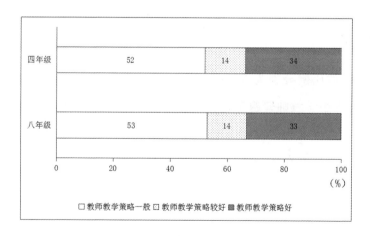

图 4-6　教师教学策略学校分类比例

由图 4-6 可知,对于四年级,教师教学策略好和较好的比例分别为 34% 和

14％,教师教学策略一般的比例为 52％。对于八年级,教师教学策略好和较好的比例分别为 33％和 14％,教师教学策略一般的比例为 53％。由此看出,该省中小学能够较好地运用教学策略开展教学活动的教师比例均不超过一半,小学教师在教学策略的运用上要略好于初中教师。

根据教师工作投入的强度,将学校分为三组:教师工作非常投入、教师工作比较投入、教师工作不太投入。图 4-7 呈现了四年级和八年级不同组别学校的分布情况。

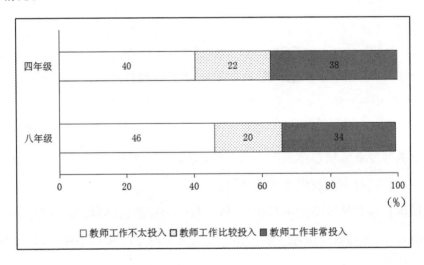

图 4-7　教师工作投入学校分类比例

由图 4-7 可知,对于四年级,教师工作非常投入和比较投入的比例分别为 38％和 22％,教师工作不太投入的比例为 40％。对于八年级,教师工作非常投入和比较投入的比例分别为 34％和 20％,教师工作不太投入的比例为 46％。由此看出,该省小学教师普遍工作投入程度较高,60％的教师都比较投入,而初中教师工作投入程度相对较低。

3.不同专业发展水平、不同教学策略水平、不同工作投入程度的教师队伍学生学业成绩的差异

根据教师专业发展的状况,将学校分为三组:教师专业发展好、教师专业发展较好、教师专业发展一般。图 4-8 和图 4-9 分别呈现了四年级和八年级不同组别学校的学生平均成绩。

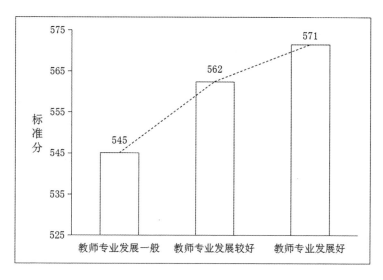

图 4-8　不同专业发展水平教师队伍学校学生成绩比较(四年级)

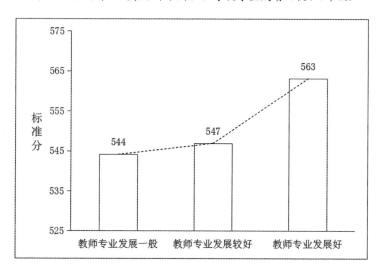

图 4-9　不同专业发展水平教师队伍学校学生成绩比较(八年级)

由图 4-8 可以看出,对于四年级来说,学生学业成绩与教师专业发展呈正相关关系,即教师专业发展越好,学生学业成绩也越高。教师专业发展好的学校,其学生成绩比教师专业发展较好和一般的学校分别高出 9 分和 26 分。方差分析的结果表明,此种差异在统计上显著。由图 4-9 可以看出,对于八年级来说,学生学业成绩也与教师专业发展水平呈正相关关系。教师专业发展好的学校,其学生成绩比教师专业发展较好和一般的学校分别高 16 分和 19 分。方差分析的结果显示,此种差异在统计上显著。由此看来,对于该省中小学来说,提升教师专业发展水平有利于学生成绩提升。

根据教师教学策略的运用水平,将学校分为三组:教师教学策略好、教师教学策略较好、教师教学策略一般。图 4-10 和图 4-11 分别呈现了四年级和八年级不同组别学校的学生平均成绩。

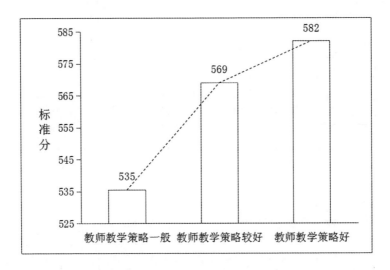

图 4-10　不同教学策略教师队伍学校学生成绩比较(四年级)

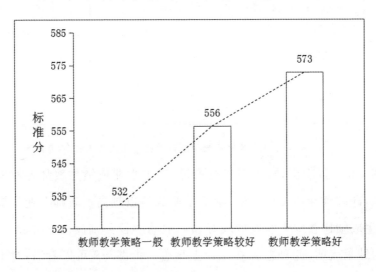

图 4-11　不同教师教学策略学校学生成绩比较(八年级)

由图 4-10 可以看出,对于四年级来说,学生学业成绩与教师教学策略呈正相关关系,即教师教学策略越好,学生学业成绩也越高。教师教学策略好的学校,其学生成绩比教师教学策略较好和一般的学校分别高出 13 分和 47 分。方差分析的结果表明,此种差异在统计上显著。由图 4-11 可以看出,对于八年级来说,学生学业成绩与教师教学策略也呈正相关关系。教师教学策略好的学校,其学生成绩比教学策略较好和一般的学校分别高出 17 分和 41 分。方差分析的结果显示,此种差异在统计上显著。由此看来,对于该省中小学来说,提升教师教学策略的运用水平有利于学生成绩提升。

根据教师工作投入的程度,将学校分为三组:教师工作非常投入、教师工作比较投入、教师工作不太投入。图 4-12 和图 4-13 分别呈现了四年级和八年级不同组别学校学生的平均成绩。

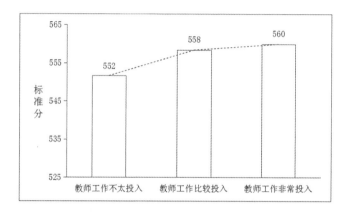

图 4-12 不同教师工作投入学校学生成绩比较(四年级)

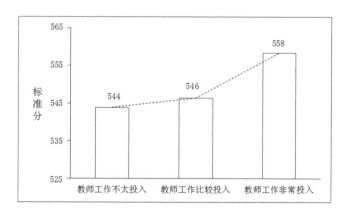

图 4-13 不同教师工作投入学校学生成绩比较(八年级)

由图 4-12 可以看出,对于四年级来说,学生学业成绩与教师工作投入基本呈正相关关系,即教师工作越投入,学生学业成绩越高。教师工作非常投入的学校,其学生成绩比教师工作比较投入和不太投入的学校分别高出 2 分和 8 分。但是,方差分析的结果表明,此种差异在统计上并不显著。由图 4-13 可以看出,对于八年级来说,学生学业成绩与教师工作投入也呈正相关关系,教师工作非常投入的学校,其学生成绩比教师工作比较投入和不太投入的学校分别高出 12 分和 14 分。方差分析的结果显示,此种差异在统计上显著。由此看来,对于该省中小学来说,提高教师工作投入程度能够促进学生成绩的提升。

4. 教师专业发展、教学策略、工作投入对学生成绩的影响

为探索教师专业发展、教学策略、工作投入对学生成绩的影响,将校均学生成绩作为结果变量,教师专业发展、教学策略、工作投入分别作为解释变量,同时控制学校平均社会经济地位这个因素进行线性回归,各回归模型的结果统一呈现在表 4-5 中。

表 4-5　教师工作状况对学生成绩的影响

指标	四年级平均成绩	八年级平均成绩
教师专业发展	35.805***	30.944***
教师教学策略	91.909***	90.24***
教师工作投入	17.665***	40.569***

由表 4-5 可知,对于四年级来说,教师专业发展、教学策略、工作投入都对提升学生成绩具有显著正向影响,其中教学策略的影响程度最高。对于八年级来说,教师专业发展、教学策略和工作投入都对提升学生成绩具有显著正向影响,其中教学策略的影响程度最高。由此看出,对于该省中小学来说,提升教师专业发展水平、教学策略水平和工作投入程度都能够显著促进学生学业成绩的提升,其中教师教学策略水平对于学生成绩的提升幅度最大。

为深入探索教师专业发展对学生成绩的影响,将校均学生成绩作为结果变量,教师专业发展的三个维度(专业引领与创新、同事交流与互助、个人教学反思)作为解释变量分别进行线性回归,同时控制学校平均社会经济地位这个因素,各回归模型的结果统一呈现在表 4-6 中。

表 4-6 教师专业发展对学生成绩的影响

指标	四年级平均成绩	八年级平均成绩
专业引领与创新	22.088***	5.883
同事交流与互助	17.017***	6.518
个人教学反思	0.794	-6.028*

由表 4-6 可知,对于四年级来说,专业引领与创新、同事交流与互助、个人教学反思均对提升学生成绩具有正向作用,其中专业引领与创新、同事交流与互助不仅作用程度高而且在统计上显著。对于八年级来说,专业引领与创新、同事交流与互助对提升学生成绩具有正向作用,但是不具有统计显著性。由此看出,对于该省中小学来说,提升教师专业引领与创新、同事交流与互助水平,能够在一定程度上促进学生学业成绩的提高。

为深入探索教师教学策略对学生成绩的影响,将校均学生成绩作为结果变量,教学策略的三个维度(因材施教、互动合作、引导探究)作为解释变量分别进行线性回归,同时控制学校平均社会经济地位这个因素,各回归模型的结果统一呈现在表 4-7 中。

表 4-7 教师教学策略对学生成绩的影响

指标	四年级平均成绩	八年级平均成绩
因材施教	68.336***	54.186***
互动合作	37.28***	27.421***
引导探究	61.612***	72.347***

由表 4-7 可知,对于四年级来说,因材施教、互动合作和引导探究均对提升学生成绩具有显著正向作用,其中因材施教的作用程度最高。对于八年级来说,因材施教、互动合作和引导探究也都对提升学生成绩具有显著正向作用,其中引导探究的作用程度最高。由此看出,对于该省中小学来说,提高教师因材施教、互动合作、引导探究策略水平均对提升学生的学业成绩具有显著作用。

为深入探索教师工作投入对学生成绩的影响,将校均学生成绩作为结果变量,工作投入的三个维度(教学工作活力、教学工作认同、教学工作专注度)作为解释变量分别进行线性回归,各回归模型的结果统一呈现在表 4-8 中。

表 4-8　教师工作投入对学生成绩的影响

指标	四年级平均成绩	八年级平均成绩
教学工作活力	−1.928	26.397***
教学工作认同	39.36***	31.282***
教学工作专注度	34.32***	35.675***

由表 4-8 可知,对于四年级来说,教师的教学工作认同和工作专注度对提升学生成绩具有显著正向影响,而且教学工作认同的影响程度更高。对于八年级来说,教师的教学工作活力、工作认同和工作专注度都对提升学生成绩具有显著正向影响,而且工作专注度的影响程度最高。由此看出,对于该省小学来说,提高教师的教学工作认同和工作专注度对提升学生的学业成绩具有显著正向影响;对于该省初中来说,提高教师工作活力、工作认同、工作专注度都有助于提升学生的学业成绩。

(六)学生学校认同感对学生学业成绩的影响

1.学校认同感描述

按照学生的学校认同感高低,将学生分为两组:学校认同感较高、学校认同感一般。图 4-14 给出了不同组别学生的分布情况。

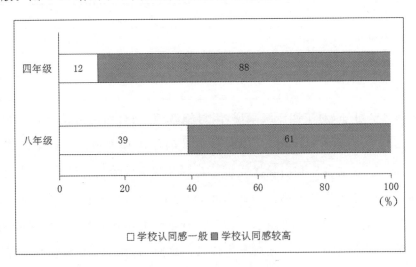

图 4-14　学校认同感学生分类比例

由图 4-14 可以看出,对于四年级,学校认同感较高和一般的比例分别为

88%和12%。对于八年级,学校认同感较高和一般的比例分别为61%和39%。由此看出,该省中小学生的学校认同感普遍较高,而且小学生学校认同感较高的比例高于初中学生。

2.不同学校认同感水平的学生学业成绩的差异

按照学校认同感的高低,将学生分为两组:认同感较高、认同感一般。图4-15和图4-16分别呈现了四年级和八年级不同组别学生的平均成绩。

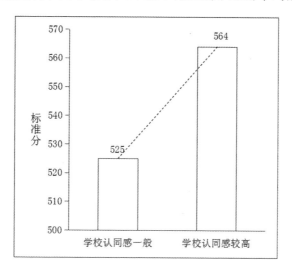

图 4-15 不同学校认同感学生成绩比较(四年级)

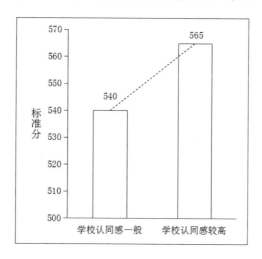

图 4-16 不同学校认同感学生成绩比较(八年级)

由图4-15可以看出,对于四年级,学生学校认同感较高的学生,其平均成绩比认同感一般的学生高出 39 分。由 t 检验分析结果可知,这种差异在统计上显著。由图 4-16 可以看出,对于八年级,学校认同感较高的学生,其平均成绩比认同感一般的学生高出 25 分。由 t 检验分析结果可知,这种差异在统计上显著。由此看出,对于该省中小学来说,提高学生的学校认同感有助于提升学生学业成绩。

3. 学校认同感对学业成绩的影响

为探索学校认同感对学生成绩的影响,将学生平均成绩作为结果变量,学校认同感作为解释变量进行线性回归,同时将学生家庭经济背景作为控制变量。回归模型的结果呈现在表 4-9 中。

表 4-9 学校认同感对学业成绩的影响

指标	四年级	八年级
学校认同感	12.214***	14.345***

由表 4-9 可知,不管是四年级还是八年级学生,学校认同感对于学生成绩的提升都有显著正向作用。由此看出,对于该省中小学来说,通过改善学生的学校认同感可以促进学生学业成绩的提升。

(七)父母教育参与和学生学业成绩的关系

1. 概念及测量维度

父母教育参与一般包括在家里进行的教育活动(如检查家庭作业),参加学校组织的教育活动(如出席家长会)以及与老师保持良好沟通交流等。本次测查的内容包括一起读书学习、检查作业、一起去书店等等。

2. 描述性统计

按照父母教育参与的程度,将学生分为三组:父母教育参与程度高、父母教育参与程度较高、父母教育参与程度一般。图 4-17 给出了不同组别学生的分布情况。

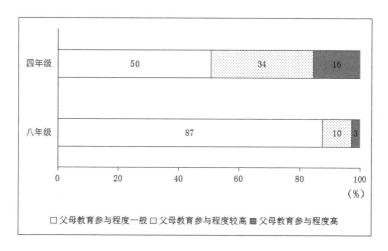

图 4-17　父母教育参与程度学生分类比例

从图 4-17 可以看出,对于四年级,父母教育参与程度高和较高的比例分别为 16％和 34％,教育参与程度一般的比例为 50％。对于八年级,父母教育参与程度高和较高的比例分别为 3％和 10％,教育参与度一般的比例为 87％。由此看出,该省小学学生父母教育参与程度相对较高,而初中学生父母教育参与程度普遍较低。

3.不同父母教育参与程度的学生成绩的差异

按照父母教育参与程度的高低,将学生分为三组:父母教育参与程度高、父母教育参与程度较高、父母教育参与程度一般。图 4-18 和图 4-19 分别呈现了四年级和八年级不同组别学生的平均成绩。

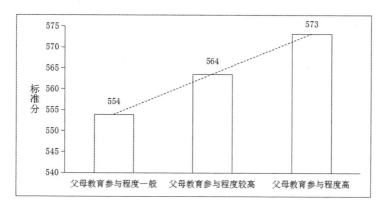

图 4-18　不同父母教育参与程度学生成绩比较(四年级)

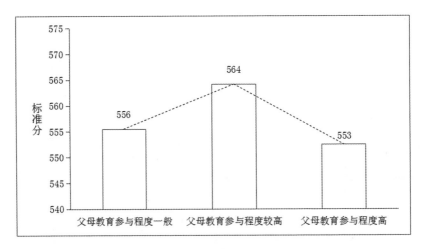

图 4-19 不同父母教育参与程度学生成绩比较(八年级)

从图 4-18 可以看出,对于四年级,父母教育参与程度越高,学生的学业成绩越高,父母教育参与程度高的学生的学业成绩比父母教育参与程度较高和一般的分别高出 9 分和 19 分。根据方差分析结果可知,这种差异在统计上显著。从图 4-19 可以看出,对于八年级,父母教育参与程度较高的学生的学业成绩最高,为 564 分,比父母教育参与程度高和一般的分别高出 11 分和 8 分。根据方差分析结果可知,这种差异在统计上显著。由此看来,对于该省小学生来说,父母的教育参与程度提高,有助于学生学习成绩的提高;对于该省初中学生来说,适度的父母教育参与有助于其学习成绩的提高。而过多参与子女的学习反而不利于子女自主学习和独立学习能力的提升,进而影响子女的学业发展。

第二节 学业负担专题研究

(一)测试说明与主要研究发现

本专题报告旨在通过调查学生睡眠时间、作业时间、家教和课外补习时间、学习压力四个维度的情况来衡量学生的学业负担程度,探究适合学生学业发展的各类时间安排,分析学习压力与学生学业成绩的关系。既有研究表明:适当的学业压力可以提高学生的学习成绩,过重的学业负担不仅对中小学生的身心健康造成很大危害,而且严重阻碍着素质教育的实施。正确处理中小学生课业负担过重问题,不仅是解决现实教育弊端的需要,更是提高国民素质、保障青少年健康成长的需要。

本专题报告由四部分构成,第一部分对学生学业负担四个维度的总体情况进行描述。第二部分将其中两个维度(睡眠时间、作业时间)与全国常模进行比较。第三部分对不同地市的学业负担情况进行分维度比较。第四部分分析学业负担的四个维度对于学生学业成绩的影响。

基于对该省各地市中小学生学业负担状况的大规模调查,得到如下研究结论:

第一,该省小学生和初中生睡眠时间达标率均高于全国常模和上一年度该省数据,而且睡眠时间小学不足 8 小时、初中不足 7 小时的比例又略低于全国常模和上一年度该省数据,在一定程度上体现该省中小学生睡眠时间高于全国整体水平,并比上一年度有所改进。不过,该省中小学生睡眠时间达标率仍有待进一步提高,目前中小学生睡眠时间达标率均没有超过一半,而且各地市中小学生睡眠达标时间差异较大。

第二,该省中小学的作业达标整体情况比较理想,各地市小学的作业时间达标率差异较小,初中的作业时间达标率差异较大,整体达标情况均较高,有将近 60% 的中小学生每天作业时间达标。该省中小学生作业时间达标率均超过全国常模和上一年度本省数据,而且作业时间超过 3 个小时的比例也均低于全国常模和上一年度该省数据,说明该省中小学生作业负担低于全国总体水平,并比上一年度有所改进。

第三,该省中小学生参加家教补习和课外辅导的比例依然较高,分别有49.5% 的四年级学生和 45.5% 的八年级学生参加过家教补习和课外辅导班,小学生参与家教补习和课外辅导比例要略高于初中。中小学生参加家教补习和课外辅导的情况仍然不容乐观,需要引起地方教育部门和全社会的重视。而且,各地市参与补习的比例差异较大,其中 3 个地市中小学生参与补习比例均超过 50%,明显高于其他地市。

第四,该省中小学生普遍感觉学习压力不大,分别有 1.7% 的四年级学生和4.5% 的八年级学生感觉学习压力较大。初中生学习压力要略高于小学生,且各地市中、小学生学习压力的差异均较小。

利用该省中小学生学业负担状况调查数据以及学业成绩数据,采用差异分析和回归分析方法,获得如下学业负担与学业成绩关系的研究结论:

第一,一定量的睡眠时间是学生取得良好学业成绩的重要保障。该省的数据显示,四年级学生每天保证8～10小时的睡眠时间,八年级学生保证每天7～8小时的睡眠时间,有可能取得较好的学业成绩。当然,对于八年级学生而言,这一睡眠时间并没有达到国家规定的最低标准。

第二,不同作业时间学生的平均成绩存在显著性差异。对于该省四年级的学生来说,每天作业时间为1～2小时的学生学业成绩最好,作业时间高于2小时的学生的平均学业成绩显著低于作业时间在0～2小时的学生。对于八年级的学生来说,每天作业时间为2～4小时的学生学业成绩最好,作业时间在1小时以下和4小时以上的学生的平均学业成绩显著低于作业时间在2～4小时的学生。过度增加作业时间不一定会带来学生学业成绩的提高,四年级学生每天作业时间控制在1～2小时,八年级学生每天作业时间控制在2～4小时,对取得较高学业成绩最有益。当然,无论是小学生还是初中学生,这个数据都已经超出了国家规定的标准,值得引起关注。

第三,不同补习时间学生的平均成绩存在显著性差异。对于该省四年级的学生来说,每周补习时间为3～6小时的学生学业成绩最好,补习时间高于6小时和低于3小时的学生的平均学业成绩显著低于补习时间3～6小时的学生。对于八年级的学生来说,每周补习时间为6～8小时的学生学业成绩最好,补习时间在6小时以下和8小时以上的学生的平均学业成绩显著低于初习时间在6～8小时的学生。总之,每周参与课外补习超过一定时长之后,其成绩收益下降。更重要的是,过多的课外补习可能影响学生必要的休息、游戏、社会实践、发展个人兴趣等多方面发展的需要,值得引起教育工作者和全社会注意。

第四,学习压力较小的学生平均学业成绩显著高于学习压力较大和学习压力一般的学生。由此,减轻中小学生学习压力有助于学生学业成绩的提高。

(二)学生学业负担分维度特征描述

1.睡眠时间的总体情况

图4-20和图4-21分别给出了该省四年级和八年级学生每天睡眠时间的总

体情况。按照国家规定:小学生每天睡眠时间为 9 小时以上,初中学生每天睡眠时间为 8 小时以上。

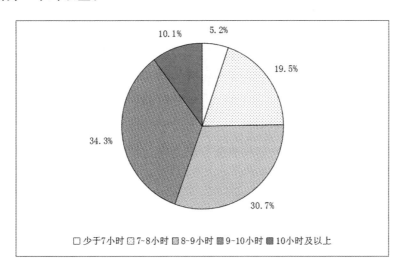

图 4-20 四年级学生睡眠时间分布

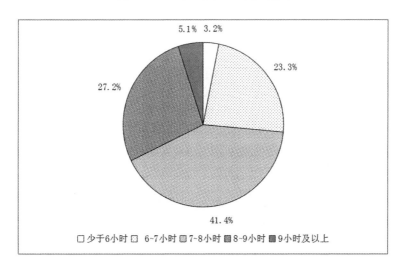

图 4-21 八年级学生睡眠时间分布

由图 4-20、图 4-21 可以看出,该省四年级学生睡眠时间达标率为44.4%,有 55.6%的学生每天睡眠时间不足 9 小时。该省八年级学生睡眠时间达标率稍低,仅有 32.3%的学生每天睡眠时间在 8 小时以上,高达 67.7%的学生每天睡眠时间不足 8 小时。由此可以认为,该省小学生和中学生的睡眠时间达标情况都较为一般,达标率均不到 50％,初中生睡眠时间达标率低于小学生。

2.作业时间的总体情况

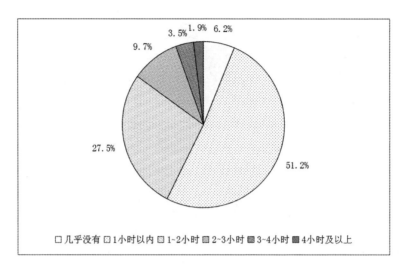

图 4-22　四年级学生作业时间分布

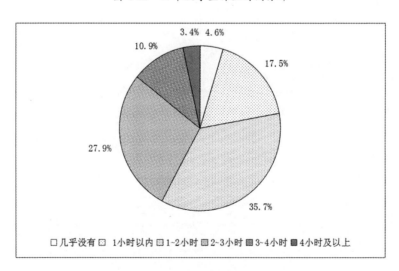

图 4-23　八年级学生作业时间分布

图 4-22 和图 4-23 分别给出了该省四年级和八年级学生每天作业时间的总体情况。按照国家规定:四年级学生每天作业时间不超过 45 分钟,八年级学生每天作业时间不超过 90 分钟。考虑到问卷调查的便利性,在本项目中,将四年级学生每天合理作业时间定为 1 小时以内,将八年级学生每天合理作业时间定

为 2 小时以内。

由图 4-22 和图 4-23 可以看出,该省四年级学生作业时间达标率较高,有一半以上(57.4%)的学生每天作业时间在 1 小时以内,有 27.5% 的学生每天作业时间在 1～2 小时之间,15.1% 的学生每天作业时间超过 2 小时。该省八年级学生作业时间达标率也较高,有超过一半(57.8%)的学生每天作业时间在 2 小时以内,有 27.9% 的学生每天作业时间在 2～3 小时之间,14.3% 的学生每天作业时间超过 3 小时。由此可以看出,该省中小学的作业时间达标整体情况比较理想,有将近 60% 的中小学生每天作业时间达标,而且初中作业时间达标情况与小学基本相同。

3. 家教补习和课外辅导班时间的总体情况

图 4-24 和图 4-25 分别给出了该省四年级和八年级学生每周家教补习和课外辅导时间的总体情况。

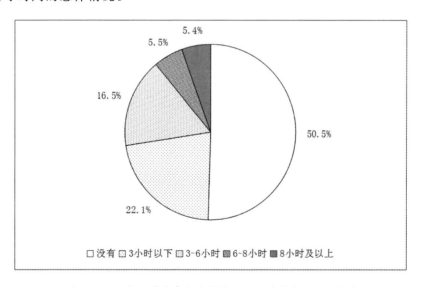

图 4-24 四年级学生参加家教补习和课外辅导班时间分布

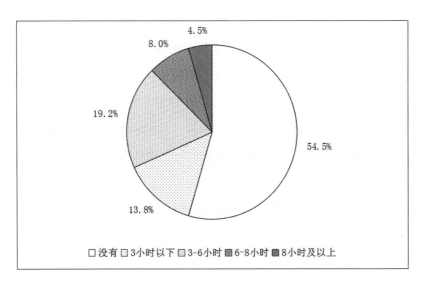

图 4-25 八年级学生参加家教补习和课外辅导班时间分布

由图 4-24 和图 4-25 可以看出,该省四年级约有一半学生(50.5%)都没有参加家教补习和课外辅导,49.5%的学生参加过家教补习和课外辅导班,其中有 22.1%学生每周花 0～3 小时时间参加家教补习和课外辅导班,有 27.4%的学生每周花 3 小时以上的时间参加家教补习和课外辅导班。该省八年级学生中一半以上(54.5%)都不参加家教补习和课外辅导班,45.5%的学生参加过家教补习和课外辅导班,其中有 13.8%的学生每周花 0～3 小时时间参加家教补习和课外辅导班,有 31.7%的学生每周花 3 小时以上的时间参加家教补习和课外辅导班。由此可以看出,该省小学生参与家教补习和课外辅导班比例要略高于初中,中小学生参加家教补习和课外辅导班的情况仍然不容乐观。

4.学习压力的总体情况

图 4-26 和图 4-27 分别给出了该省四年级和八年级学生学习压力的总体情况。

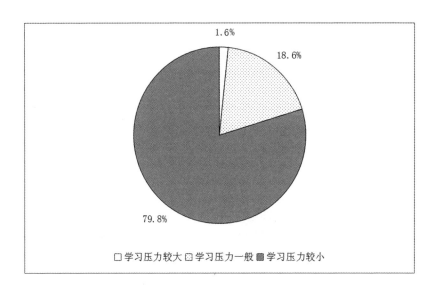

图 4-26 四年级学生学习压力分类比例

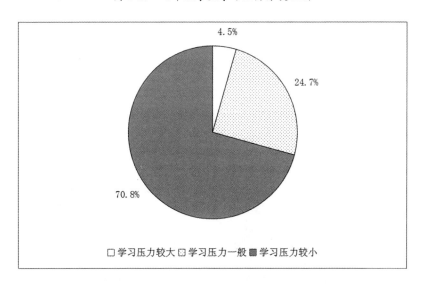

图 4-27 八年级学生学习压力分类比例

由图 4-26 和图 4-27 可以看出,该省四年级学生普遍感觉学习压力不大,仅有 1.6% 的学生感觉学习压力较大,18.6% 的学生感觉学习压力一般,79.8% 的学生感觉学习压力较小。该省八年级学生也普遍感觉学习压力不大,仅有 4.5% 的学生感觉学习压力较大,24.7% 的学生感觉学习压力一般,70.8% 的学生感觉学习压力较小。由此可以看出,该省中小学生普遍感觉学习压力不大,但初中生学习压力要略高于小学生。

(三)与往年数据及全国常模比较

1.睡眠时间

图 4-28 和图 4-29 分别给出了该省 2013 年和 2014 年四年级和八年级学生每天睡眠时间和全国睡眠时间常模数据的对比图。

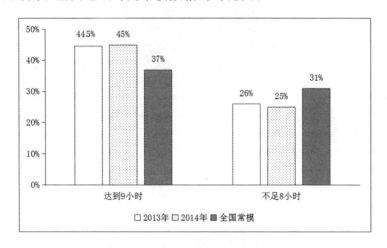

图 4-28　四年级学生睡眠时间与全国常模比较

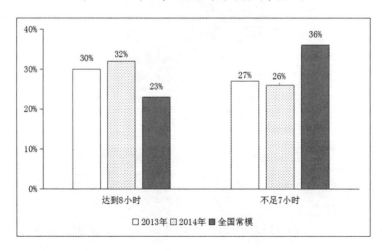

图 4-29　八年级学生睡眠时间与全国常模比较

由图 4-28、图 4-29 可以看出,2014 年该省四年级学生,每天睡眠时间达到 9 小时的比例略高于全国常模(高 8%),略高于上一年度(高 0.5%)。每天睡眠时间不足 8 小时的学生比例低于全国常模(低 6%),略低于上一年度(低 1%)。

2014 年该省八年级学生，每天睡眠时间达到 8 小时的比例高于全国常模（高 9%），略高于上一年度（高 2%），每天睡眠时间不足 7 小时的学生比例低于全国常模（低 10%），略低于上一年度（低 1%）。由此可以看出，2014 年该省四年级和八年级学生睡眠时间达标率均高于全国常模和 2013 年该省数据，而且睡眠时间小学不足 8 小时、初中不足 7 小时的比例又略低于全国常模和 2013 年该省数据，在一定程度上体现该省中小学生睡眠时间高于全国整体水平，并比上一年度有所改进。不过，该省中小学生睡眠时间达标率仍有待进一步提高，目前中小学生睡眠时间达标率均没有超过一半。

2. 作业时间

图 4-30 和图 4-31 分别给出了 2014 年和 2013 年该省四年级和八年级学生每天作业时间和全国作业时间常模数据的对比图。

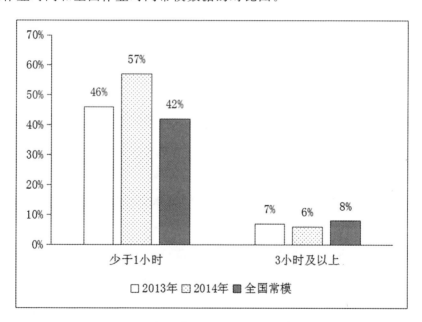

图 4-30　四年级学生作业时间与全国常模比较

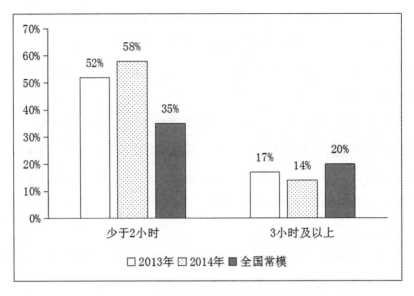

图 4-31　八年级学生作业时间与全国常模比较

由图 4-30、图 4-31 可以看出,2014 年该省四年级学生,每天作业时间少于
1 小时的比例高于全国常模(高 15％),高于上一年度(高 11％),每天作业时间
多于 3 小时的学生比例低于全国常模(低 2％),低于上一年度(低 1％)。2014
年该省八年级学生,每天作业时间少于 2 小时的比例高于全国常模(高 23％),
高于上一年度(高 6％),每天作业时间多于 3 小时的学生比例低于全国常模(低
6％),低于上一年度(低 3％)。由此可以看出,2014 年该省四年级和八年级学
生作业时间达标率均超过全国常模和上一年度该省数据,而且作业时间超过 3
个小时的比例也均低于全国常模和上一年度该省数据,说明该省中小学生作业
负担低于全国总体水平,并比上一年度有所改进。

(四)不同地市学生的学业负担情况

1.睡眠时间

图 4-32 和图 4-33 分别给出了该省不同地市四年级和八年级学生每天睡眠
的总体情况。(按照达到国家规定的睡眠时间的学生百分比从低到高排列,小
学生为不低于 9 小时,初中学生为不低于 8 小时)

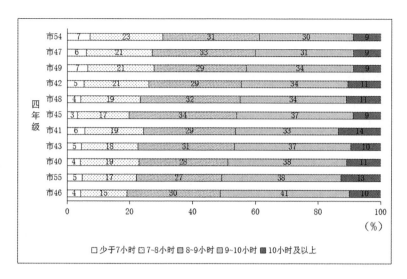

图 4-32　不同地市四年级学生每天睡眠时间

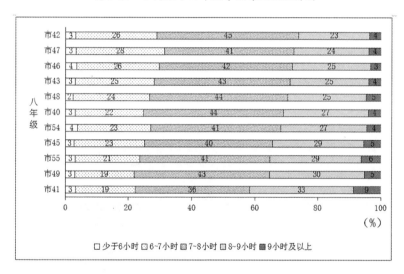

图 4-33　不同地市八年级学生每天睡眠时间

　　由图 4-32、图 4-33 可以看出,市 55 和市 46 的四年级学生睡眠时间达标率最高,达到 51%;而市 54 的四年级学生睡眠状况最差,达标率不到 40%。市 41 的八年级学生睡眠时间达标率最高,为 42%;而市 42 的八年级学生睡眠状况最差,仅有 27% 的学生睡眠时间达标。由此可以看出,该省各地市的中小学生睡眠达标时间差异较大,而且普遍较低。

2.作业时间

图 4-34 和图 4-35 分别给出了该省四年级和八年级不同地市学生每天作业时间的总体情况。(按照达到国家规定的作业时间的学生百分比从低到高排列,小学不超过 1 小时,初中不超过 2 小时)

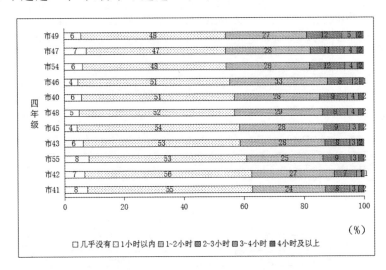

图 4-34　不同地市四年级学生作业时间

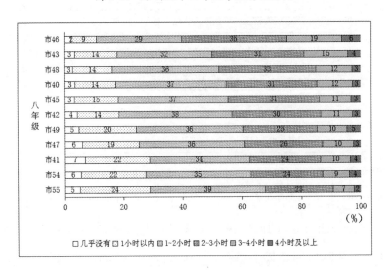

图 4-35　不同地市八年级学生作业时间

由图 4-34、图 4-35 可以看出,市 49、市 47 和市 54 的四年级学生作业时间达标率最低,为 54%,而市 41 的四年级学生作业时间达标率最高,达到 63%。

市 46 的八年级学生作业时间达标率最低(40%),市 55 的八年级学生作业时间达标率最高,达到 68%。由此可以看出,该省各地市小学作业时间达标率差异较小,初中的作业时间达标率差异较大,整体达标情况均较高。

3.家教补习和课外辅导班时间

图 4-36 和图 4-37 分别给出了该省四年级和八年级不同地市学生每周家教补习和课外辅导时间的总体情况。(按照没有参加家教补习和课外辅导班的学生百分比从低到高排列)

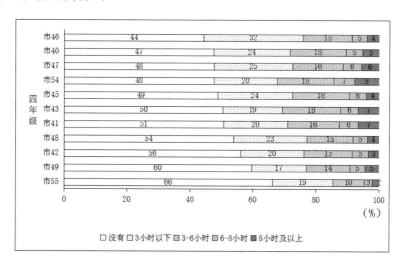

图 4-36　不同地市四年级家教补习和课外辅导班时间

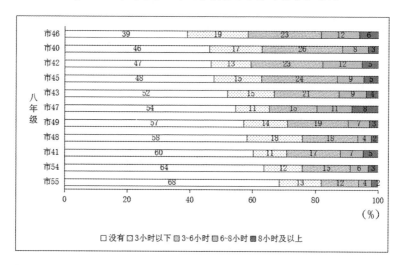

图 4-37　不同地市八年级家教补习和课外辅导班时间

由图 4-36、图 4-37 可以看出,市 55 的四年级学生参加家教补习和课外辅导班的比例最小,为 34%,而市 46 的四年级学生参加家教补习和课外辅导班的比例最大,达到 56%,高于该省的其他地市。市 55 的八年级学生参加家教补习和课外辅导班的比例最小,为 31%,而市 46 的八年级学生参加家教补习和课外辅导班的比例最大,达到 60%,远远高于该省的其他地市。由此可以看出,不管是小学还是初中,市 46 的学生参加补习的比例最高,达到 60% 左右,远高于其他地市的学生。而且,各地市参与补习的比例差异较大,市 46、市 40、市 45 中小学生参与补习比例均超过 50%,明显高于其他地市。

4.学习压力

图 4-38 和图 4-39 分别给出了该省四年级和八年级不同地市学生学习压力分类比例的总体情况。(按照学习压力较大的学生百分比从低到高排列)

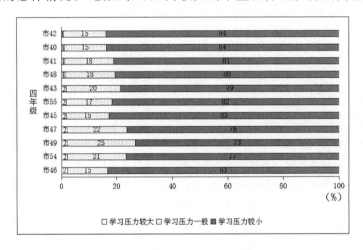

图 4-38　不同地市四年级学习压力分类比例

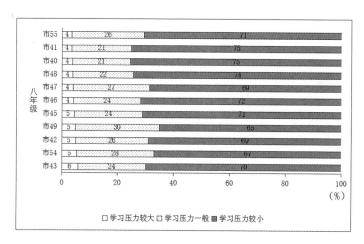

图 4-39　不同地市八年级学习压力分类比例

　　由图 4-38、图 4-39 可以看出，该省各地市四年级学习压力较大的学生比例均不高，均为 1％～2％。市 55 的八年级学生学习压力较大的比例最低，为 4％，而市 43 的八年级学生学习压力较大的比例最大，达到 6％。该省各地市中小学生的学习压力普遍较低，各地市差别不大，各地市初中生学习压力比小学生稍大。

（五）学生学业负担对学生学业成绩的影响

1. 睡眠时间对学生学业成绩的影响

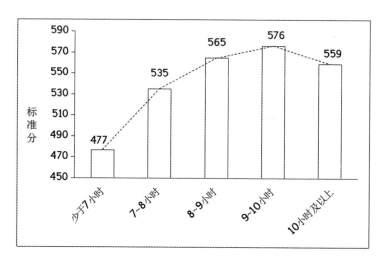

图 4-40　四年级不同睡眠时间学生平均成绩比较

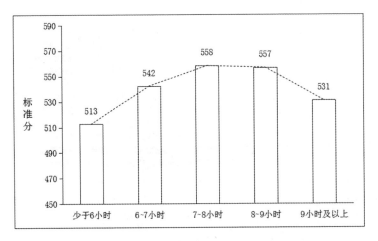

图 4-41　八年级不同睡眠时间学生平均成绩比较

图 4-40 和图 4-41 分别给出了该省四年级和八年级不同睡眠时间学生的平均学业成绩。

由图 4-40、图 4-41 可以看出，该省四年级学生，睡眠时间为 9～10 小时的学生学业成绩最高，低于 9～10 小时之后，学生的平均学业成绩会随着睡眠时间的减小而逐渐降低。睡眠时间为小于 7 小时的学生学业成绩最低。方差分析结果表明，四年级不同睡眠时间学生的平均成绩存在显著性差异。该省八年级学生，睡眠时间为 7～8 小时的学生学业成绩最高，低于 7～8 小时之后，学生的平均学业成绩会随着睡眠时间的减小而逐渐降低，高于 7～8 小时之后，学生的平均学业成绩会随着睡眠时间的增加而逐渐降低。方差分析结果表明，八年级不同睡眠时间学生的平均成绩也存在显著性差异。

表 4-10　四年级学生睡眠时间对学生成绩的影响

睡眠时间	四年级平均成绩
少于 7 小时	-97.201^{***}
7～8 小时	-39.506^{***}
8～9 小时	-11.210^{***}
9～10 小时	参照
10 小时以上	-17.913^{***}

注：四年级以 9～10 小时为参照。

表 4-11　八年级学生睡眠时间对学生成绩的影响

睡眠时间	八年级平均成绩
少于 6 小时	−46.977***
6～7 小时	−14.936***
7～8 小时	1.133
8～9 小时	参照
9 小时以上	−25.572***

注：八年级以 8～9 小时为参照。

由表 4-10 和表 4-11 可知，对于四年级的学生来说，每天睡眠时间为 9～10 小时的学生学业成绩最好，睡眠时间小于 8 小时的学生的平均学业成绩显著低于睡眠时间在 8 小时以上的学生。对于八年级的学生来说，每天睡眠时间为 7～8 小时的学生学业成绩最好，睡眠时间在 7 小时以下的学生的平均学业成绩显著低于睡眠时间在 7～9 小时的学生。由此可以看出，一定量的睡眠时间是学生取得良好学业成绩的重要保障，四年级学生应保证每天 8～10 小时的睡眠时间，八年级学生应保证每天 7～8 小时的睡眠时间（必须说明的是，这个时间并没有达到国家规定的基本要求，不能满足学生维护身体健康应该达到的睡眠标准，值得引起注意）。

2. 作业时间对学生学业成绩的影响

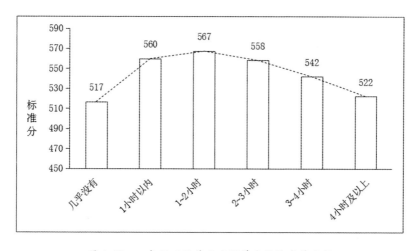

图 4-42　四年级不同作业时间学生平均成绩比较

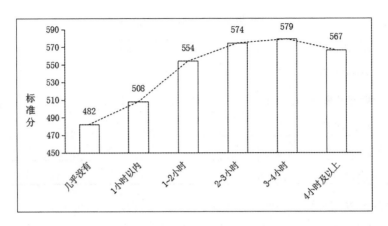

图 4-43　八年级不同作业时间学生平均成绩比较

图 4-42 和图 4-43 分别给出了该省四年级和八年级不同作业时间学生的平均学业成绩。

由图 4-42、图 4-43 可以看出,该省四年级学生,每天作业时间为 1～2 小时的学生学业成绩最高,超过 2 小时之后,学生平均学业成绩随着作业时间的增加而逐渐降低。每天作业超过 4 小时和几乎不做作业的学生学业成绩较低。方差分析结果表明,四年级不同作业时间学生的平均成绩存在显著性差异。该省八年级学生,每天作业时间为 3～4 小时的学生学业成绩最高,超过 4 小时之后,学生平均学业成绩随着作业时间的增加而降低。每天只做 0～1 小时作业的学生学业成绩最低。方差分析结果表明,八年级不同作业时间学生的平均成绩也存在显著性差异。

表 4-12　学生作业时间对学生成绩的影响

作业时间	四年级平均成绩	八年级平均成绩
几乎没有	-42.046^{***}	-69.343^{***}
1 小时及以内	参照	-44.127^{***}
1～2 小时	6.774^{***}	参照
2～3 小时	-2.422^{*}	18.038^{***}
3～4 小时	-18.939^{***}	22.304^{***}
4 小时及以上	-39.058^{***}	-10.712^{***}

注:四年级以 1 小时及以内为参照,八年级以 1～2 小时为参照。

由表 4-12 可知,对于四年级的学生来说,每天作业时间为 1～2 小时的学生学业成绩最好,作业时间高于 2 小时的学生的平均学业成绩显著低于作业时间在 0～2 小时的学生。对于八年级的学生来说,每天作业时间为 2～4 小时的学生学业成绩最好,作业时间在 1 小时以下和 4 小时以上的学生的平均学业成绩显著低于作业时间在 2～4 小时的学生。由此可以看出,过度增加作业时间不一定会带来学生学业成绩的提高,四年级学生每天作业时间控制在 1～2 小时,八年级学生每天作业时间控制在 2～4 小时,对取得较高学业成绩最有益(必须说明的是,这个作业时间并不符合国家规定的基本要求,过多的作业可能影响学生必要的休息、游戏、发展个人兴趣等多方面发展的需要,值得引起注意)。

3. 家教补习和课外辅导时间对学生学业成绩的影响

图 4-44 和图 4-45 分别给出了该省四年级和八年级不同家教补习和课外辅导时间学生的平均学业成绩。

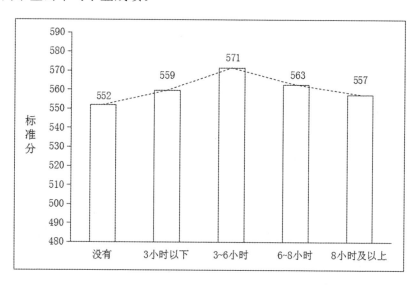

图 4-44　四年级不同家教补习和课外辅导时间学生平均成绩比较

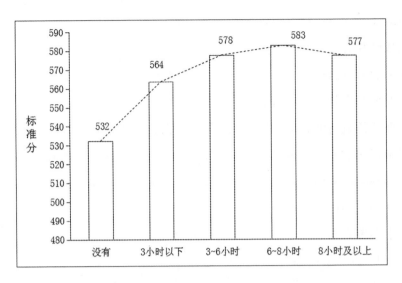

图 4-45　八年级不同家教补习和课外辅导时间学生平均成绩比较

由图 4-44、图 4-45 可以看出,该省四年级学生,每周补习时间为 3～6 小时的学生学业成绩最高,超过 6 小时之后,学生平均学业成绩随着补习时间的增加而逐渐降低。每周补习时间 3 小时以下和几乎没有补习的学生学业成绩较低。方差分析结果表明,四年级不同补习时间学生的平均成绩存在显著性差异。该省八年级学生,每周补习时间为 6～8 小时的学生学业成绩最高,超过 8 小时之后,学生平均学业成绩随着补习时间的增加而逐渐降低,低于 6 小时之后,学生平均学业成绩随着补习时间的减少而逐渐降低。每周补习时间 3 小时以下和几乎没有补习的学生学业成绩最差。方差分析结果表明,八年级不同补习时间学生的平均成绩也存在显著性差异。

表 4-13　课外补习时间对学生学业成绩的影响

课外补习时间	四年级平均成绩	八年级平均成绩
没有	-4.500^{***}	-27.062^{***}
3 小时及以下	参照	
3～6 小时	10.760^{***}	11.870^{***}
6～8 小时	1.826	17.299^{***}
8 小时及以上	-4.353^{**}	9.929^{**}

注:四年级和八年级以 3 小时及以下为参照。

由表 4-13 可知,对于四年级的学生来说,每周补习时间为 3～6 小时的学生学业成绩最好,补习时间高于 6 小时和低于 3 小时的学生的平均学业成绩显著低于补习时间 3～6 小时的学生。对于八年级的学生来说,每周补习时间为 6～8 小时的学生学业成绩最好,补习时间在 6 小时以下和 8 小时以上的学生的平均学业成绩显著低于补习时间在 6～8 小时的学生。由此可以看出,每周参与课外补习超过一定时长之后,其学业成绩下降。更重要的是,过多的课外补习可能影响学生必要的休息、游戏、社会实践、发展个人兴趣等多方面发展的需要,值得引起教育工作者和全社会注意。

4.学习压力对学生学业成绩的影响

图 4-46 和图 4-47 分别给出了该省四年级和八年级不同学习压力学生的平均学业成绩。

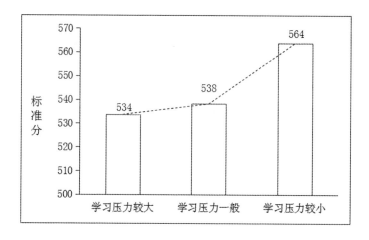

图 4-46　四年级不同学习压力学生平均成绩比较

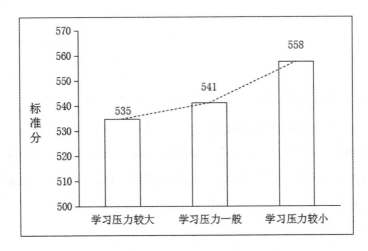

图 4-47　八年级不同学习压力学生平均成绩比较

由图 4-46、图 4-47 可以看出，不论是该省四年级学生还是八年级学生，学习压力较小的学生学业成绩最好，学习压力较大的学生学业成绩最差。方差分析结果表明，四年级不同学习压力和八年级不同学习压力学生的平均成绩都存在显著性差异。

表 4-14　学习压力对学生学业成绩的影响

学习压力	四年级平均成绩	八年级平均成绩
学习压力较大	−7.501**	−7.844***
学习压力一般	参照	
学习压力较小	25.213***	17.276***

注：四年级和八年级以学习压力一般为参照。

由表 4-14 可知，对于该省四年级和八年级的学生来说，学习压力较小的学生平均学业成绩显著高于学习压力较大和学习压力一般的学生。由此可以看出，减轻中小学生学习压力有助于学生学业成绩的提高。

第三节　学习品质专题研究

（一）测试说明与主要研究发现

本节旨在通过测量学习意志力、学习策略、学习动机和学习自信心四个维度来评价中小学学生的学习品质,并揭示学习品质对学生学业成绩的影响。

基于对该省各地市中小学生学习品质状况的大规模调查,得到如下研究结论:

第一,该省小学生学习意志力较强,而初中生学习意志力相对较弱。具体来看,四年级学生中学习意志力强和较强比例分别为33%和34%,学习意志力一般的比例为33%。八年级学生中学习意志力强和较强的比例分别为9%和20%,而学习意志力一般的学生则达到了71%。

第二,该省中小学生掌握较多有效学习策略的比例不高。中小学生普遍较好地掌握了元认知策略,但对探究性学习策略和认知策略的掌握仍有待提高。具体来看,对于四年级来说,学生较好掌握元认知策略的比例最高,达到66%,学生较好掌握探究性学习策略和认知策略的比例都相对较低,分别为27%、37%。对于八年级来说,学生较好掌握元认知策略的比例仍然最高,达到34%,学生较好掌握探究性学习策略和认知策略的比例相对较低,分别为19%和16%。

第三,该省中小学生内部学习动机较强的居多,外部学习动机较强的比例相对较低。而且,初中生的内部学习动机较强的比例低于小学生,中小学生外部学习动机较强的比例相差不大。具体来看,对于四年级来说,外部动机较强的学生比例为18%,而外部动机一般的学生比例为82%。内部动机较强的学生比例为54%,内部动机一般的学生比例为46%。对于八年级来说,外部动机较强的学生比例为14%,外部动机一般的学生比例为86%。内部动机较强的学生比例为31%,内部动机一般的学生比例为69%。

第四,该省小学生的学习自信心普遍较高,但初中生的学习自信心相对较低。具体来说,对于四年级来说,学习自信心强的学生占34%,学习自信心较强的学生占27%,学习自信心一般的学生占39%。对于八年级来说,学习自信心较强和强的学生分别占11%、21%,而学习自信心一般的学生比例为68%。总体来看,该省小学生的学习自信心普遍较高,而初中生的学习自信心相对较低。

利用该省中小学生学习品质状况调查数据以及学业成绩数据,采用 t 检验

和方差分析,获得如下学习品质与学业成绩关系的研究结论:

第一,对于该省中小学生来说,学习意志力与各科学习成绩呈现显著的正相关关系,即学习意志力越强的学生,其各科成绩也越高。因此,增强中小学生学习意志力,有助于各科成绩的提升。

第二,对于该省中小学生来说,无论是总维度还是三个分维度上,都是较好掌握各种学习策略的学生的学习成绩高于一般掌握的学生。因此,较好掌握各种学习策略能够促进中小学生各科学习成绩的提高。

第三,对于该省四年级学生来说,内部动机较强的,各科成绩都较好,而外部动机较强的,各科成绩都较差。对于八年级学生来说,内部动机较强的成绩较好,外部动机较强的学习成绩也较好,但优势不如内部动机高。因此,增强中小学生的内部动机有助于各科成绩的提升,初中生外部动机的增强会促进各科成绩的提高,但是,过分强化小学生外部动机反而会导致学生成绩的下降。

第四,对于该省中小学生来说,学习自信心越强,各科成绩越好。因此,增强中小学生学习自信心,有助于各科成绩的提升。

本节将按照学习品质的四个维度依次展开分析,首先是学习意志力的描述性统计以及不同学习意志力学生的成绩差异;其次是学习策略的描述性统计以及不同学习策略水平学生的成绩差异;再次是学习动机的描述性统计以及不同学习动机学生的成绩差异;最后是学习自信心的描述性统计以及不同学习自信心学生的成绩差异。

(二)学习意志力

学习意志力是指学生在学习过程中遇到问题、完成任务时所表现出的持久性。学习意志力强的学生在学习过程中更能够集中注意力,不容易被外界环境因素干扰。根据测量结果和既有研究,将学生学习意志力的高低分为三组:学习意志力强、学习意志力较强、学习意志力一般。图 4-48 呈现了四年级和八年级学生中不同组别的学习意志力分布情况。表 4-15 对不同组别学生的成绩进行比较和方差分析。

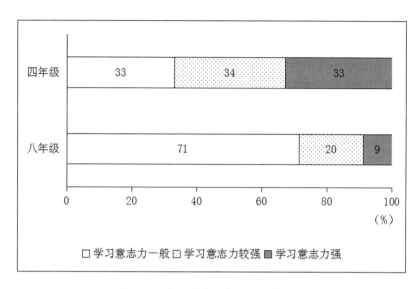

图 4-48　中小学学习意志力分类比例

如图 4-48 所示,四年级学生中学习意志力强和较强的比例分别为 33% 和 34%,学习意志力一般的比例为 33%。八年级学生中学习意志力强和较强的比例为 9% 和 20%,而学习意志力一般的学生则达到了 71%。总体来看,该省小学生学习意志力较强,而初中生学习意志力相对较弱。

表 4-15　不同学习意志力学生成绩比较

学习意志力	四年级		八年级		
	语文	数学	语文	数学	科学
学习意志力强	587	580	608	600	602
学习意志力较强	556	551	572	563	554
学习意志力一般	540	538	556	544	537
方差分析(p 值)	0.000	0.000	0.000	0.000	0.000
学习意志力强和较强的成绩差值	31***	29***	36***	37***	48***
学习意志力强和一般的成绩差值	47***	42***	52***	56***	65***
学习意志力较强和一般的成绩差值	16***	13***	16***	19***	17***

由表 4-15 可以看出,对于四年级来说,学习意志力越强的学生各科成绩越高,而且方差分析的结果显示,不同组别之间的成绩差异在统计上显著。以语文成绩为例,学习意志力强的学生比学习意志力较强和一般的学生分别高出

31 分和 47 分,而且在统计上显著。对于八年级来说,也是学习意志力越强的学生各科成绩越高,而且方差分析的结果显示,不同组别之间的成绩差异在统计上显著。以语文成绩为例,学习意志力强的学生比学习意志力较强和一般的学生分别高出 36 分和 52 分,而且在统计上显著。由此,对于中小学生来说,学习意志力与各科学习成绩呈现显著的正相关关系,即学习意志力越强的学生,其各科成绩也越高。

(三)学习策略

学习策略是指学生为了提高学习的效果和效率,有目的、有意识地制定有关学习过程的方案。学习策略包含认知策略、元认知策略和探究性学习策略三个子维度。认知策略是加工信息的一些方法和技术,能使信息较为有效地在记忆中存取的策略。认知策略可以分为复述(如重复、记笔记)、精细加工(如想象、总结)和组织策略(如列提纲、画出结构图)三种。元认知策略是指学生对自己认知活动的计划(如设置目标、设计问题解决方案)、监控(如自我检查、及时评估)和调节(如调整学习进度、重新阅读)策略。探究性学习是指学生在教师指导下,以类似科学探究的方式所开展的学习活动。

根据测量结果和既有研究,将学生根据有效学习策略掌握多少分为两组:掌握较少有效学习策略、掌握较多有效学习策略。图 4-49 呈现了四年级和八年级学生中不同组别的学习策略分布情况。图 4-50 呈现了四年级和八年级学生中不同组别各子维度的分布情况。表 4-16 对不同组别学生的成绩进行比较和 t 检验。

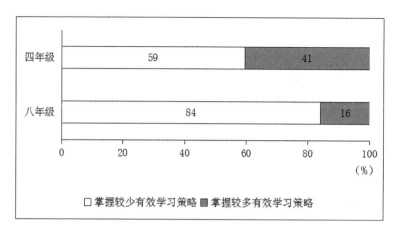

图 4-49　中小学学习策略分类比例

如图 4-49 所示,对于四年级来说,掌握较多有效学习策略的学生比例为 41%,掌握较少有效学习策略的学生比例为 59%。对于八年级来说,仅有 16% 的学生掌握较多有效学习策略,多达 84% 的学生掌握较少有效学习策略。总体来看,该省中小学生掌握较多有效学习策略的学生比例不高。

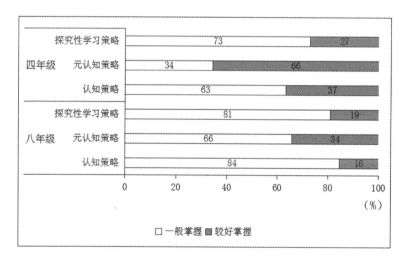

图 4-50　中小学学习策略分维度分类比例

如图 4-50 所示,对于四年级来说,学生较好掌握元认知策略的比例最高,达到 66%,学生较好掌握探究性学习策略和认知策略的比例都相对较低,分别为 27%、37%。对于八年级来说,学生较好掌握元认知策略的比例仍然最高,达到 34%,学生较好掌握探究性学习策略和认知策略的比例相对较低,分别为

19％和16％。总体来看,该省中小学生普遍较好地掌握了元认知策略,但对探究性学习策略和认知策略的掌握有待提高。

表 4-16　不同学习策略维度学生学业成绩比较

策略	学业水平	四年级		八年级		
		语文	数学	语文	数学	科学
学习策略	较好掌握	579	572	599	591	589
	一般掌握	549	545	557	546	539
	成绩差值	30***	27***	42***	45***	50***
认知策略	较好掌握	583	577	599	593	592
	一般掌握	549	544	557	546	538
	成绩差值	34***	33***	42***	47***	54***
元认知策略	较好掌握	572	566	594	584	578
	一般掌握	542	538	547	537	530
	成绩差值	30***	28***	47***	47***	48***
探究性学习策略	较好掌握	571	565	582	573	573
	一般掌握	558	553	559	549	540
	成绩差值	13***	12***	23***	24***	33***

由表 4-16 可以看出,对于四年级来说,无论是总维度还是三个分维度上,都是较好掌握各种学习策略的学生的学习成绩高于一般掌握的学生。以元认知策略为例,较好掌握该策略学生的语文、数学两门成绩,比一般掌握的学生分别高出 30 分和 28 分,而且这些差异都在统计上显著。八年级也呈现出类似的趋势,即较好掌握各种学习策略的学生的学习成绩,高于一般掌握的学生。仍然以元认知策略为例,较好掌握该策略学生的语文、数学、科学三门成绩,比一般掌握的学生分别高出 47 分、47 分和 48 分,而且这些差异都在统计上显著。由此,对于中小学生来说,较好掌握各种学习策略能够促进各科学习成绩的提升。

(四)学习动机

学习动机是激发个体进行学习活动、维持已引起的学习活动,并使个体的学习活动朝向一定的学习目标的一种内部启动机制。学习动机可以划分为内部动机和外部动机。内部动机是指人们对学习本身的兴趣所引起的动机。外部动机是指人们由外部诱因所引起的动机,这些外部因素包括奖励、他人认可和评估、避免惩罚、与他人竞争等。图 4-51 呈现了四年级和八年级学生中不同组别的学习动机分布情况。表 4-17 对不同组别学生的成绩进行比较和 t 检验。

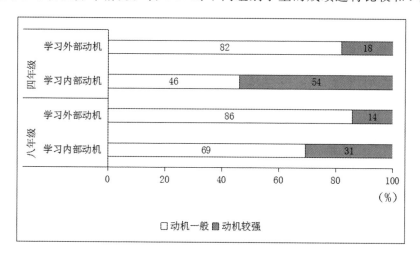

图 4-51　中小学内部学习动机、外部学习动机分类比例

如图 4-51 所示,对于四年级来说,外部动机较强的学生比例为 18%,而外部动机一般的学生比例为 82%。内部动机较强的学生比例为 54%,内部动机一般的学生比例为 46%。对于八年级来说,外部动机较强的学生比例为 14%,外部动机一般的学生比例为 86%。内部动机较强的学生比例为 31%,内部动机一般的学生比例为 69%。总体来看,该省中小学生以内部学习动机较强的居多,外部学习动机较强的比例相对较低。而且,初中生的内部学习动机较强的比例低于小学生(低 23%),中小学学生外部学习动机较强的比例相差不大。

表 4-17　不同学习动机学生成绩比较

| | | 四年级 | | 八年级 | | |
		语文	数学	语文	数学	科学
内部 学习动机	较强	574	567	584	573	569
	一般	548	545	556	546	538
	成绩差值	26***	22***	28***	27***	31***
外部 学习动机	较强	541	539	567	560	551
	一般	566	560	564	553	547
	成绩差值	—25***	—21***	3**	7***	4***

　　由表 4-17 可以看出,对于四年级学生来说,内部动机较强的,各科成绩都较好,而外部动机较强的,各科成绩都较差。以语文为例,内部动机较强的学生比一般的学生高出 26 分,而外部动机较强的学生比一般的学生低出 25 分,这些差异都在统计上显著。对于八年级学生来说,内部动机较强的成绩较好,外部动机较强的学习成绩也较好,但优势不如内部动机高。仍然以语文为例,内部动机较强的学生比一般的学生高出 28 分,而外部动机较强的学生比一般的学生高出 3 分,这些差异也都在统计上显著。由此来看,对于小学生来说,较强的内部动机有助于各科成绩的提高,而较强的外部动机则不利于取得较高的学业成绩。对于初中生来说,较强的内部动机和外部动机均有助于各科成绩的提高。

(五)学习自信心

　　学习自信心是指学生个体对自己完成学习任务、实现学习目标所持有的一种积极的、肯定的反应倾向。根据测量结果和既有研究,将学生根据学习自信心的高低分为三组:学习自信心高、学习自信心较高、学习自信心一般。图 4-52 呈现了四年级和八年级学生中不同组别的学习自信心分布情况。表 4-18 对不同组别学生的成绩进行比较和方差分析。

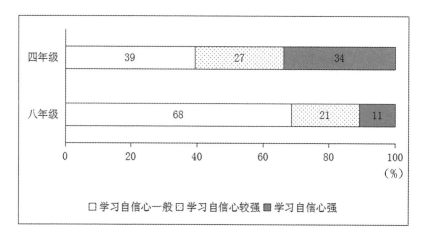

图 4-52　中小学学习自信心分类比例

如图 4-52 所示,对于四年级来说,学习自信心强的学生占 34%,学习自信心较强的学生占 27%,学习自信心一般的学生占 39%。对于八年级来说,自信心强和较强的学生分别占 11%、21%,而学习自信心一般的学生比例为 68%。总体来看,该省小学生的学习自信心普遍较高,而初中生的学习自信心相对较低。

表 4-18　不同学习自信心学生学业成绩比较

	四年级		八年级		
	语文	数学	语文	数学	科学
学习自信心强	584	576	604	594	588
学习自信心较强	567	560	588	584	577
学习自信心一般	541	538	552	540	533
方差分析(p 值)	0.000	0.000	0.000	0.000	0.000
学习自信心强和较强的成绩差值	17***	16***	16***	10***	11***
学习自信心强和一般的成绩差值	43***	38***	52***	54***	55***
学习自信心较强和一般的成绩差值	26***	22***	36***	44***	44***

由表 4-18 可以看出,对于四年级学生来说,学习自信心越强,各科成绩越好。由方差分析的结果可知,这种差异在统计上显著。以数学成绩为例,学习

自信心强的学生,其数学成绩比学习自信心较强和一般的学生分别高出 16 分、38 分,而且这种差距在统计上显著。对于八年级学生来说,也存在着学习自信心越强各科成绩越好的现象,而且方差分析的结果表明,这种差异在统计上显著。以数学成绩为例,学习自信心强的学生,其数学成绩比学习自信心较强和一般的学生分别高出 10 分、54 分,而且这种差距在统计上显著。由此可见,无论对小学生还是初中生,增强学习自信心有助于提高他们各科的学业成绩。

第四节　教师工作满意度专题研究

(一)测试说明与主要研究发现

教师工作满意度是指教师对其工作与所从事职业,以及工作条件与状况的一种总体的、带有情绪色彩的感受与看法。教师工作满意度的高低直接影响其教育情感的付出与教学效能的发挥,甚至是教师队伍的稳定。本专题基于国内外相关研究成果,将教师工作满意度测评框架确定为教师对领导与管理的满意度、教师对发展环境的满意度、教师对付出—回报合理性的满意度、教师对自我实现的满意度、教师对人际关系的满意度五个方面。

本节描述样本省中小学教师工作满意度现状,并考察教师工作满意度水平不同的学校学生学业成绩的差异,同时对教师工作满意度的影响因素展开研究。基于对该省中小学教师工作教育满意度状况的大规模调查(小学调查的是四年级教师、初中调查的是八年级教师),得到如下研究结论:

第一,该省中小学教师工作满意度较高的学校的比例有待提高。具体来看,该省小学教师工作满意度较高和中等的比例分别为 20％和 18％,满意度较低的比例高达 62％。初中教师满意度较高和中等的比例分别为 20％和 15％,满意度较低的比例高达 65％。

第二,对于该省中小学来说,较高的教师工作满意度有助于学生成绩的提升。具体来看,小学教师满意度中等学校的学生平均学业成绩分别比满意度较高和较低的学校高出 2 分和 7 分,初中教师满意度中等学校的学生平均学业成绩分别比满意度较高和较低的学校高出 5 分和 21 分。

进一步利用本次调查的数据对教师工作满意度影响因素进行分析,得到如下研究结论:

第一,刚入职不久的教师和中级及以下职称教师工作满意度较高的比例相对较大;男女教师工作满意度较高的比例在小学、初中没有明显差异,小学女教师工作满意度较高的比例略高于男教师,初中男教师工作满意度较高的比例则稍高于女教师。具体来看,小学、初中教师的教龄与工作满意度均基本上呈负相关关系,小学教龄不满 1 年的教师工作满意度较高的比例最高,中学教龄1~2年的教师工作满意度较高的比例最高。小学教师职称等级与其工作满意度较高的比例的关系不明显,初中教师职称等级与其工作满意度较高的比例大体呈现出负相关关系。小学女教师的工作满意度较高的比例要比男教师高出2%,初中女教师的工作满意度较高的比例则低于男教师2%。

第二,对于该省中小学教师来说,提高校长课程领导力、为教师提供更多的校本研修机会、适度减轻教师的教学工作量、加大校长教学参与程度,有利于提高教师工作满意度。具体来看,该省小学教师参与校本研修、校长课程领导力的提升、校长的教学参与程度高,均有利于提高教师工作满意度。小学教师教龄在 5 年及以上、每周课时多于 16 节对教师满意度有负向影响,但是在统计意义上不显著。教师月收入在 3000 元以上的比例,对小学教师工作满意度不存在显著性影响。初中教师参与校本研修、校长课程领导力的增强、校长的教学参与程度高,有利于提高教师工作满意度,这三个变量在统计上显著。教龄在 5 年及以上、每周课时多于 16 节对教师满意度有负向影响,但是在统计意义上不显著。教师月收入在 3000 元以上的比例,对初中教师工作满意度有正向影响,但不具有统计显著性。

本节由四部分构成:第一部分将该省中小学按照教师工作满意度高低分成不同组,对其分布情况进行描述;第二部分比较不同组别学生的学业成绩;第三部分对具有不同特征(性别、教龄、职称)教师的满意度进行比较分析;第四部分采用回归模型探索教师工作满意度的影响因素。

(二)教师工作满意度情况描述

按照该省中小学教师工作满意度的高低,将学校分为教师工作满意度较高、满意度中等、满意度较低三组。图4-53呈现了不同组别学校的分布情况。

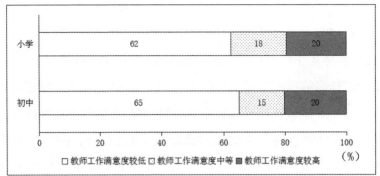

图4-53　教师工作满意度学校分类比例

从图4-53中可以看出,小学教师工作满意度较高和中等的比例分别为20％和18％,满意度较低的比例高达62％。初中教师满意度较高和中等的比例分别为20％和15％,满意度较低的比例高达65％。由此看来,该省中小学教师工作满意度较高的学校的比例有待提高。

(三)不同教师工作满意度学校学生成绩比较

图4-54和图4-55分别呈现了小学、初中不同教师工作满意度组别的学生平均学业成绩。

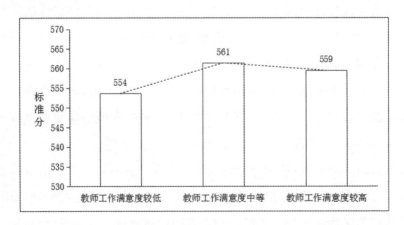

图4-54　不同教师工作满意度学校学生成绩比较(小学)

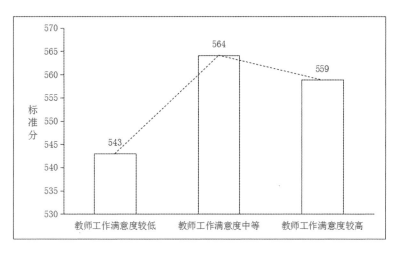

图 4-55 不同教师工作满意度学校学生成绩比较(初中)

从图 4-54 和图 4-55 可以看出,该省中小学生教师满意度中等学校的学生的平均学业成绩最高,该省中小学生教师满意度较低学校的学生的平均学业成绩最低。小学教师满意度中等学校的学生平均学业成绩分别比满意度较高和较低的学校高出 2 分和 7 分,初中教师满意度中等学校的学生平均学业成绩分别比满意度较高和较低的学校高出 5 分和 21 分。方差分析发现,满意度中等学校的学生平均学业成绩与满意度较低的学校差异显著,但与满意度较高的学校的成绩差异不显著。由此得出,对于该省中小学来说,教师工作满意度越高,学生平均成绩也越高。

(四)教师工作满意度影响因素分析

1.不同特征教师工作满意度比较

教师特征包括性别、教龄和职称三个方面,根据这三方面的情况将教师分为不同组,比较不同组别之间的工作满意度情况(即满意度较高教师的比例)。图 4-56 和图 4-57 分别给出了小学和初中不同组别的教师工作满意度分布情况。

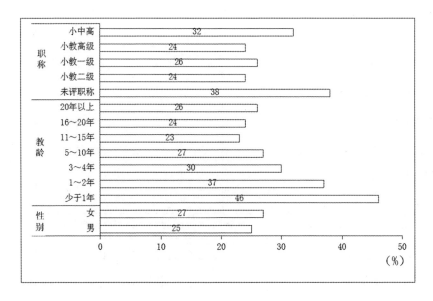

图 4-56　不同教师特征教师工作满意度较高的比例比较（小学）

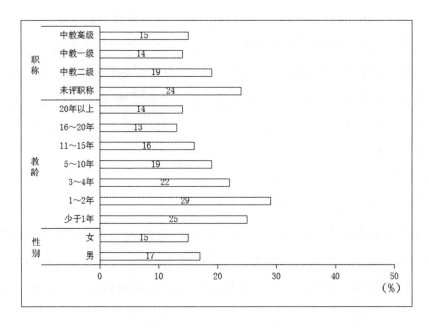

图 4-57　不同教师特征教师工作满意度较高的比例比较（初中）

从图 4-56、图 4-57 中可以看出，小学女教师的工作满意度较高的比例要比
男教师高出 2％，初中女教师的工作满意度较高的比例则低于男教师 2％。小
学、初中教师的教龄与工作满意度均基本上呈现负相关关系，小学教龄不满 1

年的教师工作满意度较高的比例最高,中学教龄 1～2 年的教师工作满意度较高的比例最高,分别为 46％、29％,小学教龄 11～15 年的教师工作满意度较高的比例最低,中学教龄 16～20 年的教师工作满意度较高的比例最低,分别为 23％、13％。小学教师职称等级与其工作满意度较高的比例的关系不明显,初中教师职称等级与其工作满意度较高的比例大体呈现出负相关关系。未评职称和小中高职称的小学教师工作满意度的比例相对较高,在 32％以上,具有小教高级和小教二级职称的小学教师工作满意度较高的比例则相对较低,均为 24％;未评职称和中教二级的初中教师工作满意度较高的比例相对较高,分别为 24％和 19％,具有中教一级、高级职称的初中教师工作满意度较高的比例相对较低,分别为 14％、15％。由此看出,在该省中小学教师群体中,刚入职不久的教师和中级及以下职称教师工作满意度较高的比例相对较大。男女教师工作满意度较高的比例在小学、初中没有明显差异,小学女教师工作满意度较高的比例略高于男教师,初中男教师工作满意度较高的比例则稍高于女教师。

2.教师工作满意度影响因素分析

为进一步分析教师工作满意度的影响因素,参考既有相关研究成果,本部分分别采用个体层面、学校层面的计量模型分析教师工作满意度的影响因素,其中个体层面因素包括职称、教龄、校本研修和教学工作量,学校层面因素包括教师收入、校长教学参与、校长课程领导力。表 4-19 呈现了各回归模型的结果。

表 4-19　教师工作满意度影响因素分析

		小学	初中
个体层面模型①	校本研修	0.239***	0.386***
	教龄在 5 年及以上	−0.160	−0.068
	教龄在 5 年以下	参照	
	职称较高	−0.024	0.024
	职称较低	参照	
	上课节数＞16 节/周	0.088	−0.209*
	上课节数≤16 节/周	参照	
学校层面模型②	教师月收入在 3000 元以上的比例	−0.005	0.043
	校长教学参与	5.749**	3.338*
	校长课程领导力	38.659***	25.793***

由表 4-19 可知,小学教师参与校本研修、校长课程领导力的增强、校长的教学参与程度高均有利于提高教师工作满意度,这三个变量在统计上显著。小学教师教龄在 5 年及以上、每周课时多于 16 节对教师满意度有负向影响,但是在统计意义上不显著。教师月收入在 3000 元以上的比例对小学教师工作满意度不存在显著性影响。初中教师参与校本研修、校长课程领导力的增强、校长的教学参与程度高有利于提高教师工作满意度,这三个变量在统计上显著。教龄在 5 年及以上、每周课时多于 16 节对教师满意度有负向影响,但是在统计意义上不显著。教师月收入在 3000 元以上的比例对初中教师工作满意度有正向影响,但不具有统计显著性。由此看来,对于该省中小学教师来说,提高校长课程领导力、为教师提供更多的校本研修机会、适度减轻教师的教学工作量、加大校长教学参与程度有利于提高教师工作满意度。

---

① 个体层面模型因变量是教师个体的工作满意度量表得分,采用非标准化回归模型,加入学校学生的平均社会经济地位(SES)作为控制变量。

② 学校层面模型因变量是学校教师满意度较高的比例,采用非标准化回归模型,加入学校学生的平均社会经济地位(SES)作为控制变量。

下篇

第五章 学习策略与教学策略对中小学生学业成绩的影响

学习策略与教学策略对学生的学业成绩具有重要影响,但国内学术界对两者影响效应的相对重要性的研究却付之阙如。本章[①]基于中国基础教育质量监测协同创新中心在东部某省份中小学的抽样调查数据,采用 HLM 模型和 Shapley 值分解模型方法估计并比较学习策略和教学策略对中小学生学业成绩的影响效应,并采用条件分位数回归考察学习策略和教学策略对不同能力水平的学生学业成绩影响的异质性。在实证分析的基础上提出在我国今后的基础教育改革中,应当重视学生学习策略的选择与运用,在课堂教学中教师应当注重运用因材施教、引导探究、参与式学习等教学策略,根据不同学段学生的能力发展特点合理安排教学内容和教学方式等建议。

第一节 引言

上海学生在 PISA 中连续位居世界前茅,引起了各国学者对于中国基础教育模式的极大关注[488],而 2015 年英国广播公司录制的一档纪实节目《我们的孩子足够坚强吗? 中式学校》更是在全国掀起了关于中式教学和西式教学的大讨论[489]。不少专家学者认为,西式课堂更加关注学生的学,而中式课堂更加关注教师的教,前者强调自主性,后者强调传授性。甚至不少欧美数学教师和数学教育专家认为,上海学生之所以连续两次在 PISA 数学测试中获得第一,与上海数学教师擅长使用"小步前进"和"变式练习"教学策略不无关联[488]。那

---

① 本章内容摘编自胡咏梅、唐一鹏:《学习策略与教学策略哪个更重要?》,《北京师范大学学报》(社会科学版)2018 年第 3 期。

么,对于中国学生来说,究竟是学生的自主学习重要,还是教师的课堂讲授重要?换言之,对于学生的学业成绩来说,究竟是学生自己的学习策略重要,还是教师的教学策略重要?对此,学术界似乎并没有一个确切答案。基于对此问题的初步思考,我们采用中国基础教育质量监测协同创新中心在东部某省开展"基础教育质量健康体检"的中小学数据构建计量模型进行实证研究,以期在回答上述问题的同时,为揭开中式教育成功之谜提供管见。

第二节　文献综述与研究假设

(一)学习策略与学生学业成绩

学习策略对于学业成绩的影响一直为国际学生学业成绩评价组织和国内外学者所关注[490-491]。在 PISA、TIMSS 等大型国际测试中,其官方报告中分析了学习策略对学业成绩的影响。例如,2009 年的 PISA 报告[492]中指出,理解和识记信息策略、总结策略、控制策略的使用都与阅读成绩呈现正相关。在 OECD 成员国中,理解和识记信息策略指数每增加一个单位,阅读成绩提高 35 分甚至更多;总结策略指数每增加一个单位,阅读成绩提高 42 分。Chiu 等人的研究使用 PISA 2000 的数据对 34 个 OECD 成员国的学生的阅读、数学、科学成绩分别进行多水平建模分析,结果发现,记忆策略对学生成绩有负向影响,阐释策略对学生成绩无显著影响,元认知策略对学生成绩有显著正向影响[493]。类似的,中国学者张文静和辛涛[145]利用 PISA 2009 的中国上海、韩国、芬兰和美国的数据进行建模分析,发现阅读策略的使用可显著提高阅读成绩,尤以控制策略、理解和识记元认知策略与总结元认知策略的作用最明显。尽管 PISA 等大型国际测试为研究者们开展跨国比较分析提供了丰富可靠的数据,但是由于这些测试所针对的特定人群(如 PISA 针对 15 岁学生),使得研究者缺乏足够的数据去对不同学段的学生群体开展比较研究。对于这一点,中国学者曾经使用小范围的数据进行研究。比如辛涛等人[142]较早的一项研究表明,初中和高中阶段表现出不同的学习策略水平。初中阶段,不同成绩组的学习策略水平存在显著差异,并且低成绩组在所有维度上的得分都低于高分组,而高中阶段不存在这种差异。郭翠兰[494]利用《中学生学习方式量表》对初中生和高中生的认知策略进行调查,发现与高中生相比,初中生对认知策略的运用水平尚不稳定。尽管如此,上述研究都仅仅是对不同学段的差异进行分析,并没有探究学习策略对不同学段学生学业成绩所造成的影响以及不同能力水平的学生成绩影响的异质性。① 因此,本研究尝试在此方面进行比较分析,为中小学教育在学习策略改进方面提供实证参考。

(二)教学策略与学生学业成绩

有效的教学是激发学生学习和提高学生学业成绩的良好手段[495]。良好而适当的教学策略是教师开展有效教学的重要保障。在 OECD 组织的大型国际测试"教师教学国际调查"(Teaching and Learning International Survey,TAL-IS)中,教学策略被作为衡量教学有效性的重要维度[496]。特别是上海教师远超 OECD 均值的 TALIS 答卷水平,也部分解释了为什么上海学生能够在 PISA 测试中一再取得佳绩。Caro 等人[23]利用 PISA 2012 的数据对数学教学策略和学生数学成绩之间的关系进行研究,结果发现认知激活策略对学生数学成绩有高度显著的正向影响。

在美国,有关教学策略和学生学业成绩的关系研究已经持续长达 20 余年。Schroeder 等人[497]对 1980—2004 年间发表的以美国为样本的 62 份研究进行了元分析,据以估算不同教学策略对学生科学学习成绩的平均影响效应。估计结果表明,提问策略的效应值为0.74、操控策略的效应值为 0.57、拓展学习材料策略的效应值为 0.29、评价策略的效应值为 0.51、探究策略的效应值为0.65、增强内容策略的效应值为 1.48、教学技术的效应值为 0.48、合作性学习策略的效应值为0.95。

国内也有一些学者在此方面开展了研究。郑太年等人[331]以对我国不同地区 5 个主要省会城市 60 所学校的 581 名教师的问卷调查和对 5066 名学生的数学能力和问题解决能力的测试结果为基础,分析了我国教师的教学方法及其

---

① 我们 2017 年 6 月 14 日以"学习策略与学生成绩"为篇名,在 CNKI 中仅查到 96 篇相关文献,而涉及中小学生的学习策略与成绩关系的仅有 27 篇,而且没有发现针对不同学段的学生学习策略对成绩影响的实证研究。

对学生数学成绩和问题解决能力的影响。通过多元回归分析发现,数学教师的讲授教学法对学生数学成绩有显著正相关,而全体教师的讲授教学法对学生问题解决能力有显著负相关。钟志勇、高苏采用 TIMSS 2007 年的测试题和问卷,对内蒙古地区 10 所汉语授课和蒙语授课的初中学校里的 1027 名初三学生进行了科学课程学业测评与教学方法的调查,其研究发现,探究式教学、传统讲授式教学及自学反馈式教学对学生科学课程成绩的影响存在一定差异性,传统讲授式教学方法对学生科学课程成绩具有正向的预测作用,探究式教学方法没有显著性作用,而自学反馈式教学对不同授课语言的学生具有不同的作用[498]。我们在 CNKI 中文献搜索发现,至今尚没有针对教学策略对不同学段的学生成绩影响差异的实证研究①,下面我们将利用我国东部某省的小学、初中抽样调查数据,开展此方面的实证分析,为中小学的教学策略改进提供有益参考。

(三)研究假设

通过以上对于相关文献的梳理,我们发现,虽然学习策略和教学策略与学生学业成绩的关系已经成为教育学研究中的经典主题,但是同时考察和比较学习策略和教学策略对学生学业成绩的影响程度的研究尚没有发现②。特别的,也没有发现针对不同群体学生(不同学段、不同能力学生)的学习策略与教学策略对学生成绩影响的实证研究。实际上,从发展心理学的认知发展和课程设计的相关理论来看,不同学段的学生具有不同的学习特点。小学生处于认知发展的早期阶段,对于各门科目的学习更加依赖于感性认识,需要教师积极运用更为灵活和丰富的教学策略;相比之下,初中阶段的学生在认知发展上已经处于相对成熟的阶段,能够积极运用抽象思维,对于教师教学方式多样性的需求明显减少。但是也有研究发现,学习策略的形成与运用是迫于对于外界的"响

---

① 我们 2017 年 6 月 14 日以"教学策略与学生成绩"为篇名,在 CNKI 中仅查到 19 篇文献,多数文献是研究大学或专科英语教学策略与学生成绩关系,而涉及中小学具体学科教学策略与学生成绩关系的仅有 5 篇,而且没有发现针对不同学段的教学策略对学生成绩影响的实证研究;当日以"教学方法与学生成绩"为篇名,在 CNKI 中仅查到 20 篇文献,多数文献都是以高等教育中的教学方法与成绩关系为研究主题,仅有 5 篇是涉及中小学学科教学方法与学生成绩关系,且只有 3 篇是与本研究主题相关的实证研究文章。

② 我们 2017 年 6 月 14 日以"学习策略、教学策略、学生成绩"为关键词,在 CNKI 中没有查到一篇文献,以这三个词为篇名,查到 802 篇文献,但仔细查阅,没有一篇是同时涉及这三个主题词的实证研究文献。

应",而不是自然规律的"顺应"。例如,张林和张向葵[499]认为,我国现行的教学方式影响学生使用学习策略的方式,学生的学习任务和考试压力不断增加,教师课堂的教学内容也相应增多,学生自己安排学习活动的自由度越来越小,导致学习策略的使用在一定程度上受到影响。由此,初中生学习和运用学习策略的机会很可能少于小学生,从而弱化学习策略对初中生学业成绩的影响效应。因此,我们提出本文的第一条待检验的研究假设。

假设1:在小学阶段,教学策略比学习策略对学生成绩的影响更大;在初中阶段,学习策略比教学策略对学生成绩的影响更大。

朱智贤和林崇德[500]认为,不同成绩的学生、不同学习观的学生以及不同年级的学生之所以出现学习策略应用水平不同,是因为个体的思维发展存在关键期和发展期以及呈现出来的个体差异性导致,也因此使得学生个体在不同的认知水平下选择不同的学习策略。例如,程黎和李浩敬[501]对低学业成绩学生的学习策略探究中发现,低学业成绩的学生更加善于使用社会性策略,而认知策略和元认知策略的使用水平较低。由此可以推知,不同能力的学生学习策略的运用水平有差异。

对于同一学段的学生来说,由于学生个体发展和生长环境的差异性,可能导致学生的能力存在一定差异。国内学者的研究表明,教学策略对不同能力学生的接受程度也是有差异的,进而对学生成绩产生不同程度的影响。例如,葛祎敏[502]对南通市某中学初三两个班的学生进行英语阅读策略分组实验发现,阅读策略的分组教学能提高各层次学生的阅读理解能力,最终提高阅读成绩,尽管提高的程度不尽相同。美国学者 Tomlinson 等人[503]的一项研究综述回顾了1970－2000年间有关能力分组和差异性教学的文献,结果发现在学生学习能力差异较大的班级中实施分组教学和差异性教学,对于学生的学习适应性、学习兴趣、学业成绩都有非常重要的促进作用。Goddard 等人[504]新近的一项研究对差异性教学进行了新的实证检验,基于美国密歇根州小学的数据构建多水平模型,发现实施差异性教学对小学生的数学和阅读成绩具有显著影响。那么,对于不同能力水平的学生来说,学习策略和教学策略对其学业成绩的影响是否同等重要？这一问题的答案无疑是否定的[①]，但到目前为止，这一答案还没有在实证研究中得到充分验证。因此，我们针对不同能力水平的学生，提出本文的第二条研究假设。

假设 2：对于能力水平较高的学生，其学习策略对成绩的影响程度较深，而对于能力水平较低的学生，教学策略对成绩的影响程度较深。

第三节　研究设计

（一）研究思路与方法

我们基于中国基础教育质量监测协同创新中心在东部某省份中小学的大规模抽样调查数据，采用 HLM 模型和 Shapley 值分解模型估计并比较学习策略和教学策略对中小学生学业成绩的影响效应，并采用条件分位数回归模型考察学习策略和教学策略对不同能力水平的学生学业成绩影响的异质性，从而为根据不同学段改进教与学提供有益参考。

本研究所使用的是东部某省的分层抽样数据，具有学生、学校、区县等多个层次，适用于 HLM 模型进行分析。此外，由于学习策略是学生个体层面的变量，而教学策略是学校层面的变量，数据的嵌套特性客观上也要求我们使用 HLM 模型以获得更为精确的估计。我们设定如下的两水平模型以估计教学策略和学习策略对学生成绩的影响效应：

$$\text{Level 1}: Score_{ij} = a_{i1} + b_{i1} \cdot STR_{ij} + b_{i2} \cdot WIL_{ij} + b_{i3} \cdot GEN_{ij}$$
$$+ b_{i4} \cdot SES_{ij} + b_{i5} \cdot SIN_{ij} + b_{i6} \cdot ONL_{ij} + \varepsilon_{ij}$$
$$\text{Level 2}: \quad a_{i1} = a_2 + c_1 \cdot TEA_i + c_2 \cdot VIL_i + c_3 \cdot PUB_i \qquad (5\text{-}1)$$
$$+ c_4 \cdot SEN_i + c_5 \cdot BAC_i + u_i$$

第一水平模型（Level 1）为学生个体水平，第二水平模型（Level 2）为学校水平。$Score_{ij}$ 表示第 i 个学校的第 j 名学生的成绩；STR 表示学生的学习策略

---

① 在中学和大学中通常可以见到，学习能力强的学生，一般注重自主学习，对于课堂学习并不是非常重视，尤其是"学霸""学神"之类的学生更是如此。

水平(1＝高,0＝低);WIL 表示学生的学习意志力水平(1＝高,0＝低);GEN 表示学生的性别(1＝女,0＝男);SES 表示学生的社会经济地位(连续变量); SIN 表示是否单亲家庭子女(1＝单亲,0＝非单亲);ONL 表示是否独生子女(1 ＝独生,0＝非独生)。TEA 表示第 j 所学校教师的教学策略水平(1＝高,0＝ 低);VIL 表示学校是否为农村学校(1＝农村,0＝城镇);PUB 表示学校是否为 公办学校(1＝公办,0＝民办);SEN 表示学校教师中具有高级职称的比例; BAC 表示学校教师中具有本科学位的比例。

为了进一步考察学习策略和教学策略对不同能力水平的学生学业成绩的 影响,我们采用条件分位数回归(Conditional Quantile Regression,CQR)方法 进行建模分析。这一方法由 Koenker 和 Bassett 于 1978 年提出,其优点在于能 够估计自变量对因变量在不同分位点上的条件分位数的边际影响。换言之,就 是揭示对于不同能力水平的人,可观测的个体特征(如性别等)是如何影响工资 收入和成绩这类结果变量的,进而考察这些特征变量对不同能力水平的人的影 响效应是否具有异质性[1]。我们利用学生个体层面的数据构建如下的计量 模型:

$$
\begin{aligned}
Score_i = a_q &+ b_{q1} \cdot STR_i + b_{q2} \cdot TEA_i + b_{q3} \cdot WIL_i + b_{q4} \cdot GEN_i \\
&+ b_{q5} \cdot SES_i + b_{q6} \cdot SIN_i + b_{q7} \cdot ONL_i + b_{q8} \cdot VIL_i \quad (5\text{-}2) \\
&+ b_{q9} \cdot PUB_i + b_{q10} \cdot SEN_i + b_{q11} \cdot BAC_i + \varepsilon_{qi}
\end{aligned}
$$

模型中所有变量的含义均与 HLM 模型中一致,下标 q 表示分位数,一般 取值在 0.1～0.9 之间,取值越高表明学生的能力分位越高(如 0.9 表示成绩排 前 10％的学生)。

(二)样本分布

本研究所使用的数据来自中国基础教育质量监测协同创新中心与东部某 省合作开展的大型教育测评项目"区域教育质量健康体检",2014 年 9 月对该

---

[1] CQR 模型建立在对误差项的假设上。在教育经济学文献中,学者们大多假设误差项中包含有不可 观测的能力变量,因此,利用 CQR 模型可以估计不同能力分位上,性别等特征变量对因变量的影响效应,从 而判断特征变量的效应对不同能力者的成绩影响是否存在异质性。相比之下,无条件分位数回归(Unconditional Quantile Regression,UQR)无法对误差项做出上述假定,因此本研究不采用 UQR 模型。

省中小学生的发展状况进行了大规模测评。在测试中,五年级学生参加语文、数学学科的测试,九年级学生参加语文、数学和科学学科的测试①,同时填写心理健康、品德行为、影响因素等相关调查问卷。

该省是我国东南沿海的经济大省和教育大省,全省义务教育阶段在校生规模达到 4000 万人,生均教育经费位居全国前列。结合该省的行政区划情况和学校布局特点,项目采用分层三阶段不等概率抽样方式,第一阶段,采用分层PPS(Probability Proportionate to Size Sampling)方法抽取县、区;第二阶段采用分层 PPS 方法抽取学校;第三阶段采用随机等距抽样方法抽取学生。该项目最终抽取了该省 1141 所小学的 34 021 名五年级的学生和 621 所中学的 36 832 名九年级学生。样本的具体分布情况参见表 5-1。

由表 5-1 可知,在小学样本中,53.38%的学生为男生,比女生高出6.76%;55.53%的小学生就读于农村小学,比就读于城镇的小学生高出 11.06%;就读于公办学校的学生占 88.89%,就读于民办学校的学生仅占11.11%。初中样本的情况也类似,男生比女生人数略多(高出 6.06%),公办学校学生比重占绝对优势(84.98%),但就读于城镇初中的学生人数要略高于就读于农村初中的学生人数(高出 2%),这与我国城镇化政策影响农村初中学校布局,农村初中学校数量逐渐下降,许多农村生源直接进入城镇中学就读有关。

表 5-1　样本分布

小学			初中		
分类	个案数	比例(%)	分类	个案数	比例(%)
男生	18 162	53.38	男生	19532	53.03
女生	15 859	46.62	女生	17300	46.97
农村	18 892	55.53	农村	18046	49.00
城镇	15 129	44.47	城镇	18786	51.00
公办	30 241	88.89	公办	31299	84.98
民办	3 780	11.11	民办	5533	15.02

---

① "区域教育质量健康体检"的所有测试工具均由中国基础教育质量监测协同创新中心组织全国的学科教育专家编写,符合大规模测试的测量学要求。

(三)测量工具的编制与信度和效度

1. 学习策略量表的编制与信效度

从美国心理学家布鲁纳于 1956 年首次提出"认知策略",到利用计算机有效地模仿问题解决策略,从而形成的"学习策略",一直受到心理学界和教育学界的极大关注。至今为止,学术界并没有对学习策略的定义达成共识,但总体而言,存在以下四种观点:第一,学习策略是指学习的程序与步骤,如Rigney[151]认为学习策略是学生用于获取、保存和提取知识及作业的各种操作的程序;第二,学习策略是学习的规则、能力或者技能,是一套内隐的学习规则系统[505];第三,学习策略是学习者有目的地影响自我信息加工的活动[496,506];第四,学习策略是学习者为达到有效学习目的而采用的规则、方法、技巧以及调控方法的综合[507]。尽管这四类观点不尽相同,但归纳起来,我们认为,可以从如下四个方面来理解学习策略:第一,学习策略是学习者为完成学习目标而积极主动使用的;第二,学习策略是达成有效学习所必需的;第三,学习策略是针对学习过程的;第四,学习策略主要由规则和技能两方面组成。而且,学习策略具有内隐性和可操作性。

伴随着 Flavell 的元认知概念的提出,以此为基础形成、发展的元认知理论赋予学习策略更多的内涵[508]。O'Malley 和 Chamot[165]指出,学习策略应该包括元认知策略、认知策略以及社会情感策略,而 Mckeachie[509]将学习策略分为认知策略、元认知策略和资源管理策略三类。我国学者陈琦、刘儒德[510]依据Mckeachie 的学习策略的分类,并进行拓展,将认知策略细分为复述策略、精细加工策略、组织策略;将元认知策略细分为计划策略、监控策略、调节策略;将资源管理策略细分为时间管理、学习环境管理、努力管理、学业求助策略。

本研究中的学习策略量表的编制参考了 Mckeachie[509]的理论框架,将学习策略分为认知策略、元认知策略和探究性学习策略三个子维度,同时借鉴了Weinstein[163]的学习策略量表(Learning and Study Strategies Inventory,LASSI)的部分题目,并根据我国中小学生的实际情况进行了适当改编。认知策略是加工信息的一些方法和技术,能使信息较为有效地在记忆中存取的策略。元认知策略是指学生对自己认知活动的计划(如设置目标、设计问题解决方案)、监控(如自我检查、及时评估)和调节(如调整学习进度、重新阅读)策略。探究性学习策略是指学生在教师指导下,以类似科学探究的方式所开展的学习活动。这与我国基础教育改革倡导转变学生的学习方式有关,自 2000 年起在中小学开展了研究性学习和探究性学习①,强调学习者在学习过程中的自主性,即在学习过程中的自主探索和发现学习,培养学生搜集和处理信息的能力、获取新知识的能力、分析和解决问题的能力以及交流与合作的能力。

学习策略量表的整体信效度检验结果参见表 5-2。由表 5-2 可知,学生学习策略量表具有较高的内部一致信度,$Cronbach's$ 值都超过 0.8。验证性因子分析(Confirmatory factor analysis,CFA)的结果表明,CFI 和 TLI 指标均高于 0.9,$RMSEA$ 小于 0.08,模型适配情况良好。

表 5-2　量表信效度检验

工具名称	内部一致性信度检验 ($Cronbach's$)	CFA		
		CFI	TLI	$RMSEA$
学生学习策略	小学 0.859	0.967	0.954	0.055
	初中 0.837	0.938	0.913	0.073
教师教学策略	小学 0.880	0.956	0.945	0.052
	初中 0.908	0.948	0.935	0.068

2.教学策略量表的编制与信效度

教学策略是教学领域中运用非常广泛的一个术语,但至今没有形成一个统一的定义。李康认为教学策略是为实现教学目标,完成教学任务所采用的方法、步骤、媒体和组织形式等教学措施构成的综合性方案[324]。王国英、沃建中[325]在小学语文教师教学策略的结构中将教学策略定义为:教师为达到教学目标而采取的符合学生认知的教学方法、步骤以及行为方式的综合。该研究将

---

① 　研究性学习是教育部 2000 年 1 月颁布的《全日制普通高级中学课程计划(试验修订稿)》中综合实践活动板块的一项内容。它是学生自主开展的科学研究活动,也是学生在教师指导下,主动地获取知识、应用知识、解决实际问题的学习活动。在我国小学和初中的新课改中,主要倡导学生主动参与、乐于探究、勤于动手,实施探究性学习。自美国教育家杜威和施瓦布二十世纪五六十年代提出在科学教育中开展探究性学习,使得学生参与科学探究的活动中,而不是被动地听讲或阅读科学材料,以提升学生科学探究能力,科学探究已经成为美国国家科学教育标准之一。我国中小学的新课改开始强调培养学生的探究能力也是以此为鉴。

小学语文教师的教学策略分解为计划与设计策略、管理策略、讲授策略、提问与讨论策略、学习策略指导、情感、评估策略 7 个维度。和学新[326]进行了较为系统的总结,将教学策略界定为在特定教学情境下,为完成特定教学任务而产生的,包括教学活动中方法的选择、材料的组织、对师生行为的规范等。由此可看出,关于教学策略虽然定义有所差异,但存在以下两个共同特征:一是教学策略具有目的性,主要依据教学目标;二是教学策略具有综合性,即形式的多样化。

本研究中教学策略的量表主要参考了王国英、沃建中[325]的研究,从"因材施教、参与式教学、引导探究"三个方面自行编制了相应问卷。其中,因材施教指的是教师鼓励学生使用适合自己的学习方法,发现学生学习上的优劣势,为不同的学生提出不同的学习建议,给学有余力的学生布置富有挑战性的学习任务,关注每个人的成长进步等。参与式教学指的是教师在课上组织学生进行小组活动和交流学习心得等。本研究中教学策略的量表是由学生填写,故将"参与式教学"命名为"互动合作"策略,引导探究指的是教师引导学生就某个问题进行讨论,将教学内容与日常生活相联系,引导学生思考和提出自己的观点,鼓励学生用不同的思路解决问题等。这三个方面的教学策略均与我国新课改倡导的课堂教学实施理念相吻合,是与课改前传统的以教师直接讲授知识,只顾及平均能力水平的学生安排教学内容和方式有本质上的不同。

教学策略量表的整体信效度检验结果参见表 5-2。由表 5-2 可知,教师教学策略量表具有较高的内部一致性信度,无论是小学还是初中样本,$Cronbach's$ 值都超过 0.8。CFA 检验的结果表明,$CFI=0.948$,$TLI=0.935$,均高于 0.9;$RMSEA=0.068$,小于 0.08,模型适配情况良好。

第四节　实证分析结果

(一)学习策略与教学策略的描述统计

根据学习策略和教学策略的测量结果,我们分小学和初中样本计算了这两个变量及其分维度的描述统计结果(见表 5-3)。

表 5-3　学习策略与教学策略变量的描述统计

变量	小学		初中	
	均值	标准差	均值	标准差
学习策略	3.54	0.84	3.06	0.75
认知策略	3.49	0.95	3.05	0.82
元认知策略	3.80	0.96	3.10	0.93
探究性学习策略	3.29	1.12	3.03	1.07
教学策略	3.93	0.01	3.70	0.01
因材施教	4.06	0.01	3.80	0.01
互动合作	3.72	0.01	3.38	0.01
引导探究	4.01	0.01	3.93	0.01

　　需要指出的是,学习策略是学生层面数据的计算结果,而教学策略是学校层面数据的计算结果。如表 5-3 所示,小学生学习策略的均值为 3.54,标准差为 0.84。从学习策略的三个维度来看,元认知策略的得分最高,为 3.80 分,可见小学生对于元认知策略的掌握最好;其次是认知策略,为 3.49 分;最后是探究性学习策略,仅为 3.29 分。这说明小学生普遍擅长认知和元认知策略,但对于探究性学习策略掌握相对较差。对于初中生来说,情况基本类似,也是元认知策略最高,为 3.10 分,其次是认知策略 3.05 分,最后是探究性学习策略 3.03分。从分维度来看,初中生在三个维度上的得分都不高,而且各维度之间的差距不大。

　　小学教师的教学策略均值为 3.93 分,其中因材施教和引导探究的得分都较高,分别为 4.06 分和 4.01 分,而互动合作得分最低,为 3.72 分。这说明,样本小学的教师普遍能够做到因材施教,但是对于如何引导学生进行互动和合作仍显不足。对于初中教师来说,也是因材施教和引导探究得分较高,互动合作得分最低。此外,初中教师的教学策略得分普遍低于小学教师,这说明初中教师可能不如小学教师那样注重对各类教学策略的运用。

(二)不同特征群体学生平均成绩的差异

　　本章的研究样本是东部某省随机抽样的中小学生,不同群体的学生成绩和不同类型的学校学生平均成绩之间可能会存在较大的差异性。为了分析此种差异，我们选取若干关键变量，采用两样本 t 检验方法对不同群体学生、不同类型学校的学生学习成绩[①]进行比较（参见表 5-4、表 5-5）。

我们依据人口统计学变量对学生分组，无论是小学还是初中阶段，女生的学习成绩要显著高于男生，但这种差距略有减小，从小学的12.59分下降到初中的9.89分。对学生按照是否生活在单亲家庭进行分组后发现，单亲家庭的小学生与非单亲家庭的小学生在学业成绩上有着十分明显的差距（38.51分），到初中，这一差距则明显缩小（11.99分）。对学生按照是否为独生子女进行分组后发现，独生子女的学生成绩要明显优于非独生子女，这一差距到初中则有所缩小。

对学生按照学习策略的高低来进行分组[②]，可以发现，两组学生之间的学习成绩差异不仅非常明显，而且有逐渐扩大的趋势，在小学阶段差28.15分，初中阶段差43分。这说明，学习策略对初中生成绩的影响可能更大。对学生按照学习意志力的高低进行分组后发现[③]，意志力高的学生的学习成绩要显著地高于意志力低的学生，但这种差距在初中变得更小。

表 5-4　不同特征群体学生平均成绩的差异

		小学语数均分	t 值	初中语数科均分	t 值
性别	女生(1)	565.70	-15.00^{***}	561.50	-11.75^{***}
	男生(0)	553.11		551.61	
单亲	是(1)	541.77	-47.11^{***}	545.29	-7.09^{***}
	否(0)	580.28		557.28	

---

① 参考 PISA、TIMSS 等大型国际测试的做法，"区域教育质量健康体检"项目的各科成绩均采用项目反应理论(Item Response Theory, IRT)来进行估算，并将其转化为均值 500、标准差 100 的标准分。

② 学习策略的具体分组方式如下：第一步，分别计算三个维度的均分；第二步，根据各维度的均分确定临界值并进行重新编码(0—4 编码为 0，4—5 编码为 1)；第三步，将重新编码后的三个维度合并计算总分，若总分为 0—2，则定义为"学习策略较低"，若总分为 3，则定义为"学习策略较高"。

③ 学习意志力的具体分组方式如下：第一步，分别计算三个维度的均分；第二步，根据各维度的均分确定临界值并进行重新编码(0—4 编码为 0，4—5 编码为 1)；第三步，将重新编码后的三个维度合并计算总分，若总分为 0—2，则定义为"学习意志力较低"，若总分为 3，则定义为"学习意志力较高"。

（续表）

		小学语数均分	t 值	初中语数科均分	t 值
独生	是（1）	562.83	27.71***	566.99	26.49***
	否（0）	524.27		544.86	
学习策略	高（1）	576.43	33.58***	593.52	38.83***
	低（0）	548.28		550.52	
学习意志力	高（1）	585.38	43.80***	579.59	33.93***
	低（0）	547.21		548.59	

（三）不同类别学校学生平均成绩的差异

由表5-5可知，农村学校和城镇学校的学生成绩差异十分明显，在小学阶段，城镇学校的学生平均成绩比农村学校高37.95分；在初中阶段，这一差距变化不大，为38.11分。无论在小学还是初中阶段，样本学校都是以公办学校为主，两类学校在教学质量上的差异也十分明显。在小学阶段，公办学校学生平均成绩明显高于民办学校学生平均成绩，前者的平均分比后者高出44.55分；但是在初中阶段，民办学校学生平均成绩却比公办学校稍好，前者的平均分比后者高8.7分。

对于教学策略水平不同的学校①，其学生的平均成绩也有显著的差异。在小学阶段，教学策略高的学校的学生平均成绩比教学策略低的学校的学生平均成绩要高出41.47分；在初中阶段，这一差距虽然有所下降（32.1分），但仍然是不同教学策略水平的学校学生平均成绩的差异极其显著。

表 5-5　不同类别学校学生平均成绩的差异

		小学语数均分	t 值	初中语数科均分	t 值
农村	是（1）	540.50	−17.18***	533.59	11.83***
	否（0）	578.45		571.70	

---

①　教学策略的具体分组方式如下：第一步，分别计算每个学校在三个维度的均分，以及全省在三个维度上的均分；第二步，将各校的各维度的均分分别与省均分相比，若高于省均分则该维度重新编码为1，若低于省均分则重新编码为0；第三步，将各校重新编码后的三个维度合并计算总分，若总分为0—2，则定义为"教学策略较低"，若总分为3，则定义为"教学策略较高"。

(续表)

		小学语数均分	t 值	初中语数科均分	t 值
公办	是(1)	562.24	12.06***	551.44	−1.88**
	否(0)	517.69		560.74	
教学策略	高(1)	578.66	−19.43***	569.72	−9.63***
	低(0)	537.19		537.62	

(四)计量模型结果

我们需要验证的研究假设主要有两个:一是在小学阶段,教学策略比学习策略更为重要,在初中阶段则是学习策略比教学策略重要;二是能力越强的学生,学习策略比教学策略更为重要。为了验证第一个研究假设,我们先采用HLM 模型对教学策略和学习策略的边际效应进行比较,然后采用 Shapley 值法对学习策略和教学策略的相对影响效应进行估计。为了验证第二个研究假设,我们采用分位数回归的方法,估算和比较学习策略、教学策略在不同成绩分位点上的影响效应。

1. 两水平模型的结果

模型的回归结果如表 5-6 所示。小学模型 A 和初中模型 A 中仅在第一水平和第二水平模型中分别放入了学习策略和教学策略两个虚拟变量,结果发现,对于小学模型 A 来说,学习策略和教学策略对于小学生的学业成绩具有显著正向影响,但前者的边际效应值要明显小于后者;对于初中模型 A 来说,学习策略和教学策略也都产生显著正向影响,而且学习策略的边际效应要略大于后者。因此,研究假设一得到初步验证。但由于这两个模型均没有控制任何可能影响学生成绩的变量,极有可能存在遗漏变量偏误,因而,需要做进一步的分析。

为了控制个体差异对估计结果产生的影响,在小学模型 B 和初中模型 B 中,我们添加了学习意志力、性别、SES、独生子女、单亲家庭等重要的控制变量。回归结果发现,对于小学模型 B 来说,学习策略和教学策略的系数都有所减小,但学习策略的变动程度更大。教学策略的边际效应是学习策略的 3 倍左右。再次验证了在小学阶段,教学策略比学习策略对学生成绩有更大影响。初中模型 B 也呈现类似的结果,而且教学策略的边际效应要略大于学习策略,我们猜测这是因为没有控制学校层面可能影响学生成绩的因素。因此,在小学模型 C 和初中模型 C 中,我们添加了农村学校、公办学校等学校类型变量,以及具有高级职称的教师比例、具有本科学历的教师比例等衡量教学质量的变量。结果发现,在小学和初中阶段,教学策略的回归系数都有大幅度减小,但是在小学阶段,教学策略的边际效应仍然高于学习策略,而在初中阶段,学习策略的边际效应则远高于教学策略。假设 1 得以验证,我们认为这与不同学段学生的认知水平差异有密切关联。在小学阶段,由于学生处于认知发展的初级阶段,其学习策略的形成与掌握相对较难,因此教师的教学策略对于学生学习成绩具有更大影响;而在初中阶段,由于学生的认知发展已经相对成熟,多数学生能够形成适合自己学科学习的策略方法,在此阶段教师教学策略和教学水平的作用相对降低,因此,学生自己的学习策略对其成绩的影响更大。

最后,内生性和异质性是研究学生成绩影响因素时需要考虑的关键问题。对于内生性问题,本文所使用的数据不包含先天能力、前期学习基础等信息,只能通过学生个体层面的变量(如 SES、单亲、独生等)来进行控制,尽量降低由于内生性问题造成的估计偏误。对于异质性问题(特别是学校层面因素带来的异质性),HLM 模型能够起到较好的控制作用[1]。与 OLS 回归的结果比较(见表5-6 中的小学模型 D 和初中模型 D),HLM 模型在学习策略变量上的估计系数更小,在教学策略变量上的估计系数更大,说明 HLM 模型更好地控制了校际差异带来的异质性。

---

① 对于具有层次结构的数据建模,如果忽略了上一层分析单位(例如学校层面),就会出现由于没有顾及从属于不同上层分析单位的不同个体之间的同质性要低于从属于同一上层分析单位的不同个体之间的同质性,违背了 OLS 估计关于同分布和无序列相关的两个前提假定,从而存在效率损失问题,即 OLS 的系数估计不再是有效估计。

表 5-6　两水平模型的回归结果

		小学模型 A	小学模型 B	小学模型 C	小学模型 D	初中模型 A	初中模型 B	初中模型 C	初中模型 D
固定效应	学习策略(好=1)	18.963*** (1.074)	11.392*** (0.768)	10.782*** (0.788)	10.982*** (0.818)	30.361*** (0.837)	24.048*** (0.977)	24.021*** (1.007)	25.557*** (1.018)
	意志力(强=1)		24.390*** (0.818)	23.800*** (0.849)	24.482*** (0.872)		18.061*** (0.822)	18.057*** (0.831)	19.096*** (0.879)
	性别(女=1)		9.614*** (0.728)	9.265*** (0.760)	9.669*** (0.790)		9.887*** (0.723)	9.642*** (0.730)	11.078*** (0.776)
	SES		2.100*** (0.531)	1.794*** (0.556)	5.092*** (0.550)		4.276*** (0.531)	3.938*** (0.537)	9.234*** (0.539)
	独生		11.344*** (0.775)	10.913*** (0.804)	13.905*** (0.814)		4.739*** (0.773)	4.683*** (0.779)	10.546*** (0.802)
	单亲		−4.510*** (1.811)	−3.626* (1.891)	−5.091** (1.945)		−9.096*** (1.446)	−9.199*** (1.461)	−12.090*** (1.546)
	教学策略(好=1)	37.369*** (2.045)	33.157*** (1.899)	12.526*** (1.560)	11.861*** (0.853)	29.354*** (3.142)	27.225*** (2.961)	14.627*** (2.275)	13.082*** (0.803)
	农村			−18.820*** (1.661)	−17.701*** (0.915)			−12.415*** (2.563)	−10.007*** (0.914)
	公办			2.961 (3.035)	2.315 (1.667)			−25.343*** (3.354)	−27.549*** (1.171)
	高级职称比			0.405*** (0.039)	0.376*** (0.021)			0.658*** (0.101)	0.555*** (0.036)
	本科学历比			0.582*** (0.041)	0.545*** (0.023)			1.165*** (0.092)	1.054*** (0.035)
	常数	532.419*** (1.444)	521.161*** (1.423)	480.229*** (3.700)	483.146*** (2.113)	535.055*** (2.169)	526.098*** (2.126)	444.534*** (7.848)	455.148*** (3.076)
随机效应	层一方差	1034.74***	865.99***	374.75***		1436.94***	1264.83***	628.97***	
	层二方差	4140.38***	3900.25***	3812.41***		4020.42***	3863.36***	3873.09***	
	N	32 018	31 036	27 727	27 727	31 966	31 186	30 598	30 598

2. Shapley 值分解的结果

HLM 分析结果提供了学习策略和教学策略的边际效应绝对值,但是无法给出这两个变量对学生成绩变异性的相对贡献率。Shapley 值法作为一种新近发展的计量手段,为我们估算学习策略和教学策略的相对贡献率提供了技术支持[511]。该方法的基本思路是计算组合博弈框架下各变量的边际贡献,然后进行分解。它首先在包含该自变量的组合模型中测算 R^2,然后剔除该变量以观察 R^2 的变化,R^2 减少的程度与该变量的边际贡献成正比,R^2 减少越多,则该变量对因变量变异的贡献率越大[512]。

考虑到教学策略是学校层面变量,而且 Shapley 值法主要是基于 R^2 的变化,并不适用于 HLM 模型,因此,本小节中我们把所有学生个体层面变量都聚合到学校层面,生成了学习策略高的学生比例、学习意志力高的学生比例、女生比例、SES 校均值、独生子女比例、单亲家庭比例等变量。

表 5-7 和表 5-8 中分别呈现了小学和初中的 Shapley 和 Owen 分解结果。对比这两张表的分解结果可知,在小学阶段,教学策略的标准化系数是学习策略的 3.7 倍,而在初中阶段,学习策略的标准化系数是教学策略的 1.3 倍。从 Shapley 值分解的结果来看,在小学阶段,教学策略对学校成绩变异的贡献率是学习策略的 1.3 倍,而在初中阶段,学习策略对学生成绩变异的贡献率是教学策略的 2.3 倍。Owen 分解的结果与 Shapley 分解的结果基本一致。这再次从学校层面验证了我们的研究假设一,即小学阶段教学策略更重要,而初中阶段学习策略更重要。

最后,值得注意的是,相比于其他变量,学习策略和教学策略对于学生成绩变异的相对贡献率并不算高。特别是从 Owen 分解的组群结果来看,无论是小学还是初中,学习策略、教学策略、学习意志力等教学和学习方面的因素只占总变异的 20% 左右,而学生的人口学构成(特别是 SES 和单亲比例)因素占总变异的 40%～50%,学校条件和师资因素也占总变异的 30%～40%。由此可见,相比于学生自身的努力,家庭条件和师资质量才是决定学生成绩的重要因素。

表 5-7 学校层面的 Shapley 和 Owen 分解结果(小学)

	标准化系数	Shapley 分解 R^2(%)	Owen 分解	
			个体 R^2(%)	组群 R^2(%)
学习策略高的比例	0.028	5.79	4.77	20.75
教学策略好	0.104***	7.68	7.52	
意志力高的比例	0.130***	8.77	8.45	
女生比例	0.006	0.29	0.32	42.97
SES 均分	0.262***	21.02	20.88	
独生比例	−0.037**	0.72	0.76	
单亲比例	0.245***	20.75	21.01	
农村	−0.088***	10.07	10.69	36.28
公办	0.042*	1.83	1.65	
高级职称比	0.135***	8.52	8.81	
本科学历比	0.204***	14.58	15.13	

表 5-8 学校层面的 Shapley 和 Owen 分解结果(初中)

	标准化系数	Shapley 分解 R^2(%)	Owen 分解	
			个体 R^2(%)	组群 R^2(%)
学习策略高的比例	0.115***	11.17	11.07	20.74
教学策略好	0.087***	4.80	4.10	
意志力高的比例	0.017	6.30	5.57	
女生比例	0.120***	3.10	2.95	48.41
SES 均分	0.351***	23.97	24.49	
独生比例	−0.078***	0.97	1.00	
单亲比例	0.292***	20.17	19.97	
农村	0.027	5.98	5.84	30.85
公办	−0.144***	2.86	3.23	
高级职称比	0.009	7.18	7.44	
本科学历比	0.251***	13.51	14.34	

3.分位数回归的结果

为了进一步考察学习策略和教学策略对不同能力水平的学生学业成绩的

影响,我们采用条件分位数回归方法进行建模分析(参见公式 5-2)。表 5-9 和表 5-10 中分别呈现了小学样本和初中样本的完整估计结果。

我们先分析最为关注的两个可操控变量,即学习策略和教学策略。小学样本的估计结果显示,学习策略的回归系数随着学生能力分位的提高而不断下降,从 0.1 分位上的 13.552 下降到 0.9 分位上的 8.722,这说明学习策略的边际效应随着学生能力分位的提高而不断减小。与之类似的是,教学策略的回归系数也随着学生能力分位的提高而不断下降,而且其下降的幅度要明显大于学习策略的下降幅度,从 0.1 分位上的 19.998 下降到 0.9 分位上的 6.573。这说明随着学生能力分位的提高,教学策略的边际效应也在逐渐减小。特别值得注意的是,在 0.7 分位及以下,教学策略的回归系数都要大于学习策略,这种差距在 0.1 分位处最为明显,而在 0.8 和 0.9 分位上,学习策略的回归系数则大于教学策略。这说明,对于能力相对较低的小学生来说,学生自主学习的能力较弱,教师的教学策略对学生成绩具有更大影响;而对于能力相对较高的小学生来说,学生自主学习的能力较强,学生自身掌握的学习策略比教师教学水平的高低更为重要。因此,假设 2 在小学样本中得到验证。

初中样本的估计结果与小学类似,学习策略和教学策略的系数都随着学生能力分位的不断提高而下降,前者从 0.1 分位上的 26.144 下降到 0.9 分位上的 14.359,后者从 0.1 分位上的 18.649 下降到 0.9 分位上的 8.329。这说明随着学生能力分位的提高,学习策略和教学策略对学生成绩的影响程度在降低,这与小学样本结果一致。与小学样本所不同的是,在所有分位点上,学习策略的回归系数都要大于教学策略,这说明对于初中生来说,学习策略始终比教学策略对学生成绩的影响更大。这也再次验证了假设 1,但是假设 2 在初中生能力较低的样本中并没有获得验证,对于能力较高的初中学生,的确是学习策略比教学策略对其成绩的影响程度更大。

表 5-9 分位数回归结果（小学）

	0.1	0.2	0.3	0.4	0.5	0.6	0.7	0.8	0.9
学习策略（好=1）	13.552*** (1.851)	11.995*** (1.368)	9.693*** (1.138)	10.820*** (1.056)	10.519*** (0.999)	9.629*** (0.974)	10.012*** (0.986)	9.742*** (0.971)	8.722*** (1.118)
教学策略（好=1）	19.998*** (1.872)	14.281*** (1.383)	12.813*** (1.151)	11.816*** (1.068)	11.565*** (1.010)	10.669*** (0.985)	10.141*** (0.997)	8.597*** (0.982)	6.573*** (1.131)
意志力得分（连续）	17.139*** (1.047)	14.369*** (0.774)	12.919*** (0.644)	12.022*** (0.597)	10.670*** (0.565)	10.115*** (0.551)	9.266*** (0.558)	8.813*** (0.549)	8.072*** (0.632)
学生层面控制变量	YES	YES	YES	YES	YES	YES	YES	YES	YES
学校层面控制变量	YES	YES	YES	YES	YES	YES	YES	YES	YES
N	28 078	28 078	28 078	28 078	28 078	28 078	28 078	28 078	28 078

表 5-10 分位数回归结果（初中）

	0.1	0.2	0.3	0.4	0.5	0.6	0.7	0.8	0.9
学习策略（好=1）	26.144*** (2.098)	24.688*** (1.686)	24.375*** (1.577)	23.449*** (1.454)	22.217*** (1.308)	19.662*** (1.274)	18.829*** (1.260)	17.061*** (1.343)	14.359*** (1.582)
教学策略（好=1）	18.649*** (1.555)	16.066*** (1.249)	13.888*** (1.169)	13.132*** (1.078)	12.006*** (0.970)	10.426*** (0.944)	8.176*** (0.934)	8.669*** (0.995)	8.329*** (1.173)
意志力得分（连续）	12.922*** (0.968)	16.010*** (0.778)	17.127*** (0.728)	16.641*** (0.671)	17.065*** (0.604)	16.999*** (0.588)	16.226*** (0.581)	15.560*** (0.620)	13.999*** (0.730)
学生层面控制变量	YES	YES	YES	YES	YES	YES	YES	YES	YES
学校层面控制变量	YES	YES	YES	YES	YES	YES	YES	YES	YES
N	30 794	30 794	30 794	30 794	30 794	30 794	30 794	30 794	30 794

第五节　结论与启示

本章基于在东部某省份进行大规模学业测评所采集的数据，综合运用 HLM、Shapley 值分解、CQR 等计量方法，考察了学习策略和教学策略对小学和初中阶段学生成绩的异质性影响，获得的主要研究结论如下：

第一，在小学阶段，学习策略和教学策略都对学生的学业成绩具有显著正向影响，但教学策略的影响程度相对更大。无论是 HLM 的结果，还是 CQR 的结果均表明，对于小学生来说，好的学习策略和教学策略对学生成绩具有显著正向影响，但教学策略的边际效应要大于学习策略，而且 Shapley 值分解的结果也表明，教学策略对学生成绩变异的贡献程度要比学习策略高出 2% 左右，因而，教学策略对小学阶段的学生学习来说更为关键。此外，研究发现，样本小学的教师在三类教学策略的掌控与应用方面，普遍能够做到因材施教，但是对于在课堂教学中如何引导学生进行互动和合作仍显不足。

第二，在初中阶段，学习策略和教学策略对学生的学业成绩具有显著正向影响，但学习策略的影响程度相对更大。HLM、CQR 的结果均表明，对于初中生来说，好的学习策略和教学策略对学生成绩具有显著正向影响，但学习策略的边际效应要大于教学策略，而且 Shapley 值分解的结果也表明，学习策略对学生成绩变异的贡献程度是教学策略的 2 倍左右，突显出学习策略对初中生学习的重要性。此外，研究发现，样本学校的初中生在三类学习策略的掌握与运用方面，较为擅长认知和元认知策略，但对于探究性学习的策略掌握相对较差。

第三，对于能力相对较低的小学生来说，教师的教学策略对学生成绩具有更大的影响；而对于能力相对较高的小学生来说，学生自身掌握的学习策略比教师教学策略水平重要；对于初中生来说，无论能力水平高、低，学习策略对其成绩的影响程度都是相对更大的。无论是小学生样本还是初中生样本，CQR 的结果都表明，在各分位点上，学习策略和教学策略都对学生成绩具有显著影响，对于较高分位点的中小学生来说，教学策略的系数均小于学习策略，对于较低分位点的小学生来说，正好相反，教学策略的系数大于学习策略。这说明，对于高能力水平的中小学生来说，自身学习策略的掌握更具有关键性；而对于中低水平的小学生来说，教师仍然扮演着更为重要的角色。尽管对于中低水平的初中生的学业成绩来说，学习策略的效应大于教学策略，但教学策略的效应并不低，反映教师教学水平对这部分初中生的学业成绩仍是重要的影响因素。

在信息时代到来的今天，教与学都在发生变革。传统的以教师为主导的班级授课制已经不适应现代教育发展的需要。引导学生自主学习、课堂教学从教师为主体向学生为主体转变，注重知识的发现与探索过程的教与学正逐渐成为现代学校教育的主流。根据以上实证研究结论，本文认为，在我国今后的基础教育改革中，应当重视学生学习策略的选择与运用，在课堂教学中教师应当注重运用因材施教、引导探究、参与式学习等教学策略，根据不同学段学生的能力发展特点，合理安排教学内容和教学方式。具体来说，有如下两点政策启示：

其一，根据不同学段学生的特点进行教学安排，小学生更需要具有良好教学策略的教师，而初中生更加需要找到适合自己的学科学习策略。对于不同学段的学生来说，其学习需求是具有差异性的，因此教学安排应当具有针对性。小学生处于认知发展的初级阶段，自己难以形成和运用复杂的学习策略，需要教师通过良好的教学策略来引导学生学习，而初中生已经具备了基本的学习能力，能够掌握更多的学习策略，因而需要给初中生更多的自主学习的空间，从而不断提升他们的学习能力。

其二，兼顾不同能力层次的学生，科学合理地开展按能力分组的教学方式，有效激发学生潜能。由于学生成长背景（家庭背景和以往的学校教育）的差异，同一学校同一班级的学生之间在能力上也是有差异的。能力强的学生其自主性更强，学习策略更加有效，不需要教师过多指导。相反，能力水平中等的学生自主性一般较差，仅靠自身无法有效地进行学习，需要教师给予更多指导。因此，对不同能力水平的学生，应该进行分层次教学或者分班教学①，才能够更好地激发不同能力水平的学生潜能，提高教学效率。

---

① 中国人民大学附属中学、北京大学附属中学、深圳中学、青岛第二中学等学校在多年前就开始实行"走班制"（亦有称"走课制"），学生可以跨班级、跨年级自主选课，有些科目（如数学、英语）实行分层次走班教学。而且，我国高校招生考试制度的改革也在倒逼高中学业水平测试的科目必须实行走班制教学。

　　我们虽然没有直接采用 PISA 项目数据来回答中式教育成功之谜,但利用中国东部一个省的九年级随机抽样调查数据发现,与教师的教学策略相比,初中学生的学习策略对学生成绩的影响效应大,而且,学习意志力的作用不容忽视。[①] 此外,由 Shapley 分解和 Owen 分解结果均发现,家庭社会经济地位对中小学生成绩变异的贡献是相对最高的,其次是学校条件和师资因素,反映出家庭背景和家庭教育资源以及学校条件和师资质量对学校学生平均成绩的重要作用。由此,我们推测,中国家庭对子女教育的高度重视与资源投入,良好的办学条件和师资质量,学生个体的学习意志力以及有效的学习策略,是中国学生学业成绩整体表现优良的四个要素。希望后续研究能够利用 PISA 项目数据,基于中国与其他国家学生成绩影响因素的比较分析,提供更加直接的证据。

　　[①]　尽管我们没有将学习时间变量纳入计量模型,但学习意志力变量在某种程度上可以替代学习时间变量,学习意志力强的学生通常学习投入时间也较长。

第六章　课外补习对初中生不同学科学业成绩的异质性影响

课外补习能否有效提升学业成绩一直是教育研究和实践关注的焦点。本章[①]基于中部地区某市初中学生为研究对象,使用 PSM 和分位数回归的方法,对课外补习的有效性以及在不同学科学业成绩之间的异质性进行实证研究。基于实证研究结论提出政府和学校为学业能力水平较低的初中生提供必要的课外补习机会,以及家长和学生应理性做出补习决策的建议。

第一节　引言

课外补习在世界各地发展迅速,尤其是深受儒家文化影响的中国、日本和韩国等东亚国家或地区,课外补习现象一直以来都十分普遍[513−515]。在 PISA 2012 测试中,中国(上海地区)和日本学生中参与数学补习的比例均达到或超过了 70%(分别为 71%、70%),而语言补习、科学补习、其他补习的比例也均在 50%~60% 之间,韩国和中国(香港地区)学生参与各类补习的比例相对低一些,不过数学补习比例均比其他课程补习要高(分别为 66%、47%);四个国家/地区学生每周参与数学补习的时间均多于其他科目的补习时间,且韩国、中国(上海地区)学生每周平均数学补习时间(分别是 2.56 小时、2.01 小时)要多于日本学生(1.74 小时)和中国(香港地区)学生(1.07 小时)[114]。2018 年 7 月教育部基础教育质量监测中心发布了首份《中国义务教育质量监测报告》,监测结果显示:学生家庭作业时间过长,参加校外学业类辅导班比例较高,学习压力较

---

① 本章内容摘编自胡咏梅、元静、王亚男:《课外补习对初中生不同学科学业成绩的异质性影响》,《首都师范大学学报》(社会科学版)2021 年第 1 期。

大。四年级学生参加数学和语文校外辅导班的比例分别为 43.8％、37.4％,八年级学生参加数学和语文校外辅导班的比例分别为 23.4％、17.1％。中国儿童中心和社会科学文献出版社在京联合发布的蓝皮书《中国儿童发展报告(2019)——儿童校外生活状况》指出,儿童校外生活"影子教育"痕迹、家长"剧场效应"明显。66.5％的儿童报了"学科辅导"类课外班。应试教育对儿童参与课外班的目的有较大影响,44.39％的儿童或家长提到参与课外班是为了"提高成绩",32.83％为了"掌握知识"、21％为了"掌握学习方法"、17.81％为了"培养学习习惯"等[516]。

人们如此热情参与课外补习的一个重要前提是"课外补习能够提高学生的成绩",以至家长愿意支付高昂的补习费用支持孩子补习。而关于这一前提的相关实证研究结果存在不一致性[112,115,517-519]。此外,在 2018 年中国基础教育质量监测协同创新中心与中部地区某市教育局合作实施的"区域教育质量健康体检与改进提升项目"测查结果显示,八年级学生所选择的补习科目覆盖了其所有的中考科目,学业类课外补习门数为 3 门的人数占到 20％以上,补习门数为 4 门及以上的人数超过 25％。且选择数学、英语的人数占到 25％以上,选择物理、语文的人数占到 15％以上,选择生物、地理的人数占 12％左右。由于学科的特点存在差异①,那么课外补习对不同学科成绩的影响是否也存在差异性?目前关于课外补习对学科影响的异质性研究较少,针对性地探讨此问题具有较强的现实意义,可以帮助家长和学生更加理性地选择补习科目,同时减轻学生的学业负担。

---

① 语文是语言与文化的综合学科,其教学内容是言语文化,是培养学生听、说、读、写汉语能力,传授并使学生掌握一定的语言知识的学科,具有基础性、工具性、人文性、思想性、实践性与应用性等特点。数学是研究数量、结构、变化及其空间形式的学科,培养学生抽象化和逻辑推理能力,具有系统性、严谨性等特点。基础科学是以自然现象和物质运动形式为研究对象,探索自然界发展规律的科学,在基础教育课程设置中包括物理、化学、生物。科学课程的主要内容是具体的科学知识与具体的探索自然规律的方法。科学研究以问题为导向,以客观世界为研究对象,依据理性思维寻求现象发生或变化的规律。通常需要设计实验并控制各种变因来保证实验的准确性及理论解释现象的能力。

第二节　文献综述

(一)课外补习对学生学业成绩的影响

国内外研究课外补习对学生学业成绩影响的文献较多,但是这些实证研究的结果往往不一致,这可能与考察的国别、考察的对象,以及对补习效果的考察方式等因素有关。Mischo 等人[517]针对韩国的研究发现,课外补习能够提高韩国学生的数学成绩。Dang[520]采用每小时家教费用数据作为课外补习的工具变量,结果显示课外补习支出对越南学生的学业成绩排名有积极作用。Smyth[519]对爱尔兰学生补习现象研究则发现,接受过教育补习的学生与没有接受过的学生的期末考试成绩不存在显著性差异。同样,Ryu 等人[521]的研究发现,韩国初中生课外补习支出的增加对提高学生学习成绩并不明显。此外,Lee 等人[518]用不同数据库的研究发现,课外补习在某种程度上对学生学业成绩产生负面的影响。

国内的实证研究结果同样不一致,比如曾晓东等人[112]利用北京市中小学生数学素养测试的数据,发现八年级学生的数学素养得分与是否补习呈现显著相关。薛海平等人[522]利用 2013 年全国六省市义务教育阶段学生课后活动基线调查数据研究课外补习对留守儿童学业成绩的影响效应,结果发现,留守儿童比非留守儿童更积极地参加课外补习,所读学校质量较高、学业成绩较好的留守儿童,参加课外补习有助于缩小其与非留守儿童的学业成绩差距。所读学校质量较差、学业成绩较差的留守儿童,参加课外补习对缩小其与非留守儿童学业成绩差距帮助不大。胡咏梅等人[114]利用 PISA 2012 数据发现,数学补习给上海低社会经济地位的学生会带来更大的成绩收益,而且会缩小高社会经济地位学生与低社会经济地位学生的成绩差距。孙伦轩等人[523]发现课外补习并不是提升学业成绩的"快车道",甚至显著地降低了初中生的标准化总成绩,他还发现课外补习存在明显的"安慰剂效应",即课外补习对弱势群体学生来说更多发挥的是一种情感价值,而非提升成绩的工具价值。

在课外补习效果的考察方式上,利用学生及其家长自我报告补习效果的方式探究补习效果,这类研究通常认为补习具有积极效果[117]。比如我国学者澎湃的研究显示"绝大多数学生反映参加补习后学习'进步很大 ' 或'进步了一点 '";吴岩对广州市公办普通中学与民办重点中学进行的实证研究显示,重点中学 61.5％的学生认为教育补习的效果明显,普通中学 46％的学生认为教育补习效果明显[524]。由于自我报告效果较易受主观因素影响,这类研究结果经常受到质疑。目前关于课外补习的效果研究多数是以学生的学业成绩来衡量,如前文所述的国内外学者的相关研究[112,114,517],而且以学业成绩来衡量课外补习的效果的研究结论差异性较大,有些研究发现补习对学生学业成绩具有正向影响[112,517],有些研究发现补习对学业成绩具有负向影响[115,518],而有的研究则发现参加补习的学生与未参加补习的学生在学业成绩上不存在显著性差异[519,521]。

(二)不同学科课外补习效果的差异研究

已有国内外研究发现,课外补习对不同学科学业成绩的影响是存在异质性的。例如,张羽等人[117]利用追踪数据研究小学课外补习对学生升入初中后学业发展的影响,该研究发现学生在小学阶段参与语文、数学和英语补习对其初中阶段在相应学科上学业成绩的影响各不相同。小学一年级参加语文或者数学课外补习对初中相应学科的初始成绩有负面影响,小学高年级参与补习能在一定程度上提高学生在初中阶段的起始成绩,但对初中三年的学业成绩增长速度有负面影响。薛海平[113]采用 PSM 方法发现,初中生参加学术类课外补习有助于提高语文、数学、英语各单科成绩,但对各单科成绩提升幅度有较大差异;未参加学术类课外补习的初中生语、数、外各科潜在补习收益均高于参加课外补习组的补习收益。胡咏梅等人[114]基于国际学生能力评价项目 PISA 2012 上海的数据研究发现:课外数学补习对学生数学成绩具有正向效应,参与科学类课外补习能够起到促进数学成绩提升的作用,而参与语文补习对其数学成绩的影响是显著负向的。孙伦轩等人[523]基于中国教育追踪调查两期的数据,使用双重差分倾向值匹配法实证探索了课外补习对初中生学业成绩的影响。研究发现:在总样本上,无论是标准化总成绩,还是语文、数学、外语三门单科标准化成绩,乃至父母对孩子在班级排名上的评估成绩,课外补习都未能带来显著的正向影响,甚至显著地降低了标准化总成绩。这与上述学者发现课外补习对学生成绩影响具有异质性的结果正好相反。

综上,课外补习是否能够提升学生学业成绩?课外补习对不同学科产生的作用是否存在异质性?这是我们要探讨的两个主要问题。这两个问题的答案可以帮助家长和学生更理性地做出各个学科的补习决策。

第三节　研究方法

(一)数据来源与变量说明

本章使用数据来自 2018 年中国基础教育质量监测协同创新中心与中部地区某市教育局合作实施的"区域教育质量健康体检与改进提升项目"。项目测试对象为该市抽样调查的部分区县八年级学生,测查内容主要包括学科测试和问卷调查。学科测试以国家颁布的各学科课程标准为依据,八年级涉及语文、数学、英语、科学和人文五门学科,测试内容包括学生在基础知识、基本技能方面所达到的水平。剔除关于课外补习回答有缺失的样本以及学生与家长无法匹配的样本后,最终纳入分析的样本为 20 027 名八年级学生,样本分布如表6-1所示。由表 6-1 可知,样本中男生比例略高于女生(高出2.6%),这与该市 2018 年统计局公布的男女比例基本相同(该市男性人口 51.18%,女性人口 48.82%)。农村户籍学生占比高出非农村户籍学生占比 53.8%,这与本次抽样调查的区县多数在农村地区有关。独生子女占比比非独生子女占比低 28.2%。这与农村户籍学生占比过高有关,农村户籍家庭的平均子女数一般高于城市家庭,因而在校初中生中非独生子女占比较高。

表 6-1　样本分布

		频数	有效百分比(%)
性别	男	10 190	51.3
	女	9687	48.7

（续表）

		频数	有效百分比（%）
户口性质	非农村	4636	23.1
	农村	15 391	76.9
独生子女	否	12730	64.1
	是	7126	35.9

书中所涉及的变量定义如表 6-2 所示：

表 6-2　变量定义

变量名	变量说明与计分方式
性别	0＝男，1＝女
户口性质	0＝城镇，1＝农村
家庭 SES	由父母受教育水平①、父母职业地位②、家庭经济资源③合成④
是否独生子女	0＝非独生子女，1＝独生子女
父母教育期望	1＝初中，2＝中专或职业高中，3＝普通高中，4＝大专，5＝大学本科，6＝研究生。在计量模型中，以初中和中专或职业高中为参照组，构建"普通高中和大专""大学本科""研究生"三个虚拟变量
课外补习	是否参加语文/作文、数学（不包括奥数）、奥数、英语、科学补习⑤，补习方式包括一对一、一对多、小班教学和大班教学，0＝否，1＝是
学习成绩	统一测试的语文、数学、英语、科学成绩

（二）计量模型

1. OLS 估计

本研究首先使用多元线性回归模型，估计参加各学科补习对中学生各学科

---

①　父母受教育水平：1＝初中，2＝高中（包括中专或职业高中），3＝大专，4＝大学本科，5＝研究生。取父母最高受教育水平，合成变量前进行标准化。

②　父母职业地位借鉴 PISA 项目，提供 9 种不同的职业进行选择。取父母最高职业地位，合成变量前进行标准化。

③　家庭经济资源包括单独卧室、家用汽车、浴缸或淋浴房间、个人电脑、学习空间、书籍数量，构建家庭经济资源指标并标准化。

④　将标准化后的父母受教育水平、父母职业地位和家庭经济资源取均值得到家庭 SES。

⑤　本研究中将物理、化学、生物补习均计入科学补习，只要参加了其中任一科补习，便归为参加科学补习，计为 1。

成绩的影响效应。参考曾晓东等人[112]、胡咏梅等人[114]、薛海平等人[522]的计量模型中自变量的设定,本研究的计量模型如(6-1)所示。

$$y = \alpha T + \beta X + \varepsilon \tag{6-1}$$

其中,y 表示学生的各科学业成绩,X 为一系列控制变量,主要包括性别、家庭 SES、是否独生子女和父母教育期望,T 为核心解释变量,即学生是否参加了各学科的课外补习,ε 为随机误差项。

2. PSM 方法

如果学生是否参加课外补习是随机分配的,则采用多元线性回归方法就可以精确估计参加补习的净效应。很显然,学生参加课外补习并不是随机的,家庭经济收入、父母对子女的教育期望等许多因素影响了学生参与课外补习的机会。并且 OLS 回归模型中很可能存在遗漏变量,导致参加课外补习对学生学业成绩的效应估计有偏误。故接下来使用 PSM 模型对补习效应进行估计。PSM 方法最早由 Rosenbaum 和 Rubin 等人[525]提出,其基本思想是模拟随机分组的方式,在样本中找到两组子样本,使得这两组子样本在所有特征变量上均没有显著性差异。该方法在经济学和社会学研究中都得到广泛运用。PSM 方法的步骤如下:

第一步,建立二项 Logit 模型估计样本中每个人被分配到参加课外补习组的概率,也就是倾向值,具体模型如(6-2)所示:

$$\lg\left(\frac{p_i}{1-p_i}\right) = \beta_0 + \sum_{k=1}^{k} \beta_k X_{ki} \tag{6-2}$$

第二步,基于以上 Logit 模型估计的倾向值,从参加课外补习和未参加课外补习两组样本中找到倾向值相近的个案,组成匹配样本。为保证匹配质量,通常仅保留倾向值重叠部分的个体,并采用多种方法进行匹配。本研究采用最近邻 1∶1 匹配、局部线性回归匹配和核匹配三种匹配方法,来估计干预组的平均处理效应(ATT)。

第三步,在匹配完成后,还需要检验两组样本之间协变量差异的统计显著性(平衡性检验),以确保两组样本的协变量差异已被消除,否则两类个体在结果变量上的差异也可能来自那些有显著差异的协变量。通常要求匹配后两组样本的协变量联合显著性检验被拒绝(LR 统计量不显著)[526]。

3.分位数回归

在本研究中,学生的成绩分布并非呈现正态分布的特征,而是偏态分布,在这种情况下使用 OLS 估计方法很难得到有效的估计结果,其估计结果也无法反映数据的全貌。此外,在混合横截面数据下,OLS 估计量大多受制于异方差的困扰。并且,OLS 估计方法只能在均值水平上反映解释变量对被解释变量的影响。为此,我们采用了 Koenker 和 Bassett[527] 提出的分位数回归估计方法。分位数回归能够在不受异方差和被解释变量分布偏态困扰的同时,将解释变量对被解释变量的影响效应在后者的整个分布上显示出来。为了进一步考察不同科目的课外补习对不同能力水平的学生学业成绩的影响差异,我们采用条件分位数回归方法进行建模分析。

利用学生个体层面的数据构建如下的计量模型:

$$Y_i = a_q + b_q \cdot X_i + \varepsilon_{qi} \tag{6-3}$$

模型中所有变量的含义与模型(6-1)相同,下标 q 表示分位数,一般取值在 $0.1 \sim 0.9$ 之间,取值越高表明学生的能力分位越高(如 0.9 表示学业能力排前 10% 的学生)。

第四节 实证分析结果

(一)OLS 回归结果

OLS 回归估计结果如表 6-3 所示,模型中加入性别、户口性质、家庭 SES、是否独生子女和父母教育期望作为控制变量。结果表明,性别对初中生学业成绩的影响在学科之间是存在差异的,男生的数学和科学成绩显著高于女生,语文和英语成绩显著低于女生;农村初中学生各学科成绩显著低于城镇学生;家庭 SES 对初中生各学科成绩有显著的正向影响;独生子女学生各学科成绩显著高于非独生子女学生;父母教育期望对初中生各学科成绩有显著的正向影响。参加各学科课外补习对初中生各学科的成绩均有显著的正向影响,这种影响效应在各学科之间有所差异,普通数学补习对数学成绩的影响效应最小,参加数学补习的初中生数学成绩高出未参加数学补习学生 2.699 分,而奥数补习对数学成绩的影响效应最大,参加奥数补习的初中生数学成绩高出未参加奥数补习学生 40.282 分;参加语文/作文补习的初中生语文成绩高出未参加语文/作文补习学生 4.869 分;参加英语补习的初中生英语成绩高出未参加英语补习学生 21.379 分;参加科学补习的初中生科学成绩高出未参加科学补习学生 22.984 分。但由于该模型可能存在遗漏变量问题,导致所估计的补习效应未必是"净效应",有可能高估或低估补习的成绩效应。

表 6-3　不同学科课外补习对学业成绩影响的 OLS 估计

学科	语文	普通数学	奥数	英语	科学
性别	33.731*** (1.189)	−5.940*** (0.954)	−5.327*** (0.897)	50.051*** (1.454)	−9.431*** (1.524)
户口性质	−8.949*** (1.446)	−15.052*** (1.114)	−14.474*** (1.093)	−19.614*** (1.791)	−13.788*** (1.843)
家庭 SES	7.680*** (0.933)	13.884*** (0.719)	13.175*** (0.705)	18.760*** (1.137)	14.742*** (1.200)
是否独生子女	3.328** (1.281)	2.536* (0.982)	2.134* (0.967)	7.087*** (1.560)	5.141** (1.633)
父母教育期望— 普通高中/大专	7.293* (3.458)	9.976*** (2.522)	11.656*** (2.506)	7.975* (3.317)	16.909*** (4.432)
父母教育期望—本科	38.410*** (3.090)	46.947*** (2.295)	48.047*** (2.265)	63.107*** (3.044)	76.113*** (3.974)
父母教育期望—研究生	69.714*** (3.175)	80.817*** (2.373)	79.640*** (2.344)	118.106*** (3.231)	126.554*** (4.093)
是否参加语文 /作文补习	4.869** (1.563)				
是否参加普通数学 (不包括奥数)补习		2.699** (0.954)			
是否参加奥数补习			40.282*** (1.770)		
是否参加英语补习				21.379*** (1.630)	
是否参加科学补习					22.984*** (1.631)
R^2	0.162	0.258	0.281	0.298	0.217
N	14 620	15 651	15 651	15 559	15 662

注:表格中各变量括号外数据为回归系数,括号内数据为系数的标准误。下同。

（二）PSM 结果

PSM 方法的协变量平衡性检验结果和估计系数（ATT）如表 6-4 所示。使用三种方法对样本进行匹配，匹配后的参加补习组和未参加补习组在不同协变量之间差异不大[①]，协变量标准化偏差均低于 10，联合显著性检验（LR 统计量）的 P 值除奥数补习模型中核匹配方法外均在 5% 以上。总的来说，就平衡两组样本的协变量的分布而言，倾向值估计和样本匹配是可行的。各种匹配方法的估计结果都较为相近，说明模型估计结果具有一定的稳健性。与前文中 OLS 回归估计的结果进行比较，可以看出 OLS 回归在语文、英语、科学、数学四个学科的估计结果与 PSM 方法得到的结果存在差异，OLS 估计结果不可靠。OLS 模型估计的普通数学（不包括奥数）补习对数学成绩的影响效应大于 PSM 的估计值，这可能跟遗漏了与参加数学补习呈正相关的变量而高估了数学补习的补习收益有关。从表 6-4 中 ATT 效应值来看，语文补习对初中生的语文成绩有显著的正向效应，参加语文补习的初中生的平均语文成绩高出没有参加语文补习学生约 4～6 分；普通数学补习对初中生数学成绩的影响不显著；奥数补习对初中生的数学成绩有显著的正向效应，参加奥数补习的初中生的平均数学成绩高出没有参加奥数补习学生约 40～45 分；英语补习对初中生的英语成绩有显著的正向效应，参加英语补习的初中生的平均英语成绩高出没有参加英语补习学生约 20～21 分；科学补习对初中生的科学成绩有显著的正向效应，参加科学补习的初中生的平均科学成绩高出没有参加科学补习学生约 20～23 分。由此来看，初中生从课外补习中获益的情况在学科上是存在异质性的，奥数补习的收益最高，英语和科学补习的收益较高，语文补习的收益较低，普通数学补习没有产生显著的收益。

---

① 语文和数学学科中，匹配后的样本在其他变量之间均不存在显著差异；英语和科学学科中，匹配后的样本在不同变量之间均没有显著性差异。限于篇幅，不再一一呈现匹配质量的检验结果。

表 6-4　课外补习对学业成绩影响的 PSM 估计结果

匹配模型	语文			普通数学			奥数		
	协变量平衡性检验		ATT	协变量平衡性检验		ATT	协变量平衡性检验		ATT
	LR chi^2（P 值）	Mean Bias	系数（标准误）	LR chi^2（P 值）	Mean Bias	系数（标准误）	LR chi^2（P 值）	Mean Bias	系数（标准误）
最近邻匹配（一对一）	0.48（1.00）	1.3	4.991**（1.882）	2.05（0.957）	0.8	−0.033（1.254）	1.19（0.991）	0.9	40.571***（2.238）
局部线性回归匹配[a]	0.48（1.00）	1.3	5.540**（1.882）	2.05（0.957）	0.8	1.688（1.254）	1.19（0.991）	0.9	41.613***（2.238）
核匹配[b]	5.68（0.578）	3.0	5.300**（1.687）	8.49（0.291）	2.1	2.383*（1.088）	19.41**（0.007）	9.2	45.050***（2.032）
匹配模型	英语			科学					
	协变量平衡性检验		ATT	协变量平衡性检验		ATT			
	LR chi^2（P 值）	Mean Bias	系数（标准误）	LR chi^2（P 值）	Mean Bias	系数（标准误）			
最近邻匹配（一对一）	1.68（0.975）	0.7	20.377***（2.151）	1.11（0.993）	0.5	19.751***（2.107）			
局部线性回归匹配	1.68（0.975）	0.7	21.556***（2.151）	3.60（0.891）	1.0	22.663***（2.107）			
核匹配	3.07（0.878）	1.7	21.861***（1.887）	2.80（0.903）	1.5	23.381***（1.821）			

注：模型中均控制了性别、户口性质、家庭 SES、是否独生子女和父母教育期望。下同。

　　a. 使用默认核函数和带宽，默认使用三次核，默认带宽为 0.8。

　　b. 使用默认核函数和带宽，默认使用二次核，默认带宽为 0.06。

（三）分位数回归结果

　　表 6-5 报告了初中生语文、数学、英语、科学成绩在 10、20、30、40、50、60、70、80、90 分位点上的分位数回归估计结果，图 6-1 更为直观地呈现了在各分位点上的回归估计系数及其置信区间。对语文学科而言，参加语文补习的影响效应随着初中生语文能力分位的提高呈先上升后小幅波动的态势。值得关注的是，课外补习对语文学业水平较低（40 分位以下）的初中生的语文成绩的影响效应不显著；课外补习对语文学业水平中等及以上（40 分位及以上）的初中生

的语文成绩有较为一致的正向影响效应,其中学业水平在 50 分位点的初中生参加语文补习的成绩收益最大。对数学学科而言,参加普通数学补习的影响效应随着初中生数学能力的提升呈下降的趋势,普通数学补习对数学学业水平较差的初中生的数学成绩有显著的正向影响,其中成绩在 10 分位点的初中生参加数学补习的收益最大;参加普通数学补习对数学学业水平中等及以上(60 分位及以上)的初中生的数学成绩的影响不显著;参加奥数补习对不同数学能力的初中生均产生较大的正向影响,其中成绩在 70 分位点及以下的初中生收益在 40 分以上,成绩在 80 和 90 分位的中学生收益在 36 分左右,且对于 50 分位及以上的初中生的数学成绩效应随着能力水平提高略呈小幅下降态势。对英语学科而言,参加英语补习的影响效应与初中生英语水平呈倒"U"形关系,对不同英语学业水平的初中生而言,参加英语补习对英语成绩均产生显著的正向影响,其中学业水平在 50 分位点的初中生参加英语补习的成绩收益最大。对科学学科而言,尽管参加科学补习的影响效应随着初中生科学能力的提高呈下降的态势,但对不同科学学业水平的初中生而言,参加科学补习对其科学成绩均产生显著的正向影响,且效应值较大(14 分以上)。

表 6-5　不同学科课外补习对学业成绩影响的分位数回归估计结果

学科	语文	普通数学	奥数	英语	科学
Q10	−1.480	10.313***	43.489***	18.697***	31.638***
Q20	2.126	4.910**	43.565***	20.874***	28.721***
Q30	3.980	4.732**	44.242***	23.890***	26.040***
Q40	5.909**	4.110**	43.832***	24.068***	24.435***
Q50	7.916***	2.202*	41.303***	25.004***	22.094***
Q60	6.932***	0.817	40.697***	24.126***	20.464***
Q70	7.228***	0.362	40.148***	23.809***	18.490***
Q80	5.010**	−1.522	36.751***	20.118***	17.911***
Q90	6.538**	−2.257	35.784***	17.885***	14.853***
N	14 620	15 651	15 651	15 559	15 662

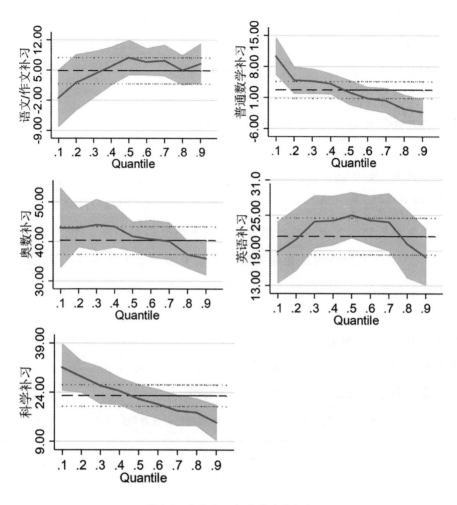

图 6-1　分位数回归估计的系数变化

(四)稳健性检验

作为稳健性检验,本研究仅选取户口性质为非农村初中生为样本,检验以上模型。PSM 结果表明,与全样本结果相比,参加普通数学课外补习对非农村初中生有负向影响,但是不显著;参加语文、奥数、英语、科学课外补习对对应的学科成绩均具有显著的正向影响,结果基本一致,语文、奥数、英语补习对非农村初中生的成绩收益略大于全样本结果,而科学补习的成绩收益略低于全样本结果。对各学科课外补习的影响效应进行比较,奥数补习的收益最大,英语和科学补习的收益较大,语文补习的收益较低,普通数学补习不能产生显著收益,这与前文的结论一致。

分位数回归估计结果表明,对语文学科而言,参加语文补习的影响效应随着非农村初中生语文能力分位的提高呈波动的趋势,总的来说,成绩在 10 分位的学生语文补习收益最低,成绩在 90 分位的学生语文补习收益最高,这与全样本结果有所不同,差异主要体现在成绩为 50 分位以上的学生群体,这表明对语文能力较高的学生而言,非农村学生从补习中获得的收益更显著。我们认为,一方面,可能与教师质量有关。与城市补习教师相比,农村补习教师的质量可能较低;另一方面,也可能与补习方式有关,在本研究中,农村学生以语文"大班教学(20 人以上)"的补习方式为主,占 54.7%,而非农村学生这一比例仅为 37.8%,小班、一对多、一对一补习方式中师生之间的交流沟通更加充分、更有针对性,尤其是对成绩较好的学生而言,有针对性的补习可能更有利于促进其语文成绩的提升。目前关于不同补习方式对学生语文成绩影响的异质性的研究较少,仍然需要证据支持并进行更深入的讨论。对数学学科而言,参加普通数学补习的影响效应随着非农村初中生数学能力的提升呈下降的趋势,与全样本的趋势一致,不同的是参加普通数学补习对不同数学能力的非农村初中生影响均不显著;奥数补习结果与全样本结果的趋势基本一致,参加奥数补习对不同数学能力的非农村初中生产生较为稳定的正向影响,其中成绩在 70 分位点及以下的初中生收益在 40 分以上,成绩在 80 和 90 分位的中学生收益低于 40 分。对英语学科而言,参加英语补习的影响效应与非农村初中生英语水平呈倒"U"形关系,与全样本结果一致。对科学学科而言,总体上参加科学补习的影响效应随着非农村初中生科学能力的提高呈下降的态势,但是在 30~70 分位点的初中生参加科学课外补习的收益较为稳定(21 分左右),与全样本结果基本一致。

表 6-6　稳健性检验结果(非农村样本)

		语文	普通数学	奥数	英语	科学
PSM[b]	最近邻匹配 (一对一)	6.809* (2.897)	−4.230* (2.026)	44.334*** (2.712)	22.368*** (3.335)	17.158*** (3.179)
	局部线性 回归匹配	8.188** (2.900)	−1.370 (2.026)	42.977*** (2.712)	24.184*** (3.336)	20.436*** (3.179)
	核匹配	5.932* (2.575)	−2.604 (1.713)	44.277*** (2.416)	23.988*** (2.922)	21.203*** (2.777)
分位数 回归	Q10	4.096	5.941	54.119***	23.156***	28.310***
	Q20	8.877*	−1.159	47.520***	25.915***	16.683***
	Q30	6.788*	−1.647	48.302***	30.377***	20.431***
	Q40	8.644**	−1.633	45.130***	28.420***	20.068***
	Q50	8.375**	−2.097	41.823***	26.060***	21.154***
	Q60	6.474*	−3.705	39.852***	24.524***	20.135***
	Q70	4.528	−5.163	38.673***	21.739***	20.969***
	Q80	5.335*	−5.065	37.037***	16.744***	19.079***
	Q90	9.024*	−5.202	35.435***	17.480***	16.695***
	N	5449	5748	5748	5708	5750

注:1. 模型因变量分别为各科成绩,解释变量为是否参加对应学科课外补习,模型中均控制了性别、家庭 SES、是否独生子女和父母教育期望。

2. PSM 模型中括号外为 ATT 系数,括号内为标准误。局部线性回归匹配使用默认核函数和带宽,默认使用三次核,默认带宽为 0.8。核匹配使用默认核函数和带宽,默认使用二次核,默认带宽为 0.06。

第五节　主要结论与讨论

本研究基于北京师范大学区域基础教育质量健康体检与改进提升项目 2018 年在中部某市八年级学生的数据分析,得出如下主要结论。

第一,不同学科课外补习对初中生各学科成绩产生的影响效应存在异质性。PSM 估计结果表明,普通数学补习对初中生数学成绩的影响效应不显著,但是奥数补习对初中生数学成绩产生显著的正向影响作用,且影响效应较大。语文/作文补习对初中生语文成绩有正向的影响作用,英语补习对初中生英语成绩有正向的影响作用,科学补习对初中生科学成绩有正向的影响作用。与以往多数研究相同的是,刘冬冬、姚昊[528]基于 CEPS(2013—2014 年)数据发现,英语学科的课外补习、参加时间段、参加时间长度对学生学业成绩的影响均显著,而语文单科补习对成绩提升效果不显著。方超、黄斌[529]同样发现参加课外补习班或辅导班能够提高城镇学生的学业水平,并且对英语成绩的提高尤为显著。而关于课外补习对科学成绩影响的研究较少。我们认为,英语和科学科目课外补习的可塑性较强,可以通过短期课外辅导来提升知识水平。尤其是对八年级学生而言,刚开始学习物理、化学等科目,参加课外补习增加了学习的重复性,有助于在短期内提升其科学成绩。相对而言,语文科目需要文化知识的长期积累,所以语文课外补习在短期的收益有限。此外,本研究中值得关注的是普通数学补习和奥数补习对初中生数学成绩的影响效应差异非常大,普通数学补习对初中生数学成绩的平均影响效应不显著,而参加奥数补习对初中生数学成绩的平均收益高达 40 分。其中,前者结论与李佳丽[530]、Zhang Yu[118]的研究一致,她们从农村补习教师质量较低的角度对这一现象进行解释。我们推测这是不同学科参加补习的学生群体的差异造成的,参加语文、普通数学、奥数、英语、科学补习的学生对应学科的平均成绩分别为 512、543、581、540、533 分,由于学习进步规律中的"高原效应",参与补习的学生借助补习使得数学成绩获得较大提升的空间要小于其他学科,但是就奥数补习而言,参加奥数补习的学生往往是数学基础良好甚至优秀的学生,通过奥数补习进一步拓展逻辑思维,优化其学习策略与方法,从而产生较大的成绩收益。另一方面也可能是该市普通数学课外补习市场中的教师对正规学校课程中的考评内容理解不够,补习针对性不强,造成补习效果不显著。

第二,不同学科课外补习对不同能力水平的初中生产生的影响效应存在异质性。参加语文补习的影响效应随着初中生语文能力分位的提高呈先上升后小幅波动的态势,参加英语补习的影响效应与初中生英语水平呈倒"U"形关系,参加普通数学和科学补习的影响效应随着初中生数学和科学能力的增加呈下降的态势,参加奥数补习对不同数学能力的初中生产生较大的正向影响,且对于 50 分位及以上的初中生的数学成绩的影响效应随能力水平提高而略有下降。出现以上结果可能与补习科目的差异有关。普通数学、英语和科学补习更有助于帮助学习不利的学生在短期内获得成绩的有效提升,对于成绩较好的学生由于存在"高原效应",而难以产生较大的影响效应。而语文学习更注重文化知识的积累,对于基础较差的学生而言,难以通过课外补习在短期内获得成绩的有效提升。

基于以上结论,我们建议:一方面,政府和学校为学业能力水平较低的学生提供必要的课外补习机会。可以效仿韩国政府推行的"放学后教育计划",学校利用放学后的时间,让专职教师为学生,尤其是低收入家庭的学生提供"补差型"的学术课程补习,中央和地方政府为此提供专项经费支持。另一方面,家长和学生应明确对课外补习的正确定位,依据学生的实际学习情况,科学理性做出补习决策。从实证研究结果可以看出,不同学科的课外补习的影响效应是存在差异的,并且课外补习不是对所有学生的学业成绩都能产生积极有效的正向影响。语文学习更应注重平日的积累,切忌盲目通过参加大量补习而追求短期效果;普通数学(不包括奥数)补习主要发挥补差功能而非培优功能,即课外补习更适合在学业竞争处于不利地位的学生参加;英语和科学补习对不同能力水平学生的学业成绩均有显著影响,但是英语补习对成绩中等的学生影响效应更大,而科学补习对成绩较差的学生影响效应更大。因而,家长应根据子女的学业水平和补习市场师资水平做出科学的补习科目决策,过多的课外补习可能会挤占学生的娱乐和休息时间,并且不能达到收益最大化。

目前对国内学生课外补习效应的研究少有聚焦在不同科目补习效应的差异分析,本研究基于我国中部某市八年级学生的普查数据,开展了不同学科的课外补习对成绩影响效应的异质性分析,因而是对已有课外补习效应研究的有益补充。不过本文在以下方面存在局限性。一是由于同时参与物理、化学、生物补习的样本量过少,因而本研究将只要参与其中一门科学课程补习的学生,都归入科学补习类别,而科学测试是包括了物理、化学、生物三科的综合性考试,所以,很可能会低估科学补习的成绩效应。二是篇幅所限,本文没有探讨不同补习方式(如一对一补习、小班补习、大班补习)对不同学科成绩效应的异质性问题。

第七章　中学生科学能力的性别差异：
基于学习意志力的视角

　　女性在科学能力上的表现以及科学职业中的弱势地位逐渐为国内学者所关注。本章[①]基于 2014 年全国六省市中学生的基线调查数据,估算学习意志力对中学生科学能力的影响效应。研究发现:女生的平均科学能力显著低于男生,但学习意志力较高的女生的科学能力显著高于男生;学习意志力对男生、女生群体的科学能力均有显著的正向影响效应,而且女生群体从增强学习意志力中获得科学能力收益明显高于男生群体。由此,增强学习意志力有助于缩小女生与男生在科学能力方面的差距。面对科学界关于"女性都去哪儿了?"的疑问,建议通过培养和增强女生群体的学习意志力来促进女生科学能力的提升,鼓励她们克服社会刻板印象,立志选择从事科学相关职业。

第一节　引言

　　2015 年,我国中医学者屠呦呦荣膺诺贝尔生理学或医学奖,成为首位获此殊荣的中国籍女性科学家,其在中医科学道路上坚韧不拔的精神也广为传颂,更引发了国内对女性科学家身份与地位的热烈讨论。在 2015 年 12 月举行的"诺贝尔奖与文化软实力论坛"上,中国科技工作者协会会长、中国科学院院士王志珍教授指出,从国际范围来看,女性科学家的比例仍然较低,获得诺贝尔科技奖项的女性仅为 3%;而在我国,受到传统男权主义的影响,女性从事科学职业需要具有更加持久的付出和坚强的毅力。

---

　　①　本章内容摘编自胡咏梅、范文凤、唐一鹏:《女性都去哪儿了——中学生科学能力的性别差异研究》,《湖南师范大学教育科学学报》2016 年第 4 期。

另一方面,随着非认知技能方面研究的不断深入,研究者们发现包括意志力在内的非认知技能提升有助于学生学业发展以及未来职业成功。比如,美国国民研究协会在一份题为《为了生活和工作的教育:开发 21 世纪可迁移的知识和技能》的报告中指出,人际交往能力是最为核心的非认知技能,而意志与责任是人际交往能力中最为核心的要素,它与学生未来的学业成就、生涯发展、身心健康等方面息息相关[531]。同样,在美国教育部教育技术办公室 2013 年发布的《促进意志力、韧性和毅力:21 世纪成功的关键因素》报告中也提到,意志力、韧性和毅力,对于学生的学习和成长来说至关重要。意志力的高低,在某种程度上决定了学生在长期、高端目标上取得成就的可能,能够帮助学生在学校教育和今后的社会生活中克服一系列的困难和障碍[532]。

不少研究表明,男、女生在学业成就尤其是科学成就上的差距并不是与生俱来的,而是随着年龄的增长,以及社会刻板印象的影响而不断加深。在科学职业发展道路上,女性往往受制于家庭、社会等多方面因素,而不得不放弃对科学事业的追求,造成了职业发展的天花板效应[533]。那么,男、女生在学习意志力上究竟具有怎样的差异? 这种差异又如何影响男、女生在科学能力上的表现? 从目前来看,国内在此方面的研究仍然付之阙如。部分心理学研究者从测量的角度对相关的心理特质(如坚持性、毅力等)进行小规模测评,但是很少从性别视角上对此进行深入分析,更缺乏通过大规模问卷调查和实证研究来探讨学习意志力对男、女生科学学习能力差距的影响。本章基于 2014 年中国基础教育质量监测协同创新中心"区域教育质量健康体检与改进提升项目"在全国多个地区进行大规模测评所得到的学生学科能力测评和问卷调查数据,采用HLM 模型、再加权倾向得分匹配(Re-weighted Propensity Score Matching,RPSM)等方法,来探讨学习意志力对不同性别中学生科学学习能力的影响。

第二节 文献综述

从国际研究的进展来看，意志力这一概念至今在不断发展，尚没有形成严格而统一的界定。这主要是因为，不同学者用不同方式（或者说专业名词）来概括意志力。比如，坚持、毅力、韧性、责任心等，都可以视作与意志力相近且通用的概念。表7-1中整理了近十年来与意志力相关的概念，并解释了其大致内涵。在较早的一项关于坚持和毅力的研究中，Peterson 和 Seligman 将坚持（或毅力）定义为"自愿持续行动"，其侧重点在于忍受和克服困难。Duckworth 等人将拥有意志力的人形象地比喻为"马拉松赛跑者"。Dweck 等人和 Farringon 等人则聚焦在学生学习上，提出了学术韧性和学术毅力，两者都强调对于远期目标的达成，不过前者侧重于心态和技能，后者则更侧重于坚持和自律。前文中提及的美国国民研究协会的报告中，提出了责任心的概念，其中包含独立、坚持、意志力等方面，是一个从人际交往角度出发定义的概念，比表 7-1 中其他研究者提出的概念内涵稍大一些。尽管围绕意志力相关的概念是纷繁复杂的，但是通过以上对概念的梳理可以看出，意志力的核心在于独立、坚持、自控等三个要素。本文认为，意志力是对长期目标的持续激情及持久耐力，是不忘初衷、专注投入、坚持不懈，是一种包含了自我激励、自我约束和自我调整的性格品质。如果一个人能很投入地一直做一件事，说明此人具有意志力品质。由此迁移到学生的学习活动中，如果一个学生能够对达成学习目标坚持不懈，不畏困难和失败，排除干扰，自觉独立地完成各项学习任务，则可以认为该生具有良好的学习意志力。值得指出的是，Duckworth 等人围绕意志力开展了大量研究，并且开发了相应的量表[185]，还推出了简化版[534]，为在此方面开展实证研究提供了工具参考。本研究也部分借鉴了该意志力量表的维度设计，比如，将"坚持不懈的努力"纳入学生学习意志力的测评范畴。

表 7-1　意志力相关概念及其含义

相关概念	出处	含义
坚持和毅力（Persistence and Perseverance）	(Peterson，Seligman，2004)[535]	坚持（或毅力）是面对障碍、困难和挫折时，一个以目标为导向的自愿持续行动。
意志力（Grit）	(Duckworth, et al，2007)[185]	意志力包括朝着挑战奋发图强，包含经历若干年的失败、冒险和停滞都能够保持努力和兴趣。有意志力的人取得成就像跑马拉松一样，其优点在于持久。尽管对于别人来说失望和厌烦是该做出改变的时候，但有意志力的人仍然执着。
学术韧性（Academic Tenacity）	(Dweck, et al，2011)[536]	学术韧性是关于心态和技能，它使得学生超越短期、放眼长期或更高的目标，接受挑战和挫折，坚持向目标迈进。
学术毅力（Academic Perseverance）	(Farringon et al，2012)[537]	学术毅力是指一个学生充分利用自身能力，及时和彻底地完成学校任务的倾向性，无论有何种干扰、障碍或是挑战。
责任心（Conscientiousness）	(NRC，2012)[531]	主动、自我引导、责任、坚持、高效、意志力、I型自我控制（元认知技能，包括预先规划、绩效和自我反思）。

意志力作为一种品质对于学生来说到底有多重要？美国著名社会心理学家罗伊·鲍迈斯特指出："迄今为止，人们在探索如何提高人们智力的问题上存在着许多困惑，但是，研究意志力与自我控制，是心理学家最有希望为人类做出贡献的地方。"[538]斯坦福大学心理学教授 Carol Dweck 也曾直言"培养坚毅性格对孩子的未来至关重要"[536]。在此方面，国际学术界已经开展了大量研究，其中最为重要的便是 Duckworth 的研究发现。Duckworth 等人[534]以西点军校学员、全美拼字比赛冠军、美国一流大学学生等对象进行追踪调查，结果发现：西点军校学员的意志力得分是其取得佳绩的最好预测指标；在全美拼字比赛中，是否晋级总决赛与参赛者意志力高度相关；在美国一流大学中，获得硕、博士学位的学生比获得学士学位的学生具有更高的意志力。

也有部分研究者关注到意志力的社会功能，认为拥有较强意志力的儿童更能够克服不利的处境，取得较高的成就。塔夫通过对极度贫困家庭的孩子进行调查,发现这些儿童往往由于家庭因素和社区因素而面临更高的压力,在学业方面获得的家庭支持也更少[539]。因此,对于这些儿童来说,坚韧不拔的意志力就成为决定其能否成功的关键因素。

在我国传统文化中,也有不少关于意志力的论述,此方面的理论探讨已经汗牛充栋。相比之下,国内学者在此方面进行的实证研究仍然较为有限。较早的一项研究可以追溯到张林和张向葵[540]对中学生学习坚持性的研究。该研究采用了《初中生学业成就动机量表》中的"坚持性"子量表和Pokay与Blumen-feld的"努力管理"问卷,并对其进行修订,结果发现,学习坚持性对学业成就的影响不如学习策略和效能感。新近一项关于学习坚持性的研究来自魏军等人[541]。该研究修订了周步成的学习适应性测验"毅力"分量表中与学习情境相关的项目,对一所普通小学展开调查,发现学习坚持性具有积极的中介作用。专门针对意志力的研究来自赵亚男等人,他们较早地通过自编问卷对中学生意志力进行调查,发现中学生意志力不存在性别差异,且与学业成绩显著相关[542]。后来,何莉和申卫华[543]对大学生英语学习意志力编制量表、开展调研,但没有研究学习意志力与学生英语成绩的关系。梁崴和王丹丹[544]则直接引入Duckworth意志力简版问卷开展研究,但该研究的对象是青少年运动员,因此对本文的借鉴价值有限。

在学生学业成绩的性别差异方面,国内外都有不少研究,但是聚焦到科学能力方面的性别差异问题则相对较少,且大多停留在差异的分析上,并没有对差异的影响因素以及如何缩小差异进行深入讨论。比如,胡咏梅等人[62]使用无条件分位数回归方法,分析不同能力水平的男、女生在科学素养上的差异,但是并没有阐释造成差异的原因。

通过对国内外文献的梳理,发现目前国内关于学习意志力的实证研究尚很少见,特别是缺乏充分借鉴国际较为成熟的量表的相关研究成果。此外,从性别视角来分析学习意志力对于男、女生科学能力差异的研究则更为缺乏,为数不多的几项研究也由于调查样本有限,其外在效度值得商榷。

第三节　研究设计与方法

(一)样本分布与测评工具

2013 年开始,中国基础教育质量监测协同创新中心实施了"区域教育质量健康体检与改进提升项目",在全国多个省市开展中小学生学业成就的测评工作,同时编制了学生、家长、教师和学校四套问卷,形成了较为完整的中小学生学业成就数据库。2014 年,浙江省、深圳市、洛阳市、石家庄市、株洲市、锡林郭勒盟等 6 个地区参加了测评工作,测评对象共计包括 120 004 名初二学生。

为了全面考察影响学生发展的因素,项目组从学生个体、家庭、学校等多个维度编制了学生发展影响因素问卷,其中包含了学习意志力的测评题项,测评题项主要参考了两份较为成熟的量表。一是 Duckworth 教授开发的学习意志力量表,该量表是目前国际上较有影响力的量表。它包含"持续的兴趣"和"坚持不懈的努力"两个维度共计 12 个题项。另一个是国内著名心理测评机构北京师范大学易度科技有限公司开发的学习意志力量表。该量表包括三个维度:学习的主动性和独立性、学习的坚持性、学习的自控力。课题组综合参考了以上量表中的部分题项,选择了其中有代表性的测评初中生学习计划的坚持性和学习自控性的 3 个题项,对所有样本学生计算了学习意志力综合得分。需要指出的是,为了便于模型分析,本章中我们按照一定的阈值,根据学习意志力得分的高低,将学生分为"学习意志力较强"和"学习意志力一般"两类[①]。表 7-2 中呈现了两类学生的比例。

中学生科学能力的测评内容维度包括科学知识(地球和宇宙、生命科学、物质科学)、科学探究(问题、证据、解释),能力维度包括了解、理解、应用三个维度。该测量工具的质量指标满足学科能力测评的要求。

由表 7-2 可知,整体来看,学习意志力较强的学生占 30.7%,学习意志力一般的学生占 69.3%。分性别来看,男生学习意志力较强的比例为 31.4%,高于

---

① 文中关于学习意志力的分类是按照本次测量的学习意志力的 3 道题目中至少有 2 道得分为 4 分或 5 分为"学习意志力较强"的学生,没有或是只有 1 道题的得分等于 4 分或 5 分为"学习意志力一般"的学生。

整体水平;而女生学习意志力较强的比例为 29.8%,略低于整体水平。从家庭 SES 来看,高家庭 SES 学生的学习意志力较强的比例为 34.2%,高于整体水平;而低家庭 SES 学生的学习意志力较强的比例为 27.4%,比整体水平要低。这说明,学习意志力的高低不仅与性别有关,也与学生所生活的家庭环境有一定的关联。

表 7-2　不同学习意志力学生的样本分布情况　　　　　　（单位:%）

类别	整体	性别		家庭 SES	
		男生	女生	高 SES	低 SES
学习意志力较强	30.7	31.4	29.8	34.2	27.4
学习意志力一般	69.3	68.6	70.2	65.8	72.6

(二)不同学习意志力学生的科学学习能力差异

表 7-3 中呈现了不同学习意志力学生的科学学习能力差异及其在性别、家庭 SES 上的比较。从整体上来看,学习意志力较高的学生,明显具有更高的科学学习能力,比学习意志力一般的学生平均要高出 29.09 分。分性别来看,学习意志力较强的男生其科学学习能力也显著高于学习意志力一般的男生(差值为 27.47 分),这一点对于女生也同样成立,但是两类女生的能力差值要略高于男生(差值为 30.93 分)。相比之下,同属于学习意志力较强的学生,男生的科学学习能力要显著低于女生,虽然两者之间的差距较小(仅为 2.15 分);然而,在学习意志力一般的学生中,男生仍然以微弱的优势显著高于女生(差值为 1.32 分)。由此,我们推测,学习意志力较高的女生能够在科学学习上取得更高的成绩,换句话说,提高学习意志力不仅能够提高女生的科学学习能力,而且有利于缩小科学学习能力上的性别差距。从家庭 SES 的角度来看,学习意志力和家庭 SES 双高的学生在科学学习能力上的表现最为突出,比学习意志力一般且高家庭 SES 的学生高出 34.57 分,比学习意志力较高但低家庭 SES 的学生高出 32.90 分。这说明,在科学学习上,家庭 SES 具有较大的正向促进作用。这可能是由于进行科学相关的学习必须有更好的条件(如科普书籍、电脑、网络等)。

表 7-3　基于性别、家庭 SES 的不同学习意志力学生的科学学习能力比较

	学习意志力较强	学习意志力一般	能力差值
整体	541.54	512.46	29.09***
男生	540.56	513.09	27.47***
女生	542.70	511.77	30.93***
能力差值	−2.15**	1.32**	−3.47***
高 SES	557.49	522.92	34.57***
低 SES	524.60	504.63	19.97***
能力差值	32.90***	18.29***	14.61***

(三)计量模型的建构

在前文的分析中,我们已经看到,不仅男、女生的学习意志力有较大差别,而且意志力不同的男、女生,其在科学学习能力上的表现也不尽相同。当然,这只能说明学习意志力不同的男、女生在科学学习能力上具有差异。但是,要回答"学习意志力是否有助于缩小男、女生科学学习能力差距"的问题,还需要利用适恰的计量模型方法。

随着教育研究科学性的不断加强,学者们日益重视对影响学生发展的关键因素的深入分析,传统的线性回归模型早已不能满足研究人员和政策制定者对影响因素及其影响机理的探求,对影响因素的分析必须建立在更加科学的理论和方法之上[545],如何设计实验、构建计量模型来满足因果推断的相关要求,成为教育研究的热点之一。张羽[546]从政策评估的角度出发,引介了在非随机实验条件下满足因果推断条件的计量方法,包括双倍差方法、PSM 方法等。下面,我们将采用多水平模型和 RPSM 模型进行估计,为"学习意志力有助于缩小科学学习能力的性别差距"这一猜测提供依据。

1. HLM 模型

多水平模型是大规模测评结果的定量分析中常用的方法,比如在 PISA 的官方技术报告中就指出,所有使用 PISA 跨国数据开展的分析,如果不使用多水平模型就会存在较大的估计偏误。多水平模型也是教育研究中用来进行因

果推断的一种计量方法，但必须建立在合适的控制变量选取之上[①]。相比于普通线性回归模型，多水平模型的优点在于能够同时考察多个层面的因素。本章中使用的样本数据来自全国 6 个省市，既包括个体层面数据，也包括学校和省区层面的信息数据，因而数据具有嵌套结构，有必要使用多水平模型进行估计，以获得比普通线性回归模型更为精确的估计。本研究构建如下的两水平模型进行分析：

$$\text{Level 1：Y} = \beta_0 + \delta_0 \cdot grit + \delta_1 \cdot gender$$
$$+ \delta_2 \cdot grit \cdot gender + \delta_0 \cdot SES + \mu \tag{7-1}$$
$$\text{Level 2：} \beta_0 = a_0 + a_1 \cdot location + e_1$$

该两水平模型为随机截距模型。第一水平（Level 1）是学生个体层面：Y 是学生的科学能力得分；$grit$ 表示学习意志力的虚拟变量（1＝学习意志力较高；0 ＝学习意志力一般）；$gender$ 表示性别虚拟变量（1＝女生；0＝男生）；$grit \cdot gender$ 表示学习意志力和性别的交互项；SES 表示家庭社会经济地位的虚拟变量（1＝家庭社会经济地位较高；0＝家庭社会经济地位一般）。第二水平（Level 2）是学校层面：β_0 随机截距项，它的变异由三个部分组成，分别为常数项 a_0 表示学校位置的虚拟变量 location（1＝城镇；0＝农村）以及随机误差项 e_1。

2. PSM 模型

尽管多水平模型可以控制不同层面的影响因素，但还是可能存在遗漏变量问题，导致学习意志力效应估计有偏误。因而，我们还需要采用 Rosenbaum 和 Rubin 提出的 RPSM 方法来给出学习意志力效应的因果估计。PSM 方法最早由 Rosenbaum 和 Rubin（1983）[525] 提出，其基本思想是模拟随机分组的方式，在样本中找到两组子样本，使得这两组子样本在所有特征变量上均没有显著性差异。该方法在经济学和社会学研究中都得到广泛运用[547-548]，但是也存在一些问题，其中较为突出的就是控制变量的选择和处理效应的标准误估计。对于前

---

① 多水平模型也是教育研究中用来进行因果推断的一种计量方法，但必须建立在合适的控制变量选取之上，因为通过加入合适的控制变量，使得模型中的随机误差项不再与关键的解释变量相关，从而使模型满足因果效应推断的核心假设——条件独立假设（Conditional Independence Assumption，CIA）。

者,Heckman 曾经指出,控制变量必须同时满足能够影响结果变量且不受处理变量影响这两个条件[549]。随后,Imbens 和 Robin[550]给出了具体的检验方法;对于后者,Brunell 和 Dinardo[551]提出了 RPSM 方法的思想,并由 Cerulli[552]通过自举法(Boot-Strapping)模拟随机抽样得以实现。

第四节　实证分析结果

(一)HLM 模型估计结果

我们首先呈现采用 HLM 模型的估计结果,以考察学习意志力提升是否有助于缩小科学能力的性别差距。表 7-4 中呈现了模型的估计结果。模型 1 为零模型(或称为无条件模型),该模型是判断多水平模型是否适用的基础。该模型的估计结果仅含有截距项,其第一水平方差和第二水平方差都高度显著,说明该样本确实具有嵌套结构,适合使用多水平模型进行分析。模型 2 在第一水平添加了性别、家庭 SES 两个变量,在第二水平添加了城乡地区变量,这使得该模型的拟合程度有所提高(对数似然值的绝对值比模型 1 更小)。从学生个体层面来看,性别和家庭 SES 都对学生的科学学习能力有影响,女生的科学能力显著低于男生,而高家庭 SES 的学生科学学习能力显著优于低家庭 SES 的学生。模型 3 则是在模型 1 的基础上添加了学习意志力变量,该模型的拟合结果略低于模型 2。从学生个体层面来看,学习意志力对学生科学学习能力具有高度显著的正向效应,而且影响的程度远高于模型 2 中的性别和家庭 SES,由此可见,学习意志力对学生科学能力具有十分重要的提升作用。模型 4 同时考虑了性别、家庭 SES、学习意志力,该模型的拟合结果优于模型 3。从学生个体层面来看,性别、家庭 SES 和学习意志力都对学生科学能力具有显著影响,其中女生的科学能力显著低于男生,而家庭 SES 和学习意志力都有利于提高学生的科学学习能力。最后,模型 5 同时考虑了性别、家庭 SES、学习意志力,以及性别与学习意志力的交互项。从对数似然值来看,该模型的拟合程度显著优于其他模型。性别变量的系数仍然显著为负,且有所提高;家庭 SES 变量和学习意志力变量的系数仍然显著为正,但都有所减少。最值得关注的是交互项

($grit \cdot gender$)的系数显著为正,这说明学习意志力较高的女生,其科学能力显著高于其他学生(这一点与表 7-3 中的描述统计结果基本一致),而且学习意志力较高的女生的科学能力甚至显著高于意志力较高的男生,可见女生通过增强意志力获得的科学能力收益显著高于男生。

表 7-4　HLM 模型的估计结果

变量	模型 1	模型 2	模型 3	模型 4	模型 5
$gender$	NA	−2.848*** (0.530)	NA	−2.393*** (0.525)	−3.753*** (0.633)
SES	NA	5.530*** (0.597)	NA	4.1812*** (0.597)	4.171*** (0.592)
$grit$	NA	NA	26.629*** (0.567)	26.509*** (0.571)	24.466*** (0.780)
$grit \cdot gender$	NA	NA	NA	NA	4.347*** (1.131)
截距	532.692*** (1.677)	515.330*** (2.443)	507.828*** (2.424)	508.494*** (2.421)	509.144*** (2.427)
$location$	NA	29.146*** (3.197)	29.609*** (3.187)	28.184*** (3.161)	28.191*** (3.161)
N	120 063	117 223	118 964	117 223	117 223
第一水平方差	2383.963*** (119.705)	2092.427*** (105.978)	2089.314*** (105.436)	2045.82 103.627	2045.246*** (103.600)
第二水平方差	8160.830*** (33.589)	8129.113*** (33.7084)	8012.907*** (32.980)	7982.566 33.101	7981.570*** (33.097)
Log Likelihood	−706 007.16	−695 406.01	−704 871.1	−694 337.93	−694 330.55

注:NA 表示模型中无该项估计结果。标准化回归系数,括号内为标准误。(下同)

(二)PSM 模型估计结果

多水平模型可能存在遗漏变量问题,会导致学习意志力效应估计有偏误[1]。我们采用 RPSM 模型来给出学习意志力效应的因果估计。下面,我们分两步来完成倾向得分匹配估计:第一步,通过 Logit 模型来检验控制变量的选择是否合适;第二步,采用 RPSM 模型来估计学习意志力对学生科学能力影响的真实效应。

(1)第一步:考察匹配模型中控制变量的选择合理性

在选择匹配的控制变量时,入选变量必须同时影响结果变量和是否受到处理的变量,而且该变量应当不受处理变量的影响。对于是否满足第一个条件,可以通过经济理论或以往研究同一问题的结论以及对所研究问题的制度环境的理解来做出判断;对于是否满足第二个条件,通常的做法是选择受处理前的特征变量(如 gender,SES 等),因为受处理前的特征变量肯定不受处理变量的影响。更为重要的是,对于入选变量,还需要通过在给定这些变量的情形下的倾向得分在处理组(Treatment Group)和对照组(Control Group)分布是否相同来检验这些入选变量的合理性。需要指出的是,考虑到本研究考察学习意志力对于学生科学能力的性别差异,因此,我们采取性别分组的方式,首先将全样本分为男生组和女生组,再在每组的内部,以学习意志力为匹配变量进行估计,并对男、女生组的结果进行比较分析。

首先使用 Logit 的模型,以 grit 为因变量,SES 和 location 为控制变量进行回归分析[2],得到表 7-5 中的结果。由该表的结果可知,无论是女生组还是男生组,SES 和 location 都对是否接受"学习意志力较强"这一处理具有高度显著正向影响。由此表可知,对于女生组来说,来自 SES 较高家庭的学生,其学习意志力较强的概率是来自 SES 一般家庭的学生的1.405倍,而男生组则为 1.375

---

[1] 由于遗漏变量偏误问题难以采用统计方法加以检验,通常是基于常识或已有相关研究结论来判断。比如,前述多水平模型中没有加入学生智商变量,而不少遗传学研究表明,子女智商与父母的基因有关,而父母的受教育水平又与自身智商有关,因而,子女的智商与其家庭 SES 不无关联。所以,前述多水平模型估计很可能存在遗漏变量偏误。

[2] 在 Logit 模型中之所以选择 SES 和 location 为控制变量,是因为学习意志力是后天形成的,不会影响 SES 及其所在地。

倍，略低于女生组的机会比率。但是，男生组来自城镇的学习意志力较强的学生概率是来自农村的 1.227 倍，这一机会比率略高于女生组。

表 7-5　男女生组 Logit 模型的回归结果

	女生组	机会比率	男生组	机会比率
SES	0.340*** (0.019)	1.405	0.318*** (0.018)	1.375
location	0.105*** (0.023)	1.111	0.204*** (0.022)	1.227
常数	−1.091*** (0.020)		−1.077*** (0.020)	
N	56 517		61 795	
Pseudo R²	0.0060		0.0066	

　　然后，利用 Logit 模型的结果，可以获得每个学生的倾向得分（Pscore），并按照学生的学习意志力高低将学生分为处理组和对照组（也即"学习意志力较高"和"学习意志力一般"两组）。通过比较处理组和对照组学生的倾向得分的分布情况，就可以判断控制变量的选择是否合适。一般来说，可以用标准化倾向得分的 QQ 图（即给定协变量平衡条件下的标准化倾向得分的 Q－Q 散点图），或者处理组和对照组的核密度（Kernel Density）估计。本文中，我们使用核密度估计，具体呈现在图 7-1 中。由该图可知，无论是女生组还是男生组，处理组和控制组的倾向得分分布都基本一致。因此，可以认为控制变量选取是合适的，能够获得在有效控制变量下的学习意志力对科学能力的因果效应估计。

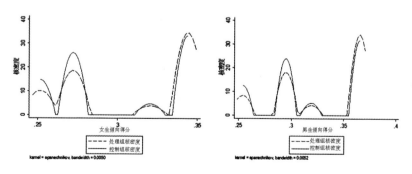

图 7-1　处理组与控制组的核密度估计

(2)第二步：RPSM 的估计结果

鉴于传统的 PSM 方法无法给出处理效应的标准误，国外有学者提出了再加权的方式来获得匹配估计的标准误。在教育学研究中，胡咏梅等人[553]较早地使用该方法来研究课外补习对于学生学业成绩的影响，获得了因果效应估计及其估计标准误。我们沿用此种方法，分别估计男、女生组的各类处理效应及其标准误。结果呈现在表 7-6 中（图 7-2 提供了给定协变量下的个体处理效应的核密度分布）。由该表可知，所有的效应值都是显著的。对于女生组来说，学习意志力的平均处理效应（ATE）是 30.531 分，即提高学习意志力能够使女生群体的科学能力平均提高 30.531 分；细分来看，接受处理的女生（ATT）分数提高更多，为 31.358 分（即学习意志力较强的女生因为意志力而获得的科学能力提升效应为 31.358 分），而未接受处理的女生如果提高了学习意志力（即反事实估计），其分数也会有较大提高（ATU＝30.171）（即目前学习意志力一般的女生如果能够提高其学习意志力，则可以使其科学能力提升 30.171 分）。对于男生组来说，不仅 ATE 相对较低，而且 ATT 和 ATU 的值都明显低于女生。这说明，如果同时提高男生和女生群体的学习意志力，女生群体所获得的科学能力提升效应要高于男生，从而可以缩小原先女生群体在科学能力方面与男生群体的平均差距（由表 7-4 模型 4 可知，在控制了 SES 和学习意志力的情况下，女生比男生科学能力平均低 2.393 分）。

表 7-6　基于 RPSM 法的处理效应估计值

组别	处理组样本量	控制组样本量	ATE(SE)	ATT(SE)	ATU(SE)
女生组	17 048	39 066	30.531*** (3.663)	31.358*** (11.732)	30.171*** (5.399)
男生组	19 712	41 397	26.012*** (3.728)	27.224*** (11.292)	25.435*** (5.640)

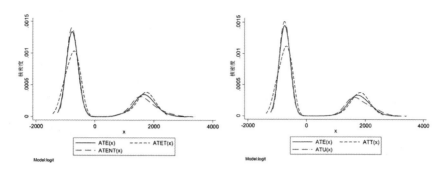

图 7-2　个体处理效应的核密度估计(左图为女生组、右图为男生组)

第五节　结论与建议

(一)主要结论

本章基于 2014 年全国 6 省市中学生的基线调研数据,利用多水平模型和 RPSM 模型,估算了学习意志力对于缩小男女生科学能力差距的影响效应,获得如下主要研究发现:

第一,学习意志力较高的中学生具有较强的科学学习能力。描述统计分析表明,学习意志力较高的中学生的平均科学学习能力要显著高于学习意志力一般的中学生。而多水平模型的结果也表明,学习意志力对科学学习能力具有高度显著的正向作用。因此,增强学习意志力对于提高中学生科学学习能力具有重要作用。

第二,学习意志力较高的女生,在科学学习能力上的表现要优于男生。描述统计分析表明,平均来说,女生的科学学习能力要低于男生,但是在学习意志力较高的分组里,男生的科学学习能力要显著低于女生。多水平模型表明,虽然性别的系数为负,但是性别与学习意志力的交互项系数显著为正,这说明,学习意志力较高的女生在科学学习能力上表现更为优秀。因此,与男生相比,增强学习意志力对于提升女生的科学学习能力具有更大的积极作用。

第三,增强中学生的学习意志力有助于缩小男、女生在科学学习能力上的差距。RPSM 模型的结果表明,女生组的 ATE 要明显高于男生组,说明增强学习意志力对于女生科学学习能力的影响效应相对更大。不仅如此,女生组的ATT 和 ATU 也都要高于男生组,说明无论现实中的学习意志力强弱,女生从学习意志力提升中能够获得的科学学习能力收益比同样情形的男生更多。

(二)建议

目前,科学界面临着"女性都去哪儿了"的质疑[554],使得学者们纷纷反思,为什么在科学职业的上升道路上,随着层级的升高,女性所占的比例越来越低,流失的情况越来越严重? 不少学者提及社会刻板印象、家庭负担等使得女性科学家面临着比男性更多的束缚和挑战,因此也需要更多的耐心和毅力。本文从性别视角来考察学习意志力和科学学习能力之间的关系,并从培养和增强学习意志力的角度出发,来探讨提高女性科学学习能力的可能性。根据本研究结论,我们提出以下政策建议:

首先,注重中学生非认知技能的开发,通过培养学习意志力来提高中学生的科学能力。诚如马克思所言:"在科学上没有平坦的大道,只有不畏艰险沿着陡峭山路攀登的人,才有希望达到光辉的顶点。"意志力对于科学家而言有着举足轻重的作用。同样的,学习意志力对于中学生科学学习能力的提升也具有重要作用,并且在很大程度上决定了其今后是否从事科学相关职业[555-556]。在建设创新型国家的征程中,我国科技界需要更多拔尖创新人才,因此,从小开始培养学生的学习意志力,对提高其科学学习能力,促使其从事科学职业具有积极作用。

其次,关注男、女生在科学学习能力方面的差距,通过采取针对性的措施提升女生群体的学习意志力,促进其整体科学学习能力的提升,进而缩小男、女生在科学学习能力方面的差距。学习意志力是有性别差异的,从本研究的调查数据来看,男生学习意志力较强的比例高于女生,而且本研究发现,学习意志力对中学生科学学习能力的影响效应也具有性别差异。同样提升学习意志力,女生从其中获得的科学学习能力平均收益要明显高于男生。这可能是由于女生群体的科学学习能力普遍要低于男生群体,从而使男生群体处于相对"高原"位置。建议学校营造积极向上的学风和崇尚科学探究的氛围,通过各种方式和手段积极培养和提高女生群体的学习意志力,比如,增强女生的内在学习动机,提高其科学学习兴趣；帮助女生明确科学学习目的，培养良好的学习习惯，克服学习惰性，提高学习自觉性；引导女生正确应对科学学习中的挫折，增强耐受力，激发进取精神等，从而促进女生群体科学能力的整体提升，鼓励她们克服社会刻板印象，立志选择从事科学相关职业。

第八章 家庭背景、影子教育与学生学业成绩的关系

本章[①]采用中部某省会城市初中生大规模测评数据,以 Wisconsin 模型为理论基础,引入父母对子女的教育期望以及子女自我教育期望来深入剖析影子教育获得机制和影子教育对学生学业成绩的影响效应,以获得对影子教育获得的阶层化现象和影子教育收益的新阐释。

第一节 引言

Blau 和 Duncan[557]地位获得模型提出以后,各国学者尝试在研究中加入新的变量,希望对地位获得模型中没有讨论的部分(中间机制)如家庭经济地位对教育获得的影响机制进行进一步解释。其中,威斯康星学派[②]的教育获得研究——Wisconsin 模型取得了教育获得研究的突破性成果,影响深远。Wisconsin 模型主要关注社会心理因素对教育期望的产生和维持的影响,并将教育期望作为中介机制来解释家庭社会经济地位和智力因素影响教育获得的过程[558]。早在 1968 年 Sewell 和 Shah 就着手对布劳-邓肯的地位获得模型进行修正[559],将期望等社会心理因素纳入模型中,发现家庭社会经济地位对学生教育的影响是通过父母教育期望和子女自我教育期望等中介变量发挥作用,父母对子女成就的期望对子女成长过程中的自我期望、教育和职业成就具有重要

---

① 本章内容摘编自李佳丽、胡咏梅、范文凤:《家庭背景、影子教育和学生学业成绩:基于 Wisconsin 模型的经验研究》,《教育经济评论》2016 年第 1 期。

② 威斯康星学派早期基于威斯康星大学在学校主管部门的支持下开展的一项公立、私立、教会学校高中高年级学生的大学教育计划的调查(Wisconsin Longitudinal Study,WLS)数据进行教育获得研究,主要关注教育期望的产生和维持机制。

影响[560]。

　　私人课外补习①因仿效正规教育体系，补习内容随着正规教育体系课程内容的改变而改变，规模随着正规教育体系的生源扩大而扩张，而被喻为"影子教育"②[513,561]。通过文献分析，我们发现以往影子教育研究多聚焦于家庭背景对影子教育的影响效应（或影子教育参与的阶层化）研究，如家庭社会经济地位、父母职业和受教育程度、家庭结构、兄弟姐妹数、家庭居住地等对影子教育获得机会的影响[562-566]，以及影子教育对学生学业成绩的影响[553,567]和升学机会的影响[118,568]，少有研究涉及影子教育参与阶层化的中介因素和影子教育对学生发展的中介因素。

　　国内在探讨家庭社会经济地位、父母和子女教育期望、学生学业获得和学生学业成绩方面的研究发现，父母受教育程度、父母职业和家庭收入等家庭社会经济地位越高的学生，父母教育期望越高，进而影响子女自我教育期望，对学生学业成绩产生显著的促进作用[289,569]。而且有研究发现，在控制了课外补习和家长教育期望之后，父亲的受教育程度对学生数学和语文成绩都有显著的正向预测作用[567]，这表明家庭社会经济地位对学生学业成绩有直接影响。Wisconsin 模型认为，教育期望作为家庭背景和智力的中介变量，对教育获得有非常强的影响。由此我们做出这样的推测：家庭社会经济地位可能通过教育期望对课外补习参与和学生学业成绩产生间接的影响。

　　基于上述分析，我们认为，研究影子教育参与的影响因素以及影子教育对学生发展的影响效应时必须正视两个问题：（1）家庭社会经济地位等家庭背景变量是否通过中介变量如教育期望等因素影响影子教育参与机会？（2）影子教育、家庭社会经济地位等变量是否通过中介变量影响学生的学业成绩和升学结果？如果影子教育参与的阶层化和影子教育收益研究中都存在中介影响机制，那么以往研究可能存在着高估家庭背景对影子教育参与的影响，以及高估影子教育收益的可能性。本研究将基于 Wisconsin 模型，引入父母对子女的教育期

---

　　①　国内不少学者将私人课外补习简称为课外补习或教育补习，本文中私人课外补习（简称课外补习）是指需要付费的发生在学校正规教育之外的与学校课程或升学考试相关的学业补习，亦称"影子教育"。

　　②　本章中课外补习特指需要付费的学业补习，因而与"影子教育"混用。

望以及子女自我教育期望来深入剖析影子教育获得机制和影子教育对学生学业成绩的影响效应,以获得对影子教育获得的阶层化现象和影子教育收益的新阐释。

第二节　文献综述与研究假设

(一)家庭背景对影子教育的影响效应研究及 Wisconsin 模型

影子教育研究起始于 1992 年 Stevenson 和 Baker 对日本高中生补习状况的分析。研究结果表明,影子教育获得在不同家庭背景的群体间存在差异,家庭经济社会地位较高的学生比家庭经济社会地位低的学生参与影子教育的机会更大,如富裕和父母受教育水平高的家庭参与影子教育的可能性增加 12%～15%,这突显了影子教育的阶层化现象。虽然 Stevenson 和 Baker 在分析过程中控制了个人和学校的部分变量如学生性别、学术地位、居住地和学校声誉等,但该研究并没有涉及其他可能影响影子教育参与的因素,如家庭结构、兄弟姐妹数、学校教育质量等。后续研究对影子教育获得的家庭背景差异和影子教育的影响效益持续关注,并对家庭结构、兄弟姐妹数、学校教育质量等因素进行了控制,但影子教育的阶层化现象依然存在。一项土耳其的影子教育研究[562]表明:父母受教育水平、家庭收入、家庭居住地、兄弟姐妹数、是否单亲妈妈等家庭背景因素,对影子教育获得有显著影响。爱尔兰的课外补习研究也发现家庭的社会经济地位与课外补习的相关性,与中产和社会底层家庭相比,社会地位较高的家庭支付得起数量更多、质量更高的课外辅导[570]。Bray 等人[564]对中国香港中学生课外补习影响因素的研究指出,家庭收入是影响九至十二年级学生影子教育获得的重要因素。

国内大量研究也印证了影子教育的阶层化现象。雷万鹏、楚红丽、薛海平、丁小浩、薛海平、胡咏梅等人对不同地区、不同年级的学生课外补习研究表明,我国中小学家庭社会经济背景对影子教育参与可能性有显著的正向预测作用,即家庭社会经济背景越好,学生参加影子教育的可能性越大[110,553,565－567]。薛海平在 2015 年的研究中得出推论:在义务教育主流学校体系均衡化水平不断提高的背景下,不同阶层家庭子女受家庭社会经济背景影响,获得课外补习的数量和质量存在的差距可能导致他们在未来学业成绩、入学和工作机会获得等方面存在差异,从而成为一种维持和强化社会分层的机制,课外补习也因此可能成为阶层差距在代际间维持和传递的一个重要通道[567]。

Sewell 和 Shah 于 1967 年将教育期望纳入大学教育获得模型,构建家庭社会经济地位、智力、教育期望和大学教育获得的线性因果模型[559]。研究发现,教育期望作为家庭背景和智力中介变量,对教育获得有非常强的影响,也即家庭社会经济地位越高,学生对大学教育获得期望越高,最终获得的大学教育机会也越多。在布劳-邓肯地位获得模型提出之后,威斯康星学派在早期模型上进行了拓展,添加职业获得作为最终因变量,增加了职业期望、学术表现和重要他人的影响等自变量[571],不断对模型进行修正,最终于 1970 年形成"威斯康星地位获得社会心理模型"[572],简称 Wisconsin 模型(参见图 8-1)。虽然此后许多学者对此模型不断进行修正,但教育期望作为教育获得的重要解释变量以及家庭社会经济地位影响教育获得的中介变量作用一直存在,并且在巴西、以色列、加拿大、荷兰和日本等国的研究中获得了基本一致的结论[560,573]。

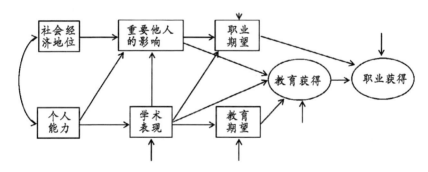

图 8-1　威斯康星模型框架示意图①

Sewell 等人[572]基于图 8-1 威斯康星模型路径进行分析,发现家庭社会经济地位会通过重要他人对子女的教育获得产生影响,重要他人如父母的教育期望会调节家庭社会经济地位对学生受教育年限的影响。此外,重要他人和教育

---

① 图 8-1 中指向"重要他人的影响""学术表现""教育期望"等变量的外部箭头表示可能存在其他影响这些变量的因素。

期望会对以往学术表现对教育获得的影响起到调节作用,说明重要他人的影响和教育期望在子女的教育获得过程中有重要作用。而课外补习作为正规教育体系的"影子",与正规学校教育获得一样代表子女的受教育机会,据此可以推测社会经济地位越高的家庭,父母和子女自我教育期望越高,对学业成绩的期待越高,那么子女参与影子教育的机会可能性就越大,家庭社会经济地位通过父母对子女教育期望与子女自我教育期望这两个中介变量对影子教育参与产生影响。虽然楚红丽[566]、薛海平[567]在研究中考察了父母教育期望对子女参加课外补习的影响,并且发现家长教育期望越高子女参加课外补习的可能性也越大,但两项研究并没有对子女的自我教育期望进行控制,也没有考虑到父母和子女教育期望的中介影响作用。我们将在探讨父母教育期望、子女自我教育期望对学生影子教育参与影响的基础上,进一步探讨父母教育期望、子女自我教育期望是否在家庭背景对学生影子教育参与的影响过程中起到中介影响作用,探讨以往研究是否高估了家庭背景对影子教育参与的影响效应。由此,我们将基于实证分析检验以下研究假设:

假设1:家庭背景(如父母职业、学历等)显著影响父母对子女的教育期望,进而显著影响子女影子教育参与机会。

假设2:家庭背景(如父母职业、学历等)显著影响子女的自我教育期望,进而显著影响其影子教育参与机会。

(二)影子教育对学生学业成绩的影响效应

纵观国外学者关于影子教育对学生学业成绩的影响效应的研究发现,影子教育对学生成绩的影响效应是否显著存在至今没有定论。Stevenson 和 Baker[513]对日本高中生的调查研究发现,影子教育对学生数学成绩和大学教育获得有积极的影响,但 Smyth[570]的研究结论表明,在爱尔兰接受过课外补习和没有接受过课外补习的学生期末考试成绩并没有显著的差异。韩国一项关于课外补习的影响效应研究甚至得出与我们认知相反的研究结论:没有参与课外补习的学生在学校会获得更好的成绩,即参与课外补习对学生的学业成绩有显著的负向作用[518]。我们推测其原因是,该研究遗漏了关键的解释变量,造成回归估计的偏误。已有研究结论的不一致有可能是部分研究没有考虑课外补习与学生的学业成绩或学业获得之间的内生性问题,导致其结论并非因果推断。即使有些研究者利用加入工具变量或采用 PSM 模型部分解决内生性问题之后,影子教育的影响效应仍然没有统一的定论,如 Sunderman[574] 和 Dang[520] 分别将班内参加课外补习的同学比例和政府规定的每小时课外补习费用作为工具变量,对印度尼西亚和越南影子教育的影响效应进行估计,发现参与影子教育对学生的学业成绩没有显著影响。

国内学者关于课外补习影响效应的研究结论也存在一定的差异。Zhang Yu[118] 采用多水平线性模型和条件分位数回归模型分析济南高三学生的课外补习对高考成绩的影响,并用两个工具变量解决内生性问题。研究发现,整体而言课外补习对城市和农村学生的高考总成绩均没有显著的影响,但是对于来自薄弱学校或成绩较差的城市学生产生了显著的正向效应,对于农村中学学生的高考成绩甚至具有负向效应。胡咏梅等人[553] 采用两水平线性模型和 RPSM 模型,利用 PISA 数据对上海学生数学补习的影响效应进行研究,发现参加数学学科的补习并没有对数学成绩产生显著影响,但参加数学补习可以减小家庭经济社会地位带来的成绩差异,数学课外补习可以给低 SES 家庭学生带来更大的成绩收益,大约可以缩小高 SES 和低 SES 家庭学生近 8 分的差距。以上研究表明,补习对弱势学生群体(如来自薄弱学校或成绩较差的城市学生)、低家庭 SES 的学生的学业成绩有积极的影响效应。值得注意的是,我国学者关于影子教育影响效应的研究并没有对课外补习对学生学业成绩的非线性影响进行估计。虽然胡咏梅等人[553] 将数学补习时间的平方纳入模型当中,补习时间对学生学业成绩呈现倒"U"形影响趋势,但并没有发现显著的非线性影响效应。有学者对课外补习进行研究发现,课外补习时长对中学生学业成绩的影响呈现先升后降的非直线关系[575—576],适度的课外补习有助于提升高中生的学业成绩与上公立大学的概率,但过量的补习会降低高中生的学业成绩与上公立大学的概率[568]。课外补习的非线性影响研究更精确地对影子教育影响效应进行估计,但这些发现仍有可能高估课外补习的影响效应,因为以往的研究多数没有同时将父母教育期望和子女自我教育期望纳入模型中进行控制,而根据威斯康星模型的推论,课外补习对学生学业成绩的影响可能有部分是通过父母的教育期望和子女自我教育期望产生影响。

我们将对课外补习对学生学业成就的非线性影响进行验证,并由威斯康星模型延伸探讨父母教育期望和子女自我教育期望是不是家庭社会经济地位对学生学业成绩影响的中介机制,从而更准确地对影子教育影响效应以及家庭社会经济地位对学生学业成绩的影响效应进行估计。因而,我们除了检验前述假设1、2外,还将检验如下假设:

假设3:家庭社会经济地位显著地影响父母教育期望,也显著地影响子女自我教育期望,进而显著影响学生学业成绩。

假设4:影子教育参与显著地影响学生的学业成绩。

假设5:影子教育参与时间与学生学业成绩之间存在显著的非线性关系。

第三节　研究方法

(一)数据来源与变量说明

本研究使用数据为2014年中国基础教育质量监测协同创新中心与中部某省会城市教育局合作实施的"区域教育质量健康体检与改进提升项目",项目测试对象为该市[①]城区八年级学生(普测),测查内容主要包括学科测试和问卷调查。学科测试以国家颁布的各学科课程标准为依据,八年级涉及语文、数学、英语、科学和人文五门学科,测试内容不仅包括学生在基础知识、基本技能方面所达到的水平,还包括时代发展所要求的中小学生所必备的搜集处理信息、自主获取知识、分析与解决问题、交流与合作、创新精神与实践能力等核心素养。以往国内影子教育研究多关注语文、数学、英语三门学科,本书中因变量取语文、数学、英语三科的平均成绩[②]。参加调查的是该市所有的初中学校,共计128

[①]　该市是我国中部人口大省的省会城市,历年中考、高考人数在各省中名列前茅,所以该市中学生的升学竞争最为激烈,家长为帮助子女在升学竞争中取得相对优势,很可能会借助课外补习这一渠道。因此,我们选择该市中学生作为考察家庭背景和教育期望对子女参与课外补习以及课外补习效应的研究对象,具有典型性和代表性。

[②]　由于该项目问卷调查对学生参与课外补习时间的题目未区分补习学科,所以只能以多数学生通常补习的学科平均成绩作为测量学生补习成绩效应的因变量。

所,包括 50 461 名学生,50 461 名家长。剔除关于课外补习回答有缺失的样本以及学生与家长无法匹配的样本后,最终纳入分析的样本为 40 011 份。研究中所涉及的变量定义如表 8-1 所示。

表 8-1　变量描述及编码方式

变量类型	说明	编码方式
学业成绩	语文、数学、英语三门学科的平均成绩(标准化)	连续变量
影子教育参与	以学生填答的实际每周参加的家教补习或课外辅导班的时间为测量变量①	1.影子教育参与时间为因变量时,将参与时间按照组中点数进行转换:没有=0,3 小时以下(不含 3 小时)=1.5,3～6 小时(不含 6 小时)=4.5,6～8 小时(不含 8 小时)=7,8 小时及以上=9.5 2.作为自变量时,做哑变量处理,以没有参加为参照组
教育期望	父母教育期望以家长问卷填答的希望孩子上学的程度为测量变量 学生自我教育期望以学生问卷填答的计划上学的程度为测量变量	没有考虑过这个问题=0(仅父母教育期望有该选项),初中毕业=1,初中之后上中专或职高=2,高中毕业=3,上大学=4,读研究生=5
家庭背景	父母的职业	无工作=1,农民称为农业劳动者=2,工人、商业服务、进城务工人员等统称为非农业劳动者=3,私营或个体经营者=4,军人、政府工作人员等统称为政府普通公务员或事业单位普通职员=5,教育、医务和科研人员等统称为专业人员=6,企业管理人员或政府官员=7

---

① 为了避免统计的课外辅导时间包括由学校统一组织的不收费补习,我们筛选样本时同时考虑每周实际参加家教补习或课外辅导时间题项(IBXTIMW2)以及参加补习的类型 IBXTYPE_3(一对一补习)和 IBXTYPE_4(课外补习班),删除参与补习时间大于 0 却没有选择 IBXTYPE_3 或 IBXTYPE_4 的样本。

（续表）

变量类型	说明	编码方式
家庭背景	父母的受教育程度	父母受教育程度分为五个类型:小学及以下＝1,初中＝2,高中(职高)＝3,大专及本科＝4,研究生＝5
	家庭经济水平	家庭拥有物和旅游次数相加之后的标准分,某种程度上反映学生家庭经济水平的相对位置。其中是否有自己的独立卧室,是否拥有配有浴缸或淋浴的卫生间、供学生学习和作业的个人电脑,是否有自己独立学习的房间,是否有单独练习的钢琴,没有＝1,有＝2;过去一年与家人一起旅游的次数,没有＝1,1～2次＝2,3次及以上＝3
	家庭结构	双亲家庭,亲生父母;双亲家庭,父母再婚;单亲家庭,父亲或母亲去世;单亲家庭、父母离异;其他。在分析时双亲家庭为参照组
学生特征	兄弟姐妹数	0个(独生子女)＝0,1个＝1,2个＝2,3个＝3,3个及以上＝4
	性别	0＝男,1＝女,男生为参照组
	户口性质	0＝农业户口,1＝非农业户口,农业户口为参照组

(二)分析方法

本章数据分析由四部分组成:第一部分,采用计量回归模型估计学生特征、家庭社会经济地位、家庭结构以及教育期望对学生影子教育参与的影响效应;第二部分,依据多重中介分析模型[577],探究父母教育期望和学生自我教育期望对学生参加影子教育的中介效应;第三部分,采用计量回归模型估计学生特征、家庭社会经济地位、家庭结构、影子教育参与以及教育期望对学生学业成绩的影响效应;第四部分,依据多重中介分析模型,验证家庭背景经由父母教育期望、学生自我教育期望的中介作用影响学生学业成绩的路径模式。

第四节　实证分析结果

（一）家庭背景、教育期望对学生影子教育参与时间的影响

该部分用逐步检验的回归方法①来探讨家庭背景、教育期望对学生影子教育参与的影响路径。由表 8-2 模型一结果可知，家庭经济地位中的父母受教育程度、父亲职业地位、家庭经济水平均对学生参与课外补习的时间呈现显著正向效应，家庭经济水平对课外补习参与时间的影响效应要大于父母受教育程度的影响效应。户口、家庭结构以及兄弟姐妹数等家庭背景控制变量对学生参与课外补习时间也存在不同程度的显著影响。比如农村户籍的学生参与课外补习的时间显著低于城市户籍的学生，双亲家庭（非重组家庭）的学生参与课外补习的时间显著高于其他家庭的学生，兄弟姐妹数越多的学生参与课外补习的时间越少。

表 8-2　家庭背景、教育期望对学生影子教育参与时间的影响

	模型一	模型二	模型三
性别（女生为参照）	0.068*** (0.027)	0.061*** (0.027)	0.048*** (0.027)
户口（农业户口为参照）	0.105*** (0.032)	0.109*** (0.032)	0.110*** (0.031)
家庭结构（双亲家庭，亲生父母为参照） 双亲家庭，父母再婚	−0.020*** (0.083)	−0.018*** (0.083)	−0.016*** (0.082)
单亲家庭，父亲或母亲去世	−0.014** (0.128)	−0.014** (0.127)	−0.013** (0.126)
单亲家庭，父母离异	−0.016*** (0.073)	−0.014*** (0.073)	−0.012** (0.072)
其他	−0.006 (0.143)	−0.003 (0.162)	0.000 (0.160)
兄弟姐妹数	−0.083*** (0.019)	−0.078*** (0.019)	−0.074*** (0.019)

① 参见方杰等人关于中介效应检验的文章：当自变量显著影响因变量，控制中介变量之后，主要自变量影响系数仍显著，但系数绝对值变小，则为部分中介过程；若在控制了中介变量之后，自变量影响系数不再显著，则为完全中介过程。

(续表)

	模型一	模型二	模型三
父亲职业	0.074*** (0.011)	0.071*** (0.011)	0.065*** (0.011)
父亲受教育程度	0.053*** (0.019)	0.042*** (0.018)	0.025*** (0.018)
母亲受教育程度	0.079*** (0.018)	0.069*** (0.018)	0.059*** (0.018)
家庭经济水平	0.190*** (0.017)	0.183*** (0.017)	0.169*** (0.017)
父母对子女的教育期望		0.114*** (0.014)	0.042*** (0.016)
学生自我教育期望			0.151*** (0.020)
R^2	0.179	0.191	0.205
ΔR^2		0.012	0.015

注:为了避免多重共线性,本研究对模型中的相关变量如家庭背景和教育期望等自变量均经过去中心化处理。

模型二和模型三分别将父母对子女的教育期望和子女自我教育期望放入到模型中,统计结果显示,父母对子女的教育期望越高,子女参加课外补习的时间越长。加入学生自我教育期望之后,模型的拟合优度进一步提高(R^2由0.191增加到0.205)。学生自我教育期望对学生参与课外补习的时间有显著的影响,父母的教育期望对学生参加课外补习影响效应显著,但影响系数明显下降,说明父母的教育期望可能通过对学生自我教育期望的影响,间接对影子教育获得产生影响。在控制了父母对子女的教育期望和子女自我教育期望之后,父母的受教育程度、父亲职业和家庭经济水平对学生影子教育参加时间影响效应都有不同程度的下降。这表明,家庭社会经济地位变量如父亲职业、父母受教育程度和家庭经济水平等,可能通过父母对子女的教育期望和学生自我教育期望等变量间接影响学生课外补习参与,即教育期望在家庭社会经济地位与学生影子教育参与时间之间存在中介作用。

（二）教育期望在家庭社会经济地位与影子教育参与之间的中介作用

表 8-2 的逐步回归模型结果表明，父母的教育期望、学生自我教育期望可能在家庭社会经济地位对学生影子教育参与的影响过程中起中介作用，即存在家庭社会经济地位→父母教育期望→影子教育参与，家庭社会经济地位→学生自我教育期望→影子教育参与的影响路径。因为父母教育期望和学生自我教育期望两个中介变量之间存在相互影响，并且表现出顺序特征[577]，所以还可能存在家庭社会经济地位→父母教育期望→学生自我教育期望→影子教育参与的多重中介链路径。为了验证影子教育获得研究是否符合 Wisconsin 模型的推论，本研究根据柳士顺和凌文辁[578]的中介效应方法分析构建如图 8-2 的链式多重中介模型。

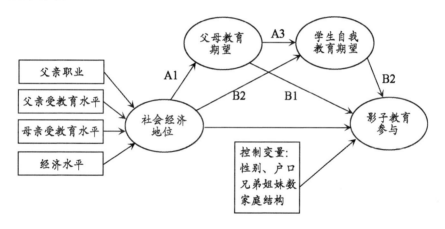

图 8-2　教育期望与影子教育参与的多重中介模型

本研究利用 MPLUS 采用偏差校正的百分位 Bootstrap 方法[①]，分别计算各参数的估计值和校正后的中介效应值。若中介效应值的 95％置信区间不包含 0，则中介效应显著。这种方法利用原样本进行大量有放回的抽样得到一组估计值，以此构造中介效应的置信区间[②]，提供了更全面可靠的信息，并可降低 I 型错误率，提高统计检验力。

---

① 以往中介效应检验通常采用 Sobel 检验方法，但由于该检验中用标准误构造置信区间和检验统计量可能有偏误，因而现在多数学者采用 Bootstrap 或者马尔科夫链蒙特卡洛方法。

② 即将全部 Bootstrap 样本的中介效应估计值从小到大排序，其中第 2.5 百分位点和第 97.5 百分位点就构成一个置信为 95％的中介效应置信区间。

表 8-3　利用 Bootstrap 方法对中介效应的显著性检验结果

路径	标准化的间接效应估计	平均间接效应	95％的置信区间	
			上限	下限
家庭社会经济地位→父母教育期望→影子教育(A1 * B1)	0.262 * 0.038＝0.010	0.010	0.007	0.013
家庭社会经济地位→学生自我教育期望→影子教育(A2 * B2)	0.279 * 0.136＝0.038	0.038	0.035	0.041
家庭社会经济地位→父母教育期望→学生自我教育期望→影子教育(A1 * A3 * B2)	0.262 * 0.471 * 0.136 ＝0.017	0.017	0.015	0.018
总的中介效应		0.065	0.061	0.068

注：CFI＝0.962,TLI＝0.942,RMSEA＝0.044,SRMR＝0.020。

由表 8-3 可知,总的和各路径中介效应的 95％置信区间均不含 0,因此父母教育期望和学生自我教育期望在家庭社会经济地位对学生影子教育参与时间的影响过程中起到中介作用,并且中介效应均显著。因而,假设 1、2 得以验证。此外,学生自我教育期望的中介效应显著强于父母教育期望的中介效应,两者占总效应的比例分别为 58.46％、15.38％。并且父母教育期望通过影响学生自我教育期望对学生影子教育参与时间产生的中介效应(0.017),大于其直接对影子教育参与时间的中介效应(0.010),说明父母的教育期望更多是通过学生的自我教育期望对学生的影子教育参与时间产生间接影响。

(三)家庭背景、影子教育、教育期望对学生学业成绩的影响

为了验证影子教育对学生学业成绩的影响效应是否被高估,影子教育对学生学业成绩的影响是否呈非线性趋势,我们用逐层回归来探讨影子教育、教育期望对学生学业成绩的影响。在表 8-4 中,模型一表明父母的受教育程度和父亲职业地位均对学生学业成绩有显著的正向影响,父母受教育程度越高,父亲职业地位越高,子女学业成绩越高。家庭经济水平也对学生的学业成绩有显著的正向预测作用,但父母受教育程度对学生学业成绩的影响效应要远远高于家庭经济水平。将影子教育参与变量纳入模型二之后,父亲和母亲的受教育程度对学生学业成绩影响效应仍然显著,但影响效应值略微减少,家庭经济水平对学生的学业成绩影响效应明显下降。说明影子教育参与部分调节了父母的受

教育程度、家庭经济水平等家庭背景变量对学生学业成绩的影响,即家庭社会经济地位部分通过学生参加课外补习间接对学生的学业成绩产生影响。由表8-4中模型二的结果可知,课外补习对学生的学业成绩有先升后降的非直线影响,相较于没有参与课外补习的学生,每周补习不到3小时的学生、补习3～6小时的学生学业成绩呈显著增加趋势,补习6～8小时的学生学业成绩收益略有下降,补习超过8小时之后的学生学业成绩收益则显著下降。至此,假设5得以验证,即影子教育参与时间与学生学业成绩之间存在显著的非线性关系。

表8-4　家庭背景、影子教育、教育期望对学生平均学业成绩的影响

	模型一	模型二	模型三	模型四
性别(女生为参照)	0.205*** (0.736)	0.190*** (0.730)	0.175*** (0.700)	0.146*** (0.652)
户口(农业户口为参照)	−0.007 (0.857)	−0.026*** (0.850)	−0.013** (0.815)	−0.003 (0.756)
家庭结构(双亲家庭,亲生父母为参照)				
双亲家庭,父母再婚	−0.024*** (2.236)	−0.020*** (2.206)	−0.016*** (2.112)	−0.010** (1.956)
单亲家庭,父亲或母亲去世	−0.015*** (3.419)	−0.012** (3.373)	−0.012** (3.229)	−0.010** (2.995)
单亲家庭,父母离异	−0.039*** (1.967)	−0.035*** (1.940)	−0.031*** (1.858)	−0.027*** (1.723)
其他	−0.029*** (4.361)	−0.026*** (4.303)	−0.019*** (4.121)	−0.013** (3.823)
兄弟姐妹数	−0.097*** (0.511)	−0.081*** (0.507)	−0.074*** (0.485)	−0.074*** (0.485)
父亲职业	0.050*** (0.288)	0.036*** (0.285)	0.030*** (0.273)	0.019*** (0.253)
父亲受教育程度	0.167*** (0.495)	0.158*** (0.489)	0.132*** (0.469)	0.089*** (0.437)
母亲受教育程度	0.114*** (0.481)	0.101*** (0.476)	0.081*** (0.456)	0.057*** (0.424)

(续表)

	模型一	模型二	模型三	模型四
家庭经济水平	0.042** (0.476)	0.002 (0.466)	−0.007 (0.446)	−0.030*** (0.415)
影子教育参与(没有参与 为参照组)				
3 小时以下(不含 3 小时)		0.087*** (1.087)	0.065*** (1.044)	0.035*** (1.044)
3~6 小时(不含 6 小时)		0.144*** (0.995)	0.109*** (0.958)	0.063*** (0.958)
6~8 小时(不含 8 小时)		0.142*** (1.311)	0.111*** (1.261)	0.068*** (1.261)
8 小时及以上		0.098*** (1.577)	0.073*** (1.516)	0.037*** (1.516)
父母对子女的教育期望			0.271*** (0.362)	0.084*** (0.384)
学生自我教育期望				0.408*** (0.518)
R^2	0.170	0.193	0.260	0.363
ΔR^2		0.023	0.068	0.103

模型三和模型四分别加入了父母对子女的教育期望和学生自我教育期望。结果表明,父母对子女的教育期望越高,子女的学业成绩越高。加入父母对子女的教育期望之后,家庭经济水平对学生的学业成绩影响显著性消失,说明父母对子女的教育期望与家庭经济水平相关,父母的受教育程度对学生学业成绩的影响效应虽然显著,但影响系数减小,说明父母对子女的教育期望部分地调节父母的受教育程度对学生学业成绩的影响。当模型中加入学生自我教育期望之后,与模型三相比,模型的拟合优度进一步提高(由 0.260 增加到 0.363)。另外,在加入学生的自我教育期望之后,父母教育期望对学生学业成绩的影响作用下降,表明父母对子女教育期望除了对学生的学业成绩有直接影响之外,还通过子女自我教育期望产生间接影响。同时,家庭背景变量,如父亲的职业地位、父母的受教育程度和家庭经济水平对学生的学业成绩影响明显下降,家庭经济水平对学生学业成绩的影响效应变化最为明显,由显著的正向影响效应变为显著的负向影响效应。以上结果表明,学生自我的教育期望部分地调节了

家庭背景对学生学业成绩的影响效应。此外,加入父母教育期望和学生自我教育期望之后,课外补习对学生学业成绩仍然呈现先升后降的非线性显著影响,但课外补习的非直线影响效应明显下降,不同补习时间的影响效应与模型二相比下降高达 300％,表明父母教育期望和学生自我教育期望部分地调节了课外补习对学生学业成绩的影响效应。据此我们推论,在探讨影子教育对学生学业成绩影响的研究中,如果没有控制父母对子女的教育期望和学生自我教育期望,会高估影子教育对学生学业成绩的影响效应。模型二、三、四中影子教育参与时间变量的系数均显著为正,假设 4 得到了验证,也即影子教育参与显著地影响学生学业成绩。此外,由模型四中家庭背景变量的系数与教育期望的系数比较可知,父母教育期望、学生自我教育期望是影响学生学业成绩更为重要的因素。

(四)教育期望在家庭社会经济地位与学生学业成绩之间的中介作用

为了进一步验证学生学业成绩获得是否符合 Wisconsin 模型的推论,本部分将构建以学生学业成绩为因变量的链式多重中介模型。模型包含家庭社会经济地位→父母教育期望→学生学业成绩,家庭社会经济地位→学生自我教育期望→学生学业成绩的影响路径,家庭社会经济地位→父母教育期望→学生自我教育期望→学生学业成绩三条影响路径(如图 8-3 所示)。

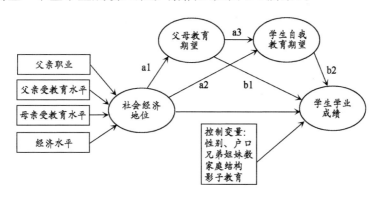

图 8-3　教育期望与学生学业成绩的多重中介模型

由表 8-5 可知,总的和各路径中介效应的 95％置信区间均不含 0,因此,父母教育期望和学生自我教育期望的中介效应均显著。至此,假设 3 得以验证。由表 8-5 还可发现,学生自我教育期望的中介效应显著强于父母教育期望的效应,两者占总效应的比例分别为 61.1%、12.1%。并且父母教育期望经由学生自我教育期望的传递作用而影响学生学业成绩的中介效应(0.051)大于其直接对学生学业成绩的中介效应(0.023),说明父母的教育期望更多是通过学生的自我教育期望对学生的学业成绩产生间接影响。

表 8-5　利用 Bootstrap 方法对中介效应的显著性检验结果

路径	标准化的间接效应估计	平均间接效应	95%的置信区间	
			上限	下限
家庭社会经济地位→父母教育期望→学生学业成绩(a1 * b1)	0.272 * 0.084=0.0228	0.023	0.020	0.026
家庭社会经济地位→学生自我教育期望→学生学业成绩(a2 * b2)	0.290 * 0.401=0.1163	0.116	0.111	0.121
家庭社会经济地位→父母教育期望→学生自我教育期望→学业成绩(a1 * a3 * b2)	0.272 * 0.465 * 0.401=0.051	0.051	0.048	0.053
总的中介效应		0.190	0.185	0.195

注:CFI=0.950,TLI=0.926,RMSEA=0.045,SRMR=0.02。

第五节　主要结论及讨论

我们基于中部某省会城市城区八年级学生及家长普查数据获得如下四点主要研究发现。

第一,父母教育期望和学生自我教育期望在家庭社会经济地位背景对学生学业成绩的影响中发挥了显著的中介作用。薛海平[567]在控制了课外补习和家长教育期望之后,发现父亲的受教育程度对学生数学和语文成绩有显著的正向预测作用,家庭人均纯收入对学生学业成绩并没有影响,但该研究并不能解释家庭收入对学生学业成绩没有影响还是其通过父母的教育期望间接产生影响。我们发现,家庭社会经济地位变量如父母的受教育水平、父亲职业和家庭经济水平除了直接影响学生学业成绩之外,还通过父母教育期望和学生自我教育期望间接影响学生学业成绩。研究结果还发现,家庭背景(如家庭结构、兄弟姐妹数、父亲职业、母亲受教育程度、家庭经济水平等)并不是学生学业成绩的主要预测变量,父母和学生自我的教育期望是影响学生学业成绩的关键变量。由此,建议后续关于提升学生学业成绩的关键因素研究,需要从关注较难改变的家庭背景变量,转向关注弱势家庭背景群体可以改变的教育期望等心理变量。

第二,课外补习时间对学生学业成绩的影响呈现先升后降的非线性关系,这一结果印证了胡咏梅等人[553]对课外补习时间与学业成绩呈倒"U"形关系的推测,并且与我国台湾地区学者的研究结论相同[575−576]。

第三,家庭背景尤其是家庭的经济水平、父亲的职业对学生影子教育参与有明显的促进作用。国内关于影子教育的诸多研究虽然发现家庭背景对影子教育参与有较大影响,但并未从教育期望的角度加以解释①。作为正规教育体系影子教育的课外补习因为没有能力的门槛,家庭背景对其影响作用应该更大,但关于教育期望对影子教育获得的影响作用研究相对较少。我们基于Wisconsin模型,从教育期望的视角出发,尝试构建家庭背景通过影响父母对子女的教育期望、学生自我教育期望最终影响影子教育参与的中介路径模型,对影子教育获得机制给予新的阐释。研究结果发现,家庭背景尤其是家庭的经济水平、父亲的职业对学生影子教育参与有明显的促进作用。根据以往的解释,家庭背景好、社会经济地位高的父母对子女的教育投入多,能够为子女创造更多的支持条件[579−580],让子女参与影子教育时间更长。但是我们发现,父母教育期望和学生自我教育期望对学生影子教育参与有重要的正向影响作用,尤其是学生自我的教育期望。相比自我教育期望低的学生,自我教育期望高的学生参与影子教育补习时间更长。另外,家庭背景除了直接影响影子教育参与时间,还通过父母对子女的教育期望和学生自我教育期望这一中介变量对影子教育参与产生显著的间接影响,这与国外围绕Wisconsin模型关于教育期望和教育获得的研究结论一致[558,560]。

----

① 楚红丽、薛海平在其研究中考察了父母教育期望对子女参加课外补习的影响,并得到家长教育期望对子女是否参加课外补习也有显著正向影响,即教育期望越高,子女参加课外补习的可能性也越大的结论,但他们没有对子女的自我教育期望进行控制,也没有考虑到父母和子女教育期望的中介影响机制。

第四,父母对子女的教育期望主要是通过子女自我教育期望对学生的学业成绩和影子教育获得间接产生影响。这可能有以下解释:父母对子女的教育期望是子女教育期望产生和维持的重要机制,对子女教育期望越高的父母,将投注更多的精力参与到子女的教育当中[581]。父母教育期望对学生学业成绩和影子教育参与的影响过程主要通过两种途径实现:一方面,积极的教育期望影响父母对子女的教育投入,包括增加课外补习投入、提供良好的物质条件以及投入更多的养育时间与精力(如与子女频繁的日常互动),从而有利于提高子女的学业成绩和教育获得;另一方面,代际间传递价值观和偏好,父母的期望和观念通过家庭社会化影响到子女的价值观念和行为态度,子女习得了父辈的高教育期望水平,从而形成一种激励性的心理能量,重视并发展自身学业[582]。父母对子女的教育期望通过什么样的途径影响子女自我的教育期望,进而影响学生的学业成绩和影子教育获得,将成为后续研究的重点。

必须强调的是,课外补习与学生学业成绩之间可能互为因果关系[583]。我们以横截面数据做分析,可能对课外补习的影响效应估计有一定偏误,若要更精确地测量课外补习的影响效应,需要不同时间段的追踪调查数据。另外,教育期望作为社会心理学变量,学生会在不同学习阶段根据自己的学业成绩和家庭背景情况进行调整,产生新的教育期望[584]。因此,如果可以采用追踪多阶段教育期望数据,学生学业成绩和影子教育参与的影响机制解释将会更为客观、精准。

第九章　学校在家庭处境不利学生实现学业抗逆中的作用

本章[①]采用我国东部某省初中生的大规模调查数据,实证分析学校在促进家庭处境不利的学生抗逆和降低教育结果不均等方面的可能作用。获得两点主要研究发现:一是抗逆学生比例集中的学校的生源平均家庭阶层地位及阶层异质性更高、教育资源更充足、教学质量更高、学校氛围更积极;二是学校学生的平均家庭阶层地位和阶层异质性、教育资源、教学质量和学校氛围是学业抗逆结果的显著预测变量,即处境不利的学生进入阶层地位更高、教育资源更充足的优质学校将有助于改善与家庭背景相关的教育结果不均等状况。基于上述发现提出促进学校教育结果均等化的四点建议:减少学校生源的阶层分割、促进学校生源的阶层融合;加大教育资源投入并注重优质资源分配的公平性;提升教师有效运用差异化、合作式、探究式教学方法的能力;构建支持性的积极学校氛围。

第一节　引言

自具有开创性的《科尔曼报告》发布以来的半个多世纪,学校对学生学业成绩和教育不平等的影响问题成为教育社会学和教育经济学领域的热点议题。研究者围绕学校是否能发挥作用,学校是强化、促进还是缩小教育不平等问题进行了探究,形成了学校会再生产和扩大教育不平等、学校对学生认知技能的差距具有补偿作用等不同观点[585]。

---

① 本章内容摘编自张平平、胡咏梅:《家庭处境不利学生如何实现学业成绩的逆袭:学校在其中的作用》,《教育经济评论》2019 年第 2 期。

虽然学校是教育不平等引擎的观点被当代不少教育社会学者所认同,研究者也确实识别出学校通过多种途径扩大教育结果的不均等,进而再生产甚至扩大社会不平等,但是越来越多的实际证据显示,在一些关键的教育不均等维度上,比如与学生家庭社会经济地位相关的成绩差距、认知技能差距等方面,学校存在一定的补偿作用,且这种补偿作用比想象中要大[586-589]。正如"资源替代理论"的观点,多种资源的存在使得结果对任何特定资源的依赖程度降低,一种类型资源会对另一种类型资源的缺乏起到弥补作用[590]。由于处境不利学生在家庭经济、文化和社会资源占有方面处于突出劣势,会对难得的、有限的学校教育资源形成更大的依赖,从而在学校质量提升中获益更多,即就读于高质量的学校会弥补家庭资源缺失可能造成的损害。换句话说,学校质量可以显著提升个体对抗不利家庭背景消极影响的"抗逆力",促使处境不利学生成为抗逆学生①。本研究将借鉴教育效能研究的基本理论模型[43],探索学校社会经济组成、学校资源、学校教学质量、学校氛围等因素对处境不利学生学业抗逆力的影响,以及其在缩小与家庭背景相关的教育结果不均等方面的作用,以检验"资源替代理论"在学校教育生产中的适用性。

第二节　文献综述与研究假设

在以经济学视角开展的教育生产函数研究中,研究者通常在"背景-投入-过程-产出"的理论框架下进行影响学生发展的学校因素分析。其中,最受研究者关注的学校因素包括学校生源阶层构成、学校资源、学校教学质量、学校氛围[591-595]。

(一)学校阶层构成与处境不利学生发展

居住隔离和就近入学政策的实施导致学校之间存在明显的阶层分割,来自

---

① 研究者将遭遇学业失败风险因素(低 SES、移民背景、少数族裔等),但取得超出预期的高学业水平的学生称为抗逆学生。比如,在 PISA 2009 年、2012 年、2015 年测试的结果报告中,均将学生的成绩对家庭经济社会文化地位(ESCS)、ESCS 平方项回归后的残差作为衡量学业抗逆力的指标,并结合 ESCS 和这个指标来定义抗逆学生。在 2018 年 OECD 发布的《教育公平:打破社会流动的障碍》专题报告中,将 ESCS 处于本国最低 1/4 且成绩处于本国最高 1/4 的学生定义为国内视角下的抗逆学生。

弱势家庭背景的学生更有可能就读于整体生源社会经济水平不高的学校。学校学生的社会经济组成反映了阶层分割程度,被认为是解释学生成绩差异的重要的学校水平因素。对学校组成与学生发展之间的关系进行研究,可以为生源融合、入学政策制定等教育改革政策与实践问题提供参考。

已有研究发现,学校阶层构成是影响学生成绩的重要变量,且此种影响可能存在一定的异质性。一些研究结果显示,学校的学生家庭社会经济组成与学业成绩的关联性在处境不利学生中更加明显。比如,Zimmer 和 Toma[596] 基于第二次国际数学比较研究的数据,采用固定效应模型估计得到,同伴效应是影响 13~14 岁学生学业成绩的显著因素,其效应在数学能力水平较低的学生群体当中更加明显,且这一结果在五个国家间具有稳健性。又如,Gustafsson 等人[597]基于国际数学与科学趋势比较研究 2011 年八年级测试的数据,采用两水平随机斜率模型估计,结果显示,在多数国家或地区的教育系统中,学校平均 SES 是家庭 SES 与学生成绩关系中最显著的调节变量,正向调节还是负向调节代表教育系统是否能够补偿家庭 SES 带来的影响,那些对弱势群体有补偿作用的教育系统通过安全有序、注重学业成功的学校氛围,较高的教学质量,以及为低 SES 学生提供更多更高质量的教学获得了更优异的总体成绩。Anjani[598]通过综述相关研究得出,学校阶层异质性的扩大有利于低 SES 学生的发展,即学校学生家庭的阶层融合可以作为促进处境不利学生发展的政策工具。然而,也有一些研究表明学校的社会经济组成与学业成绩的关系对于所有学生是相似的。比如,Rumberger 和 Palardy[599]基于美国教育追踪调查数据的多水平分析显示,学校生源的社会经济地位对处境有利与处境不利、白人与黑人高中生学业成绩增长的影响效应不存在显著差异。又如,Perry 和 Mcconney[600]基于国际学生评价项目澳大利亚数据进行的描述性研究显示,在不同个体 SES 水平下,高 SES 学校与低 SES 学校之间的成绩差距基本相同。据此,他们提出,学校 SES 对不同 SES 学生的成绩影响效应是相似的。

综上所述,学校的学生家庭阶层构成对不同 SES 学生成绩的影响可能存在异质性,为处境不利学生提供在相对较高 SES 阶层以及 SES 变异性更大学校就读的机会,可能是补偿其家庭教育资源缺失带来不利影响的途径之一,但

直接的研究证据仍较为缺乏。基于相关研究结果和资源替代理论,我们提出如下待检验的两组假设:

假设 1a:学校平均 SES 越高,处境不利学生成为抗逆学生的概率越高。

假设 1b:处境不利学生进入 SES 更高的学校,将有助于显著改善与家庭背景相关的教育结果不均等状况。

假设 2a:学校中学生 SES 的异质性越大,处境不利学生成为抗逆学生的概率越高。

假设 2b:处境不利学生进入 SES 变异性更大的学校,将有助于显著改善与家庭背景相关的教育结果不均等状况。

(二)学校教育资源与处境不利学生发展

学校教育资源对学生学业成绩影响效应的研究结果可以为制定教育资源配置的政策、实施促进教育均衡发展的策略措施提供依据。研究者通常以学校的生均教育支出、拥有某一学历或资格的教师比例、教师工作经验、班级规模、学校规模等指标作为学校教育资源的代理变量,基于调查研究、实验研究的数据进行分析或者对相关研究进行元分析,探讨学生成绩与上述资源指标之间的关系。

已有研究发现,学校资源对学生成绩的影响效应可能存在群体差异性,充足的学校教育资源可能会对家庭教育资源缺乏的处境不利学生产生补偿作用。这主要来自三方面的证据:其一,学校质量对于低收入国家学生的成绩影响更大。比如,Heyneman 和 Loxley[601]对 28 个国家的比较研究发现了学校教育资源对小学生成绩的影响效应在不同教育系统中表现出不同模式的所谓"Heyneman-Loxley 效应(HL 效应)",即国家的人均收入水平越低,家庭 SES 对学生成绩的影响越小,学校和教师质量特征对学生成绩的影响越大;2002 年 Baker 等人研究发现,虽然 HL 效应有所消退,但仍在那些深受极度贫困、动荡和传染病等影响的国家中存在[602];最近的基于发展中国家的研究也验证得到学校教育资源对学生成绩存在显著影响[603]。其二,学校教育资源对处境不利学生的学业成绩具有显著影响。比如,Agasisti 和 Longobardi[604]采用多水平 Logit 回归对 PISA 参与国和地区的比较研究显示,学校教育资源质量、合格教师比例、课外活动及相应资源的丰富性,能显著提高家庭社会经济地位处境不利学生成为抗逆学生的可能性[605]。又如,Southworth[606]采用多水平线性回归对美国北卡罗来纳州四至八年级学生的研究表明,提升教师质量和增加学校教育资源能够降低学校的种族构成和社会经济构成对学生成绩的影响,说明学校教育资源可能对处境不利学校学生的学业发展有补偿作用。其三,学校教育资源对低 SES 学生的影响效应相对更大。在学校资源对不同家庭背景学生成绩影响的研究中,不少研究者发现,若干教育资源指标对低 SES 学生比高 SES 学生成绩的影响效应更大,比如小班教学对少数族裔学生的正向效应比对白人学生的正向效应更大[607],教师质量、生师比能显著调节家庭 SES 与学生成绩之间的关系[608-609]。这些结果提示,学校教育资源在处境不利学生发展中可能起到对家庭背景的补偿作用。总的来说,目前关于学校资源可能对不同群体学生发挥异质性效应的直接研究较少,关于学校资源对处境不利学生学业发展和教育结果均等的影响作用需要更多的实证证据。

基于上述研究发现和资源替代理论,为检验学校教育资源对处境不利学生的学业发展的影响,我们提出如下待检验的假设:

假设 3a:处境不利学生进入教育资源更充足的学校,将显著提升其成为抗逆学生的概率。

假设 3b:处境不利学生进入教育资源更充足的学校,将有助于显著改善与家庭背景相关的教育结果不均等状况。

(三)学校教学质量与处境不利学生发展

可观测的教师教学方式和教学实践是学校教学质量的重要指征,代表了中观层面的学习机会,能够更真实地反映教育过程公平状况。研究者通常以教师采用认知激活、适应性教学、探究性教学等方法的频率以及课堂管理、课堂氛围等指标来反映学校教学质量,进而探讨教学质量对学生学业发展的影响,为学校教育教学改进提供依据。

已有研究表明,教学质量会影响学生的学习动机和成绩,且高质量教学对面临学业失败风险学生的影响可能更大。Klieme 等人[610]提出了包含认知激活、课堂管理和支持性氛围的教学质量基本模型,认为认知激活会通过深度加工、反思等中介过程影响学生对知识的掌握和理解,课堂管理的清晰度和结构化会通过任务时间这一中介因素影响学生成绩,支持性氛围会通过情绪和情感这一中介因素影响学生的学习动机。基于田纳西州班额缩减计划和后续跟踪数据的多水平研究显示,所有四年级学生都能从有效教师中获益,虽然教师对不同性别、种族、SES 学生的影响效应整体差别较小,但有证据显示教师对于数学成绩的影响效应在少数民族学生集中的学校中更明显[611]。基于教育效能动态模型对 6 个欧洲国家的万余名四年级学生的研究发现,该模型中的大部分教师因素(包括结构化教学、对学生进行充足的提问、教授问题解决类的高级思维能力、提供实践和应用新知识的机会、师生互动质量、形成性学习评价)对低成就表现学生群体学业成绩的影响力更大,而且没有一个待考察的教师和学校因素对高成就表现学生的影响更大[612]。针对低收入家庭拉丁裔美国学生的研究表明,教师教学的灵活性和实用性对拉丁裔学生学业抗逆力的培养有积极作用[613]。针对美国南部城市小学生的研究表明,相比于非抗逆学生,抗逆学生更倾向于认为教师为其提供更多反馈、教学安排合理[614]。使用分组学习策略、鼓励学生相互指导对方等教学策略有助于促进教育抗逆力[615]。上述研究结果提示,通过教师的有效教学最大化学生在课堂和学校中的有意义参与机会是增强抗逆力的重要途径。

综上相关研究结论,我们提出如下待检验的假设:

假设 4a:处境不利学生进入教学质量更好的学校,将显著提升其成为抗逆学生的概率。

假设 4b:处境不利学生进入教学质量更好的学校,将有助于显著改善与家庭背景相关的教育结果不均等状况。

(四)学校氛围与处境不利学生发展

学校氛围是一所学校区别于另一所学校的相对持久而稳定的"软环境"特征,反映了学校教育过程。研究者以秩序与纪律、师生关系、学业压力、教师士气等来刻画学校氛围,并将其与学生的学业发展进行关联分析,为基于学校的教育改进提供参考。

不少研究表明,积极的学校氛围是抗逆力的保护因子、在一定程度上削弱家庭 SES 与学生成绩的关系。研究者提出,暴露于不利风险因素的儿童能从家庭以外的支持性关系中获益,从而实现可持续的学业成功[616]。对低 SES 少数民族美国小学生进行的追踪研究显示,与安全有序的学校环境、积极师生关系等学校氛围因素相关的变量,能显著区分抗逆学生和非抗逆学生[617]。基于 PISA 2006—2015 年数据的多水平 Logit 研究显示,在绝大多数国家和地区的教育系统中,课堂氛围积极学校的社会经济处境不利学生实现抗逆的可能性更高,且在控制学生、学校社会经济背景以及其他多种因素的情况下,上述结论仍然成立[605]。基于 PISA 2003 美国样本数据的研究发现,课堂纪律氛围良好条件下 SES 与学生成绩的关系弱于消极课堂氛围条件下二者的关系[618]。基于以色列大规模全国代表性中小学样本的多水平分析研究显示,学校氛围对学校平均 SES 与学生成绩间的关系具有正向补偿效应,对家庭 SES 与学生成绩间关系具有负向调节效应,即相比于消极学校氛围条件,积极学校氛围条件下不同 SES 学生之间的成绩差距更小[619]。此外,对 2000—2015 年间的 78 项学校和班级氛围与学业成绩的相关研究结果显示,总体而言,积极的学校和课堂氛围降低了弱势 SES 背景对学业成绩的负面影响[620]。这些研究结果都反映了积极学校氛围对于处境不利学生的学业发展以及缩小与家庭背景相关的教育不均等的作用。

综上,支持性的学校和课堂氛围对学生的学业成绩有正向影响,从而有可能缩小不同社会经济地位学校和学生之间的学业成绩差距。据此提出如下待检验的假设:

假设 5a:处境不利学生进入积极氛围的学校,将显著提升其成为抗逆学生的概率。

假设 5b:处境不利学生进入积极氛围的学校,将有助于显著改善与家庭背景相关的教育结果不均等状况。

第三节　研究方法

（一）数据来源

本研究使用的数据来自中国基础教育质量监测协同创新中心 2014 年与东部某省合作开展的"区域教育质量健康体检"项目。项目采用分层三阶段不等概率抽样方法，抽取来自该省 11 个地市的五年级和九年级学生及其家长、所在年级测试学科教师、校长参加测试或问卷调查。项目依据严格的测量学规范，开发了相关测试工具，搜集到学生的品德行为、身心健康、学业发展、兴趣爱好和学业负担等方面发展状况的测试数据以及影响学生发展的家庭背景、学校状况的调查数据，能够很好地满足本研究的需要。本研究以来自 610 所初中的 30 743 名九年级学生为整体研究对象。其中，公办学校占 84.6％，民办学校占 15.4％；城市学校、县城学校、乡镇农村学校分别约占 22.5％、27.9％ 和 49.7％；样本中女生占 48.7％、独生子女占 52.8％、接受一年以上学前教育经历的学生占 92.7％。

（二）变量说明

基于上述文献综述和研究假设，本研究关注的学校特征变量包括：学校平均 SES 及阶层异质性，用来反映学生组成及学生同伴群体特征等学校背景因素；学校教育资源，包括学校的各类教学材料、课程与课外活动的充足性，用来反映学校的教育投入；学校教学质量，包括教师使用个性化、合作式和探究式教学策略的情况，用来反映学校教育过程中的学生学习机会状况；学校氛围，用来反映学校教育过程中的学习环境状况。变量说明参见表 9-1。

表 9-1 变量说明

变量	说明
家庭社会经济地位分类	将父母最高受教育程度、父母最高职业地位及家庭拥有物得分经过标准化后求平均值并转换为取值 0~10 的变量,再根据前后 1/3 的标准分为处境不利学生、处境一般学生和处境有利学生
学业成绩	学生的语文、数学、科学三科测验成绩标准化后求平均值,再转换为取值 0~100 的变量
是否抗逆	首先,将学业成绩对 SES 和 SES 平方项回归的残差转换为取值 0~100 的变量作为学业抗逆力;其次,将学业抗逆力按前后 1/3 分为高、中、低表现;最后,将处境不利学生中的高表现者定义为抗逆学生、将处境不利学生中的低表现者定义为非抗逆学生
性别	女=1,男=0
年龄	根据学生报告的出生年月计算得到
独生与否	独生=1,非独生=0
学前教育经历	上过 1 年及以上幼儿园=1,没上过或上过不到 1 年幼儿园=0
学校平均 SES	学校中学生家庭 SES 的平均值
学校阶层异质性	学校中学生家庭 SES 的标准差
学校教育资源	学校基础设施和教学材料的充足程度、课外活动丰富性以及校本课程门类的题目得分标准化后求平均值,再转换为取值 0~10 的变量
学校教学质量	学生对教师采用因材施教、互动合作、引导探究教学策略频率评价题目的均分,在学校层面经过标准化转换为取值 0~10 的变量
学校氛围	学生对教师尊重、信任、公平与公正对待自己题目评价的均分,在学校层面经过标准化转换为取值 0~10 的变量
学校办学性质	民办=1,公办=0
学校位于城市	城市=1,其他=0
学校位于县城	县城=1,其他=0
学校规模	本校学生总数/100

(三)变量的描述性统计

从表 9-2 可以看出,就全体样本而言,学生的学业成绩为 65.156,年龄平均为 14.455 岁;学校平均 SES、阶层异质性、教育资源、教学质量、氛围的平均分分别为 4.271、1.344、6.793、5.063 和 5.111,学校规模为 1198 人。对于分样本而言,处境有利学生的平均学业成绩显著高于处境一般和处境不利学生,处境不利学生的平均年龄显著高于处境一般和处境有利学生;处境有利学校的平均

SES最高、阶层异质性最大、教育资源最充足、教学质量最高、氛围最积极、学校规模最大,其次是处境一般学校,处境不利学校的得分均最低。

处境不利学生的整体发展状况较处境一般学生和处境有利学生存在显著差距,处境不利学校的质量指标显著差于处境有利学校,这反映了家庭背景对于子女人力资本积累具有显著影响、教育资源在不同学校之间的不均衡分配是教育不平等再生产的重要机制的观点。这种差异反映了处境不利学生的发展问题所在,然而处境不利学生内部表现出的可能差异性则为解决此类群体的发展问题提供关键启示。因此,在接下来的研究中,我们将探讨与学业发展结果不同的处境不利学生(即抗逆与否学生)相关的学校因素,说明学校如何为处境不利学生群体提供教育补偿。

表 9-2 各连续变量的描述统计

变量		全样本统计		分样本均值			F 值
		均值	标准差	处境不利	处境一般	处境有利	
学生层	学业成绩	65.156	17.370	58.390	65.145	72.112	1823.019***
	年龄	14.455	0.627	14.555	14.445	14.362	253.861***
学校层	学校平均SES	4.271	1.157	3.128	4.051	5.635	1217.735***
	学校阶层异质性	1.344	0.270	1.111	1.334	1.588	331.585***
	学校教育资源	6.793	1.904	5.753	6.893	7.732	67.369***
	学校教学质量	5.063	1.477	4.417	5.066	5.706	44.116***
	学校氛围	5.111	1.371	4.634	5.088	5.610	28.077***
	学校规模	11.977	8.299	7.503	12.807	15.616	59.681***

(四)分析方法

本研究使用多元方差分析探讨抗逆学生比例不同的学校间的特征差异,使用多层Logit回归探讨学校因素对处境不利学生成为抗逆学生的发生比率的影响,使用多层线性回归探讨哪些学校因素能够缩小不同家庭背景学生的成绩差距。

第四节　实证分析结果

（一）抗逆学生比例不同的学校的特征

为了说明学校与处境不利学生的抗逆力发展间的关系，本研究首先进行抗逆学生比例不同学校的特征分析。根据抗逆学生占处境不利学生的比例的前后 1/3 标准将学校分为三组，分别是低抗逆学校、中等抗逆学校和高抗逆学校。以这个学校组别为自变量，以五个特征为因变量进行多元方差分析，并进行不同组别学校间差异的事后检验。结果见表 9-3。以蒲显伟[621]列出的均值差异效应值（Cohen's d）的判断规则（|0.2|、|0.5|、|0.8|分别表示小、中等和大效应）作为不同组别学校差异的比较标准。可以看出，不同组别学校在关注的所有特征变量上均存在显著差异（$p < 0.001$），高抗逆学校在各变量上的得分均高于中等抗逆和低抗逆学校。

表 9-3　处境不利学生中抗逆学生比例不同学校的特征差异

按抗逆学生比例得到的分类	统计量	学校特征				
		平均 SES	阶层异质性	教育资源	教学质量	学校氛围
低抗逆学校	均值	3.787	1.233	6.273	4.634	4.953
	标准差	1.027	0.249	2.122	1.612	1.422
中等抗逆学校	均值	3.912	1.306	6.587	4.991	4.998
	标准差	0.817	0.257	1.659	1.262	1.298
高抗逆学校	均值	4.875	1.483	7.340	5.454	5.285
	标准差	1.012	0.248	1.676	1.375	1.339
组间差异	F 值	76.313***	51.477***	17.715***	16.490***	3.499***
	η^2	0.206	0.149	0.057	0.053	0.012
事后比较	高—低　差值	1.088***	0.249***	1.068***	0.820***	0.333*
	Cohen'd	1.434	0.214	0.564	0.550	0.247
	高—中等　差值	0.963***	0.177***	0.753***	0.463**	0.287*
	Cohen'd	1.233	0.152	0.449	0.346	0.220

　　具体表现为:高抗逆学校的平均 SES 显著高于中等抗逆和低抗逆学校,差值的效应值分别为 1.233 和 1.434,属于大效应范围;高抗逆学校的阶层异质性显著高于中等抗逆和低抗逆学校,差值的效应值分别为 0.152 和 0.214,属于小效应范围;高抗逆学校的教育资源充足性显著高于中等抗逆和低抗逆学校,差值的效应值分别为 0.449 和 0.564,属于中等效应范围;高抗逆学校的教学质量显著高于中等抗逆和低抗逆学校,差值的效应值分别为 0.346 和 0.550,属于小到中等效应范围;高抗逆学校的学校氛围显著高于中等抗逆和低抗逆学校,差值的效应值分别为 0.220 和 0.247,属于小效应范围。

　　上述结果说明,高抗逆学校比中等抗逆和低抗逆学校质量显著更高,表现为学校平均 SES 更高、阶层异质性更大、教育资源更充足、教学质量更高、学校氛围更积极。与以往关于抗逆学生所在学校特点的研究发现一致。就学校学生的社会经济组成而言,基于美国国家教育进展评估数据的研究发现,高阅读成就非裔八年级学生比低成就非裔学生所在学校的平均 SES 更高[622];基于 PISA 2006 数据的研究发现,抗逆学生就读学校的平均经济社会文化地位略高于处境不利低表现生[623];基于我国全国层面教育质量评价数据的研究发现,高学业成就表现四年级流动儿童就读学校的平均 SES 显著高于低学业成就流动儿童组学生[624]。就学校资源而言,基于 PISA 2009 意大利样本的研究发现,抗逆学生比例居于最低 1/4 的学校比其他学校的教育资源质量低,尤其是在课外活动指数上与抗逆学生比例更高学校之间存在较大差异[604]。就学校教学质量而言,基于对美国低收入家庭西班牙裔学生集中学校的课堂观察研究显示,阅读和数学课堂上的师生学业互动的数量与质量(如教师采用认知指导、合作学习、教学对话等以学生为中心的教学以及在社会和人际水平上理解学生)是提升低收入家庭西班牙裔学生学业成绩的最有影响的变量[625]。就学校氛围而言,对加拿大公立中学的研究显示,抗逆学校的学校氛围得分居于第 82 百分位,而长期表现不佳的学校的得分则居于第 14 百分位,即使是在控制了学生特征、学校规模和学校人力资源等多种因素的条件下,抗逆学校的氛围仍然较其他学校更为积极[626],说明学校氛围是"抗逆学校"与"非抗逆学校"的重要区分特征。

(二)学校因素对处境不利学生学业抗逆力的影响

基于两水平 Logit 回归模型,分别以学校平均 SES、阶层异质性、教育资源、教学质量、学校氛围为核心解释变量,考察在考虑学生和学校基本特征后,学校因素对处境不利学生的学业抗逆可能性的影响效应,结果见表 9-4。

模型 0(只含控制变量)的结果显示,性别、年龄、学校所在地、学校规模对处境不利学生成为抗逆学生的概率有显著影响,是否独生子女、学前教育经历、学校性质对处境不利学生成为抗逆学生的概率的影响不显著。具体来说,处境不利女生成为抗逆学生的发生比率是处境不利男生的 1.454 倍;年龄每增加一岁,处境不利学生成为抗逆学生的发生比率降低 17.8%;城市学校、县城学校的处境不利学生成为抗逆学生的发生比率分别是农村学校学生的 1.422 倍、1.671倍;学校规模每增加 100 人,处境不利学生的抗逆可能性提高 2.3%。以上结果说明,与相对应的同伴相比,男生、大龄学生(入学年龄晚或有过留级经历)、农村学校学生和小规模学校学生更可能面临家庭 SES 低下带来的学业失败风险,需要得到家长和学校教育工作者更大程度的关注。

模型 1—5 的结果显示,在控制学生和学校基本特征后,本研究关注的五个学校因素对处境不利学生的学业抗逆可能性均具有显著正向预测力,具体结果如下:学校平均 SES 每提高一个单位,处境不利学生成为抗逆学生的发生比率增加 152.4%;学校阶层异质性每提高一个单位,处境不利学生成为抗逆学生的发生比率增加 646.8%;学校教育资源每提高一个单位,处境不利学生成为抗逆学生的发生比率提高 22.6%;学校教学质量每提高一个单位,处境不利学生成为抗逆学生的发生比率提高 29.3%;学校氛围每提高一个单位,处境不利学生成为抗逆学生的发生比率提高 14.4%。据此,假设 1a、2a、3a、4a、5a 得到了验证。

表 9-4　学校因素对处境不利学生学业抗逆可能性的影响

变量	模型 0	模型 1	模型 2	模型 3	模型 4	模型 5
性别	1.454*** (0.087)	1.464*** (0.079)	1.455*** (0.078)	1.455*** (0.078)	1.455*** (0.078)	1.455*** (0.078)
年龄	0.822*** (0.035)	0.822*** (0.033)	0.825*** (0.033)	0.821*** (0.033)	0.819*** (0.033)	0.82*** (0.033)

（续表）

变量	模型 0	模型 1	模型 2	模型 3	模型 4	模型 5
独生与否	1.093 (0.894)	1.064 (0.058)	1.082 (0.060)	1.084 (0.060)	1.088 (0.060)	1.09 (0.060)
学前教育经历	0.894 (0.079)	0.867 (0.073)	0.879 (0.074)	0.889 (0.075)	0.89 (0.075)	0.891 (0.075)
学校位于城市	1.422* (0.250)	0.485*** (0.082)	0.836 (0.139)	1.192 (0.190)	1.275 (0.203)	1.362 (0.222)
学校位于县城	1.671*** (0.249)	0.813 (0.102)	1.047 (0.138)	1.562*** (0.195)	1.515*** (0.190)	1.618*** (0.209)
学校性质	0.795 (0.235)	0.807 (0.125)	0.888 (0.145)	0.894 (0.149)	0.810 (0.134)	0.793 (0.134)
学校规模	1.023* (0.012)	0.997 (0.006)	1.008 (0.006)	1.015* (0.006)	1.02** (0.006)	1.022*** (0.007)
学校平均 SES		2.524*** (0.185)				
学校阶层异质性			7.468*** (1.706)			
学校教育资源				1.226*** (0.035)		
学校教学质量					1.293*** (0.048)	
学校氛围						1.144*** (0.045)
常数项	11.079*** (7.322)	0.581 (0.379)	1.105 (0.737)	3.348 (2.132)	3.577* (2.275)	6.004** (3.855)
样本学生数	7630	7630	7630	7630	7630	7630
样本学校数	585	585	585	585	585	585

注：表中呈现的是发生比 Exp(B)，括号内为稳健标准误。

（三）学校因素在缩小与家庭背景相关成绩差距方面的作用

针对不同家庭 SES 组别学生，分别构建包含学生和学校基本特征、家庭资本以及学校层面五个核心解释变量的多水平线性回归模型，考察各个学校因素对不同组别学生的学业成绩影响效应，结果见表 9-5。可以看出，在考虑控制变量的影响后，五个学校因素均能显著正向预测各组学生的学业成绩，说明家庭 SES 不同的初中生均能够从学校平均 SES 的提升、学校阶层异质性的扩大、学校教育资源的增加、学校教学质量的提升和学校氛围的改善中获得成绩收益，且除学校氛围变量外,其他四个学校因素对学生学业成绩的预测作用呈现随着家庭 SES 的提高而递减的趋势。

在得到学校因素对不同家庭 SES 组别学生学业成绩预测作用的回归系数之后,为了比较这种影响作用在组间的差异,参考连玉君等人[627]提出的引入交互项的方法进行多层线性模型框架下处境不利和处境有利学生组间回归系数的差异检验。第一步,引入虚拟变量 D_i($D_i = 1$ 表示处境不利组、$D_i = 0$ 表示处境有利组)。第二步,将虚拟变量 D_i 与所有自变量的交互项纳入多层线性回归方程。比如,在以学业成绩为因变量,以学校平均 SES 为核心自变量的回归方程中,将虚拟变量与所有的个人特征(性别、年龄、独生与否、学前教育经历)、虚拟变量与所有的家庭资本变量(家庭经济资本、家庭文化资本、家庭社会资本)、虚拟变量与所有的学校特征(学校所在地、学校性质、学校规模),以及虚拟变量与学校平均 SES 的交互项都纳入方程中。第三步,关注 D_i 与核心自变量交互项的回归系数。在上述例子中,D_i 与学校平均 SES 交互项的回归系数显著大于 0,说明学校平均 SES 对学业成绩的预测作用在处境不利学生组更强;交互项的回归系数显著小于 0,说明学校平均 SES 对学业成绩的预测作用在处境有利学生组更强。对于学校阶层异质性、学校教育资源、学校教学质量、学校氛围为核心自变量的模型,也按照类似步骤进行处境不利与处境有利学生的回归系数差异检验。结果见表 9-5。

可以看出,学校平均 SES、学校教育资源与虚拟变量交互项的回归系数为正向显著,说明处境不利学生从学校平均阶层地位的提升和学校教育资源充足度的提升中获得的成绩收益更大。学校阶层异质性、学校教学质量、学校氛围与虚拟变量交互项的回归系数不显著,说明处境不利学生从学校阶层异质性的扩大、学校教学质量提升和学校氛围改善中获得的成绩收益与处境有利学生基本相当。据此,假设 1b、3b 得到了验证,假设 2b、4b、5b 未得到验证。

表 9-5 学校因素对不同家庭 SES 学生学业成绩的影响

变量	分样本回归				处境不利与处境有利组的系数差异检验
	全样本	处境不利	处境一般	处境有利	
学生层面控制变量	包含	包含	包含	包含	包含
学校层面控制变量	包含	包含	包含	包含	包含
学校平均 SES	6.099*** (0.299)	6.539*** (0.437)	5.693*** (0.361)	4.673*** (0.326)	0.899* (0.444)
学校阶层异质性	14.21*** (1.397)	12.840*** (1.568)	12.473*** (1.402)	9.993*** (1.357)	0.033 (1.259)
学校教育资源	1.547*** (0.190)	1.536*** (0.194)	1.313*** (0.201)	1.024*** (0.194)	0.343* (0.157)
学校教学质量	1.93*** (0.224)	1.768*** (0.248)	1.708*** (0.226)	1.628*** (0.225)	−0.082 (0.207)
学校氛围	1.206*** (0.238)	0.908*** (0.268)	1.038*** (0.209)	1.114*** (0.236)	−0.313 (0.212)
样本学校数	610	592	610	588	610
样本学生数	30743	10585	9844	10314	20899

注:"包含"表示模型中包含此类变量。

第五节 结论与建议

(一)主要研究结论

本研究基于中国基础教育质量监测协同创新中心的大规模调查数据的实证研究获得如下四点主要研究结论。

1.学校阶层构成在实现家庭处境不利学生学业抗逆方面的作用

本研究基于中国基础教育质量监测协同创新中心的大规模调查数据的实证研究发现,学校学生的平均家庭阶层地位能显著预测处境不利学生的抗逆概率、缩小与家庭背景相关的教育结果不均等,这一发现验证了国外一些学者得出的"学校社会经济组成与学生学业表现显著正相关"[628−629]、"学校平均 SES 显著正向预测处境不利学生实现学业抗逆的可能性"[605]的结论。处境不利学生能够从拥有家庭背景更优的学校同伴中获益,可能有多种解释:首先,根据社会互动中的内生性效应(或者说社会传染效应)[630],同伴的学习动机和学业成绩会直接影响学生个体的成绩,导致他们之间变得更相近。拥有更高阶层地位同伴的处境不利学生发展出更高的自我教育期望[631]、遭遇更少的行为问题[632]。处于阶层地位更高的班级或学校中的处境不利学生还可能会面临社会规范的压力而试图变得与同伴更相似,从而在学习上进行更多投入,取得超出预期的成绩。其次,阶层地位占优势的学校拥有更多的外显和内隐资源,比如更高质量的老师、更成熟的课程和长久累积的教学资源以及来自社区和家长的潜在资源。处于这样学校的处境不利学生从丰富的教学资源、高质量的教师和高质量的教学实践中大大弥补了家庭教育资源的不足。再次,在阶层地位更高的学校,教师对学生成绩期望整体较高因而采用更高的标准来要求学生、实施课堂教学,这种教学策略的调整对处境不利学生也是有益的。最后,处于阶层地位更高学校的处境不利学生可能得到了来自家长的更多教育参与和来自教师的更多支持,帮助他们发展了积极心理品质和有价值的非认知能力,从而获得了更高的成绩,缩小了与处境有利同伴之间的成绩差距。

学校阶层异质性的提升为什么能促进处境不利学生抗逆?首先,学校平均阶层地位与阶层异质性之间存在显著的正向关系。本研究中二者的相关系数为0.711。处于异质性大的学校中的处境不利学生的同伴阶层地位整体高于处于异质性小的学校的处境不利学生。根据前面的解释,这些学生能获得伴随学校高平均阶层地位的积极同伴效应、更丰富的教育资源、更高的教学质量、更多的教师支持和更多的家长投入的可能益处。其次,社会经济多元化学习环境会降低贫困带给大脑的负面影响。贫困带来的持续压力和恐惧情绪会传递给掌握执行功能的前额叶,使得这些个体有效解决问题、设定目标和完成任务的能力受到抑制[633],而将这些处境不利个体从持续性的贫困压力转移安置到社会经济融合程度更高的学校中,则会带来积极效果。最后,多样性会促进个体的认知发展。根据皮亚杰的认知发展理论,儿童的认知发展部分地源于冲突和多样性带来的不平衡,处于多元人群中会促进个体的积极思维能力、智力投入和观点采择,这些都有助于产生积极的学习结果[634]。

2. 学校教育资源在实现家庭处境不利学生学业抗逆方面的作用

学校教育资源充足性可以显著正向预测处境不利学生的学业抗逆概率、缩小与家庭背景相关的教育结果不均等，说明学校教育资源确实能起到对处境不利学生发展的部分补偿作用。这一研究发现与已有关于学校课程教学资源效应的研究结论一致，比如 Agasisti 和 Longobardi[635]基于 PISA 2009 欧盟 15 国样本的研究显示，就读于提供更多课外活动、资源数量和资源质量更高学校的处境不利学生抗逆的可能性更高；何孟姐[636]基于我国大规模教育质量评价数据的研究显示，生师比、数学周课时数对四年级流动、留守儿童的学业抗逆可能性有显著正向影响。家庭 SES 居于弱势地位的学生可以从充足的学校教育资源中获得明显收益，很可能是因为其在家庭中参与文化活动的机会极少，而学校提供的课程与课外活动为教师、学生甚至家长等提供了共同参与的机会，帮助学生发展了对学校的归属感和认同感，从而更多地投入学习，提高了成绩，缩小了与处境有利学生学业成绩的差距，促进了学校教育结果的均等化。

3. 学校教学质量在实现家庭处境不利学生学业抗逆方面的作用

学校教师的教学质量能显著正向预测处境不利学生的学业抗逆概率，验证了为学生提供更具差异化、合作性和探究性等有意义学习机会的学校能成功培养学生的抗逆力的已有研究发现[616]。在差异化教学的课堂中，教师有机会深入了解学生，会考虑学生之间在知识掌握的熟练程度、知识理解和运用的能力、学习兴趣、学习品质等方面的差距，从而制定更恰当的教学目标、更合理的教学进度以及给予不同学生更有针对性的指导，以最大程度上满足每个学生的个性化需求。在教师的帮助下，学生面临的许多学业困难问题也会在很大程度上得到解决，这大大提升了其对学习的自信心，促进其探索环境、探求新知，逐步发挥自身潜能，从而在自身投入中得到学习结果提升的回报。在互动合作的课堂中，学生获得了更多与同伴和老师讨论、交流、建立亲密关系的机会，锻炼了表达、倾听、合作的能力，学生在参与互动的过程中不仅提高了个人的主动性和创造性，体验到能力感，还会从民主、和谐的学习氛围中发展出对学校和学习更为积极的情感态度，从而更有意愿投入到学习活动中。在探究性的课堂中，学生有更多机会参与提出问题、作出假设、设计方案、分析结果并得出结论等活动，也会有更多机会进行口头交流、展示与反思，这些不仅有助于其加深对知识的理解,还有助于培养人际交往能力。探究性课堂增强了学生的自主性,而支持自主探究的教学方式被证明有助于学生的学习。

4. 学校氛围在实现家庭处境不利学生学业抗逆方面的作用

积极的学校氛围是处境不利学生学业抗逆概率的显著预测变量,验证了以往关于积极学校氛围与低 SES 学校学业成功之间显著相关、来自重要他人的关爱与支持是处境不利学生取得良好表现重要原因的研究结论。比如,关于加拿大公立中学学校氛围与学业成功关系的研究显示,那些在学校氛围得分上居于前 5% 的学校实现抗逆的可能性,是学校氛围得分居于一般水平学校的十倍之多[626]。对 99 篇包含从学前到高中的师生关系情感质量与学业成就间关系研究报告的元分析显示,积极的和消极的师生关系与学生学业成就之间的关联强度达到小到中等的效应值,且对低家庭社会经济地位的学生而言,师生关系对学业成就的影响更大,对于存在学习困难这样的处于学业失败风险的学生来说,负面师生关系的破坏性更强[637]。基于生态系统观的心理韧性模型认为,青少年在发展过程中具有安全、爱、归属等心理需要,这些需要的满足依赖于学校、家长、社会和同伴群体中的保护性因素及资源(包括亲密关系、高期望、积极参与),如果外部资源满足了心理需要,则个体能发展出心理韧性特质(合作、共情、自我效能等),这些特质会保护青少年免受危险因素的影响,从而获得良好发展[638]。根据此模型的观点,积极的学校氛围作为一种外在环境支持通过满足儿童青少年建立关系、发展能力等基本需要,增加其应对逆境的心理资本,从而形成抗逆结果。

(二)建议

我们发现,学校教学质量、学校氛围能显著区分高抗逆学校和低抗逆学校、能显著正向预测处境不利学生的学业抗逆概率,学校平均阶层地位、学校教育资源能显著缩小与家庭 SES 相关的成绩差距,基于这些研究结论,我们提出以下促进学校教育结果均等化的四点建议:

第一,减少学校生源的阶层分割、促进学校生源的阶层融合。各级政府和教育部门需要进一步推进义务教育均衡,加强不同地区和不同学校间在师资、管理、课程、资源等方面的交流与共享,缩小不同学校之间的师资和办学条件差距,缓解由于择校带来的优势阶层家庭学生过于集中的现象,实现学校生源阶层构成的调整和学校生源阶层的融合。相关部门在制定学校招生政策时,需要严格控制高阶层家庭学生在优质学校的集中程度,适当提高低家庭社会经济地位的学生进入阶层地位更高和更优质学校的概率,帮助其获得更多的学校资源和更具支持性的学校环境,利用这些优势资源和环境条件给予的"加速度",缩小与家庭背景有利同伴的学业差距。

第二,加大教育资源投入并注重优质资源分配的公平性。各级政府在教育资源新增投入,尤其教师补充时,应当考虑学校的生源背景,适当向生源家庭背景弱势的学校倾斜,以弥补由于这些学校的内隐资源不足以及学生家庭资源不足导致的与其他同伴群体的发展差距。此外,建议考虑课外课程与活动资源的差异对于加剧不同生源阶层学校之间差距的作用,加大对生源家庭背景弱势的学校提供课后教育服务和补充优质教学资源,并努力保证师资和优质教学资源在不同学校之间分配的适当均衡,逐步实现不同学校间在课后服务质量方面的差异最小化。

第三,提升教师有效运用差异化、合作式、探究式教学方法的能力。各类学校,尤其是处境不利学生集中的弱势学校要进一步深化课堂教学改革,推广差异化、合作式、探究式教学方法,使得所有学生有平等的机会获得教师的教育关照,每一个学生的学习需求都能得到更大程度的满足。此外,区域和学校要进一步加大对弱势学校教师的培训力度,通过建立跨区域和区域内的教师发展共同体、研修平台以及开展多种形式的教学经验交流等系列措施,着力提升教师运用有效教学策略的能力,逐步缩小教师专业能力上的差距,为促进学生成绩提升、缩小不同家庭背景学生的成绩差距提供保障。

第四,构建支持性的积极的学校氛围。教师可以通过关注每一个学生、鼓励课堂参与、倾听、表达尊重、给予必要的帮助、给予高期望等方式来为学生,尤其是处境不利学生提供支持,改善其在学校的体验、增强学校归属感,从而以更积极的态度投入学习。此外,学校可以通过为教师提供适当的反馈、认可和奖励,激励教师爱岗敬业,以及培训和专业发展等途径加强师资队伍建设,从而为提升处境不利学生的学业抗逆力奠定坚实的基础。

第十章　中学生遭受校园欺凌的影响因素及预防策略研究

本章[①]基于 2014 年中国基础教育质量监测协同创新中心"区域教育质量健康体检"项目大规模随机抽样调查数据,使用似不相关回归模型对中学生遭受校园欺凌的影响因素开展实证研究。研究发现:(1)中学生遭受言语欺凌的平均频次最高,关系欺凌次之,身体欺凌最低;(2)男生相较于女生,更可能遭受校园欺凌;(3)单亲、流动、留守儿童以及乡村儿童较容易遭受各种类型的校园欺凌;(4)中学生自尊水平过高或过低都更容易遭受同学的关系欺凌;(5)中学生亲子关系、同伴关系、师生关系均会显著负向影响其遭受欺凌的频次,且同伴关系对城市中学生遭受关系欺凌的影响程度更大。由此建议家长、教师、学校通过关注潜在"高风险"受欺凌中学生群体,加强学校与家庭反校园欺凌合作,普及欺凌与反欺凌的知识,为家长和学生发放反校园欺凌手册,以及加强班主任与"高风险"受欺凌学生家长的联络和沟通,引导中学生建立同伴支持系统,形成反欺凌的班级氛围,共同预防和减少校园欺凌行为发生。

第一节　引言

面对全球范围内频繁发生的校园欺凌现象,不少国家已经采取相关防治措施。例如,挪威建立了零容忍方案,发表了《反欺凌宣言》;澳大利亚成立专门的政府组织帮助学校解决欺凌现象,并将每年三月的第三个星期五命名为国家"反欺凌日";美国和日本也相继颁布反欺凌法案,实施全面的反欺凌政策。我

[①] 本章内容摘编自胡咏梅、李佳哲:《谁在受欺凌?——中学生校园欺凌影响因素研究》,《首都师范大学学报》(社会科学版)2018 年第 6 期。

国政府同样高度重视校园欺凌问题。2016 年 4 月,国务院教育督导委员会办公室向各地印发了《关于开展校园欺凌专项治理的通知》,2016 年 11 月,教育部联合中央综治办等部门印发了《关于防治中小学生欺凌和暴力的指导意见》,2017 年 4 月,国务院办公厅出台《关于加强中小学幼儿园安全风险防控体系建设的意见》,2018 年 3 月"两会"期间,教育部部长陈宝生在做客新华网和中国政府网《部长之声》时,谈及老百姓对教育的十大期盼,"校园欺凌少一点"和"流动儿童享受公平而有质量的教育""留守儿童得到关爱"并列成为十大期盼,校园欺凌问题已然成为中国基础教育目前急需重点解决的问题之一,但中国目前仍未有对校园欺凌全面系统的调查,缺乏准确、全面、权威、系统的数据,也缺乏深度专业的研究[639]。

由此,本研究基于 2014 年中国基础教育质量监测协同创新中心"区域教育质量健康体检"项目中学生数据库,尝试回答到底是谁在受欺凌。学生个体层面的哪些因素影响其遭受校园欺凌以及城乡中学生遭受校园欺凌的差异等问题,以期为中学生校园欺凌现象的精准防治提供决策参考。

第二节　文献综述与研究假设

(一)校园欺凌的概念及类型

全球范围内校园欺凌研究始于 20 世纪 70 年代。挪威卑尔根大学心理学家奥维尤斯被誉为校园欺凌问题研究之父,他在挪威和瑞典的中小学进行关于攻击行为的调查后发现,欺凌行为是校园场域内青少年之间攻击行为的主要形式。奥维尤斯认为,校园欺凌是指受害者被一个或多个学生故意地、反复地、持续地做出负面行为,对受害者造成身体和心理上的伤害或不适应[640]。我国学者张文新等人也认为欺凌是儿童间尤其是中小学生之间经常发生的一种特殊类型的攻击行为。目前针对校园欺凌尚未形成普遍认可的统一规范的定义。但关于校园欺凌的类型,学者们基本达成共识,主要包括关系欺凌、言语欺凌、身体欺凌[①]等形式,近些年也出现网络欺凌新形式,即利用现代信息网络技术如电话、短信、微信、邮件等对受害人实施恐吓、侮辱、威胁甚至在网络上传播不实谣言、公开上传羞辱受害人的图片或者录像等。

(二)国内外相关研究的热点

李明、郭瑞迎[641]利用知识图谱等方法分析 Web of Science 数据库中两个子库(SCI-E,SSCI)收录的 2007-2016 年有关校园欺凌研究的文献,发现国际学术期刊上校园欺凌研究热点主要集中于校园欺凌的本质及形式、校园欺凌的发生率及危害、成因、对策等方面。也有学者对我国近十年校园欺凌相关文献进行综述发现,研究主要集中在"校园欺凌的成因及影响因素""各国校园欺凌表现""校园欺凌的预防与对策"三大方面[642]。不少学者引介国外校园欺凌防治的经验举措,如黄明涛[643]对美国、英国、澳大利亚、瑞典、挪威、日本和韩国等七个发达国家校园欺凌治理体系进行梳理,认为其共同特点包括强化各方职责,注重过程监控,搭建各种防治校园欺凌平台,注重网络欺凌的治理等。由此,"校园欺凌的成因及影响因素"已经成为国内外校园欺凌研究的热点,对预防和治理校园欺凌具有较为强烈的现实意义。本研究也将聚焦这一热点问题,从被欺凌者的视角,描述统计中学生群体中谁在受欺凌,哪些因素可能影响中学生遭受校园欺凌,并对校园欺凌的防治提出有针对性的政策建议。

(三)防治校园欺凌现象的理论基础及研究假设

美国社会学家 C. W. Mills 提出的重要他人理论认为,在个体社会化的过程中会出现重要人物,如家长、教师和同伴,且随着儿童年龄的增长,其重要他人的主导类型大体上呈家长—教师—同伴—无现实存在的重要他人这样的演变趋势。中学生人际交往是指其与周围人如家长、教师、同学的心理和行为的沟通过程,其主要人际关系为亲子关系、师生关系和同伴关系。父母、教师、同

---

① 关系欺凌,它主要是指欺凌者通过操纵人际关系,使得受欺凌者被孤立,感到不被群体认同,被排斥。言语欺凌指欺凌者对受欺凌者进行口头上的恐吓、责骂、羞辱、嘲弄或贬低等,从而对受欺凌者造成心理伤害,尽管肉眼看不到伤口,但它所造成的心理伤害,有时比肢体伤害更严重。此行为通常伴随着关系欺凌,且两者属于欺凌发生刚开始阶段。身体或肢体欺凌,是指受欺凌者遭受身体暴力,钱财物被勒索、抢夺或被偷,被强制做不想做的事情等,它是临床上最容易辨认的一种形态,是教育工作者最常关注的一种形态。

伴往往是学生在遇到困难时能够提供有效帮助,并且可供学生依赖的对象。紧密的亲子关系能够帮助儿童摆脱校园欺凌的困扰,而青少年感知的师生关系、同伴关系等越融洽,其遭受欺凌的可能性越小[644]。黄亮[645]基于 PISA 2015 中国数据发现,父母情感支持、教师支持与学生经常遭受校园欺凌呈负相关关系。马雷军[646]认为平时难以融入班集体,同伴关系水平较差的学生容易遭受欺凌。纪林芹等人[647]也发现儿童童年晚期同伴关系不利对儿童的欺凌攻击行为具有正向预测作用。一些社会交往能力较弱的儿童,在同龄人群体中容易被边缘化而遭受欺凌[648]。因此,中学生的人际关系,包括亲子关系、同伴关系及师生关系水平会对其遭受校园欺凌产生影响。此外,相关研究发现,儿童的亲社会行为与其人际关系水平相关,如亲社会行为能显著提高儿童的同伴接纳水平[649],从而更容易在学业和人际关系方面取得成功,被欺凌的可能性更小。由此,本研究提出如下待检验的假设:

假设 1:亲子关系越好的中学生,其遭受校园欺凌的概率显著更低。

假设 2:同伴关系越好的中学生,其遭受校园欺凌的概率显著更低。

假设 3:师生关系越好的中学生,其遭受校园欺凌的概率显著更低。

假设 4:亲社会行为水平越高的中学生,其遭受校园欺凌的概率显著更低。

(四)遭受校园欺凌的学生个体特征

Hindelang 于 1978 年提出生活方式理论(Lifestyle Theory),认为个人自身的一些行为或生活特性会增加其被侵害的可能性[650]。依据生活方式理论,学生自身特征及行为会对其遭受欺凌产生影响。有研究发现,男孩遭受欺凌的比例显著高于女孩[651-652]。黄亮基于 PISA 2015 中国数据发现,男生群体遭受各类校园欺凌的比例均大于女生群体。家庭经济社会地位较低的儿童更容易成为遭受歧视和嘲讽的受欺凌对象。性别、家庭社会经济地位对中学生遭受欺凌的影响不容忽视,因此本研究将性别和家庭社会经济地位两个变量作为控制变量。

关注中学生校园欺凌城乡差异的研究并不多见。国内实证研究目前仅发现黄亮等人的两篇文章,认为校园欺凌无显著差异地存在于城市学校与农村学校,城乡变量对学生经常遭受校园欺凌的预测效果不显著[645,653]。但此研究并未估计城乡变量对学生遭受不同类型校园欺凌的影响效应。我们将进一步考察城乡中学生遭受不同类型校园欺凌的差异及影响因素。为此,我们提出如下假设:

假设5:是否来自城市对中学生遭受校园欺凌无显著预测作用。

与城乡变量相关,滕洪昌、姚建龙[654]基于对全国10万余名中小学生的调查也发现,父母在外打工的男生、父母在外打工的小学四年级学生被欺凌的现象较为严重。有学者认为,农村留守儿童、城市流动儿童、单亲家庭的子女可能由于家庭关系的淡漠或父母因为工作原因无法给予其足够的关照和爱护而容易遭受欺凌[655]。此外,有研究发现,受欺凌者通常具有较低的自尊水平,且自尊水平影响其遭受欺凌的概率[656-657]。马雷军[646]认为学业表现不佳的学生可能因为不能得到教师的重视甚至受到教师嘲讽,进而很可能遭受同学的歧视和欺凌。雷雳[658]、黄亮等人的研究也发现,学生学业表现与学生遭受校园欺凌呈负相关关系。学生学业表现越好,其受欺凌的程度就越低。

综上所述,虽然有部分学者认为学生个体是否为流动儿童、留守儿童,是否来自单亲家庭以及自身自尊水平等人格特质、学业成绩可能会影响其遭受校园欺凌的可能性,但仍缺乏从学生个体特征层面系统设计的实证研究的支持。此外,关于城乡变量对中学生遭受不同类型校园欺凌是否存在影响及城乡中学生校园欺凌的影响因素差异分析,仍需要进一步探讨。因此,本研究将针对学生个体层面可能会对其遭受校园欺凌产生影响的各种因素展开实证研究,以期探究影响中学生遭受各类校园欺凌的关键因素。

现有研究尤其国内关于校园欺凌的研究多以理论分析为主,采用量化方法的实证研究数量有限,而且此类研究样本量以及样本代表性问题值得商榷。相关结论需要来自大规模随机抽样调查高质量研究数据的进一步检验。此外,国外不少研究已经开始关注同一变量对不同类型校园欺凌的影响是否存在差异的问题。如已有研究发现,女生更容易受到关系欺凌和言语欺凌[659],而男生群体更容易发生身体欺凌[660]。国内此类研究相对欠缺,而对同一变量对不同类型校园欺凌的影响进行更为细致的研究,将利于精准防治我国校园欺凌现象这一目标的实现。

基于此,本研究将利用 2014 年中国基础教育质量监测协同创新中心"区域教育质量健康体检"项目大规模随机抽样调查的中学生数据库,估计中学生是否来自城市,是否为流动、留守儿童,是否来自单亲家庭以及其自身学业表现、人格品质、人际关系、亲社会行为等变量对其遭受不同类型校园欺凌行为的影响效应,以及对城乡不同中学生校园欺凌的异质性展开分析,且检验同一变量对不同类型校园欺凌的影响效应是否存在显著性差异。需要指出的是,本研究利用大规模中学生调查数据,与已有同类研究相比在研究对象选取上,既关注城乡中学生校园欺凌的差异,同时也对流动、留守、单亲儿童校园欺凌研究给予实证数据的支持;在计量方法选择上,克服传统 OLS 估计的局限,使用似不相关回归模型进行各类影响因素的效应估计。当然,由于数据库设计的局限,对于流动、留守儿童的界定并未严格按照学术定义,一定程度上可能影响结果的准确性;另外,本研究对于校园欺凌的成因分析尚未进行计量上的因果推断,但本研究依然为探讨个体层面校园欺凌的影响因素以及校园欺凌行为的精准防治提供了相对可靠的结论。

第三节　研究方法

本研究所使用的数据来自 2014 年中国基础教育质量监测协同创新中心大型教育测评项目——"区域教育质量健康体检"。该项目在锡林郭勒盟、郑州、福田等地区实施全测,在浙江、株洲、洛阳、深圳、石家庄等地区采用分层三阶段依概率比例抽样方式(PPS)实施测试。具体来说,第一阶段,采用分层 PPS 方法抽取县、区;第二阶段采用分层 PPS 方法抽取学校;第三阶段采用随机等距抽样方法抽取学生。在测试中,九年级学生参加语文、数学、英语、科学、人文测试[①],同时填写心理健康、品德行为、影响因素等相关调查问卷。共有 178 606 名九年级学生参与了此项调查,其中男生 94 525 人,占比 52.92%,比女生高出

[①]　"区域教育质量健康体检"的所有测试工具均由中国基础教育质量监测协同创新中心组织全国的学科教育专家编写,测试工具质量均符合大规模测试的测量学要求。

5.84％。学校所在地为城市、县镇、农村的学生分别占比 67.64％、24.73％、7.63％。在农村学校就读的学生比例较低,一定程度上可能与我国城镇化背景下农村初中学校布局调整,农村初中学校数量逐渐下降,很多农村学生进入城镇中学就读有关。

　　基于已有文献研究[645,656,661-662],我们主要考察中学生的学业成就、家庭特征、人格品质、人际关系、亲社会行为等变量对其遭受校园欺凌的影响,拟采用如下计量模型探究影响中学生受欺凌的关键因素。

$$
\begin{aligned}
Bullying_i =&\ \beta_0 + \beta_1 gender_i + \beta_2 SES_i + \beta_2 learning_i + \beta_4 single-parent_i \\
&+ \beta_5 migrant-child_i + \beta_6 left-behind-child_i + \beta_7 self \\
&- esteem_i + \beta_8 self-esteem_i^2 + \beta_9 peer-relationship_i \quad (10\text{-}1) \\
&+ \beta_{10} teacher-student-relationship_i + \beta_{11} parent-child \\
&- relationship_i + \beta_{12} prosocial-behavior_i + \varepsilon_i
\end{aligned}
$$

　　模型中的因变量为各类校园欺凌(Bullying),包括关系欺凌、言语欺凌、身体欺凌三类。Olweus 编制的欺凌问卷(Bully/Victim Questionnaire)被公认为是较好的测量工具。国内学者张文新对 Olweus 的欺凌问卷做了翻译和修订。"区域教育质量健康体检"项目以张文新修订的欺凌问卷为基础进行改编,测查学生在学校遭受言语欺凌、关系欺凌和身体欺凌的频次。其中,关系欺凌包括"被人排斥""被人在背后说坏话"两个题项,言语欺凌包括"受到取笑或捉弄""受到威胁或恐吓"两个题项,身体欺凌包括"被人故意打、踢、推、撞""自己的东西被人故意损坏""被人抢劫或勒索财物"三个题项。与 PISA 项目中对学生遭受校园欺凌测量的相关题项相比,"区域教育质量健康体检"项目中对校园欺凌的测量添加了"被人抢劫或勒索财物"这一题项。经过内部一致性分析以及验证性因素分析发现,校园欺凌量表的信效度指标较好,达到了测量学对量表工具的质量要求,具体拟合指数详见表 10-2。

　　模型中的自变量的取值说明详见表 10-1。其中自尊、同伴关系、师生关系、亲子关系、亲社会行为等变量均涉及对应量表。

表 10-1　变量说明

分类	变量	说明
结果变量	关系欺凌	由"被人排斥"和"被人在背后说坏话"两个题项得分取均值合成,取值范围1~5
	身体欺凌	由"被人故意打、踢、推、撞"和"自己的东西被人故意损坏"两个题项得分取均值合成,取值范围1~5
	言语欺凌	由"受到取笑或捉弄"和"受到威胁或恐吓"两个题项得分取均值合成,取值范围1~5
核心解释变量	学习成绩	连续变量。由语文、数学、英文、科学、人文成绩标准化后求均值合成
	单亲	类别变量,1=单亲,0=非单亲
	流动儿童	根据"你是随父母或其他亲戚从农村移居此地上学的吗"一题,将"从农村移至此市/县"或"从其他市/县移至此市/县"定义为"流动儿童"。类别变量,1=是流动儿童,0=不是流动儿童
	留守儿童	根据"你父母是长期不在本地工作吗?"一题以及学校所在地域,将父母一方不在本地工作的非城市(农村、县镇)儿童定义为"留守儿童"。类别变量,1=是留守儿童,0=不是留守儿童
	城乡	根据学校所在地域,1=城市,0=乡村(包括县镇和农村)
	自尊	连续变量。量表所有题项以载荷量[a]为权重合成并标准化
	亲子关系	连续变量。量表所有题项以载荷量[b]为权重合成并标准化
	同伴关系	连续变量。量表所有题项以载荷量[c]为权重合成并标准化
	师生关系	连续变量。量表所有题项以载荷量[d]为权重合成并标准化
	亲社会行为	连续变量。量表所有题项以载荷量[e]为权重合成并标准化
控制变量	性别	类别变量,男=1,女=0
	SES	连续变量。由父母最高受教育程度、父母最高职业地位、家庭拥有物标准化后求均值合成

注:a.自尊量表各题项载荷量分别为0.678、0.679、0.615、0.662、0.488、0.708、0.712、0.451、0.686、0.679。

b.亲子关系量表各题项载荷量分别为0.79、0.819、0.6、0.349、0.411、0.52、0.635、0.668、0.521、0.647、0.747。

c.同伴关系量表各题项载荷量分别为0.635、0.509、0.702、0.494、0.684、0.726、0.657、0.718、0.661、0.668。

d.师生关系量表各题项载荷量分别为0.743、0.753、0.763、0.783、0.728、0.81、0.69、0.726、0.684、0.79、0.815、0.692、0.693、0.649、0.785。

e.亲社会行为量表各题项载荷量分别为0.699、0.756、0.812、0.742、0.741。

自尊(Self-esteem)是指个体对自己作为一个独立人所持有的一种肯定或否定的态度,这种态度是人们对自己的价值、长处、重要性等总体的情感上的评价,是自我体验的重要组成部分。关于自尊的测量,早期由 Rosenberg 编制的自尊量表(Self-esteem Scale)被广泛应用。1993 年,季益富和于欣将该量表翻译并修订为中文版。"区域教育质量健康体检"项目组成员对季益富和于欣修订的中文版自尊量表做了进一步修订,最后量表由"我感到我是一个有价值的人,至少与其他人在同一水平上""我感到我有许多好的品质""归根结底,我倾向于觉得自己是一个失败者""我能像大多数人一样把事情做好""我感到自己值得自豪的地方不多""我对自己持肯定的态度""总的来说,我对自己是满意的""我希望我能为自己赢得更多尊重""我时常感到自己毫无用处""我时常认为自己一无是处"等 10 个题项组成,采用"完全不符合、不太符合、比较符合、完全符合"四级计分。

亲子关系(Parent-Child Relationship)是指父母和子女之间的互动关系。中国儿童青少年心理发育特征调查项目组曾对 Furman 和 Buhrmester 在 1992 年编制的社会关系网络问卷(the Network of Relationships Inventory,NRI)量表进行了修订、改编,形成了 8 个维度、23 个题项的亲子关系量表,量表的信效度良好。综合考虑问卷长度及时间限制,"区域教育质量健康体检"项目组对该量表进行题项删减,最终选取每个维度上载荷较高的题项,形成"你对你和父母的关系感到满意吗""你和父母相处感到愉快吗""你会和父母分享心里的秘密和个人感受吗""你和父母会意见不合或吵架吗""你和父母会互相争论或指责对方吗""你和父母在一起会感到烦恼吗""当你遇到问题时父母会帮助你解决吗""父母喜欢或称赞你做的事情吗""你和父母互相感到厌烦吗""父母爱你吗""你会和父母一起做一些开心的事吗"共 11 个题项的量表,量表采用"从不、偶尔、有时、经常"四级计分。

同伴关系(Peer Relationship)主要指同龄人间或心理发展水平相当的个体间在交往过程中建立和发展起来的一种人际关系[663]。"区域教育质量健康体检"项目组对中文版儿童孤独感量表(Children's Loneliness Scale,CLS)进行修订,以儿童孤独感状况反映其同伴关系。最终量表包括"我和同学在一起时很开心""我的同学经常欺负我""我很满意自己与同学的关系""我经常与同学发生争执""当我需要时我可以找到朋友""我有许多好朋友""班上同学很喜欢我""我在班里觉得孤单""我很难让别的孩子喜欢我""我觉得在有些活动中没人理我"共 10 道题目,采取"完全不符合、不太符合、比较符合、完全符合"四级计分。

师生关系(Teacher-Student Relationship)主要指学校中教师与学生之间的关系,是师生之间以情感、认知和行为交往为主要表现形式的心理关系。综合考虑问卷长度及时间限制,"区域教育质量健康体检"项目对屈智勇编制的《师生关系量表》进行修订,最后形成由"老师公平地对待我""老师对我很关注""老师和我是好朋友""老师关心每一个学生""老师允许我们有不同的见解""老师耐心听我的想法""老师不讽刺、挖苦我""当我犯错误时,老师会主动询问原因""老师不要求我必须接受他(她)的观点""我非常敬佩我的老师""老师鼓励我、表扬我""我愿意把自己的心里话告诉老师""当我遇到学习以外的困难时,会想到寻求老师的帮助""我愿意在老师面前展示自己的优点""老师很信任我"组成的 15 个题项的量表,采用"完全不符合、不太符合、比较符合、完全符合"四级计分。

亲社会行为(Prosocial Behavior)是指给别人带来某些好处的行为,做出这些行为能使交往双方的关系变得更和谐[664]。"区域教育质量健康体检"项目组根据美国心理学家 Goodman. R 于 1997 年编制的儿童长处和困难问卷(Strengths and Difficulties Questionnaire,SDQ),对上海市精神卫生中心杜亚松修订的中文版问卷的文字表述进行修改,最终亲社会行为量表采用"不符合、有点符合、完全符合"三级计分,包括"我尽量对别人友善""我常与他人分享东西(如食物、游戏、笔等)""如果有人受伤、难过或不适,我都乐意帮忙""我会友善地对待比我年龄小的孩子""我常自愿帮助别人"5 道题目,量表为单一维度,反映了个体亲社会行为状况。

本研究涉及的校园欺凌、自尊、亲子关系、同伴关系、师生关系、亲社会行为等量表具有较好的信效度,具体指标参见表 10-2。

表 10-2　量表信效度检验结果

量表	题项数 n	Cronbach's α	χ^2	df	χ^2/df	CFI	TLI	RMSEA	N
校园欺凌	7	0.841	2325.89	5	1664.02	0.994	0.982	0.052	170 555
自尊	10	0.837	50 419.47	31	1626.43	0.912	0.872	0.098	170 787
亲子关系	11	0.832	57 837.8	38	1522.05	0.921	0.885	0.094	170 466
同伴关系	10	0.842	37 767.3	30	1258.91	0.933	0.900	0.086	170 779
师生关系	15	0.940	96 787.97	88	1099.86	0.938	0.925	0.080	170 758
亲社会行为	5	0.805	1982.83	5	396.57	0.992	0.984	0.048	170 638

第四节　实证分析结果

（一）中学生遭受校园欺凌的基本情况

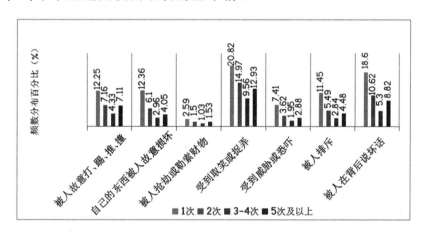

图 10-1　中学生遭受各种形式校园欺凌的分布

　　由图 10-1 可知，所有欺凌形式中，"被人抢劫或勒索财物"发生的频率最低（6.65％），且为便于与 PISA 结果比较，以下分析中删除此题。而"受到取笑或捉弄"发生的频率最高（58.28％），这一结果与陈纯槿、郅庭瑾[662]利用 PISA 数据计算结果不同，他们发现我国四省市校园欺凌发生率最低的是威胁形式的言语欺凌，而发生频率最高的是故意损毁私人财物。但本研究结果与中国应急管理学会校园安全专业委员会发布的《中国校园欺凌调查报告》[665]的结果基本一致,即言语欺凌发生率明显高于其他欺凌行为。至少有 30.85%、58.28%、43.34% 的中学生遭受过身体欺凌、言语欺凌和关系欺凌。这一结果略高于其他研究的结果。如周金燕、冯思澈[666]以北京市的 12 所高中、初中和小学为样本发现,40.7% 的北京中小学生有被叫难听绰号的经历,18.6% 的学生有被同学联合起来孤立的经历。中国青少年研究中心针对我国 10 个省市的 5864 名中小学生的调查发现,有 32.5% 的学生遭受过校园欺凌[667]。

通过计算各类校园欺凌发生频次的均值,发现中学生遭受言语欺凌的平均频次最高($\overline{X}=1.81, \sigma=0.96$),遭受关系欺凌的平均频次次之($\overline{X}=1.70, \sigma=1.04$),遭受身体欺凌的平均频次最低($\overline{X}=1.59, \sigma=0.98$)。言语欺凌的频次最高与刘雪可、闫巧[668]的结果一致。可能由于学生言语欺凌不易被教师、家长发现。一旦有学生使用侮辱性的词语谩骂、嘲笑或讥讽同学,若受欺凌者默不作声,会助长欺凌者的欺凌行为;若受欺凌者给予回应,可能导致欺凌者用更刁钻的词语来进行欺凌。

(二)中学生遭受校园欺凌的影响因素

为探究针对中学生不同类型校园欺凌,哪些学生更可能遭受欺凌,我们利用似不相关回归(Seemingly Unrelated Regression Estimation)分别探究在控制性别、家庭社会经济地位的情况下,个人学业表现、人际关系、亲社会行为、自尊水平以及其是否为流动、留守儿童,是否来自单亲家庭对其遭受不同类型校园欺凌的影响。之所以采用似不相关回归进行联合估计,主要考虑到中学生学业表现、人际关系、社会行为、自尊水平等变量对其遭受关系欺凌、身体欺凌、言语欺凌的影响,估计方程间可能存在某种联系,如扰动项之间存在相关性,因此,为提高估计效率并检验各变量对中学生遭受不同类型校园欺凌的影响是否存在差异,我们采用似不相关回归的方法。此外,考虑到自尊水平、亲社会行为以及同伴关系之间的高度相关,似不相关回归的过程中同样采用两个模型,模型一不包含自尊和亲社会行为变量,模型二不包括同伴关系变量。模型一中三种类型校园欺凌方程残差相关矩阵系数在 0.508~0.661 之间,且 BP 检验结果拒绝零假设(H_0:各方程残差相互独立,$P=0.0000$),模型二中三种类型校园欺凌方程残差相关矩阵系数在 0.552~0.688 之间,且 BP 检验结果拒绝零假设

(H_0:各方程残差相互独立，$P=0.0000$)，说明模型一和模型二选择似不相关回归比较适切。

由表 10-3 可知，似不相关回归结果显示，在人际关系方面，亲子关系、同伴关系、师生关系均会显著影响中学生遭受欺凌的频次。这一结论符合重要他人理论假设，支持了本研究假设 1～3。且通过似不相关回归结果发现，同伴关系、师生关系对中学生遭受不同类型校园欺凌的影响存在差异，但亲子关系对其遭受身体欺凌和言语欺凌的影响不存在显著差异。在校园场域这一微型社会结构中，中学生由于行为特征的相近或者空间的接近而组成小群体，一些受欺凌者可能难以被其他同学所认同和接纳，在学校和班级活动中被孤立、被边缘化。因而，良好的同伴关系可以减少中学生遭受各类校园欺凌的频次，且对关系欺凌的影响效应绝对值最大，其次是言语欺凌。我们推测校园欺凌通常最易发生的是关系欺凌，即欺凌者首先会孤立、排斥受欺凌的学生，进而发生言语欺凌，更严重的情形会出现身体欺凌。因此，同伴关系的效应绝对值在三类欺凌中对关系欺凌的影响效应相对最大，对身体欺凌的影响效应相对最小。师生关系的效应绝对值也出现类似的排序，即对关系欺凌的影响效应相对最大，对身体欺凌的影响效应相对最小。在良好的亲子关系环境下，父母给予子女充分的情感支持，也会使子女感受到支持和关爱，获得安全感，并产生面对问题的勇气、健康的人格，从而免于遭受来自同学的关系欺凌、言语欺凌和身体欺凌。至于为何出现亲子关系对中学生遭受身体欺凌和言语欺凌的效应值不存在显著差异，很可能是由于在亲子关系良好的家庭，其子女遭受言语欺凌和身体欺凌的频次均相对较少，因而出现这样的效应值相似的结果。为此，我们依据亲子关系标准化得分，将得分大于 0 组定义为中学生亲子关系良好组，发现亲子关系良好的中学生遭受言语欺凌的平均频次（$\overline{X}=1.67,\sigma=0.88$）在 0.001 水平上显著低于中学生整体平均水平（$\overline{X}=1.81,\sigma=0.96$）。亲子关系良好的中学生遭受身体欺凌的平均频次（$\overline{X}=1.45,\sigma=0.87$）也在 0.001 水平上显著低于中学生整体平均水平（$\overline{X}=1.59,\sigma=0.98$）。由此可见，亲子关系良好的中学生遭受言语欺凌和身体欺凌的平均频次相对较低，一定程度上证实了我们的猜想。

中学生的亲社会行为水平并不会对其遭受各种类型的欺凌产生显著影响($P>0.1$),这一结果否定了本研究假设 4。笔者猜测可能的原因是亲社会行为对中学生遭受欺凌的影响是间接的,中学生的亲社会行为水平可能由于影响其人际关系水平,进而影响其遭受欺凌的概率,如有研究发现亲社会行为可能会影响其同伴接纳水平[669]。

此外,中学生的学业表现对其遭受各类校园欺凌几乎无影响($\beta=0.000$,$P<0.01$)。但性别对三类校园欺凌的影响是存在显著差异的。虽然无论是关系欺凌、身体欺凌还是言语欺凌,男生相较于女生都更可能遭受欺凌,但这种差异更多表现在身体欺凌和言语欺凌上。此结论与已有研究结果基本一致[645,666,670]。我们推测由于历史文化等因素,暴力行为在男生群体中可能受到欣赏乃至崇拜,如西方的古罗马斗兽场、中国的梁山好汉等。男生群体相对于女生群体更加容易躁动和爆发冲突,因此,男生更可能成为身体欺凌的受害者,而欺凌过程中多种欺凌行为捆绑组合出现也可能使得男生成为言语和关系欺凌的受害者。

是否来自单亲家庭对中学生遭受关系欺凌和身体欺凌的影响是存在显著差异的,对其遭受关系欺凌和言语欺凌的影响也是存在显著差异的,对关系欺凌的影响更大,但对其遭受身体欺凌和言语欺凌的影响差异不显著。整体来看,来自单亲家庭的中学生更可能遭受各种类型的校园欺凌。可能的原因在于单亲家庭的中学生由于与父母中的一方情感冷漠,容易产生孤僻心理,在校园里易被同学误以为孤傲,从而遭受关系欺凌。此外,来自非单亲家庭的学生也可能由于认知与情感发展尚不成熟,同理心水平较低,将单亲家庭成长的同伴理解为是与自己不同类型的特殊群体,从而产生排斥、嘲笑甚至侮辱等欺凌行为[671]。

是否为流动儿童对中学生遭受各种不同类型校园欺凌的影响是存在显著差异的,与其他类型校园欺凌相比,流动儿童更容易遭受言语欺凌。但是否为留守儿童对中学生遭受不同类型校园欺凌的影响几乎相同。流动儿童、留守儿童更容易遭受各种类型的校园欺凌,这与周金燕、冯思澈[666]的结论基本一致,他们发现外地学生比北京本地学生会遭受更多欺凌。留守儿童、流动儿童可能由于社会结构和教育体制设计的不公平,被排挤到社会边缘。王玉香[672]通过质性研究发现,留守儿童遭受校园欺凌与父母缺位所造成的安全感降低、青春期同伴依恋的归属感以及青少年彰显自主性的存在感有关。

自尊对各种类型校园欺凌的影响存在显著差异,对关系欺凌的影响更大。已有研究发现,自尊水平低的青少年更容易发生校园欺凌[656-657]。本研究发现,中学生自尊水平和其遭受各类校园欺凌的频次呈现 U 型关系。自尊水平过低,降低了个人的自我评价和自我价值感,可能使得中学生在面对可能的欺凌行为时不能坚决捍卫自身的正当权益乃至人格尊严,而是一味地委曲求全,最终导致其不断遭受校园欺凌。而中学生自尊水平过高,自我评价过高,在与他人交往过程中可能导致他人不满或对他人评价过于"敏感",从而遭受校园欺凌,尤其是受到关系欺凌。因此,中学生保持适度水平的自尊对其免于遭受校园欺凌是必要的。

为考察表 10-3 似不相关回归结果的稳健性,我们改变函数形式进行似不相关 biprobit 回归,结果见附表 10-1。

大部分模型系数结果与表 10-3 回归结果一致,只是在是否遭受关系欺凌这一行为上,女生显著多于男生。这一结果与 Jing Wang[673]等人的结果一致。由此可知,表 10-3 中各模型的变量系数估计结果较为稳健。

附表 10-1　中学生是否遭受校园欺凌影响因素似不相关 Biprobit 回归结果

	模型 1		模型 2		模型 3		模型 4		模型 5		模型 6	
	言语欺凌	关系欺凌	身体欺凌	关系欺凌	身体欺凌	关系欺凌	言语欺凌	关系欺凌	言语欺凌	身体欺凌	言语欺凌	身体欺凌
性别	-0.12*** (0.008)	0.412*** (0.008)	-0.086*** (0.008)	0.42*** (0.008)	-0.122*** (0.008)	0.299*** (0.008)	-0.087*** (0.008)	0.314*** (0.008)	0.409*** (0.008)	0.302*** (0.008)	0.417*** (0.008)	0.317*** (0.008)
SES	0.01*** (0.005)	0.015*** (0.005)	-0.003 (0.005)	0.006 (0.005)	0.011** (0.005)	-0.059*** (0.005)	-0.003 (0.005)	-0.067*** (0.005)	0.013** (0.005)	-0.058*** (0.005)	0.003 (0.005)	-0.066*** (0.005)
学习成绩	0.000 (0.000)	0.000*** (0.000)	0.000* (0.000)	0.000*** (0.000)	0.000 (0.000)	0.000*** (0.000)	0.000* (0.000)	0.000*** (0.000)	0.000*** (0.000)	0.000*** (0.000)	0.000*** (0.000)	0.000*** (0.000)
亲子关系	-0.111*** (0.005)	-0.089*** (0.005)	-0.165*** (0.005)	-0.137*** (0.005)	-0.112*** (0.005)	-0.067*** (0.005)	-0.165*** (0.005)	-0.109*** (0.005)	-0.09*** (0.005)	-0.067*** (0.005)	-0.137*** (0.005)	-0.110*** (0.005)
同伴关系	-0.407*** (0.005)	-0.329*** (0.005)			-0.407*** (0.005)	-0.345*** (0.005)			-0.33*** (0.005)	-0.345*** (0.005)		
师生关系	-0.098*** (0.005)	-0.078*** (0.005)	-0.159*** (0.005)	-0.128*** (0.005)	-0.100*** (0.005)	-0.087*** (0.005)	-0.16*** (0.005)	-0.135*** (0.005)	-0.080*** (0.005)	-0.086*** (0.005)	-0.130*** (0.005)	-0.135*** (0.005)
自尊			-0.152*** (0.006)	-0.114*** (0.006)			-0.153*** (0.006)	-0.156*** (0.006)			-0.115*** (0.006)	-0.155*** (0.006)
自尊 2			0.009*** (0.000)	0.007*** (0.000)			0.009*** (0.000)	0.009*** (0.000)			0.007*** (0.000)	0.009*** (0.000)

（续表）

	模型 1		模型 2		模型 3		模型 4		模型 5		模型 6	
	言语欺凌	关系欺凌	身体欺凌	关系欺凌	身体欺凌	关系欺凌	言语欺凌	关系欺凌	言语欺凌	身体欺凌	言语欺凌	身体欺凌
亲社会行为		-0.047^{***} (0.005)	-0.049^{***} (0.005)	-0.047^{***} (0.005)			-0.05^{***} (0.005)	-0.047^{***} (0.005)			-0.048^{***} (0.005)	-0.047^{***} (0.005)
单亲	0.043^{**} (0.017)	0.039^{*} (0.017)	0.05^{***} (0.017)	0.053^{**} (0.018)	0.044^{**} (0.017)	0.006 (0.017)	0.05^{***} (0.017)	0.026 (0.018)	0.040^{*} (0.017)	0.004 (0.017)	0.054^{***} (0.018)	0.026 (0.018)
流动儿童	0.006 (0.008)	0.022^{**} (0.008)	0.031^{***} (0.008)	0.043^{***} (0.009)	0.007 (0.008)	0.033^{***} (0.008)	0.031^{***} (0.008)	0.05^{***} (0.009)	0.021^{*} (0.008)	0.034^{***} (0.008)	0.041^{***} (0.009)	0.051^{***} (0.009)
留守儿童	0.099^{***} (0.023)	0.07^{***} (0.023)	0.099^{***} (0.024)	0.054^{**} (0.024)	0.099^{***} (0.023)	0.06^{**} (0.024)	0.099^{***} (0.024)	0.046^{*} (0.024)	0.072^{**} (0.023)	0.06^{*} (0.032)	0.054^{*} (0.024)	0.047^{*} (0.024)
常数项	-0.013 (0.032)	0.059^{*} (0.032)	-0.113^{***} (0.032)	-0.002 (0.033)	-0.017 (0.032)	0.334^{***} (0.032)	-0.117^{***} (0.032)	0.2^{***} (0.033)	0.062^{*} (0.032)	0.349^{***} (0.032)	-0.001 (0.033)	0.209^{***} (0.033)
样本量	111065		104853		111065		104853		111065		104853	
Wald chi2	21891.11^{***}		13234.82^{***}		19626.48^{***}		11109.46^{***}		17169.09^{***}		10734.55^{***}	
Wald test of rho=0	$chi2(1)=10884.1^{***}$		$chi2(1)=12565.7^{***}$		$chi2(1)=10637.5^{***}$		$chi2(1)=12365.2^{***}$		$chi2(1)=15915.1^{***}$		$chi2(1)=16923.3^{***}$	

(三)城乡中学生遭受校园欺凌的异质性分析

从简单描述统计来看,与乡村中学生($\overline{X}=1.81,\sigma=0.98$)相比,城市中学生($\overline{X}=1.78,\delta=1.02$)遭受言语欺凌频次显著更低。但城市中学生($\overline{X}=1.71,\sigma=1.10$)遭受关系欺凌的频次显著高于($t=-4.146,P<0.01$)乡村中学生($\overline{X}=1.68,\sigma=1.02$)。而城乡中学生遭受身体欺凌的频次则不存在显著差异($t=-1.139,P>0.1$)。为探究城乡中学生校园欺凌影响差异,我们在原有模型基础上加入城乡变量及其与同伴关系、亲子关系、师生关系、亲社会行为等可干预变量的交互项。同时,考虑城乡变量与流动、留守儿童变量之间的共线性问题,我们不再在模型中加入流动、留守儿童变量。同样,考虑到自尊水平、亲社会行为以及同伴关系之间的高度相关,在进行似不相关回归的过程中,同样采用两个模型,模型一不包含自尊、亲社会行为以及城乡和亲社会行为的交互项,模型二不包括同伴关系及其与城乡的交互项。模型一中三种类型校园欺凌方程残差相关矩阵系数在 0.540~0.703 之间,且 BP 检验结果拒绝零假设(H_0:各方程残差相互独立,$P=0.0000$),模型二中三种类型校园欺凌方程残差相关矩阵系数在 0.584~0.728 之间,且 BP 检验结果拒绝零假设(H_0:各方程残差相互独立,$P=0.0000$),说明模型一和模型二选择似不相关回归比较适切。

表 10-4 中性别、家庭社会经济地位、学业成绩、自尊、同伴关系、师生关系、亲子关系等变量对中学生遭受不同类型校园欺凌的影响结果与表 10-3 基本一致,但中学生亲社会行为对其遭受言语欺凌在 0.1 水平上产生显著负向影响($\beta=-0.014,P<0.1$),即中学生亲社会行为水平越高,其遭受言语欺凌的概率显著更低,一定程度上支持了假设 4。此外,是否来自单亲家庭对中学生遭受不同类型校园欺凌的影响不再存在显著差异。来自单亲家庭的中学生更可能遭受各种类型的校园欺凌。

我们尤其关注表 10-4 中城乡变量及其与其他变量的交互项对中学生遭受各种类型校园欺凌的影响以及这种影响在不同类型校园欺凌间是否存在显著性差异。结果表明,城乡变量仅对中学生遭受言语欺凌在 0.01 显著性水平上具有预测作用($\beta=-0.05, P<0.01$),对中学生遭受身体欺凌、关系欺凌的影响并不显著。也就是说,相较于城市中学生,来自乡村的中学生更可能遭受言语欺凌。这可能与乡村学校规模较小,学生彼此间甚至家庭间较为熟悉,身处乡村文化中更可能接触非礼貌用语,容易发生取笑、捉弄同学的现象。此外,城乡变量与同伴关系的交互项($\beta=-0.026, P<0.05$)会显著影响中学生遭受关系欺凌的频次,但对中学生遭受身体欺凌和言语欺凌没有显著影响。一定程度上说明,相较于乡村中学生,在遭受关系欺凌方面,同伴关系对城市中学生的影响效应更大。因此我们既要关注乡村中学生群体间言语欺凌现象,也要注意引导城市中学生构建和谐的同伴关系。

表 10-3 中学生遭受校园欺凌影响因素似不相关回归结果

	关系欺凌 (1)	关系欺凌 (2)	身体欺凌 (1)	身体欺凌 (2)	言语欺凌 (1)	言语欺凌 (2)	关系欺凌 vs 身体欺凌 (1)	关系欺凌 vs 身体欺凌 (2)	关系欺凌 vs 言语欺凌 (1)	关系欺凌 vs 言语欺凌 (2)	身体欺凌 vs 言语欺凌 (1)	身体欺凌 vs 言语欺凌 (2)
性别	0.039*** (0.006)	0.079*** (0.006)	0.325*** (0.005)	0.35*** (0.006)	0.292*** (0.005)	0.323*** (0.006)	2807.94***	2313.46***	2258.36***	1948.17***	57.47***	36.14***
SES	0.05*** (0.004)	0.034*** (0.004)	0.04*** (0.004)	0.03*** (0.004)	0.011*** (0.003)	0.001 (0.004)	9.03***	1.54	127.24***	85.64***	102.32***	97.74***
学习成绩	0.000*** (0.000)	0.000*** (0.000)	0.000*** (0.000)	0.000*** (0.000)	0.000*** (0.000)	0.000*** (0.000)	256.79***	303.37***	74.00***	83.33***	87.98***	112.32***
亲子关系	−0.083*** (0.003)	−0.154*** (0.003)	−0.064*** (0.003)	−0.113*** (0.003)	−0.062*** (0.003)	−0.114*** (0.003)	36.32***	165.03***	48.42***	169.22***	0.91	0.04
同伴关系	−0.415*** (0.003)		−0.279*** (0.003)		−0.311*** (0.003)		2054.81***		1246.65***		169.84***	
师生关系	−0.027*** (0.003)	−0.110*** (0.004)	−0.027*** (0.003)	−0.085*** (0.003)	−0.034*** (0.003)	−0.096*** (0.003)	0.05	60.66***	6.01*	21.12***	9.86***	16.56***
自尊		−0.168*** (0.005)		−0.103*** (0.004)		−0.134*** (0.004)		233.36***		66.83***		81.66***
自尊 2		0.009*** (0.000)		0.006*** (0.000)		0.008*** (0.000)		113.11***		30.42***		44.85***
亲社会行为		−0.005 (0.003)		−0.003 (0.003)		−0.001 (0.003)		0.60		2.42		0.76
单亲	0.058*** (0.012)	0.078*** (0.013)	0.029* (0.012)	0.048*** (0.012)	0.016 (0.011)	0.035*** (0.012)	5.74*	5.97*	13.39***	12.87***	2.11	1.62
流动儿童	0.009 (0.006)	0.034*** (0.006)	0.022*** (0.006)	0.04*** (0.006)	0.033*** (0.006)	0.051*** (0.006)	4.21*	1.10	17.63***	9.21***	5.40**	5.13**

（续表）

	关系欺凌		身体欺凌		言语欺凌		关系欺凌 vs 身体欺凌		关系欺凌 vs 言语欺凌		身体欺凌 vs 言语欺凌	
	(1)	(2)	(1)	(2)	(1)	(2)	(1)	(2)	(1)	(2)	(1)	(2)
留守儿童	0.027* (0.016)	0.032* (0.018)	0.051*** (0.016)	0.05*** (0.017)	0.058*** (0.015)	0.057*** (0.017)	2.69	1.77	3.94**	2.56	0.27	0.25
常数项	1.824*** (0.022)	1.714*** (0.025)	1.894*** (0.021)	1.843*** (0.023)	1.971*** (0.021)	1.885*** (0.023)						
R^2	0.211	0.093	0.160	0.101	0.181	0.106						
RMSE	0.903	0.973	0.880	0.912	0.854	0.894						
Chi^2	29218.16***	10627.38***	20906.04***	11674.74***	24120.53***	12291.75***						

注：表格左侧呈现的是似不相关回归中各自变量对不同类型校园欺凌的影响系数，括号内为稳健标准误。表格右侧呈现的是因变量分别为任意两种不同类型的校园欺凌时，相同自变量在两个方程上系数是否相等的卡方统计量。下同。

表 10-4　城乡中学生遭受校园欺凌影响因素的异质性分析

	关系欺凌 (1)	关系欺凌 (2)	身体欺凌 (1)	身体欺凌 (2)	言语欺凌 (1)	言语欺凌 (2)	关系欺凌 vs 身体欺凌 (1)	关系欺凌 vs 身体欺凌 (2)	关系欺凌 vs 言语欺凌 (1)	关系欺凌 vs 言语欺凌 (2)	身体欺凌 vs 言语欺凌 (1)	身体欺凌 vs 言语欺凌 (2)
性别	0.062*** (0.008)	0.097*** (0.009)	0.355*** (0.008)	0.380*** (0.008)	0.309*** (0.008)	0.337*** (0.008)	1479.50***	1288.74***	1112.49***	990.98***	59.21***	48.00***
SES	0.044*** (0.005)	0.028*** (0.006)	0.04*** (0.005)	0.03*** (0.006)	0.018*** (0.005)	0.007 (0.005)	0.47	0.06	26.77***	17.14***	30.60***	29.73***
学习成绩	-0.000*** (0.000)	-0.000*** (0.000)	-0.000*** (0.000)	-0.000*** (0.000)	-0.000*** (0.000)	-0.000*** (0.000)	83.02***	91.91***	34.33***	33.02***	18.91***	26.63***
亲子关系	-0.086*** (0.008)	-0.161*** (0.009)	-0.063*** (0.008)	-0.122*** (0.008)	-0.053*** (0.008)	-0.115*** (0.008)	8.81**	23.95***	18.95***	36.09***	2.58	1.42
同伴关系	-0.405*** (0.008)		-0.291*** (0.008)		-0.322*** (0.008)		220.70***		124.92***		25.82***	
师生关系	-0.006 (0.008)	-0.091*** (0.009)	-0.012 (0.003)	-0.074*** (0.009)	-0.022** (0.008)	-0.085*** (0.008)	0.68	4.49*	4.54**	0.57	2.52	3.18*
自尊		-0.161*** (0.006)		-0.100*** (0.006)		-0.125*** (0.006)		111.94***		42.29***		30.19***
自尊 2		0.009*** (0.001)		0.006*** (0.001)		0.008*** (0.000)		48.96***		13.58***		19.35***
亲社会行为		-0.013 (0.008)		-0.010 (0.008)		-0.014 (0.008)		0.14		0.03		0.45
单亲	0.077*** (0.017)	0.099*** (0.019)	0.051** (0.017)	0.075*** (0.018)	0.053** (0.016)	0.076*** (0.017)	2.43	2.06	2.20	2.13	0.02	0.00
城乡	0.004 (0.009)	0.006 (0.010)	-0.013 (0.009)	-0.014 (0.009)	-0.053*** (0.008)	-0.051*** (0.009)	4.32**	5.22**	49.83***	46.84***	37.04***	31.16***

（续表）

	关系欺凌		身体欺凌		言语欺凌		关系欺凌 vs 身体欺凌		关系欺凌 vs 言语欺凌		身体欺凌 vs 言语欺凌	
	(1)	(2)	(1)	(2)	(1)	(2)	(1)	(2)	(1)	(2)	(1)	(2)
城乡*亲子关系	0.012 (0.010)	0.005 (0.010)	−0.001 (0.010)	−0.002 (0.010)	−0.007 (0.009)	−0.007 (0.010)	1.99	0.58	4.49*	1.69	0.68	0.41
城乡*同伴关系	−0.026** (0.010)		−0.009 (0.010)		−0.001 (0.009)		3.06*		7.47***		1.34	
城乡*师生关系	−0.011 (0.010)	−0.007 (0.011)	0.003 (0.010)	0.008 (0.010)	0.002 (0.009)	0.010 (0.010)	2.42	2.55	2.36	3.37*	0.01	0.06
城乡*亲社会行为		0.018* (0.010)		0.013 (0.010)		0.014 (0.009)		0.33		0.16		0.06
常数项	1.989*** (0.032)	1.939*** (0.036)	2.029*** (0.032)	2.016*** (0.034)	2.151*** (0.031)	2.109*** (0.033)						
R^2	0.214	0.092	0.169	0.104	0.186	0.106						
RMSE	0.923	0.994	0.914	0.951	0.879	0.922						
Chi^2	14941.11***	5377.88***	11166.85***	6152.90***	2555.25***	6300.59***						

第五节　结论与建议

校园欺凌行为的治理路径需要由事后的危机处理走向早期的介入与防治。本章基于 2014 年中国基础教育质量监测协同创新中心大型教育测评项目"区域教育质量健康体检"项目数据库开展实证研究,尝试回答到底是谁在受欺负,中学生的哪些个体层面的特征导致其更容易遭受校园欺凌,以期为校园欺凌的精准防治提供可靠证据。本章的主要结论与建议如下:

第一,我国中学生遭受言语欺凌的平均频次最高,关系欺凌次之,遭受身体欺凌的平均频次最低。相较于"看得见"的身体欺凌,老师和家长"听不见"的言语欺凌、"感觉不到"的关系欺凌更难以被教育工作者和家长觉察和监控,但它们足以对受欺凌的中学生身心产生长久危害。因此,一方面,学校可以通过在校园公共区域安装"电子眼"进行实时监控,另一方面,教师要注重和学生之间的日常交流,通过学生反映的信息了解班级内是否有人遭受关系欺凌或言语欺凌,以便及早查明事实,采取必要的防治措施。例如,对已经实施欺凌行为的学生进行心理与行为干预,及时中断欺凌行为,避免对受欺凌者造成更多的伤害以及影响欺凌者未来的个性、心理及亲社会行为等方面的发展。同时,要保护受欺凌者,并对其进行必要的心理疏导,以防受欺凌者因受欺凌而产生心理阴影。

第二,男生相较于女生更可能遭受校园欺凌,且男、女生在遭受校园欺凌上的差异更多体现在身体欺凌和言语欺凌上。由于男生更加容易躁动和爆发冲突,因此,家长、教师要多关注男生的言语和行为。男生家长要多关注其日常生活表现,是否出现异常行为,如衣冠不整地回家,晚上睡觉做噩梦,不愿意参加同学聚会等。如果男孩有此类行为,家长应及时与孩子沟通,了解其是否在学校遭受欺凌。教师也要加强针对中学生尤其男生的规则意识教育,可以借鉴奥维尤斯欺凌防范项目(Olweus Bullying Prevention Program,OBPP)[674],清晰界定欺凌行为,对中学生尤其男生明确指出哪些行为是不被允许的。同时教师要注意培养学生形成和睦的同伴互动关系,防范学生间尤其是男生群体的嬉戏打闹或者小矛盾发展为欺凌事件。

第三，乡村儿童以及单亲、流动、留守儿童较容易遭受各种类型的校园欺凌，尤其来自单亲家庭的中学生更可能遭受关系欺凌，乡村儿童、流动儿童更容易遭受言语欺凌。但是否为留守儿童对中学生遭受不同类型校园欺凌的影响几乎相同。因此，针对乡村中学生或者来自单亲家庭、留守儿童家庭、流动儿童家庭等潜在"高风险"受欺凌中学生群体，学校应尽快建立关爱档案，教师需要重点关注，尽量保证其在校期间的安全。此外，学校和家庭要加强反校园欺凌合作，通过开家长会等形式，普及欺凌与反欺凌的知识、为家长发放反校园欺凌手册，以及加强家长与班级教师的沟通，尤其班主任需要与潜在"高风险"受欺凌学生家长保持联络，让家长充分意识到自己的孩子更可能遭受校园欺凌，鼓励他们通过电话、网络等方式经常与孩子保持亲密的联系，给予孩子多一点关爱，帮助孩子提升社交技能，恢复和重建自尊、自信及信任等能力。

第四，中学生自尊水平和其遭受各类校园欺凌的频次间呈现 U 型关系，且这种影响更多表现在关系欺凌上。因此，为使中学生和同伴建立良好关系，免于遭受关系欺凌，保持适度的自尊水平是十分必要的。自尊水平过低的学生，对自己的评价过于消极甚至自卑，学校和教师可以通过团体心理辅导、个别辅导等形式，鼓励他们积极参与团体活动，主动参与人际交往，大胆展示自己。家长也要正确评价孩子，充分信任他们，鼓励他们在人群中表达自我，以帮助其建立自信。对于自尊水平过高甚至有些"自负"的中学生，学校应注意培养他们的合作意识，帮助此类学生以谦虚、诚恳的态度对待他人。学会悦纳、尊重他人，才会被同辈群体接纳和认可。

第五，中学生亲子关系、同伴关系、师生关系均会显著负向影响中学生遭受欺凌的频次，且同伴关系对城市中学生遭受关系欺凌的影响更大。因此，要给予在社会交际方面表现相对"弱势"的学生更多的关怀和帮助，尤其需要强化城市中学生建立和谐的同伴关系。父母要增强与孩子的交流，及时询问孩子在学校的人际交往情况，倾听孩子在诉说过程中流露出的一些信息，及时与学校教师沟通，了解孩子在学校是否受到欺凌，尽早发现欺凌行为并予以制止。同时，教师要公平地给予每个学生支持和关爱，也可以引导中学生尤其城市中学生建立同伴支持系统,形成反欺凌的班级氛围。例如,借鉴芬兰校园反欺凌计划,通过以人际关系、群体压力等为主题的反欺凌课程和移情训练,端正学生同伴对反欺凌的态度、增加其对弱势群体的同情心,充分发挥旁观者的作用①,以此预防和减少整个校园学生的欺凌行为发生。

---

① 在欺凌事件发生时,如旁观者沉默、默许、赞许及加入欺凌等表现,会助长欺凌者的行为,而旁观者如果反对、制止欺凌者,则会在一定程度上影响欺凌行为的进度。在校园欺凌现象发生时,通常受欺凌者的同伴会在场,他们作为旁观者如果能够发挥旁观者作用,形成反欺凌的班级文化和校园文化,将会减少欺凌行为的发生和降低欺凌的危害程度。

第十一章　学校投入与家庭投入对中小学生学业成绩影响的比较研究

　　自《科尔曼报告》公布至今已经过去了半个世纪,但对于学生学业成绩来说,学校投入与家庭投入哪个更重要的问题,在国内外学术界依然没有达成共识。本章①利用我国东部和中部部分省城市小学和初中学校大规模测评数据,采用广义教育生产函数方法,运用两水平线性模型,估计学校投入和家庭投入要素对学生学业成绩的影响效应。同时,采用 Shapley 值分解和 Owen 值分解技术,识别并比较对小学和初中学校教育产出有较大影响的投入要素,得出以下四个方面结论:第一,除生师比之外,办学条件和教师质量等学校投入要素对教育产出结果有显著的正效应。第二,父母参与、父母教育期望等家庭投入要素对教育产出结果有显著的正效应。第三,对于小学平均学业成绩而言,来自家庭的相关投入更重要;对于初中平均学业成绩而言,来自学校的相关投入更为重要。第四,相比学校办学条件,教师质量对小学和初中学校平均学业成绩变异的贡献度更大;相比小学,教师质量对初中学校平均学业成绩变异的贡献度更大。基于实证研究结论,提出提高我国义务教育生产效率的五点建议:一是调整义务教育资源配置结构,优先保障初中阶段学校教育投入;二是改善义务教育阶段教师的工资待遇和工作环境,以吸引更多高素质人才投入义务教育事业;三是通过校外教师专业发展培训、校本教研合作等途径切实提高教师队伍的教学策略水平,尤其重视提高初中教师的教学策略水平;四是政府和相关部门应修订和完善有关家庭教育的指导性文件,强化父母在家庭教育中的主体责任,督促父母积极参与子女教育生产过程;五是学校和社区应广泛开展家庭

---

　　①　本章内容摘编自胡咏梅、元静:《学校投入与家庭投入哪个更重要? ——回应由〈科尔曼报告〉引起的关于学校与家庭作用之争》,《华东师范大学学报》(教育科学版)2021 年第 1 期。

教育讲座和家庭教育实践培训活动，引导家长树立正确的家庭教育观，掌握科学的养育子女的方法，以提高学校教育和家庭教育联合生产的效率。

第一节 引言

美国著名的教育经济学家艾瑞克·哈努谢克[675]等人利用 1960—2000 年间 50 个国家和地区的认知技能和经济发展数据，以国际学生测试平均成绩为知识资本的代理变量，探究其与经济增长率的关系。研究发现，在其他方面相同的条件下，认知技能每提高一个标准差，经济增长率高出 2 个百分点。并据此得出，认知技能的差异导致了各国经济繁荣的显著差异。若能有效地提高学生的认知技能，教育政策将成为经济发展的一个重要因素。

然而，不同文化背景、不同经济发展水平的国家，公共教育的投资还是有明显差异的。以公共教育经费支出占 GDP 比例为衡量指标来考察各国对于公共教育投资的重视程度，正如图 11-1 所显示的那样，美国、英国、法国、芬兰四国的公共教育经费支出占本国 GDP 的平均比例为 4.5% 以上，并且呈现先波动上升后下降的趋势。而对于中国、日本、韩国等深受儒家文化影响的东亚国家而言，家庭才是教育支出的主体，并非国家，大量个性化的教育需求通过课外辅导达成。比如，中国、日本和韩国的课外补习机构盛行，几乎是每个孩子在正常学校授课之外都必须去的地方[114]。马克·贝磊[561]将此类与学校正规课程紧密联系的、以课业辅导为主的补充性教育称之为影子教育，并认为通常人们所计算的学杂费等并非是学生接受教育所产生的全部成本，如果把接受影子教育的费用也考虑在内的话（即教育全成本核算）[676]，那么东亚国家的生均教育成本将显著提高①。由图 11-1 可以发现，自 2001—2016 年间，日本、韩国的公共教育经费支出占 GDP 的平均比例在 3.5% 左右，远低于西方发达国家。中国直到 2012 年才赶上日本、韩国的平均水平，我国目前已经达到 4%，但与西方发

① 在 PISA 测试历年的结果中，中国、日本、韩国三国一直遥遥领先于美、英等国，相比之下，这三个国家的公共教育支出占本国 GDP 比例并没有西方发达国家平均水平高，与美、英两国更有一段距离。这其中与"影子教育"的作用不无关联。

达国家相比,仍有一定的差距。尽管公共教育经费支出占 GDP 比例不及美国、英国等西方发达国家,中国、日本、韩国等受儒家文化影响的国家在近几次(2009、2012、2015、2018 年)PISA 测试中,均成绩不凡,位居前列[677],由此推测这些国家的家庭教育投资发挥了重要作用。

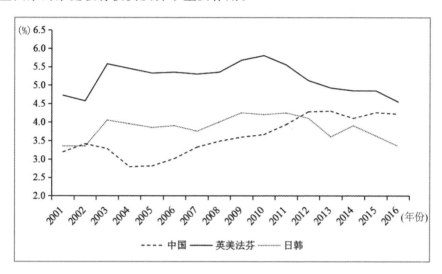

图 11-1　部分国家公共教育经费支出占 GDP 比例

从国家层面的公共教育投资与学生认知技能关系可以发现,学校教育投入与家庭教育投入对学生认知技能的提升均有重要作用。Coleman 等学者在 1966 年针对美国不同族裔教育机会均等问题展开研究,发表了著名的关于教育机会平等的报告《科尔曼报告》[678],结果发现学校资源投入只能解释学生学业成绩变异较小的部分,而学生的学业成绩更多地受到家庭和同伴因素的影响,这一结果引发了学术界对于学校教育作用的广泛争议和后续大量的验证性研究[448,679-683]。例如,哈努谢克[681]在对美国及发展中国家教育生产函数研究成果进行综述后,得出"在学校资源和学生学业成绩之间没有强有力的自始至终的联系"的结论。《科尔曼报告》的贡献在于从投入与产出的视角对教育机会均等进行分析,引入学生学业成绩作为结果变量,即将结果均等纳入教育机会均等的范畴[684]。此后,大量实证研究将学生的学业成绩作为衡量教育质量的有效指标,一部分研究关注家庭背景因素对学生学习和发展的影响,验证《科尔曼报告》的研究结果[685-688];还有一部分研究对学校教育无效的结果质疑,通过不同的研究方法,选取不同的学校投入与产出指标对学校资源投入的有效性进行分析。例如,海吉斯等人[448]使用元分析(Meta-Analysis)方法对哈努谢克做的统计方法提出质疑,并重新分析。交叉研究的结果表明:生均费用每提高10%,学生的学业成绩提高一个标准差的2/3。蒙克[680]的研究表明,学校投入在控制了家庭背景后对教育产出有非常大的影响。胡咏梅、杜育红[689]基于西部5省初中学校大规模测评数据,并建立增值模型研究发现,专任教师任职资格比例、少数民族专任教师比例、生师比、生均学校占地面积、生均教室面积等学校资源投入变量对初中学生的学业成绩影响显著,而生均经费、生均图书册数等资源变量对学生学业成绩的影响不显著。不过,国内外学术界对于学校投入还是家庭投入对学生学业成绩的影响作用更大,至今尚未达成共识。

本章将使用我国东部和中部地区5省16市中小学的大规模测评和调查数据,基于学校—家庭联合教育生产函数模型,探究学校、家庭投入要素中,哪个要素对中小学生学业成绩的影响效应相对更大。同时,考虑所得的结论对于小学生和初中生是否存在异质性。

第二节 理论基础与分析框架

(一)广义教育生产函数与学校—家庭联合教育生产

最早的教育生产函数方面的研究要追溯到1966年的美国的《科尔曼报告》。正如前文所述,尽管这份报告当时是为了调查美国学校机会均等问题而进行的以公平性为目的的研究,但是这份报告利用教育生产函数来探究学校投入与产出之间的关系,发现学校在决定学生学业成绩上没有起到重要作用,而家庭及同伴关系是影响学生学业成绩的重要因素。

教育生产函数是借用企业或厂商生产函数产生的。从经济学角度看,学校也是生产某种产品或服务的生产者。学校的投入包括教师、教辅人员、管理人员、教学设施、校舍等。学校产出主要是学生在认知、情感与动作技能等方面能力的提高,以及学校其他的产出。学校层面的教育生产函数是刻画学校投入与产出关系的数学模型。它也需要满足关于一般生产函数的三个假设[①]。它的一般形式为：

$$A_t = f(F_t, T_t, OS_t) \tag{11-1}$$

其中，A_t 表示一个学生在时间 t 所取得的学业成就；F_t 表示累积到时间 t 为止的，来自学生家庭方面的并对学生学业成就有影响的各种因素，如父母受教育程度、家庭收入、家庭结构（是否单亲、家庭子女数等）以及家庭中所使用的语言等；T_t 表示累积到时间 t 为止的，由教师投入到一个学生身上的各种因素，包括教师的资格、职称、学历、教学时间等；OS_t 表示学校的其他投入要素，包括班级规模、图书资料、课程、校舍面积等。

这种"投入－产出"的分析方法在教育研究领域称之为教育生产函数。教育生产函数是将教育活动看作一个投入和产出的过程，即教育活动是将教育资源投入转化为教育产品产出的过程，学校教育产出主要指学生在接受学校教育后，其认知能力与劳动技能等的提高及个体其他方面的产出（如社会交往能力、责任感、自信心等）。在国内外已有的教育生产函数研究中，多数研究是将学生的学业成绩作为教育产出的主要代理变量[②]，我们认为主要有两点原因：一是因为学业成绩与一系列的教育投入直接相关，如学校办学条件、生均经费、校长课程领导力、教师教学策略、教师教龄、教师工作时间、学生学习时间、学习策略等，并且教育过程是一个累积性过程，过去的投入会影响到学生当前的学业表现[23,332,493,679,680,689,690,691]；二是这一产出指标对学生在未来学校教育（如更高一阶段教育）和劳动力市场的成功有预测作用[692-694]。综观国内外已有教育生产研究，教育生产函数分析所使用的教育投入主要包括学校方面的投入、教师方面的投入、学生家庭以及学生个体方面的投入，因而也被称为学校－家庭联合

---

① 在定义域内连续且具有连续的一阶、二阶偏导数；一阶偏导数大于零，在其他条件不变时，增加一种要素的投入量，产出量或多或少都会增加，即边际产出大于零；二阶偏导数小于零，即要素投入的边际产出是递减的。

② 尽管近些年来国内外许多学者开始研究学生的非认知技能对于学生未来发展的影响，但由于非认知技能难以精准量化，设计的测量工具通常具有信度、效度不高的特点，因而不宜作为教育生产函数中的因变量（产出变量），在教育生产函数研究中还是相对较为少见。

教育生产①。

哈努谢克[234]在人力资本测量的研究中，拓展了教育生产函数的内涵，将通过教育获得的人力资本（H，以认知技能作为代理变量）从家庭投入（F）、学校投入（QS）、个人能力（A）和其他因素（Z）等四个方面进行解释，即下面的广义教育生产函数模型：

$$H = cF + d(QS) + eA + fZ + v \qquad (11-2)$$

上面模型中从质量（Q）和数量（S）两个方面来度量学校投入，说明学校投入因素不仅重要，而且十分复杂。此模型与（11-1）不同之处有三点：一是在模型（11-1）中教师因素（T）与学校因素（OS）是分开设置的，而模型（11-2）中将学校与教师投入都归并为学校投入因素，这反映早期的教育生产函数研究更关注教师的作用，希望通过教育生产函数实证研究找到调整教师政策（如教师工资、教师入职资格、教师专业发展等政策）从而改进学校教育质量的可靠证据。而哈努谢克等人在研究人力资本对国家或地区经济增长的作用时，则更重视学校层面的公共投入政策，比如生均经费、高质量教师比例等。二是在模型（11-2）中将学校投入细分为数量（S）与质量（Q）两方面的投入要素，分别设立指标衡量，比如生师比是衡量教师投入的数量是否充足的指标，而本科及以上学历教师数量则是作为高质量教师的衡量指标，从而可以考察师资投入数量还是师资投入的质量指标对于学生认知能力的提升效应更大；三是模型（11-2）中拓展了影响学生认知能力的因素，加入了个人能力（A）和学校、家庭因素之外的其他相关因素（Z），因而，它是对模型（11-1）解释学生学业成绩差异因素的拓展。模型（11-1）因为没有关注个体能力因素，容易产生对于投入要素效应估计的内生性问题。而且，学校和家庭投入要素之外的相关因素对于地区或国家层面的学生平均学业成绩的影响也是需要考量的，比如是否存在地区或国家层面的统考

---

① 教育生产既发生在学校也发生在家庭。有学者认为儿童在学校的表现是与两个生产"企业"——家庭和学校相关联的。学校"企业"依赖于家庭"企业"，在激励和强迫子女出勤、完成作业、树立正确的学习态度、与教师合作等学业成绩生产方面与学校的配合。学校通过制定政策和指导家长如何成为更好的"生产者"等，也可以有效地促进家庭对儿童学业成绩的影响。在两个不同地点、以相互影响方式帮助学生提高学业成绩的过程被称作"教育的联合生产"。

制度、是否存在分层分级教育①、一个地区或国家的经济发展水平等,都可能对一个国家或地区的人力资本水平(以学生平均学业成绩为代理变量)产生影响。此外,性别、家庭社会经济地位、家庭结构(如是否单亲家庭、家庭子女数)因素也可以纳入家庭投入之外的相关因素(Z),尽管这些是教育政策无法调控的因素,但已有不少研究表明,这些无法操控的个体因素也会对学生学业成绩产生显著影响[685-686,695-697]。

本研究将采用广义教育生产函数分析方法,重点厘清各项家庭投入要素和学校投入要素(数量因素、质量因素)对中小学生学业成绩的影响程度,探究家庭投入和学校投入要素对中小学生学业成绩差异的解释度,从而比较家庭投入和学校投入对小学和初中教育产出(以学生学业成绩为代理变量)的重要性。

(二)社会资本理论

通常,在考察各种因素对学校教育成就的影响时,家庭背景作为区别于学校教育的因素,被认为是一个单一因素。但是,Coleman[698]认为家庭背景不是单一因素,可以分解成三个组成部分——物质资本、人力资本和社会资本。物质资本通常使用家庭财富和收入来测量,它们提供了促进子女教育目标达成的物质资源,在家庭内部包括固定的学习场所、学习资源(如电脑、互联网、学习材料、文具等),解决学习问题的经济资源(如提供给子女的课外补习费)等。人力资本可以通过父母受教育程度和为儿童学习提供的潜在认知环境(如家庭内的学习氛围)测量。社会资本是存在于人际关系网络中能够作为资产帮助实现个体目标的社会资源结构。社会资本分为家庭内的社会资本和家庭外的社会资本两种。家庭内的社会资本指家庭内的亲子关系,父母对子女教育的关注、期望、支持、投入与参与等;家庭外的社会资本指家庭所在社区内的人际关系。Coleman认为父母人力资本对儿童学习和发展的积极影响需要以家庭内的社会资本为前提,即如果父母没有参与到儿童的学习和生活中,父母拥有的人力资本将无法有效作用于儿童发展。

---

① 根据学生学业成绩将学生分成不同层次,安排到不同类型的学校(如重点学校与普通学校,普通高中与职业高中)就读,称为分层/分级教育,或者分流教育。

因而，基于社会资本理论，本研究在选取家庭投入要素时，重点关注家庭内的社会资本对教育产出的影响，即父母参与子女学习和生活、父母教育期望对学生学业成绩的影响[①]。此外，有关影子教育参与的影响因素的研究表明，家庭经济资本对于影子教育参与率有显著正向影响，而且家庭经济资本会影响影子教育的时长[564,696]。由此，我们将参与影子教育的时长（即课外补习时长）作为家庭经济资本的代理变量，考察家庭对于子女教育的另一种投入方式——影子教育对于学生学业成绩的影响效应。综上，基于社会资本理论和学校—家庭联合教育生产理论，本研究为回应学校投入与家庭投入哪个对学生学业成绩的影响效应更大而构建如图 11-2 所示的分析框架[②]。

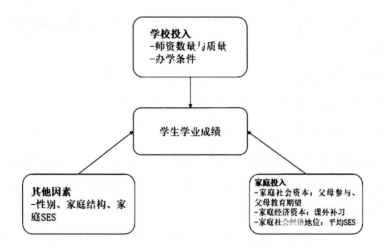

图 11-2　学校与家庭投入对学生学业成绩影响的分析框架

---

①　本研究将家庭人力资本变量（如父母受教育程度）与家庭收入、父母职业地位等合成一个家庭社会经济地位变量，因而，不再单独将父母受教育程度作为解释变量纳入计量模型。

②　后文在利用两水平线性回归模型估计学习投入、家庭投入要素对学业成绩影响效应时，参照 PISA 报告以及通常教育生产函数实证研究的做法，将学生个体的家庭 SES 作为控制变量纳入回归模型，但是在利用 Shapley 值分解模型估计并比较学校投入和家庭投入要素对学校学生平均成绩方差贡献度时，将学校学生家庭的平均 SES 作为家庭投入要素纳入分析模型，因为已有不少研究证实家庭平均 SES 对学校平均学业成绩具有显著效应，也是家庭经济资本、文化资本、社会资本的代理变量，而且《科尔曼报告》一个重要结论是，学生学业成绩与学校中其他学生的家庭社会经济背景密切相关。由此，我们将平均 SES 也作为家庭投入要素纳入分析模型。

第三节 文献综述与研究假设

本部分内容围绕教育产出的测量、学校投入要素对学生学业成绩的影响、家庭投入要素对学生学业成绩的影响三个方面的相关研究展开综述,为回应研究问题所需要的计量模型的设定提供依据,为提出研究假设给予文献支撑。

(一)教育产出指标的测量

关于教育产出的衡量与评价,学者从不同的视角对其进行了分析。从经济学视角来看,索尔门指出教育投入的收益包括货币和非货币的产出结果,对于个人而言是指能够获得更高的收入和周全的思考能力,对于社会而言则意味着更高的生产率、更新的工业技术和更健康的公民[699]。而在人力资本的视角下,OECD 等国际组织在进行教育指标分析时,将个体所具备的知识、技能、能力、生活质量、预期寿命、个人幸福感、公民的社会融入情况均纳入教育产出指标体系中[700]。

在教育生产函数中,尤其是分析中小学教育的投入与产出时,大量研究主要是将个体层面的认知能力和学业成绩作为教育产出指标,而学生的标准化测验分数便是较早并且普遍使用的变量。哈努谢克[452]对美国 187 项关于教育投入产出分析的已发表研究进行统计分析,超过 70% 的研究使用标准化测验分数作为教育产出指标。Lamdin[701]将阅读、数学测试成绩作为学生个体的教育产出指标,在学校层面上,采用的产出指标为高于全国成绩中位数的学生百分比。Bowles、Gintis 和 Osborne[702]指出学生测验成绩可以用于预测国家教育成就、劳动力存量以及个体的收入。还有部分学者使用学生态度、学生出勤率、毕业率和升学率作为衡量教育产出的指标。Murnane[703]在研究中使用辍学率作为教育产出的重要测量指标。Knoeppel、Verstegen 和 Rinehart[704]使用了多产出指标,包括学生标准化测验成绩、辍学率、高中毕业后的教育获得情况。Heckman、Stixrud 和 Urzua[705]在研究中验证了非认知特质在预测教育获得、未来工资收入和社会行为上的作用,揭示了非认知能力的重要价值。此后,大量的实证研究关注到受教育个体的非认知能力,但是关于非认知能力的内涵学术界尚未达成一致。

本研究将使用学生的标准化测验成绩作为教育产出变量,主要基于以下三方面考虑:第一,在中国的教育实践当中,考试测验是评判学生知识获得的主要工具之一,因此学生标准化测验成绩是教育生产结果的重要组成部分;第二,本研究选取的部分投入要素更多地与教育生产过程中知识的传递相关,因此使用标准化测验成绩作为产出指标更能有效分析投入要素的产出效率;第三,本文采用广义教育生产函数模型来分析学校投入、家庭投入对学生学业成绩的影响效应,也是借鉴了哈努谢克对于广义教育生产函数中因变量的选择。哈努谢克将人力资本的测量由平均受教育年限改为认知技能,并用国际数学、科学和阅读成绩测量指标作为模型中的因变量,具有三点优势[675]:一是用成绩测量能够捕捉到学校努力传授的知识和技能的变化,从而将学校教育潜在的成果与随后的经济表现结合起来;二是通过强调教育的总效果,使这类方法涵盖了技能的各种来源——家庭、学校和能力;三是通过解释学校教育质量不同所造成的学生成绩差异,能够开展关于不同政策设计对学校教育质量影响的研究。

(二)学校投入要素对学生学业成绩的影响

自《科尔曼报告》发表以来,大多数学者关注学校资源(人力资源、财力资源和物力资源)与学生发展之间的关系,但是研究结论尚未达成一致。《科尔曼报告》中,从学校物力资源投入对学生学业成绩的影响来看,控制学生个体和家庭因素后,包括生均藏书量、实验室设施、课外活动数量、课程综合性、学校规模在内的学校设施和课程特征的差异所揭示的学生成绩的方差非常小。哈努谢克[452]同样通过梳理已有文献结果,支持了学校设施等物力资源变量均对学生成绩的影响不显著这一结论。我国学者利用中国部分省份的中小学大规模调查和测评数据分析也发现,学校物力资源投入对学生学业成绩的影响不显著[695]。

近年来,我国义务教育实施标准化办学政策,各地中小学办学条件相差不大,而且基本完成了办学达标验收工作。《国家中长期教育改革和发展规划纲要(2010—2020年)》指出,推进义务教育学校标准化建设,均衡配置教师、设备、图书、校舍等资源,努力缩小校际、城乡、区域差异。2017年初,国家教育督导检查组对安徽、云南、山东、河南、重庆等省份或直辖市义务教育均衡发展督导反馈意见,均表明检查省份各县的小学、初中基本达到评估标准,小学、初中综合差异系数均达到了国家标准①。因此,本研究不再关注生均图书册数、生均校舍面积、生均教室面积等物力资源投入指标对学生学业成绩的影响②。

从学校财力资源投入对学生学业成绩影响来看,哈努谢克[452]根据已有的研究发现,在控制家庭背景因素后,大量研究表明教师薪酬、生均经费等财力资源变量对学生成绩的影响不显著。Greenwald、Hedges 和 Laine[449]对哈努谢克的分析方法提出了质疑,他们采用了两种元分析方法——联合显著性检验和效应量估计,得出了相反的结论,结果表明生均费用每提高 10%,可将学生学业成绩从 50% 提高到 75%,可见学校财力资源投入与学生学业成绩存在显著的正相关。近几年基于教育生产函数方法的实证研究验证了这一观点。Holm-lund 等人[706]使用英国学生数据库的面板数据,在固定学校效应和时间趋势后,发现学校生均经费对学生的英语、数学和科学成绩均产生显著的正向效应,每个学生平均支出增加 1000 英镑,将使标准化考试成绩分别提高 0.04、0.051 和 0.05 个标准差。Nicoletti 和 Rabe[707]在研究中处理了未观测变量的异质性,采用多种估计方法研究学校生均经费对数学、英语和科学考试分数的影响,结果表明每个学生的支出增加 1000 英镑,导致考试分数的标准差增加约 6%。由此来看,学校财力资源的投入对学生学业成绩具有积极的作用。因此,提出本研究待检验的假设 1 和 1a:

假设 1:学校财力资源投入对学生学业成绩产生正向影响。

假设 1a:生均教育经费对学生学业成绩产生正向影响。

不过,从已有的研究来看,一个较为普遍的结论是,在学校投入中,相比于

---

① 国家评估标准为小学、初中综合差异系数分别小于或等于 0.65、0.55。

② 本研究不纳入物力资源指标参与分析,有如下三个方面考虑:一是本文样本省区均在东部和中部,样本学校在基本办学条件上相差较小。二是鉴于国内外已有鉴于教育生产函数研究结果,生均图书、生均校舍面积、生均教室面积等指标对学生平均学业成绩影响的效应量相对较小,而且许多研究发现这些指标的成绩效应不具有统计显著性。三是教育生产函数模型中纳入生均经费变量,这一变量通常与各项物力资源指标高度相关,同时纳入计量模型会产生较为严重的多重共线性。因而,本研究聚焦于当下我国义务教育政策更加关注的师资数量、质量指标,以及生均教育经费指标展开分析,不考虑物力资源投入指标。

学校的物力投入和财力投入,人力投入即教师方面的投入对学生学业成绩的影响更大。李祥云和张建顺[708]研究发现教育结果的 12.6% 的差异可以通过学校投入的线性组合来预测,其中教师数量和教师质量是影响学生成绩最重要的投入要素。在教师数量投入方面,教育生产函数中比较常用的指标为学校的生师比,但关于生师比对学生学业成绩的影响尚未得到一致的结论。有的研究表明生师比对学生的学业成绩有显著的积极影响[709],也有研究表明生师比并不能有效提高学生的学业成绩[710-711]。此外,Dincer 和 Uysal[712]使用土耳其 PISA 2006 年数据发现,生师比与学生学业成绩呈非线性关系,随着生师比的增加,学生学业成绩先增加后降低。本研究认为较高的生师比可能导致教师在教育教学过程中难以关注每一个学生的学业表现,不利于开展满足学生个性化需求的教学活动,因此对学生学业成绩产生不利的影响。此外,本研究将引入薄弱学科教师充足度这一指标,探究学校师资完备情况对教育产出的影响。基于此,提出本研究的假设 2a 和 2b:

假设 2a:生师比对学生学业成绩产生负向影响。

假设 2b:薄弱学科教师充足度对学生学业成绩产生正向影响。

在教师质量的投入产出效率方面,许多实证研究验证了教师质量在提高学生学业成绩中发挥的重要作用。Rivkin、Hanushek 和 Kain[713]得出结论,每增加一个高质量教师至少能使学生成绩的标准差增加 0.11。Clotfelter 等人[714]选取教师工作年限、学历、教师资格证、国家委员会认证、教师测试分数和毕业院校质量等作为衡量教师资质的指标,利用北卡罗来纳州纵向调查数据,结果发现教师工作年限、拥有国家委员会认证、教师测试分数对学生数学和阅读成绩有显著的正向影响,教师学历对学生数学和阅读成绩有显著的负向影响,而且,其研究发现,对学历较高的教师的高薪酬激励效用没有发挥作用,除非能够保留有经验的高学历教师。Knoeppel[704]采用典型相关分析方法,分析了学校资源投入和产出之间的关系,研究发现教师平均工资是投入指标中贡献最大的因素,他认为由于教师工资往往直接由教师工作年限和受教育水平来决定,因此常被用作教师质量的代理变量来识别高质量的教师。大量实证研究数据也表明教师工作年限和受教育水平对学生成绩产生了积极的影响[314,709,715]。此外,我国学者常常使用教师职称作为衡量教师资质的指标,有的研究表明教师职称对学生学业成绩的增长有显著的影响[323],也有研究表明教师高级职称对学生成绩的影响不显著[314,451]。

除了衡量教师质量的特征变量外,本研究还关注教师教学策略对学生学业成绩的影响,Schroeder 等人[716]对 1980—2004 年间发表的以美国为样本的 62 份研究进行了元分析,据以估算不同教学策略对学生科学成绩的平均影响效应。估计结果表明,提问策略的效应值为 0.74,操控策略的效应值为 0.57,拓展学习材料策略的效应值为 0.29,评价策略的效应值为 0.51,探究策略的效应值为 0.65,增强内容策略的效应值为 1.48,教学技术的效应值为 0.48,合作性学习策略的效应值为 0.95。Caro、Lenkeit 和 Kyriakides 等人[23]基于 PISA 2012 数据,探究了教学策略对学生数学成绩的影响,结果发现在教学过程中,教师引导学生思考、探究、解决问题的频率对学生数学成绩有显著的正向影响,但这种影响效应随着频率的增加而降低。胡咏梅、唐一鹏[332]利用大规模中小学生测评数据,发现教学策略对小学生的成绩有显著的正向影响,尤其是对于能力相对较低的小学生来说,教师的教学策略作用尤为重要。基于以上研究,本研究认为教师质量对学生学业成绩存在积极的影响,因此提出本研究的假设 2c～2f:

假设 2c:教师学历水平对学生学业成绩产生正向影响。

假设 2d:教师高级职称比例对学生学业成绩产生正向影响。

假设 2e:教师平均教龄对学生学业成绩产生正向影响。

假设 2f:教师教学策略水平对学生学业成绩产生正向影响。

(三)家庭投入要素对学生学业成绩的影响

20 世纪 60 年代,美国学者 Blau 和 Duncan[557]提出地位获得模型,给出了以微观视角的家庭资源理论为主的解释逻辑,即以家庭所拥有资源的多寡来解释其子女的教育成就。本研究基于 Coleman 的社会资本理论,对国内外考察家庭投入要素对学生学业成绩的影响的研究从经济资本、文化资本和社会资本三个方面进行梳理。

从家庭经济资本和文化资本的影响来看,Teachman[717]研究发现美国父母收入对子女高中教育机会获得以及其在高中阶段的学业成绩都具有非常重要的影响。McEwan[239]使用智利八年级学生成绩的调查数据研究表明,父母的受教育程度对学生的学业成绩有显著的正向影响,且母亲的受教育程度影响更大。李春玲[718]的研究发现,从 20 世纪 40 年代至 90 年代,在前 30 年间,家庭经济资本和文化资本对个人教育获得的影响微弱,但经济资本对某些特殊人群(如农村地区人口、女性人口)有显著影响;在后 20 年间,家庭经济资本和文化资本对个人教育获得的影响逐渐增强。庞维国等人[289]基于 PISA 数据研究家庭社会经济地位与学业成绩的关系,用父母的受教育水平、家庭学习用具、家庭财富、家庭藏书来评估家庭社会经济地位,研究发现这些指标均与学业成绩呈紧密的正相关关系。而薛海平[719]基于 CEPS 大规模调查数据发现,家庭经济资本对初中学生学业成绩获得直接影响不显著,但可以通过影子教育产生间接影响。

在社会资本的影响方面,科尔曼提出家庭文化资本对学生学习和发展的影响需要以良好的社会资本为基础,Davis-Kean[241]通过实证研究验证了这一观点,即家庭内部的社会资本对子女学业成绩产生重要影响,并且可以作为中介变量,在家庭经济资本和文化资本对子女学业成绩的影响中发挥中介作用。本研究主要关注到家庭内部的社会资本,即父母教育期望和父母参与。父母教育期望对子女教育结果的影响得到了较为一致的结论,即父母教育期望是学生学业成绩、学校毕业率和升学率等教育结果变量的重要影响因素[289,720]。而且,初中阶段与中考、高考等升学选拔性考试更接近,因而,相比小学生,若初中生的父母对子女未来就读最高学位有更高的期待,就会投入更多的时间和精力关心、参与子女学习,或者通过购买课外补习服务给子女提供更多的学习机会,以期子女获得更高的学业成绩。由此,我们提出如下研究假设:

假设 3a:父母教育期望对学生学业成绩有正向影响。

假设 3b:相比小学生,父母教育期望对初中生学业成绩影响效应更大。

在父母参与对学生成绩的影响方面,一个被广泛接受的结论是父母参与对学生成绩具有重要的影响,通常而言父母对子女的学习和生活进行适度的参与有利于子女学业成绩的提高,但是由于学者们在研究中对父母参与分类和测量的不同,得出了略有不同的结论。Houtenville 和 Karen[38] 基于 NELS 数据建立教育增值模型,将与子女讨论学校的活动、与子女讨论学习、与子女讨论选课、参加家长会、参加学校志愿活动作为父母参与的五个指标,结果表明除了参加学校志愿活动外,其他四项参与内容的频率均对子女成绩有正向的影响。Stewart[35] 在研究中则是使用"亲子讨论"的表述,发现家长参与子女教育相关讨论,是提高学生学业成绩的有效参与活动。Topor 等人[721] 使用教师感知的家长对孩子的学习、教师和学校的态度来测量家长参与子女教育情况,建立多重中介模型,结果表明家长参与子女教育对孩子的学业表现和认知能力有显著的积极作用,并且师生关系在其中发挥中介作用。李佳丽、薛海平[722] 基于CEPS 两期数据,发现亲子陪伴(家长与子女一起吃饭、运动、读书)、亲子交流对孩子的平均成绩及各科成绩均有显著的正向影响,亲子活动(逛博物馆、科技馆等)仅对语文成绩有正向影响,而亲子监督(家长监督子女学习、指导作业)对平均成绩及各科成绩有显著的负向影响。由此可见,不同形式或内容的父母参与对学生的学业表现存在不同的影响,本研究将根据父母参与的内容是否与学习有关,将父母参与区分为参与子女学习和参与子女生活,基于以往的研究结论,我们认为参与子女学习和生活均对子女的学业表现产生积极的影响。此外,也有研究表明,父母越早参与子女的成长与发展活动,对子女发展的影响越大。例如,Hango[723] 在研究中发现父母参与的频率能够减少家庭社会地位劣势对儿童学业发展的影响,在儿童早期这种削弱作用更强。李波[273] 基于 2016年北京市四年级和八年级的调查数据发现,亲子阅读和亲子交流对四年级学生学业成绩的影响大于八年级学生。由此可见,父母对子女教育生产过程的干预对心智发育尚不健全的低年级学生更为重要。因此提出本研究的假设 4a、4b、5a、5b:

假设 4a:父母参与子女学习对其学业成绩有正向影响。

假设 4b:相比初中生,父母参与子女学习对提升小学生的学业成绩更为有效。

假设 5a:父母参与子女生活对其学业成绩有正向影响。

假设 5b:相比初中生,父母参与子女生活对提升小学生的学业成绩更为有效。

家庭对学生发展产生影响的路径除了通过父母参与和行为支持外，还可以通过经济资源投入为子女提供有差异的教育机会，如正规学校教育中的"名校""重点校"和校外有偿性教育服务"课外补习"[724]。因此，在考察家庭投入时，学生的课外补习机会是不可忽视的因素，而且课外补习对学生学业成绩的影响尚未达成一致的结论。Buchmann、Dennis 和 Roscigno[111]等人基于根据美国全国纵向调查数据，分析了课外补习现状及其对 SAT 分数和大学录取的影响，结果表明昂贵的 SAT 课程对 SAT 分数和大学录取概率有中等程度的影响。Dang[520]采用每小时家教费用数据作为课外补习质量的工具变量，结果显示课外补习支出对越南学生的学业成绩排名有积极作用。胡咏梅、范文凤和丁维莉[114]利用 PISA 2012 数据发现，数学补习给上海低 SES 学生会带来更大的成绩收益，而且会缩小高 SES 学生与低 SES 学生成绩差距。方晨晨、胡咏梅和张平平[115]将小学生的校内补习时间、校外补习时间纳入统一分析框架下进行研究发现，校内补习时间对小学生学业成绩有显著的负影响，校外补习时间对小学生学业成绩有显著的正影响。不过，也有学者研究发现，课外补习并不能提高学生成绩。例如，Smyth[519]对爱尔兰学生补习现象研究则发现，接受过教育补习的学生与没有接受过的学生的期末考试成绩不存在显著性差异。李佳丽、何瑞珠[725]基于 CEPS 数据，将学生课外补习区分为工作日补习和周末补习，结果表明周末参加补习对七年级学生的学业成绩有积极影响，但是工作日参加补习对学生的学业成绩的影响显著为负。

尽管课外补习对学生学业成绩的影响尚存争议，但是从投入产出的角度来看，学生在课外学业补习上的时间投入，理应是作为一种学校教育的补充对其学业成绩产生积极影响。由此，我们提出如下研究假设 6：

假设 6：课外补习时长对学生学业成绩有正向影响。

(四)其他因素对学生学业成绩的影响

在影响学生学业成绩的因素中，除了以上论述的学校和家庭投入要素，学生个体特征、家庭特征和学校特征也具有重要影响，应当作为控制变量纳入计量模型当中。学生性别是教育投入产出研究中常见的控制变量，有研究表明，女生的学业成绩显著低于男生[726-727],但也有研究的结论相反[712],还有研究表明男生、女生的学业成绩没有显著差异[728-729]。在家庭特征方面,家庭 SES 和家庭结构对学生的学业成绩发挥着重要的作用。其中,父母受教育程度和职业地位[712,726]、家庭内部的物质资源等也与子女学业成绩密切相关[451,710,712]。Witte 和 Kortelainen[710]在研究中发现完整家庭中学生的学业成绩要显著高于重组家庭,而重组家庭又显著高于单亲家庭。陶东杰[213]关注到同胞数量对青少年认知能力的影响,研究表明,对于七年级和九年级的青少年而言,同胞数量越多,认知能力越差。此外,不少研究发现,学校层面平均家庭 SES 对学生学业成绩具有极其显著的正向影响[710,712],也应当作为学校层面的控制变量纳入模型中。因此,本研究也将如上变量(性别、家庭 SES、是否单亲家庭、是否独生子女)作为控制变量纳入计量模型中。

第四节　研究方法

(一)数据来源与样本分布

本研究使用数据来自 2016 年北京师范大学中国基础教育质量监测协同创新中心"区域教育质量健康体检与改进提升项目"。该项目旨在通过基于严格抽样设计(三阶段 PPS 抽样)的大规模测评来对我国区域基础教育质量进行评价,以服务于地方政府对于基础教育质量改进与提升的需求。项目测试涵盖我国东部和中部地区 5 省 16 市,共包含 1811 所小学的 160 120 名四年级学生和 1095 所初中的 154 604 名八年级学生。测查内容主要包括问卷调查和学科测试,其中问卷调查对象包括学生、家长、教师和校长。学科测试以国家颁布的各学科义务教育课程标准(2011 年版)在学科内容领域和能力维度上的要求为依据,四年级涉及语文、数学和科学三门学科,八年级涉及语文、数学、英语、科学和人文五门学科。例如,数学试卷编制的基本框架是参照《义务教育数学课程标准(2011 年版)》,其中内容领域包括数与代数、图形与几何、统计与概率;能力维度包括了解、理解、掌握和运用。经过对试卷测量学指标分析,各学科测试卷具有良好的信度和结构效度,测试题目的难度分布较广,题目区分度较好,每道题目的特征曲线形态符合项目反应理论的模型，每道题目的信息量能够满足测量学的基本要求。

由于样本的性别、是否为独生子女等变量有缺失，本研究样本量略少于总样本量。样本分布如表 11-1 所示。由该表可知，男生比例高于女生（高出6.8%）。独生子女占比则比非独生子女占比低 38.6%。单亲家庭学生占比为8.4%，非单亲家庭学生占比为 91.6%。

表 11-1　样本分布情况

特征变量	分类	频数	百分比（%）
性别	男	167 900	53.4
	女	146 707	46.6
是否独生子女	否	217 908	69.3
	是	96 586	30.7
是否单亲	否	287 848	91.6
	是	26 471	8.4

（二）变量说明

基于前面的文献综述和所提出的研究假设，参考哈努谢克建立的广义教育生产函数模型，分析学校教育投入、家庭教育投入对学生认知能力的影响效应。

$$Y_{ij} = c \cdot F_{ij} + d(QS)_j + f \cdot Z_{ij} + v_{ij} \tag{11-3}$$

其中，Y_{ij} 代表第 j 所学校第 i 个学生的认知能力。借鉴哈努谢克等学者的做法，本研究用标准化测验成绩作为代理变量。F_{ij} 代表来自家庭方面并对学生学业成绩有影响的各种投入因素。在本研究中，基于 Coleman 社会资本理论，重点分析家庭内部的社会资本对学生学业成绩的影响效应，因而，我们将父母参与子女学习和参与子女日常生活变量以及父母教育期望变量作为家庭内部社会资本的测量指标；除此之外，以家庭教育支出为主的课外补习也是本研究关注的家庭投入要素。Q_j、S_j 分别代表学校教育投入的质量、数量因素。通过梳理已有实证研究和回应前文所设立的一系列研究假设，本研究选取衡量学校教育投入质量的指标，包括教师本科及以上学历占比、高级职称占比、平均教龄、教师教学策略水平，而学校教育投入数量指标包括生均经费、薄弱学科教师充足度、生师比。Z_{ij}代表学校、家庭教育投入之外对学生认知能力有影响的因素,根据前文文献梳理,本研究将学生性别、家庭社会经济地位、家庭结构(如是否单亲家庭、家庭子女数)纳入模型中,作为控制变量。本研究所涉及的变量定义参见表 11-2。

表 11-2　变量说明

变量名	变量说明与计分方式
结果变量	
标准化测验成绩	统一测试的语文和数学成绩,分别将四年级和八年级学生样本的语文和数学成绩标准化,然后求取标准化成绩的均值
学生水平	
性别	源自学生问卷:0＝男,1＝女
是否单亲	源自学生问卷:0＝非单亲家庭,1＝单亲家庭
是否独生子女	源自学生问卷:0＝非独生子女,1＝独生子女
家庭 SES①	源自学生问卷:由父母受教育水平、父母职业地位、家庭经济资源合成
课外补习时间	源自学生问卷:1＝没有,2＝3 小时以下,3＝3～6 小时,4＝6～8 小时,5＝8 小时及以上。在计量模型中,以"没有参加补习"为参照组,构建"3 小时以下"和"3 小时及以上"2 个虚拟变量
父母参与学习	源自学生问卷:由 4 个题目构成,5 点计分"每天或几乎每天"→"从不或几乎从不",反向计分后求取均值
父母参与生活	源自学生问卷:由 5 个题目构成,5 点计分"每天或几乎每天"→"从不或几乎从不",反向计分后求取均值
父母教育期望	源自家长问卷:1＝初中,2＝中专或职业高中,3＝普通高中,4＝大专,5＝大学本科,6＝研究生。在计量模型中,以"本科以下"教育期望为参照组,定义为 0,"本科及以上"教育期望定义为 1

---

① 父母受教育水平:1＝初中,2＝高中(包括中专或职业高中),3＝大专,4＝大学本科,5＝研究生。取父母最高受教育水平,合成变量前进行标准化。父母职业地位借鉴 PISA 项目,提供 9 种不同的职业进行选择。取父母最高职业地位,合成变量前进行标准化。家庭经济资源包括单独卧室、家用汽车、浴缸或淋浴房间、个人电脑、学习空间、书籍数量,构建家庭经济资源指标并标准化。将标准化后的父母受教育水平、父母职业地位和家庭经济资源取均值得到家庭 SES。

（续表）

变量名	变量说明与计分方式
学校水平	
是否初中	0＝小学，1＝初中
家庭平均 SES	源自学生问卷：由学生层面 SES 汇总至学校层面家庭平均 SES
本科及以上学历教师比例	源自教师问卷：0＝本科以下学历，1＝本科及以上学历。在计量模型中，汇总为学校层面本科及以上学历教师比例
高级职称教师比例	源自教师问卷：0＝非高级职称，1＝高级职称（小学包括一级、高级、正高级职称；初中包括高级和正高级职称）。在计量模型中，汇总为学校层面高级职称教师比例
教师平均教龄	源自教师问卷：少于 1 年定义为 0.5 年，20 年以上定义为 21 年，其他各组取中值。在计量模型中，汇总为学校层面教师平均教龄
教师教学策略	源自学生问卷：教师教学策略量表由 13 个题目构成，5 点计分："从不"→"总是"，求取均值后，汇总为学校层面数据
生均教育经费（单位：百元）	源自校长问卷：由校长汇报的学校总经费收入与学生总数之比合成
薄弱学科教师充足度	源自校长问卷：小学包括六门学科①教师充足度，初中包括九门学科②教师充足度，为 4 点计分："严重不足"→"完全满足"，分别求取均值合成薄弱学科教师充足度
生师比	源自校长问卷：由校长汇报的学校学生数与教师数之比合成

（三）测量工具的编制与信度、效度

1. 教学策略量表的编制与信度、效度

教学策略是教学领域中运用广泛的一个术语，王国英、沃建中[325]将其界定为教师为达到教学目标所采用的符合学生认知规律的教学方法、步骤与行为方式的综合。和学新[326]认为教学策略是为了达成教学目的，完成教学任务，而在对教学活动清晰认识的基础上对教学活动进行调节和控制的一系列执行过程。可见教学策略具有目的性和形式多样性，并且贯穿于整个教学活动之中。在教学策略的测量方面，PISA 项目调查了体现"互动合作或者参与式教学"和"引导探究"的一系列教师教学行为；TIMSS 项目主要通过教师问卷调查了引导、鼓

---

① 小学六门学科：英语、科学、体育、音乐、美术、信息技术。
② 初中九门学科：英语、物理、生物、化学、地理、体育、音乐、美术、信息技术。

励、注重探究等促进学生学习投入的具体行为；NAEP 项目对教师教学策略的调查包括因材施教和教学反馈与调整内容。

本研究主要基于王国英、沃建中等人[325]对教学策略的定义，并参考 PISA、TIMSS 和 NAEP 项目中关于教师教学活动和教学行为的测查，从"因材施教""参与式教学""引导探究"三个维度编制了学生评价的教师教学策略量表。其中，因材施教指的是教师鼓励学生使用适合自己的学习方法，发现学生学习上的优劣势，为不同的学生提出不同的学习建议，给学有余力的学生布置富有挑战性的学习任务，关注每个人的成长进步等。参与式教学是指全体师生共同建立民主、和谐、热烈的教学氛围，让不同层次的学生都拥有参与学习和发展的机会，是一种合作式或协作式的教学法，其表现形式通常为教师在课堂上组织学生进行分组学习活动，完成相同或不同的学习任务。引导探究指的是教师引导学生就某个问题进行讨论，将教学内容与日常生活相联系，引导学生思考和提出自己的观点，鼓励学生用不同的思路解决问题等。

教学策略量表的整体信效度检验结果参见表 11-3。由表 11-3 可知，教师策略量表具有较高的内部一致性信度，Cronbach's α 值为 0.935。CFA 检验结果表明，CFI＝0.975，TLI＝0.969，均高于 0.9，RMSEA＝0.033，小于 0.08，模型适配情况良好。

2. 父母参与量表的编制与信度、效度

科尔曼将父母参与视为一种社会资本，将父母参与区分为家庭内部参与和家庭外部（学校、社区）参与，这一概念在后来的研究中被广泛应用。Ho[730]对父母参与的经典文献进行梳理，将家庭内部的父母参与概括为父母作为孩子的教师，参与子女学习、与子女讨论学校的事情等内容，而家庭外部的父母参与包括参与学校志愿活动、参与学校决策、参加家长会等内容。Lau[731]编制的学前儿童父母参与量表从内容上将父母参与分为生活指导、学习指导、家庭作业指导和家园沟通四个维度。

本研究中的父母参与主要是指家庭内部的父母参与，基于 Ho[730]、Lau[731]梳理的父母参与的活动内容，将父母参与划分为父母参与子女学习和父母参与日常生活两个维度。其中，父母参与子女学习主要指家长参与子女学习活动的频率和强度;父母参与子女日常生活指父母参与子女日常生活活动的频率和强度。并且,本研究参考 PISA 项目中与父母参与相关的测量内容,编制并修订了父母参与量表,共包含 7 个题项。

父母参与量表的整体信效度检验结果参见表 11-3。由表 11-3 可知,父母参与量表具有较高的内部一致性信度,Cronbach's α 值为 0.814。CFA 检验结果表明,CFI=0.954,TLI=0.936,均高于 0.9,RMSEA=0.044,小于 0.08,模型适配情况良好。

表 11-3　量表信效度分析

工具名称	内部一致性信度检验 (Cronbach's α)	结构效度检验(CFA)		
		CFI	TLI	RMSEA
教学策略	0.935	0.975	0.969	0.033
父母参与	0.814	0.954	0.936	0.044

(四)计量模型

1. HLM 模型

传统教育生产函数研究常用普通多元线性模型对引起学校产出变化的学校和家庭的投入要素进行效应估计,而鉴于学校和家庭投入要素数据往往具有多层嵌套结构,现代教育生产函数研究则引入 HLM 模型,以便较好地克服内生性和异质性问题。这两方面问题是教育生产函数研究需要考虑的关键问题。对于内生性问题,本文所使用的数据不包含先天能力、前期学习基础等信息,只能通过学生个体层面的变量(如家庭 SES、是否单亲、是否独生子女)来进行控制,尽量降低由于内生性问题造成的估计偏误。对于异质性问题(特别是学校层面因素带来的异质性),HLM 模型能够起到较好的控制作用。本研究将采用如下两水平线性模型来分析学校投入、家庭投入对学生学业成绩的影响效应。

Level 1:

$$Y_{ij} = b_{0j} + b_{1j} \cdot PL_{ij} + b_{2j} \cdot PLF_{ij} + b_{3j} \cdot JYQW_{ij}$$
$$+ b_{4j} \cdot BX1_{ij} + b_{5j} \cdot BX2_{ij} + b_{6j} \cdot XB_{ij} + b_{7j} \cdot SES_{ij} \quad (11\text{-}4)$$
$$+ b_{8j} \cdot DS_{ij} + b_{9j} \cdot DQ_{ij} + \varepsilon_{ij} \quad \varepsilon_{ij} \sim N(0, \sigma^2)$$

Level 2：

$$b_{0j} = C_{00} + C_{01} \cdot ZX_j + C_{02} \cdot ASES_j + C_{03} \cdot CJ_j$$
$$+ C_{04} \cdot BK_j + C_{05} \cdot JL_j + C_{06} \cdot JXCL_j + C_{07} \cdot SXJF_j \qquad (11\text{-}5)$$
$$+ C_{08} \cdot SZCZ_j + C_{09} \cdot SSB_j + \mu_{0j} \quad \mu_{0j} \sim N(0, \tau^2)$$

$$b_{1j} = C_{10} + C_{11} \cdot ZX_j \qquad (11\text{-}6)$$

$$b_{2j} = C_{20} + C_{21} \cdot ZX_j \qquad (11\text{-}7)$$

$$b_{3j} = C_{30} + C_{31} \cdot ZX_j \qquad (11\text{-}8)$$

将(11-4)、(11-5)、(11-6)，(11-4)、(11-5)、(11-7)，(11-4)、(11-5)、(11-8)分别合并，可以得到如下三个完整的两水平模型表达式(11-9)、(11-10)、(11-11)：

$$Y_{ij} = C_{00} + C_{01} \cdot ZX_j + C_{02} \cdot ASES_j + C_{03} \cdot CJ_j + C_{04} \cdot BK_j$$
$$+ C_{05} \cdot JL_j + C_{06} \cdot JXCL_j + C_{07} \cdot SXJF_j + C_{08} \cdot SZCZ_j$$
$$+ C_{09} \cdot SSB_j + C_{10} \cdot PL_{ij} + C_{11} \cdot ZX_j \cdot PL_{ij} + b_{2j} \cdot PLF_{ij} \qquad (11\text{-}9)$$
$$+ b_{3j} \cdot JYQW_{ij} + b_{4j} \cdot BX1_{ij} + b_{5j} \cdot BX2_{ij} + b_{6j} \cdot XB_{ij}$$
$$+ b_{7j} \cdot SES_{ij} + b_{8j} \cdot DS_{ij} + b_{9j} \cdot DQ_{ij} + \mu_{0j} + \varepsilon_{ij}$$

$$Y_{ij} = C_{00} + C_{01} \cdot ZX_j + C_{02} \cdot ASES_j + C_{03} \cdot CJ_j + C_{04} \cdot BK_j$$
$$+ C_{05} \cdot JL_j + C_{06} \cdot JXCL_j + C_{07} \cdot SXJF_j + C_{08} \cdot SZCZ_j$$
$$+ C_{09} \cdot SSB_j + b_{1j} \cdot PL_{ij} + C_{20} \cdot PLF_{ij} + C_{21} \cdot ZX_j \cdot PLF_{ij} \qquad (11\text{-}10)$$
$$+ b_{3j} \cdot JYQW_{ij} + b_{4j} \cdot BX1_{ij} + b_{5j} \cdot BX2_{ij} + b_{6j} \cdot XB_{ij}$$
$$+ b_{7j} \cdot SES_{ij} + b_{8j} \cdot DS_{ij} + b_{9j} \cdot DQ_{ij} + \mu_{0j} + \varepsilon_{ij}$$

$$Y_{ij} = C_{00} + C_{01} \cdot ZX_j + C_{02} \cdot ASES_j + C_{03} \cdot CJ_j + C_{04} \cdot BK_j$$
$$+ C_{05} \cdot JL_j + C_{06} \cdot JXCL_j + C_{07} \cdot SXJF_j + C_{08} \cdot SZCZ_j$$
$$+ C_{09} \cdot SSB_j + b_{1j} \cdot PL_{ij} + b_{2j} \cdot PLF_{ij} + C_{30} \cdot JYQW_{ij} \qquad (11\text{-}11)$$
$$+ C_{31} \cdot ZX_j \cdot JYQW_{ij} + b_{4j} \cdot BX1_{ij} + b_{5j} \cdot BX2_{ij}$$
$$+ b_{6j} \cdot XB_{ij} + b_{7j} \cdot SES_{ij} + b_{8j} \cdot DS_{ij} + b_{9j} \cdot DQ_{ij} + \mu_{0j} + \varepsilon_{ij}$$

在上述模型中，第一水平为学生个体水平，第二水平为学校水平，i 表示学生，j 表示学校。Y_{ij} 表示第 j 个学校的第 i 名学生的语文和数学标准化成绩均分。在学生个体水平，PL_{ij} 表示父母参与子女学习变量，PLF_{ij} 表示父母参与子女生活变量，$JYQW_{ij}$ 表示父母教育期望"是否为本科及以上"变量，$BX1_{ij}$ 和

$BX2_{ij}$ 分别表示补习时间为"3 小时以下(不包含 0)"和"3 小时以上";XB_{ij}、SES_{ij}、DS_{ij}、DQ_{ij} 均为学生层面的控制变量,XB_{ij} 表示学生的性别(1 = 女生,0 = 男生),SES_{ij} 表示学生的家庭社会经济地位;DS_{ij} 表示是否独生子女(1 = 独生子女,0 = 非独生子女);DQ_{ij} 表示是否单亲家庭子女(1 = 单亲,0 = 非单亲)。在学校水平,CJ_j 表示学校教师中具有高级职称的比例,BK_j 表示学校教师中具有本科及以上学历的比例,JL_j 表示学校教师平均教龄,$JXCL_j$ 表示学生评价的教师平均教学策略水平,$SXJF_j$ 表示生均教育经费,$SZCZ_j$ 表示学校薄弱学科教师充足度,SSB_j 表示生师比,ZX_j、$ASES_j$ 为学校层面控制变量,ZX_j 表示是否为初中(1 = 初中,0 = 小学),$ASES_j$ 表示学校学生平均家庭社会经济地位。

2. Shapley 值分解法

计量经济模型中,一般会在每个回归结果表格的最后一行给出拟合优度(R^2),但是每个自变量对因变量变异的贡献率却没有呈现,因此分辨不出各自变量对于因变量变异的重要程度。有学者提出了一种基于 Shapley 值的分解方法来解决此问题,该方法的基本思路是通过计算组合博弈框架下各变量的边际贡献来进行分解。它首先在包含与不包含某变量的组合模型中测算 R^2 的变化,R^2 减少的程度与该变量的边际贡献成正比,R^2 减少越多,则该变量对因变量变异的贡献率越大[512]。

本研究通过使用 Shapley 值分解法来估算学校投入、家庭投入等因素对学业成绩变异的贡献度,并通过比较每类变量的贡献率,回答学校投入还是家庭投入对学校学生平均成绩影响更重要这一关键问题。其中,学校投入要素包括具有高级职称的教师比例、具有本科及以上学历的教师比例、教师平均教龄、教师平均教学策略水平、生均教育经费、薄弱学科教师充足度、生师比;家庭投入要素包括课外补习平均时长、父母参与子女学习平均得分、父母参与子女生活平均得分、父母教育期望在本科及以上的比例、家庭平均 SES。

具体来说,对于自变量的集合 $K = \{x_j\}$,假设 θ 是自变量的一组排列,而 $\theta(j)$ 表示变量 x_j 在 θ 中的位置,$P(\theta, x_j) := \{x_p \in K \mid \theta(p) < \theta(j)\}$ 表示排在变量 x_j 之前的变量集。因此在排列 θ 中,变量 x_j 对于拟合优度的改变程度可用公

式(11-12)衡量：

$$\text{MC}(x_j, \theta) = f(P(\theta, x_j) \bigcup \{x_j\}) - f(P(\theta, x_j)) \tag{11-12}$$

此处，$\text{MC}(x_j, \theta)$ 被称为变量 x_j 在 θ 中的临界贡献。把 $\Theta(K)$ 作为 K 的所有组合排序，可以计算 x_j 的 Shapley 值：

$$\text{Sh}_{x_j}(f) = \frac{1}{|\Theta(K)|} \cdot \sum_{\theta \in \Theta(K)} \text{MC}(x_j, \theta) \tag{11-13}$$

更进一步，还可以根据自变量之间的预设关系对 K 进行分组（也称为先验分组），并计算各组变量的贡献率，也即 Owen 分解值。假设我们将排列 θ 按 g 进行划分，得到有序分组 $\Theta(K, g)$，那么可以在 Shapley 值的基础上，利用公式(11-12)计算出 Owen 值。

$$\text{Ow}_{x_j}(f, g) = \frac{1}{|\Theta(K, g)|} \cdot \sum_{\theta \in \Theta(K, g)} \text{MC}(x_j, \theta) \tag{11-14}$$

我们将利用 Owen 值比较小学、初中学校的家庭投入还是学校投入对学生平均学业成绩变异贡献更大。

第五节　实证分析结果

(一)影响中小学学生学业成绩的要素分析

1. 零模型参数估计结果

在多水平模型中，零模型(Null Model)是模型分析的前提，从表 11-4 可知，零模型的卡方检验 P 值小于 0.001，这表明该两水平模型显著有效。零模型估计得到的组内方差为 0.6042，组间方差为 0.2738，组内相关系数 ICC = 0.2738/(0.2738 + 0.6042) = 0.3118，这表明学生标准化测验成绩总变异中有 31.18% 来源于学校之间的差异。也就是说，学生学业成绩在学校层面是存在显著差异的，学校特征对于学生学业成绩具有统计学意义上的显著影响，因而适合采用多水平模型进行分析。

表 11-4 零模型参数估计结果

随机效应	Var	χ^2	P 值	ICC
Level1	0.6042	81 783.45	0.000	0.3118
Level2	0.2738			

2. 学校投入要素影响效应

表 11-5 呈现了学校投入对学生标准化测试成绩影响的 HLM 估计结果,其中模型 1 为基准模型,加入了本研究中的控制变量与家庭投入变量。结果发现,在学生个体水平中,女生、独生子女、非单亲家庭的标准化测试成绩显著高于男生、非独生子女、单亲家庭,家庭 SES 越高,学生的标准化测试成绩越高。在学校水平中,作为控制变量的家庭平均 SES 对中小学生标准化测试成绩有显著的正向影响,这一结果与科尔曼的经典研究结论契合。《科尔曼报告》对影响白人学校学生学业成绩差异的因素的重要性进行了排序,其中最重要的因素是同学的社会经济背景差异。

模型 2 是在模型 1 的基础上在学校层面加入了教师数量(生师比与薄弱学科教师充足度)和财力投入(生均教育经费)变量,结果表明,在控制学生、家庭、学校特征及家庭投入变量后,在财力投入上,生均教育经费对学生标准化测试成绩产生了显著的正向影响,本研究假设 1a 成立,生均经费每增加 100 元,学生的标准化测试分数可以提高 0.0007 个标准差;在教师数量的投入上,薄弱学科教师充足度对学生标准化测试成绩具有显著的正向影响,生师比对学生标准化测试成绩具有显著的负向影响,本研究的研究假设 2a 和 2b 成立,这一结果符合实际情况,也与已有研究结论一致[704,709],充足的教师数量可以保障教师在教育教学过程中关注学生的个性化需求,及时关心学生的学业情况,从而有利于提高学生的学业成绩。

模型 3 是在模型 1 的基础上在学校层面加入了学校教育投入中的教师质量变量,即本科及以上学历教师比例、高级职称教师比例、教师平均教龄、教师教学策略。结果表明,在控制学生、家庭、学校特征及家庭投入变量后,教师质量的四项指标均对学生标准化测试成绩具有显著的正向影响,即学校在教师质量上的投入水平越高,学生的标准化测试成绩也越高,本研究的研究假设 2c~

2f成立。这与前人的研究结论一致,教师学历、职称和工作年限等人力资本特征常被用作教师质量的代理变量,而教师质量是影响学生学业成就的重要因素[451,704],与低质量教师教授的学生相比,由高质量教师教授的学生更可能获得学业进步[732,733]。此外,教学策略作为教育生产中的过程性变量,同样是教师质量的反映,良好的教学策略有助于学生学业成绩的提升[332,734]。

比较模型2和模型3中第二水平模型的R^2大小可知,相比于学校教育投入数量因素,学校教育投入质量因素对学生标准化测试成绩的解释力度相对更大。

模型4在模型1的基础上加入了全部学校教育投入要素,模型4中学校投入的解释变量系数与模型2、3中相应系数相比,多数解释变量的系数稳健性较好,没有显著性的变化和符号方向的改变,系数大小相近,仅生师比变量的系数不显著。在实证研究中,生师比与学生学业成绩关联性较低的原因主要有两个方面:第一,这可能与我国对中小学生师比有明确的规定有关,小学阶段生师比应达到19∶1,初中阶段生师比应达到13.5∶1,因此学校之间的生师比差异不大;第二,部分乡镇农村学校学生规模较小,生师比往往远小于教育部公布的生师比标准,但实际上这些薄弱学校的学生学业成绩较低。

表11-5 学校投入对学生标准化测试成绩的影响

固定效应	模型1	模型2	模型3	模型4
学校水平				
是否初中(1=是)	0.107*** (0.015)	0.030 (0.017)	0.110*** (0.021)	0.078** (0.023)
家庭平均SES	0.471*** (0.017)	0.420*** (0.017)	0.229*** (0.017)	0.224*** (0.018)
本科及以上学历教师比例			0.268*** (0.035)	0.225*** (0.035)
高级职称教师比例			0.129** (0.038)	0.099* (0.038)
教师平均教龄			0.016*** (0.002)	0.015*** (0.002)
教师教学策略			0.435*** (0.017)	0.400*** (0.017)

（续表）

固定效应	模型 1	模型 2	模型 3	模型 4
生均教育经费（单位：百元）		0.0007*** (0.0001)		0.0005*** (0.0001)
薄弱学科教师充足度		0.060*** (0.011)		0.028** (0.010)
生师比		−0.007*** (0.002)		−0.001 (0.002)
学生水平				
性别	0.132*** (0.003)	0.132*** (0.003)	0.131*** (0.003)	0.131*** (0.003)
是否独生子女	0.102*** (0.004)	0.103*** (0.004)	0.102*** (0.004)	0.103*** (0.004)
是否单亲	−0.095*** (0.006)	−0.098*** (0.006)	−0.096*** (0.006)	−0.098*** (0.006)
家庭 SES	0.106*** (0.003)	0.109*** (0.003)	0.107*** (0.003)	0.110*** (0.003)
常数项	−0.429*** (0.013)	−0.546*** (0.052)	−2.551*** (0.091)	−2.062*** (0.091)
家庭投入变量[a]	有	有	有	有
随机效应				
Level1 variance	0.5354	0.5378	0.5350	0.5374
Level2 variance	0.1419	0.1269	0.1026	0.0971
ICC	0.2095	0.1909	0.1609	0.1531
pseudo R^2 Level 1[b] (effect size)	0.194	0.207	0.238	0.240
pseudo R^2 Level 2[b] (effect size)	0.423	0.466	0.564	0.576
Level1 样本量	256 180	239 340	254 246	237 789
Level2 样本量	2864	2754	2843	2738

注：a. 为模型简洁起见，此处不呈现家庭投入变量的系数估计结果，家庭投入变量包括父母教育期望、父母学习参与、日常生活参与、课外补习时间。

b. Level1 和 Level2 Pseudo R^2 计算方法参照 Snijders，Bosker：Modeled variance in two-level models。下同。

3. 家庭投入要素影响效应

表 11-6 呈现了家庭投入对学生标准化测试成绩影响的 HLM 估计结果。

模型 5 是包含本研究中的控制变量、学校投入变量的基准模型，各控制变量的显著性水平与系数大小在模型 6～10 中基本稳健。

模型 6 是在模型 5 的基础上加入课外补习时间变量的模型,结果表明在控制学生、家庭、学校特征及学校教育投入变量后,以未参加补习的学生为参照组,每周课外补习在 3 小时以下的学生标准化测验分数显著低于未参加补习的学生,而每周参加课外补习在 3 小时及以上的学生标准化测验分数则显著高于未参加补习的学生。由此来看,课外补习时长与学生学习成绩有关联,但两者并非简单的线性关系。由此,假设 6 并未得到验证。这一结论与王云峰、郝懿和李美娟[107]的研究结论较为一致,他们基于北京市 34 652 名五年级学生数据,发现每周校外课外补习 2～3 小时或 3 小时以上的学生成绩显著高于不参加校外课外补习的学生,而补习 1～2 小时的学生成绩与不补习的学生成绩没有显著差异,而补习 1 小时以下的学生成绩显著低于不补习的学生成绩。

模型 7 是在模型 5 的基础上加入父母教育期望变量及其与学段的交互项。结果表明在控制学生、家庭、学校特征及学校教育投入变量后,父母教育期望对学生的标准化测试成绩有显著的正向影响,本研究的假设 3a、3b 成立。具体而言,父母教育期望为本科及以上的学生标准化测试成绩显著高于父母教育期望为本科以下的学生,并且其对提高初中生的学业成绩更为有效(父母教育期望与是否初中的交互项为正)。Kaplan 和 Liu[735]的研究指出,学生期望和学生感觉到的父母的期望是有关联的,父母对子女的期望,子女在日常生活中可以感觉到父母对其的期望并具体表现在提升学业成绩的外部行为上,由此使父母对子女的期望成为现实。Fan[736]指出父母的高教育期望可以转化为一系列有利于学生学习和发展的教育活动和行为,而且这一影响在家庭内部是长期的。

模型 8 和模型 9 分别在模型 5 的基础上加入父母参与子女学习和父母参与子女学习与学段交互项、父母参与子女生活和父母参与子女生活与学段交互项,结果表明在控制学生、家庭、学校特征及学校教育投入变量后,父母参与子女学习和父母参与子女生活对学生的标准化测验成绩均有显著的正向影响,并且两者对提高小学生的学业成绩更为有效。由此,本研究的假设 4a、4b、5a、5b 均成立。父母参与子女的学习和生活,一方面可以直接给子女学习提供帮助,更重要的是形成一种良好的亲子互动情境,增加父母与子女之间的亲密关系,使得父母对子女的教育期望更容易内化为子女学习的动力[735]。但是相比小学生,初中生中寄宿生的占比高①,父母参与的机会相对较少。独立样本 t 检验结果表明,小学生父母参与子女学习和生活得分显著高于初中生父母,因而,初中生父母参与子女学习和生活带来的积极影响相对较低。此外,已有研究也表明父母对子女教育生产过程的干预对心智发育尚不健全的低年级学生更为重要[723,273]。比较模型 7、模型 8 和模型 9 中第一水平模型的 R^2 大小可知,相比于父母参与,父母教育期望对于学生标准化测试成绩的解释力度相对更大。模型 10 为完整模型,由模型 10 可知,各家庭投入要素的系数稳健性较好,没有显著性的变化和符号方向的改变,系数大小相近。

表 11-6   家庭教育投入对学生标准化测试成绩的影响

固定效应	模型 5	模型 6	模型 7	模型 8	模型 9	模型 10
学校水平						
是否初中(1=是)	0.022 (0.023)	0.015 (0.023)	−0.035 (0.025)	0.194*** (0.026)	0.148*** (0.026)	0.161*** (0.027)
家庭平均 SES	0.273*** (0.018)	0.270*** (0.018)	0.221*** (0.018)	0.271*** (0.018)	0.271*** (0.018)	0.221*** (0.018)
学生水平						
性别	0.163*** (0.003)	0.164*** (0.003)	0.132*** (0.003)	0.161*** (0.003)	0.161*** (0.003)	0.129*** (0.003)
是否独生子女	0.111*** (0.004)	0.108*** (0.004)	0.104*** (0.004)	0.112*** (0.004)	0.111*** (0.004)	0.103*** (0.004)
是否单亲	−0.121*** (0.006)	−0.121*** (0.006)	−0.100*** (0.006)	−0.122*** (0.006)	−0.118*** (0.006)	−0.098*** (0.006)
家庭 SES	0.141*** (0.003)	0.140*** (0.003)	0.112*** (0.003)	0.142*** (0.003)	0.138*** (0.003)	0.109*** (0.003)
课外补习—3 小时以下		−0.060*** (0.004)				−0.078*** (0.004)
课外补习—3 小时及以上		0.048*** (0.004)				0.026*** (0.004)

① 本研究的调查样本中,小学生中寄宿生占 7.9%,初中生中寄宿生占 31.1%。

（续表）

固定效应	模型 5	模型 6	模型 7	模型 8	模型 9	模型 10
父母参与子女学习				0.019*** (0.002)		0.007** (0.003)
父母参与子女学习 * 初中				−0.051*** (0.003)		−0.053*** (0.004)
父母参与子女生活					0.028*** (0.002)	0.026*** (0.003)
父母参与子女生活 * 初中					−0.038*** (0.003)	−0.009* (0.004)
父母教育期望—本科及以上			0.544*** (0.008)			0.539*** (0.008)
父母教育期望 * 初中			0.136*** (0.010)			0.145*** (0.010)
常数项	−2.062*** (0.091)	−2.072*** (0.091)	−2.436*** (0.089)	−2.099*** (0.091)	−2.100*** (0.091)	−2.483*** (0.089)
学校投入变量[a]	有	有	有	有	有	有
随机效应						
Level1 variance	0.5794	0.5778	0.5398	0.5776	0.5780	0.5362
Level2 variance	0.1033	0.1029	0.0979	0.1033	0.1029	0.0974
ICC	0.1513	0.1512	0.1535	0.1517	0.1511	0.1537
pseudo R^2 Level1[b] (effect size)	0.197	0.199	0.240	0.197	0.196	0.241
pseudo R^2 Level2[b] (effect size)	0.563	0.563	0.577	0.559	0.560	0.575
Level1 样本量	260 356	259 683	241 221	257 762	257 474	237 789
Level2 样本量	2745	2745	2738	2745	2745	2738

注：为模型简洁起见，此处不呈现学校投入变量的系数估计结果，学校投入变量包括本科及以上学历教师比例、高级职称教师比例、教师平均教龄、教师教学策略、生均教育经费、薄弱学科教师充足度、生师比。

（二）学校和家庭投入对校际成绩差异的贡献度

本研究使用学校层面数据，采用 Shapley 值和 Owen 值分解技术，旨在探讨学校和家庭投入对小学和初中校际成绩差异的贡献度，结果如表 11-7 所示。Shapley 值分解结果显示，对小学而言，家庭平均 SES 是对校际成绩差异贡献最大的因素,贡献度为 19.23%;此外,教师教学策略、父母参与子女生活、父母教育期望对校际成绩差异的贡献度也均超过 10%;相对而言,生师比和学生平均课外补习时间对小学校际成绩差异的贡献度较小(均不足 3%)。对初中而言,教师教学策略是对校际成绩差异贡献最大的因素,贡献度为20.30%;此外,家庭平均 SES、父母教育期望对校际成绩差异的贡献度也均超过 10%;相对而言,生师比、薄弱学科教师充足度和生均教育经费对初中校际成绩差异的贡献度较小(均不足 3%)。

Owen 值分解结果显示,若将全部的教育投入要素分为家庭投入和学校投入,对小学而言,家庭投入对校际成绩差异的贡献度(50.40%)略高于学校投入的贡献度(49.60%);初中则表现出相反的结果,即学校投入对校际成绩差异的贡献度(53.30%)高于家庭投入的贡献度(46.70%)。这在一定程度上可以表明家庭投入对小学生学业发展更重要,而学校投入对初中生学业发展更重要。

本研究进一步将学校投入要素划分为教师质量投入和学校办学条件投入,结果表明,无论是小学还是初中,教师质量投入对校际成绩差异的贡献度都远高于学校办学条件投入,尤其是在初中,学校办学条件的投入对校际成绩差异的贡献度较低(6.74%)。

就家庭投入而言,父母参与和父母教育期望对小学校际成绩差异的贡献度为 28.76%,略高于对初中校际成绩差异的贡献度(25.36%),而课外补习对校际成绩差异的贡献度在初中更大。《科尔曼报告》中提出两个先验性假设:第一,家庭对儿童的影响在最初几年中最有效果,因此入学之后,家庭间差异对成绩的影响应该开始降低;第二,家庭对儿童的影响波及其对日后经验的接受情况,因此家庭间差异对成绩的影响应该随着在校年数的增加而增加。在实证研究中,Coleman 发现父母受教育程度、家庭结构完整性、家庭规模、家庭物质资源等客观家庭因素在低年级解释的成绩方差比高年级多。本研究结果表明,小学家庭平均 SES 对于校际成绩差异的贡献度(26.84%)高于初中(23.68%)。由此,本研究结果与 Coleman 研究结果一致,支持了第一个先验性假设。

表 11-7　学校投入与家庭投入的 Shapley 值和 Owen 值分解结果

教育投入要素	小学				初中			
	shapley 值分解 R²(%)	Owen 值分解 1 组群 R²(%)	Owen 值分解 2 组群 R²(%)	Owen 值分解 3 组群 R²(%)	shapley 值分解 R²(%)	Owen 值分解 1 组群 R²(%)	Owen 值分解 2 组群 R²(%)	Owen 值分解 3 组群 R²(%)
本科及以上学历教师比例	4.23	49.60	40.04	41.11	6.15	53.30	48.28	43.44
高级职称教师比例	5.80				7.80			
教师平均教龄	4.80				6.77			
教师教学策略	17.03				20.30			
生均教育经费（单位：百元）	4.76		12.84		2.31		6.74	
薄弱学科教师充足度	4.99				1.76			
生师比	1.07				0.48			
父母参与子女学习	9.29	50.40	47.12	28.76	7.32	46.70	44.98	25.36
父母参与子女生活	13.44				6.97			
父母教育期望－本科及以上比例	13.06				16.11			
平均课外补习时间	2.30			3.29	5.38			7.51
家庭平均 SES	19.23			26.84	18.65			23.68

第六节　主要结论与建议

(一)主要结论

本章基于我国东部和中部的 5 省 16 市中小学校大规模调研数据,采用广义教育生产函数方法,运用两水平线性模型,分析了学校投入和家庭投入要素对教育产出(以学生学业成绩为代理变量)的影响效应;同时,采用 Shapley 值分解和 Owen 值分解技术,识别出对学校教育产出有较大影响的投入要素,围绕回应学校投入重要还是家庭投入更重要这一核心问题得出以下四个方面结论:

第一,除生师比之外,学校投入要素对教育产出结果有显著的正效应。两水平线性模型结果表明,衡量教师质量的教师人力资本特征和教学策略水平对中小学生平均学业成绩存在显著的正向影响。具体而言,学校本科学历教师比例、高级职称教师比例、教师平均教龄、教师平均教学策略水平越高,中小学生平均学业成绩越高;学校办学条件指标中的生均教育经费和薄弱学科教师充足度对中小学生平均学业成绩存在显著的正向影响,生师比的影响效应为负,但不具有统计显著性。这些结论与诸多已有教育生产函数实证研究一致[451,704,706-707],反映了学校投入对于教育产出结果的积极作用。

第二,家庭投入要素对教育产出结果有显著的正效应。两水平线性回归模型结果表明,父母参与子女学习、父母参与子女生活、父母教育期望对中小学生学业成绩有显著的正向影响,并且父母参与子女学习和生活对小学生学业成绩的影响更大,而父母教育期望对初中生学业成绩的影响更大。这些结论也与不少同类研究相同[722,273],反映了家庭教育投入对子女学业成绩的重要性。课外补习时长对中小学生学业成绩具有非线性影响效应。每周课外补习在 3 小时以下的学生学业成绩显著低于未参加补习的学生,而每周参加课外补习在 3 小时及以上的学生学业成绩则显著高于未参加补习的学生。这一结论与王云峰、郝懿和李美娟[107]的研究结论基本一致,说明家庭为子女购买的课外补习需要达到一定的时长才能有利于提升中小学生的学业成绩。

第三,对小学教育产出结果而言,家庭投入要素更重要,而对初中教育产出结果而言,学校投入要素更重要。Owen 值分解结果表明,小学家庭投入和学校投入分别能解释校际成绩差异的 50.4% 和 49.6%,初中家庭投入和学校投入分别能解释校际成绩差异的 46.7% 和 53.3%,这表明家庭投入对小学生平均成绩的影响略高于对初中生平均成绩的影响,而学校投入对小学生平均成绩的影响略低于对初中生平均成绩的影响。这一结论直接回应了由《科尔曼报告》引起的学校投入与家庭投入哪个更重要的问题,对于小学生平均学业成绩代表的教育产出而言,来自家庭的相关投入更重要;对于初中生平均学业成绩而言,来自学校的相关投入更为重要。这对于调整我国义务教育资源配置结构,优先保障初中阶段学校教育投入具有重要启示。

第四,相比学校办学条件,教师质量对中小学生平均学业成绩方差的贡献度更大;而且,相比小学,教师质量对初中生平均学业成绩方差的贡献度更大。Shapley 值和 Owen 值分解结果表明,教师质量投入尤其是教师教学策略能够解释较多的校际成绩差异,小学和初中分别为 17.03% 和 20.30%;而办学条件投入的贡献度较低,尤其是在初中,办学条件投入对学生平均学业成绩的方差贡献度不足 10%,而教师质量投入的贡献度高达 48.28%。这反映我国义务教育均衡发展政策在中部、东部地区落实得较好,尤其是在师资数量和生均教育经费等办学条件均衡配置方面取得了明显成效,对于校际教育产出差异的影响已经很小。不过,还需要重视校际师资质量的差异对教育产出方差贡献度依然较高的问题。这一结论与《科尔曼报告》中发现学校特征(包括学校设施、课程设置、平均 SES 等)中的教师素质(教师在语言技能测试中的得分、受教育水平)与学生学业成绩关联更为密切基本一致。

(二)建议

基于以上研究结论,我们围绕如何改进学校投入和家庭投入,以提高我国中小学教育生产效率提出几点建议:

第一,调整义务教育资源配置结构,优先保障初中阶段学校教育投入。本研究发现,对于小学教育产出而言,来自家庭的相关投入更重要;对于初中教育产出而言,来自学校的相关投入更为重要。目前我国经济发展进入"新常态",经济增速放缓,对于教育财政投入的增长造成很大压力,保"4%"已经成为各级政府在教育投入工作中的"重中之重"。2020 年我国和世界上大多数国家经济又深受新冠肺炎疫情影响,第一季度经济出现负增长(我国第一季度同比下降6.8%)。在我国经济已经融入全球经济的背景下,经济增长面临困境,因而,保障各级政府财政经费投入教育的"三个增长"面临巨大挑战。在此背景下,调整义务教育资源配置结构,优先保障初中阶段学校教育投入应当成为各级政府的主要教育投入责任。尤其是在每年教育财政增量经费的使用上,建议优先考虑投入初中阶段学校教育。

第二,改善义务教育阶段教师的工资待遇和工作环境,以吸引更多高素质人才投入义务教育事业。从研究结论来看,薄弱学科教师充足度、生师比对中小学教育产出有一定的影响,教师质量投入对中小学教育产出产生了更大的影响效应。从教育实践来看,义务教育属于劳动密集型产业,人员投入是义务教育的重要组成部分。PISA 2018 结果表明,我国参测 4 省市师资短缺程度在参测国家(地区)排第 3 位,城乡学校师资短缺指数分别为 0.44 与 0.98(指数为1,表示非常短缺),乡镇师资短缺尤为严重[737]。这与教师资源财政投入不足密切相关。正如张志勇等人在文章中指出的,"我国教育发展的主要矛盾开始从生存型教育转向发展型教育,教育投入的战略重点必须从'重物'转向'重人'。"因此,今后在稳定增长义务教育财政投入的同时,要更多地向学校人力支出方面倾斜,通过提高中小学教师的工资水平,改善教师的工作环境,提高中小学教师队伍的准入门槛,从而吸引更多的高素质人才投身中小学教育事业,保障义务教育阶段教师数量充足、整体质量更高。

第三,通过校外教师专业发展培训、校本教研合作等途径切实提高教师队伍的教学策略水平,尤其要重视提高初中教师的教学策略水平。本研究发现,教师的教学策略,包括因材施教、引导探究、参与式教学等,对中小学生的学业成绩有着极其重要的影响,而且对初中学校教育产出的影响程度更大。教师自身教学策略的提升除了通过教学经验的积累之外,还可以通过参加校外教师培训以及本校教师之间的教研合作得到有效提升。实际上,教育部和地方教育行政部门为中小学教师提供了国家级、省市级的教师培训机会(如"国培计划"、省级中小学教师专业发展培训项目等),但是其质量参差不齐,有的培训甚至忽视教师的实际需求,脱离教学实践,此类教师培训既挤占教师的教学时间,也不利于教师自身的专业发展与提高教育教学质量。因此,在保证各地区中小学教师培训机会充足的同时,更要保证培训质量,加强改进教师教学策略方面的培训,增加教师之间的教研合作与交流,切实提高教师的教学策略水平。

第四,政府和相关部门应制定和完善有关家庭教育的指导性文件,强化父母在家庭教育中的主体责任,督促父母积极参与子女教育生产过程。本研究发现,父母教育期望,父母参与子女学习、参与子女日常生活都是教育产出的重要投入要素,而且父母参与对小学生的学业成绩影响更大。我们的调查发现,多数父母参与子女学习、日常生活的频率并不高,尤其是学历低的父母参与率较低,学历在高中以下的父亲仅分别有 29%、21% 参与子女学习、参与子女生活,学历在高中以下的母亲仅分别有 29%、22% 参与子女学习、参与子女生活。据《中国流动人口发展报告 2018》[738] 显示,2017 年我国流动人口总量达 2.44 亿,不到一半(49.14%)的义务教育阶段进城务工人员子女跟随父母一起进城生活,而超过一半(50.86%)的农村留守儿童(约 1474 万人)一年之中难以有与父母在一起生活的时间,因而,农村留守儿童的家庭教育机会十分匮乏。在 2018 年 9 月举行的全国教育大会上,习近平总书记指出:办好教育事业,家庭、学校、政府、社会都有责任。家庭是人生的第一所学校,家长是孩子的第一任老师,要给孩子讲好"人生第一课",帮助扣好人生第一粒扣子。2015 年 10 月,教育部印发了《关于加强家庭教育工作的指导意见》(以下简称《意见》),阐明了加强家庭教育工作的重要意义,明确指出家长要"依法履行家庭教育职责"。但是,如何将该《意见》真正落实,对家长承担子女家庭教育责任具有约束力,尚需要进一步修订政策文件和出台配套文件,使得该《意见》的执行有法可依。因此,政府和相关部门应修订有关家庭教育的指导性文件,强化父母在家庭教育中的主体责任,使其认识到教育子女是自己的应尽之责、必尽之责。同时,积极配合学校教育,与学校老师一起参与子女教育的生产过程当中。尤其是小学生父母,更应尽可能地多陪伴孩子,增长亲子阅读、沟通交流的时间,培养孩子的学习兴趣和自信心,督促孩子养成良好的学习习惯、锻炼习惯,提高父母参与的质量。此外,在课外补习方面,父母切忌盲从、跟风让孩子参与各种课外补习,不仅加重子女学业负担,还很可能与预期相悖,使其成绩下降。建议父母根据孩子在学业方面的实际需求,选择合适的课外补习机会,及时跟踪孩子课外补习的教学质量,重视培养其学习能力,提高其学习效率。

　　第五，从研究结果来看，不仅父母的社会经济地位对子女学习和发展产生了重要影响，而且父母参与和父母教育期望的影响也不容忽视。本研究调查发现，中小学生父亲和母亲分别有 48％和 52％学历在高中以下，而且他们参与子女学习、参与子女生活的程度也较低。建议学校和社区通过开办家长学校、举办线上线下家庭教育讲座、开设家庭教育公众号等方式，引导家长树立正确的家庭教育观，帮助家长掌握科学的养育子女方法，以提高学校教育和家庭教育联合生产的效率。例如，要注重选择与子女沟通交流的恰当方式，平等地与子女交流，尊重子女合理的需求与选择。同时，根据子女发展潜力持有适当的教育期望，经常给予子女学习上的关心和鼓励，帮助子女形成适当的自我期望，增强子女的学业自我效能感。

　　自《科尔曼报告》公布至今已经过去了半个世纪，但对于学生学业成绩来说，学校投入与家庭投入哪个更重要的问题，在国内外学术界依然没有达成共识。本研究利用我国东部和中部部分省市中小学生大规模测评数据的计量分析回应了由《科尔曼报告》引起的对学生学业成绩学校作用与家庭作用之争的问题，并得出了自己的研究结论，但是对于其他地区的中小学校是否适用，需要后续研究采集相应地区中小学校数据来加以验证。最后需要说明的是，尽管我们采用了加入个体和学校层面的控制变量的两水平回归模型，但由于采用的是截面数据，难以完全解决遗漏变量偏误问题，有待后续研究采用纵向追踪数据来开展更为严谨的学校—家庭联合教育投入产出研究。

第十二章　九年一贯制学校与普通学校学生
发展状况的比较研究

　　九年一贯制学校有许多理论上的优势,但其理论优势能否转化为现实优势,仍缺乏实证数据的支撑。本章①基于 2014 年某副省级城市的大规模调查数据,采用 t 检验、卡方检验和工具变量模型揭示九年一贯制学校学生与完全小学、独立初中学生的学业成绩和心理健康状况的差异。研究发现:九年一贯制学校的小学部学生在各学科学业表现、心理健康各方面的发展状况均显著差于完全小学的学生;九年一贯制学校的初中部学生在各学科学业表现方面也显著差于独立初中的学生,在心理健康状况上与独立初中的学生差异不大。由此,建议在九年一贯制学校推行的过程中,应注重加强基于学生发展结果的办学效果评估,以及对九年一贯制薄弱学校给予改进支持,使之成为区域内义务教育优质均衡发展的有效模式。

第一节　引言

(一)国家政策倡导下九年一贯制学校已颇具规模

　　教育均衡发展是当前我国义务教育的重中之重,探索实现区域内义务教育优质均衡发展有多种模式和实践途径,其中九年一贯制学校建设便是值得关注的一种途径。自 2001 年开始,党中央和国务院陆续发布若干重大决定和政策文件,提倡建立九年一贯制学校。譬如,《国务院关于基础教育改革与发展的决定》(国发〔2001〕21 号)明确指出:"有条件的地方,可以实行九年一贯制。"由

---

　　①　本章内容摘编自张平平、胡咏梅、周达:《九年一贯制学校学生的发展状况优于普通学校吗?》,《教育科学研究》2017 年第 1 期。

此,伴随着义务教育办学体制改革的全面启动,九年一贯制学校在一段时间内兴起。此外,2012年《国务院关于深入推进义务教育均衡发展的意见》也指出:"鼓励各地探索建立区域内小学和初中对口招生制度,让小学毕业生直接升入对口初中。支持初中与高中分设办学,推进九年一贯制学校建设。"2013年《中共中央关于全面深化改革若干重大问题的决定》也提到"义务教育免试就近入学,试行学区制和九年一贯对口招生"。

为了深入贯彻落实国家教育政策和党的十八届三中全会精神,落实义务教育综合改革,缓解择校热,促进教育均衡,九年一贯对口招生逐渐成为各地(尤其是北京、上海等"择校"现象突出的特大城市)义务教育改革的重点,各种类型的九年一贯制学校数量迅猛增长。此外,在农村地区,随着21世纪初的十年内学校布局调整政策的广泛实施,某些地方学校为了稳固生源、优化教育资源配置、提高办学效益,开始大规模地对邻近学校进行合并,新建或改扩建大批九年一贯制学校。伴随着政策的鼓励和地方基于效率考虑的现实选择,我国九年一贯制学校得到了蓬勃发展。据教育部统计数据,2014年我国九年一贯制学校总数达到14 639所,占普通小学(含小学、九年一贯制学校、十二年一贯制学校)总数的6.7%,占初中(含初级中学、完全中学、职业初中、九年一贯制学校、十二年一贯制学校)总数的24.7%。在31个省中,有21个省的九年一贯制学校占比超过了20%,其中最高的青海省达到了48.5%[739]。从纵向来看,近些年我国九年一贯制学校的总数和占比呈现较快的增长趋势。可以说,九年一贯制已经成为我国义务教育学制的一个重要类型,九年一贯制教育的实施为推进义务教育均衡发展增加了新的活力,已经成为我国义务教育办学模式改革的方向。

(二)九年一贯制办学的理论优势及争鸣

事实上,九年一贯制学校并非新生事物,我国大约于20世纪80年代在北京、上海开始试点九年一贯办学。国家实行九年制义务教育之后,九年一贯制学校的发展也被提上议程,一些地方教育部门开始实践探索。九年一贯制是指小学、初中联体办学,使九年义务教育成为一种连续的、系统的、整体的学制模式。从教育学和经济学理论讲,九年一贯制学校可免于学生经历学程分段的变更,对于消解学生小升初压力,减轻学生学业负担,保证教育过程的完整性、系统性,节约制度"交易"成本,具有明显的效率和公平优势,有利于义务教育的均衡发展[740]。因此,无论是从政府整合利用资源、节省资源成本、降低管理运行成本、提高办学效益的角度,还是从社会和教育部门解决择校难题、促进义务教育机会均等,抑或是家长安心托付孩子的角度,九年一贯制学校似乎是一个非常好的选择。

九年一贯制学校的组建形式有完全新建校、小学与初中合并、名校办分校等,具体来讲,有品牌初中联合普通小学、优质品牌小学上延增设初中、距离相对集中的(或者招生有一定困难的)中小学合并等多种形式。尽管舆论导向和大众认为九年一贯制学校通过高低搭配、优劣搭配、重点校和先进模范校搭配、示范校与薄弱的小学、初中搭配之间进行资源组合,可以取得更好的办学效益,但是,由于当前九年一贯制学校仍处于探索发展阶段,在学校建设标准、师资、课程整合、学校管理等各方面仍存在一系列问题,由此引发了有关九年一贯制办学利弊的广泛讨论[741-743]。

九年一贯制学校建设使学校成为一种新的教育管理、教研活动与资源配置的单元。有学者从办学效率和学生发展的角度认为,九年一贯制学校与传统的中、小学分设相比,它是义务教育阶段中、小学教育的有机衔接与融合,与国家规定的义务教育年限一致,有助于更好地落实九年义务教育的国家政策,提高义务教育的普及率,综合利用教育资源,从整体上统筹规划学生发展,实施素质教育[741-743]。也有学者从促进教育公平的视角认为,实行九年一贯制能够解决择校及就近入学问题,推进区域义务教育的均衡发展[742-743]。归纳已有观点,九年一贯办学的理论优势在于三个方面:一是有利于共享教育资源,降低学校运作成本。比如,有利于人力资源的共享(师资调配、缺编调剂充实、教师队伍结构优化、教师成长)、物力资源的共享(硬件设施的集中和有效使用)以及教育经费的合理统筹与使用(统筹安排使用义务教育阶段的公用经费以及中小学教师的相关经费);二是有利于整体联合培养义务教育学段的学生,提升学校办学效益。比如,对中小学学生品质进行渐进式培养,实现中小学教学的有机衔接,统整义务教育阶段的课程与教学;三是有利于减轻学生小学升初中的压力,遏制小升初"择校热",解决部分学校初中部生源不足问题,促进义务教育均衡化[741]。

虽然九年一贯制办学有许多理论上的优势,但理论优势能否转化为现实优势值得探究。有学者认为,当前九年一贯制办学面临着"区域管理缺位和学校管理松散、缺乏一体化课程的管理、名优教师队伍存量不足、部分学校文化融合困难、中小学生特点未引起重视"等现实困境[741]。构建适应义务教育和教育均衡发展的九年一贯制学校,需要教育管理制度的变革与健全。各地区九年一贯制学校建设与发展仍处于探索阶段,取得了一些成效,但也存在一些突出的问题,亟待深入研究。对九年一贯制学校建设和发展的调研有着直接的现实与实践意义。但是目前关于九年一贯制学校理论优势的文献、个别学校办学经验宣传的文献较多,关于此类学校学生发展方面的实证研究极少,尤其缺乏基于大规模的调查和实证研究,使得关于此类学校的办学优劣势尚未有可靠的实证研究证据支撑。因此,本研究尝试从学生发展结果的角度审视九年一贯制学校的办学优劣势,并分析与其教学、资源、资源使用等多方面的联系,为此类学校的建设与管理提供有价值的参考建议。

第二节　文献综述

(一)国外关于一贯制教育的研究

国外的一贯制教育由于所处的社会文化背景各有不同,因此在试行时间、办学主体、教育功能、组织管理方式等方面与我国有着一定的差异。比如,日本于2000年之后开始试行,2008年开始大范围开展中小一贯制教育,到2010年,全国范围内有设施一体型"小中一贯校"40所,设施分离型"小中一贯校"900所。中小一贯制教育的实施带来了一些成效:教师意识发生变化,"初一鸿沟"现象得以缓解,学生意识发生变化,学生基本能力得到提升,教育活动共同化,对学生的指导方法发生变化,各地区的支持方式发生变化[744]。在英国,自由学校政策和课程改革催生了新的一贯制学校,期望有助于缓解中小学衔接难题、灵活安排课程实现个性化学习,以促进英国教育更好发展[745]。

（二）国内关于九年一贯制学校的研究

在我国，学者对九年一贯制学校的研究主要集中于办学模式、课程改革（学科课程整合与衔接）、学校德育和学校管理经验总结等问题，取得了一定的成果。但这些研究中大部分是以分析和论述九年一贯办学的利弊及可能的优劣势，或者以宣传某一所学校办学的成功经验为主，很少有关于九年一贯制学校的量化研究，更缺乏基于学生发展的结果来评价九年一贯制学校办学成效的研究。

目前国内学者关于九年一贯制学校的主要量化研究有：朱闵采用调查法进行了九年一贯制学校与分段式小学和初中学校在办学规模、招生政策、学生管理、教师管理、教学管理等方面的比较[746]。卢伟对北京 16 个区县 130 所九年一贯制学校进行了办学现状调查，调查内容涉及学校的教育资源（投入制度、人事制度）、教育起点（入学招生制度）、教育过程（人才培养制度）、教育结果（质量评价制度）以及教育保障制度（教育管理制度）[740]。钱林晓分析了以九年一贯制学校为主体的义务教育的效率与公平优势[743]。叶庆娜基于规模经济和范围经济的视角，探讨了农村学校布局调整中大规模学校的成因[747]；薛海平等人也从教育资源生产效率研究中的规模经济和范围经济的理论视角，探讨了九年一贯制学校的办学效益问题，提出：从成本节省的角度看，若小学在校生规模在 3369 人以下，初中在校生规模在 2724 人以下，小学和初中学校联合办学可以降低总办学成本，增进办学效益[748]。

（三）述评

由于地理位置、办学历史、办学模式、社会环境等方面的差异，一所九年一贯制学校的管理经验，很难反映全国学校管理中的共性特征；而且目前九年一贯制学校的管理和办学成功实践多是结论性、经验性的，缺乏对管理过程和学生发展结果的探究。因此，对九年一贯制办学效果的研究，要在教育环境相对接近的地区内部进行。当前相关的调查研究报告极少，针对某个特定地区的精细调查研究更少，远远不能满足地方教育决策部门依据实证研究结论做出改进九年一贯制学校建设与管理策略的需要。基于此背景，本研究以我国某副省级城市的九年一贯制学校为研究对象，对比分析九年一贯制学校学生与完全小学/独立初中学生在学业、心理健康上的发展状况，为揭示九年一贯制学校的优劣势提供实际证据。

第三节　研究方法

(一)数据来源

本研究使用的数据来源 2014 年中国基础教育质量监测协同创新中心与某副省级城市合作开展的"中小学生综合素养阳光评价项目"。该调查采用分层依概率比例抽样设计,调查范围覆盖该市 11 个区,调查对象为四年级和八年级学生,科学的抽样设计与严格的调查质量控制保证了调查样本较好的代表性以及数据的可靠性。项目测查内容主要包括学科测试和问卷调查。学科测试以国家颁布的各学科课程标准为依据,四年级涉及语文、数学、科学三门学科,八年级涉及语文、数学、英语、科学四门学科,测试内容不仅包括学生在基础知识、基本技能方面所达到的水平,还包括时代发展所要求的中小学生必备的搜集处理信息、自主获取知识、分析与解决问题、交流与合作、创新精神与实践能力等核心素养。问卷调查内容包括学生基本信息、学习生活状况以及影响学生学习和身心健康的相关因素等。

(二)样本描述

本研究选取该市 125 所完全小学和 45 所九年一贯制学校共计 36 315 名四年级学生,39 所独立初中和 37 所九年一贯制初中学校共计 31 124 名八年级学生作为研究对象(见表 12-1)。

表 12-1　样本描述

年级		学校数	学生数
四年级	完全小学	125	21 101
	九年一贯制学校	45	15 214
	合计	170	36 315
八年级	独立初中	39	13 845
	九年一贯制学校	37	17 279
	合计	76	31 124

(三)核心变量说明

本研究的核心变量包括学生的学业成绩和心理健康两个领域的发展状况。

学业成绩包括学生的语文成绩、数学成绩,成绩得分均是根据学生的作答反应使用项目反应理论估计得到的,均分为 500 分,标准差为 100 分。

心理健康测查包括学生的情绪(主观幸福感、抑郁倾向)、人格品质(自尊心、耐挫性)、人际关系(师生关系、同伴关系、亲子关系)、社会行为(亲社会行为、校园受欺凌、网络成瘾)4 个领域共 10 个指标,依据学生的表现,将学生在各个指标上的得分进行分类,主要关注心理健康状况表现积极的学生比例。其中,主观幸福感得分范围为 2.1~14.7 分,得分越高,表示学生的幸福感越强,根据各题回答平均分大于等于 5 分的原则将指标总分分为三类:10.5 分及以上为主观幸福感较强,2.1~6.3 分为较弱,6.3~10.5 分为一般。自尊、耐挫性、师生关系、同伴关系从"完全不符合"到"完全符合"4 点计分,得分越高表示学生的自尊心越强、耐挫性越好、人际沟通越良好;亲子关系为"从不"到"经常"4 点计分,得分越高表示亲子关系越好;此 5 个指标得分大于等于 3 分为较好,小于等于 2 分为较差,2~3 分为一般。抑郁为 0、1、2 计分,量表总分 20 分,得分大于等于 7 分被界定为抑郁倾向。亲社会行为从"不符合"到"完全符合"3 点计分,得分越高表示亲社会行为表现越好。校园受欺凌从"从不"到"5 次及以上"5 点计分,得分越高表示受欺凌情况越严重,根据原量表的计分规则将得分分为三类:0~4 分为较少,5 分为一般,6~10 分为较多。网络成瘾为 0、1 计分,"是"计 1 分,"否"计 0 分,计算网络成瘾量表总分,根据量表计分规则将得分在 8 分及以上的判定为网络成瘾;5~8 分为网络成瘾倾向,5 分以下为正常组。

本次测评中所有工具都达到了测量学指标要求,信效度良好。

(四)统计分析方法

本研究首先采用独立样本 t 检验考察九年一贯制学校学生与完全小学/独立初中学生的各科学业成绩以及心理健康状况的差异性。此外,在对比两类学校学生的心理健康状况时,还采用了比较两类学校在各指标上表现积极的比例差异的卡方检验,并呈现统计检验的效应值,以评判差异水平。

采用多元线性回归模型评估学制类型变量(是否九年一贯制)对学生发展的影响效应,并基于克服内生性考虑,采用工具变量法进一步揭示九年一贯制学校学生发展与普通学校学生发展的真实差距。

第四节　研究结果

(一)九年一贯制学校学生与普通学校学生发展状况的比较

1. 学业成绩

本研究分别以语文、数学成绩为因变量,采用独立样本 t 检验对比九年一贯制学校学生与完全小学/独立初中学生的各科学业成绩状况,结果见表 12-2。

表 12-2　不同学制类型学校四年级学生的学业表现

学科	语文成绩		数学成绩	
统计量	均值	标准差	均值	标准差
九年一贯制学校	520.39	91.52	513.20	90.57
完全小学	557.14	80.80	542.59	82.86
差值	—36.75		—29.39	
t	37.84***		29.71***	
效应值($cohen'd$)	0.431		0.342	

注:此处的"差值"指的是九年一贯制学校学生的成绩均值减去完全小学学生的成绩均值。下同。

由表 12-2 可见,九年一贯制学校四年级学生的语文成绩、数学成绩平均分均显著低于完全小学学生成绩,效应值分别为 0.431 和 0.342;九年一贯制学校四年级学生成绩的标准差明显大于完全小学。根据 J. Cohen 关于均值差异效应值大小的判断规则(0.2、0.5、0.8 分别对应小、中、大的效应),两类学校四年级学生在语文成绩上的差异接近中等水平,在数学成绩上的差异介于小和中等水平之间。

表 12-3　不同学制类型学校八年级学生的学业表现

学科	语文成绩		数学成绩	
统计量	均值	标准差	均值	标准差
九年一贯制学校	514.44	80.22	517.49	80.26
独立初中	517.80	84.35	535.91	82.18
差值	－3.36		－18.42	
t	－3.39**		－19.28***	
效应值($cohen'd$)	0.041		0.227	

由表 12-3 可见,九年一贯制学校八年级学生的语文成绩、数学成绩平均分均显著低于独立初中学生成绩,效应值分别为 0.041、0.227;九年一贯制学校八年级学生成绩的标准差略小于独立初中。从效应值来看,两类学校学生在语文、数学成绩上的差异属于较低水平。

2.心理健康状况

与学业成绩研究类似,本部分研究首先采用独立样本 t 检验比较九年一贯制学校与完全小学/独立初中学生在 10 个心理健康指标上的得分(参见表 12-4 和 12-5),结果显示,两类学校四年级学生的心理健康状况差异较大,八年级学生的心理健康状况差异相对较小。具体而言,九年一贯制学校四年级学生的主观幸福感、自尊、耐挫性、师生关系、同伴关系、亲子关系、亲社会行为得分显著低于完全小学学生,抑郁、校园受欺凌、网络成瘾得分显著高于完全小学学生。九年一贯制学校八年级学生的耐挫性、师生关系、校园受欺凌得分高于独立初中学生,抑郁、同伴关系得分低于独立初中学生,主观幸福感、自尊、亲子关系、亲社会行为、网络成瘾得分与独立初中学生的得分不存在显著差异。

为了更直观地呈现两类学校学生心理健康状况的对比结果,将每个心理健康指标依据取值分为两至三类,并采用卡方检验比较两类学校学生在 10 个指标上的分布状况,重点关注各指标上表现积极的学生比例的差异。具体结果见表 12-4 和表 12-5。

表 12-4　不同学制类型学校四年级学生的心理健康状况

领域	分类	九年一贯制学校学生比例（%）	完全小学学生比例（%）	差值	χ^2	效应值（Cramer's V）
情绪	主观幸福感强	66.4	76.9	−10.5	501.619***	0.119
	不存在抑郁倾向	73.7	83.8	−10.1	535.328***	0.124
人格品质	自尊心强	48.9	66.2	−17.3	1078.684***	0.175
	耐挫性强	68.6	77.5	−8.9	364.428***	0.102
人际沟通	师生关系良好	66.2	77.7	−11.5	576.830***	0.128
	同伴关系良好	59.8	73	−13.2	750.474***	0.146
	亲子关系良好	63.3	77.1	−13.8	857.336***	0.156
社会行为	亲社会行为较多	78.1	87	−8.9	497.417***	0.119
	校园受欺凌较少	56.6	66.7	−10.1	457.868***	0.114
	不存在网络成瘾或网络成瘾倾向	73.6	83.8	−10.2	584.395***	0.129

由表 12-4 可见，在四年级学生群体中，两类学校学生在四大领域 10 个心理健康指标上均存在极其显著的差异（效应值在 0.102～0.175 之间），表现为九年一贯制学校学生在各方面的心理健康状况均显著差于完全小学学生。根据 J. Cohn 关于卡方检验中效应值大小的判断规则（当 $df_{min}=2$ 时，Cramer's V＝0.07 表示低的效应；Cramer's V ＝0.21 表示中等的效应；Cramer's V ＝0.35表示高的效应），两类学校的差异介于低和中等水平之间。同时，可以看出，九年一贯制学校学生在心理健康指标上表现积极的比例与完全小学相差大约在 10 个百分点以上或是接近 10 个百分点，尤其在自尊心强的比例、亲子关系良好的比例、同伴关系良好的比例等方面，九年一贯制学校与完全小学差距在 13 个百分点及以上，值得引起我们的关注。

表 12-5　不同学制类型学校八年级学生的心理健康状况

领域	分类	九年一贯制学校学生比例(%)	独立初中学生比例(%)	差值	χ^2	效应值(Cramer's V)
情绪	主观幸福感强	59.9	58.9	1.0	3.601	0.011
	不存在抑郁倾向	76.0	73.5	2.5	22.505***	0.028
人格品质	自尊心强	48.5	49.2	−0.7	18.467***	0.025
	耐挫性强	69.5	65.7	3.8	60.268***	0.045
人际沟通	师生关系良好	59.2	52.4	6.8	150.333***	0.072
	同伴关系良好	62.9	64.8	−1.9	53.459***	0.043
	亲子关系良好	53.1	53.4	−0.3	0.660	0.005
社会行为	亲社会行为较多	79.9	80.2	−0.4	25.323***	0.029
	校园受欺凌较少	74.3	78.2	−3.9	65.576***	0.047
	不存在网络成瘾或网络成瘾倾向	74.8	74.8	0.0	14.077***	0.022

由表 12-5 可见,在八年级学生群体中,九年一贯制学校学生主观幸福感强的比例、亲子关系良好的比例与独立初中学生不存在显著性差异,两类学校学生在其他 8 个指标上存在显著性差异,但总体来说差异相对较小(效应值在 0.022～0.072 之间)。值得注意的是,与小学情况不同的是,九年一贯制八年级学生师生关系良好的比例、耐挫性强的比例、不存在抑郁倾向的比例均明显高于独立初中(分别高出 6.8%、3.8%、2.5%),仅在校园受欺凌较少的比例、同伴关系良好的比例上与独立初中有超过 1 个百分点的差距(分别为 −3.9%、 −1.9%),而这些比例已远低于该类学校与完全小学的差距(分别为 −10.1%、 −13.2%)。

从发展的角度来看两类学校四、八年级的对比结果,可以发现,九年一贯制学校小学部的学生心理健康状况的问题在初中得到了很大程度的改善,与普通学校学生心理健康状况的差距明显缩小,甚至在某些指标上已经反超。

(二)学制类型对学生发展的影响效应

我们采用独立样本 t 检验考察了九年一贯制学校学生与完全小学、独立初中学生发展状况的差距,但是这种差距很可能是多种因素造成的(比如两类学校学生的性别构成、家庭社会经济地位、户籍等分布不同),不仅仅是学制类型差异导致的。因此,有必要采用计量回归模型来揭示学制类型对学生发展的影响效应。

考虑到学生选择九年一贯制学校很有可能是内生的,即具有某些特征的学生/家长会更倾向于选择九年一贯制学校,如果对潜在的内生性问题不加以考虑,则在比较九年一贯制学校学生与完全小学/独立初中学生的发展状况时很有可能得到误导性的结论。因此,本研究试图通过工具变量回归方法来估计九年一贯制学校对学生学业成绩和心理健康状况的效应,尝试解决参数估计中可能存在的内生性偏误问题。并将工具变量回归的结果与 OLS 模型的结果进行对比。

本研究选取的工具变量是本地区内与本校竞争生源的学校数量。一方面,本地区内和本校竞争生源的学校数量看上去与学生个体的学业成绩和心理健康并没有直接的联系。另一方面,它与学生是否处于九年一贯制学校有着一定的相关性,如果有竞争生源的学校数量较多,则学生幼升小、小升初的压力就较大,两次择校的成本也较高,学生选择九年一贯制学校的可能性会比较大;相反,学生选择九年一贯制学校的可能性会比较小。

使用工具变量两阶段最小二乘(Two-Stage Least Squares,2SLS)估计的结果显示:从第一阶段回归来看,我们选取的工具变量与内生解释变量(是否就读九年一贯制学校)是显著相关的(四年级:$t=51.908$, $p<0.001$;八年级:$t=14.537$,$p<0.001$),并且其参数估计的结果与假设的方向相一致,即与本校有竞争生源的学校数量越多,学生选择九年一贯制学校的可能性越高。这些都满足了工具变量估计的基本条件。

表 12-6 呈现了学制类型对学生各学科学业成绩影响的估计结果。工具变量估计的结果显示:九年一贯制学校四年级学生的语文成绩显著低于完全小学,数学成绩与完全小学无显著差异;九年一贯制学校八年级学生的语文成绩

显著低于独立初中,数学成绩与独立初中无显著差异。2SLS 回归结果与独立样本 t 检验和 OLS 回归的结果基本一致,差异在于对四年级数学成绩、八年级语文成绩的估计上。

表 12-6　学制类型对学生学业成绩的影响效应估计

	四年级				八年级			
	语文成绩		数学成绩		语文成绩		数学成绩	
	IV	OLS	IV	OLS	IV	OLS	IV	OLS
是否九年一贯制	−30.68*** (3.68)	−24.66*** (0.97)	4.95 (3.71)	−17.79*** (1.00)	−35.22** (12.13)	2.65* (1.04)	−8.97 (11.83)	−6.98*** (1.01)
女生	24.85*** (0.93)	24.54*** (0.90)	0.83 (0.95)	1.10 (0.93)	34.51*** (1)	35.42*** (0.96)	5.28*** (0.98)	5.38*** (0.94)
家庭社会经济地位	12.67*** (0.69)	13.29*** (0.62)	17.47*** (0.71)	15.96*** (0.64)	4.99*** (0.85)	6.76*** (0.68)	14.15*** (0.82)	14.46*** (0.66)
本地户籍	31.18*** (1.36)	33.21*** (1.13)	37.99*** (1.39)	34.18*** (1.16)	1.36 (3.44)	12.01*** (1.16)	20.43*** (3.35)	22.18*** (1.13)
城市学校	0.41 (1.2)	1.71 (0.96)	1.1 (1.2)	−2.14* (0.99)	−9.02** (2.63)	−0.79 (1.02)	4.16 (2.56)	5.70*** (1.00)
常数项	511.73*** (2.6)	508.44*** (1.60)	516.79*** (2.62)	529.14*** (1.64)	492.4*** (9.53)	461.70*** (1.81)	517.89*** (9.28)	514.07*** (1.76)
R^2	0.10	0.11	0.07	0.09	0.06	0.06	0.05	0.06

表 12-7 及其续表分别呈现了学制类型对情绪、人格品质、人际沟通、社会行为四个领域共 10 个心理健康指标影响的估计结果。可以看出,九年一贯制学校四年级学生的心理健康状况显著差于完全小学,表现为九年一贯制学生的主观幸福感、自尊、耐挫性、师生关系、同伴关系、亲子关系、亲社会行为等 7 个积极指标得分均显著低于完全小学,抑郁、校园受欺凌、网络成瘾等 3 个消极指标得分均显著高于完全小学,且 IV 估计结果和 OLS 估计结果表现一致。八年级工具变量回归的结果与四年级一致,表现为九年一贯制学校八年级学生的心理健康状况显著差于独立初中学生,与 OLS 回归的结果差异较大,体现在抑郁、自尊、耐挫性、师生关系、亲子关系、网络成瘾多个指标上。

表 12-7 学制类型对学生心理健康的影响效应估计

	四年级				八年级			
	主观幸福感		抑郁(一)		主观幸福感		抑郁(一)	
	IV	OLS	IV	OLS	IV	OLS	IV	OLS
是否九年一贯制	−2.72*** (0.14)	−0.79*** (0.04)	3.14*** (0.16)	0.93*** (0.04)	−5.95*** (0.47)	−0.03 (0.04)	4.73*** (0.55)	−0.17*** (0.05)
女生	0.3*** (0.03)	0.27*** (0.06)	−0.62*** (0.04)	−0.60*** (0.04)	−0.01 (0.04)	0.11** (0.04)	−0.18*** (0.05)	−0.28*** (0.04)
家庭社会经济地位	−0.04 (0.03)	0.10*** (0.02)	0.02 (0.03)	−0.14*** (0.03)	−0.23*** (0.03)	0.01 (0.03)	0.29*** (0.04)	0.09** (0.03)
本地户籍	0.04 (0.05)	0.41*** (0.04)	−0.11 (0.06)	−0.55*** (0.05)	−1.58*** (0.13)	0.02 (0.05)	1.33*** (0.16)	0.00 (0.05)
地域	−0.48*** (0.04)	−0.07 (0.04)	0.5*** (0.05)	0.02 (0.04)	−1.56*** (0.1)	−0.38*** (0.04)	1.5*** (0.12)	0.53*** (0.05)
常数项	12.78*** (0.1)	11.70*** (0.06)	2.94*** (0.11)	4.19*** (0.07)	15.53*** (0.37)	10.91*** (0.07)	0.6 (0.43)	4.40*** (0.08)
R²	0.02	0.03	0.03	0.03	0.01	0.00	0.01	0.01

注:抑郁得分越高,心理健康状况越差。

续表 12-7 学制类型对学生心理健康的影响效应估计

	四年级				八年级			
	自尊		耐挫性		自尊		耐挫性	
	IV	OLS	IV	OLS	IV	OLS	IV	OLS
是否九年一贯制	−0.49*** (0.02)	−0.16*** (0.01)	−0.38*** (0.03)	−0.14*** (0.01)	−0.64*** (0.08)	0.01 (0.01)	−0.79*** (0.09)	0.03*** (0.01)
女生	0.09*** (0.01)	0.08*** (0.01)	0.01 (0.01)	0.01 (0.01)	0.02** (0.01)	0.03*** (0.01)	−0.08*** (0.01)	−0.06*** (0.01)
家庭社会经济地位	0.03*** (0)	0.05*** (0.00)	0.02*** (0.01)	0.04*** (0.00)	0.02** (0.01)	0.04*** (0.00)	0.02*** (0.01)	0.06*** (0.01)
本地户籍	0.05*** (0.01)	0.12*** (0.01)	−0.02 (0.01)	0.03** (0.01)	−0.13*** (0.02)	0.05*** (0.01)	−0.26*** (0.03)	−0.04*** (0.01)
地域	−0.06*** (0.01)	0.01* (0.01)	−0.06*** (0.01)	−0.01 (0.01)	−0.2*** (0.02)	−0.07*** (0.01)	−0.23*** (0.02)	−0.07*** (0.01)
常数项	3.2*** (0.02)	3.01*** (0.01)	3.51*** (0.02)	3.37*** (0.01)	3.46*** (0.06)	2.95*** (0.01)	3.94*** (0.07)	3.30*** (0.01)
R²	0.05	0.06	0.01	0.02	0.01	0.01	0.01	0.01

续表 12-7 学制类型对学生心理健康的影响效应估计

| | 四年级 | | | | | | 八年级 | | | | | |
| | 师生关系 | | 同伴关系 | | 亲子关系 | | 师生关系 | | 同伴关系 | | 亲子关系 | |
	IV	OLS	IV	OLS	IV	OLS	IV	OLS	IV	OLS	IV	OLS
是否九年一贯制	-0.41*** (0.03)	-0.18*** (0.01)	-0.49*** (0.03)	-0.15*** (0.01)	-0.47*** (0.02)	-0.14*** (0.01)	1.21*** (0.1)	0.06*** (0.01)	-0.79*** (0.08)	-0.02* (0.01)	-0.58*** (0.09)	0.00 (0.01)
女生	0.09*** (0.01)	0.09*** (0.01)	0.15*** (0.01)	0.14*** (0.01)	0.13*** (0.01)	0.12*** (0.01)	0.02 (0.01)	0.04*** (0.01)	0.1*** (0.01)	0.12*** (0.01)	0.06*** (0.01)	0.07*** (0.01)
家庭社会经济地位	0.01* (0.01)	0.03*** (0.00)	0.01* (0)	0.04*** (0.00)	0.02*** (0)	0.04*** (0.00)	-0.05*** (0.01)	0.01 (0.01)	-0.01 (0.01)	0.02** (0.00)	0.01 (0.01)	0.03*** (0.00)
本地户籍	-0.03** (0.01)	0.01 (0.01)	0.02 (0.01)	0.08*** (0.01)	0.03* (0.01)	0.09*** (0.01)	-0.38*** (0.03)	-0.03* (0.01)	-0.17*** (0.02)	0.04*** (0.01)	-0.15*** (0.03)	0.01 (0.01)
地域	-0.05*** (0.01)	0.00 (0.01)	-0.06*** (0.01)	0.02** (0.01)	-0.07*** (0.01)	0.01 (0.01)	-0.35*** (0.02)	-0.10*** (0.01)	-0.23*** (0.02)	-0.07*** (0.01)	-0.17*** (0.02)	-0.06*** (0.01)
常数项	3.36*** (0.02)	3.23*** (0.01)	3.24*** (0.02)	3.05*** (0.01)	3.34*** (0.02)	3.15*** (0.01)	3.99*** (0.08)	3.00*** (0.02)	3.63*** (0.06)	3.03*** (0.01)	3.39*** (0.07)	2.95*** (0.01)
R^2	0.17	0.03	0.04	0.04	0.04	0.05	0.01	0.01	0.02	0.02	0.01	0.01

续表 12-7　学制类型对学生心理健康的影响效应估计

| | 四年级 | | | | | | 八年级 | | | | | |
| | 亲社会行为 | | 校园受欺凌（一） | | 网络成瘾（一） | | 亲社会行为 | | 校园受欺凌（一） | | 网络成瘾（一） | |
	IV	OLS	IV	OLS	IV	OLS	IV	OLS	IV	OLS	IV	OLS
是否九年一贯制	-1.31*** (0.09)	-0.51*** (0.03)	0.75*** (0.05)	0.22*** (0.01)	1.09*** (0.11)	0.55*** (0.03)	-1.41*** (0.33)	-0.02 (0.03)	1.02*** (0.15)	0.10*** (0.01)	1.65*** (0.44)	-0.08** (0.04)
女生	0.43*** (0.02)	0.42*** (0.02)	-0.27*** (0.01)	-0.26*** (0.01)	-1.29*** (0.03)	-1.28*** (0.03)	0.33*** (0.03)	0.35*** (0.03)	-0.39*** (0.01)	-0.40*** (0.01)	-1.24*** (0.04)	-1.28*** (0.03)
家庭社会经济地位	0.1*** (0.02)	0.15*** (0.02)	0.05*** (0.01)	0.01 (0.01)	-0.17*** (0.02)	-0.22*** (0.02)	0.06*** (0.02)	0.12*** (0.02)	0.11*** (0.01)	0.07*** (0.01)	-0.14*** (0.03)	-0.21*** (0.02)
本地户籍	-0.01 (0.04)	0.14*** (0.03)	-0.04* (0.02)	-0.14*** (0.01)	-0.34*** (0.04)	-0.44*** (0.04)	-0.39*** (0.09)	-0.01 (0.03)	0.15*** (0.04)	-0.10*** (0.01)	0.44*** (0.12)	-0.04 (0.04)
地域	-0.15*** (0.03)	0.03 (0.02)	0.04* (0.01)	-0.08*** (0.01)	0.04 (0.04)	-0.09** (0.03)	-0.41*** (0.07)	-0.13*** (0.03)	0.21*** (0.03)	0.03* (0.01)	0.46*** (0.09)	0.11** (0.04)
常数项	8.08*** (0.07)	7.63*** (0.04)	1.08*** (0.03)	1.38*** (0.02)	3.96*** (0.08)	4.26*** (0.05)	8.74*** (0.26)	7.67*** (0.05)	0.57*** (0.12)	1.27*** (0.02)	3.32*** (0.34)	4.69*** (0.06)
R^2	0.03	0.03	0.03	0.03	0.08	0.08	0.01	0.01	0.04	0.04	0.05	0.05

注：校园受欺凌、网络成瘾 2 个指标得分越高，心理健康状况越差。

第五节　结论及启示

（一）结论与讨论

本研究基于大规模调查和测评数据研究发现，九年一贯制学校的小学部学生在各学科学业成绩、心理健康各方面的发展状况均显著差于完全小学学生；九年一贯制学校的初中部学生在各学科学业成绩上显著差于独立初中学生，在心理健康状况上与独立初中学生差异不大。

在本研究中，九年一贯制学校学生的家庭社会经济地位整体低于完全小学/独立初中，这在一定程度上解释了该类学校学生学业成绩上的劣势。但是控制学生的家庭社会经济地位、户籍状态等变量之后的 OLS 和 IV 的估计结果仍然显示出，相比于完全小学/独立初中学生，九年一贯制学校学生存在突出的成绩劣势，这一结果与九年一贯制学校各种理论优势的判断并不一致。诚然，教育改革与发展的周期性及其效果的滞后性使得我们很难贸然地断定九年一贯制学校探索的成败，但是，基于学生发展的角度，本研究可以在一定程度上帮助提升当前九年一贯制学校的教学质量，在这方面，日本开展的"小中一贯教育全国实施状况调查"，显示出日本小中一贯制教育的开展导致"教师意识的变化""初一鸿沟现象的消除""学生意识的变化""学生基本能力的提高"等积极效果，为考察一贯制教育带来的影响提供了较好的参考和借鉴[744]。本研究的结果提示：优质的九年一贯制学校依然是稀缺资源，是否能保证九年一贯制学校的教学质量和育人效果，能否真正缓解择校难，还取决于教育资源的优化配置。

九年一贯制学校四年级学生的心理健康状况差于完全小学，八年级与独立初中差异相对较小，在个别指标上甚至好于独立初中。这种失衡和逆转有两个可能的原因：其一，目前九年一贯制学校还未能做到兼顾小学与初中的共同发展、协调发展，在某种程度上存在着忽视小学部教学管理、忽视小学生发展的现状，可能对小学生教育存在不公，小学的弱势状况必将会限制初中的长期优质发展；其二，随着学生在学时间的延长，与教师、同伴的相处时间增多，对学校文化、环境的适应性增强，九年一贯制学校的办学优势逐渐地体现出来。

作为一种探索性和试验性的办学模式,九年一贯制学校使得学校的办学自主权得到了很大程度的发挥,学校在自主办学的同时,也面临着更大的挑战,如何实现中小学的协调发展是其中非常重要的一环。九年一贯制学校在有限的资源条件和经验上,全方位、一把抓的做法难免会顾此失彼,不能达到既定效果。要成为优秀学校、卓越学校绝非一朝一夕之功。

(二)政策启示

从学生的成长角度来看,如果九年一贯制学校的教育质量不高,那么对学生的成长会造成更大的损失,因此应高度重视九年一贯制学校的办学效果。基于本研究的结果,提出以下关于促进九年一贯制学校建设及其学生发展的几点建议。

第一,政府要科学规划九年一贯制学校布局,全面评估九年一贯制学校对学生发展的影响。在推行九年一贯制学校建设的过程中,要合理布局,使得各校生源家庭社会经济地位分布较为均衡。从教育投入、教育过程、教育结果等角度,全方位评价九年一贯制学校对学生发展的影响。

第二,加强对九年一贯制薄弱学校的管理与政策扶持。区域教育行政部门要加强对九年一贯制学校的专门对口管理,尤其要加大对薄弱的、民办九年一贯制学校发展的针对性政策扶持和规范力度,贯通相关教育教学管理的体制障碍,使其享有和公办学校同等的政策待遇[740]。

第三,九年一贯制学校需要做好长期发展规划,利用自身学制连贯性的优势,统筹学生学业能力和综合素质的渐进性发展,提高办学质量和办学效益。九年一贯制学校作为改革实践的具体实施者,其行为直接关系到改革的成败。学校要加强对自身发展的长期规划和整体构思,对办学特色、办学理念、管理制度、教学风格、校园文化等方面进行结构性设计,通过推进中小学一体化教育教学改革来兼顾中小学的全面发展和协调发展。此外,学校要对自身的重要问题或薄弱环节进行及时的评估和辨别,对学校发展过程、状态进行跟踪和动态评价,兼顾组织效能实现的过程性因素和成效因素,以发现努力行为与结果之间的联系。

第四,九年一贯制学校要加强对小学阶段学生的心理健康的关注。学校要重视对 6～15 岁学生的身心发展特点和成长规律的研究,以及完善学生培养的一体化设计[749]。在教育教学中,要特别关注学生的情绪变化和心理需求,帮助学生解决在学校生活学习中遇到的困难,及时化解不良情绪;对家庭背景不利的学生(如流动留守学生、单亲家庭子女等)给予特殊的关爱和照顾,为学生提供心理和情感支持,帮助其适应长达九年的学校生活。

本研究基于大样本的调查数据较全面地分析了九年一贯制学校和完全小学、独立初中学生学业成绩、心理健康两个领域的发展状况,为理性看待此类学校的办学优劣势提供了一定的实证证据。但是本研究尚未能从两类学校办学目标的差异、教学资源的差异、学校管理的差异、教学过程的差异等方面对结果做出更加深入的解释。未来研究可以从两类学校的师资、教学资源的拥有状况,学校内部资源的共享、资源使用效率,学生管理、学校办学自主权、校长领导力等方面深入揭示九年一贯制学校的理论优势与现实劣势之间的因果联系,为相关政策的制定和调整提供更有针对性的建议。

参考文献

[1] JAAP SCHEERENS. Effective schooling：research，theory and practice（school development）[M]. London：Cassell，1992：230-235.

[2] MORTIMORE，PETER. School effectiveness research：which way at the crossroads? [J]. School Effectiveness and School Improvement，1991，2（3）：213-229.

[3] PURKEY，SMITH. Educational policy and school effectiveness[M] // GILBERT R. AUSTIN，HERBERT GARBER. Research on Exemplary Schools. Florida：Academic Press，1985：181-200.

[4] D. U. LEVINE，L. W. LAZOTTE. Unusually effective schools：a review and analysis of research and practice [M]. Madison，WI：National Center for Effective Schools Research and Development，1990：12.

[5] 孙绵涛，洪哲.学校效能初探[J].教育与经济，1994(03)：1-5.

[6] 郑燕祥.学校效能与校本管理：一种发展的机制[M]. 上海：上海教育出版社，2002：3-15.

[7] 张煜.学校效能研究与教育过程评价[J].教育研究，1996(07)：59-64.

[8] 吴清山.台湾：学校效能的重要理念[J].基础教育参考，2003(11)：46-47.

[9] JAAP SCHEERENS. School effectiveness research and the development of process indicators of school functioning[J]. School Effectiveness and School Improvement，1990，1(1)：61-80.

[10] 孙河川.我国教育效能研究现状、问题与发展趋势[J].沈阳师范大学学报（社会科学版），2011，35(05)：39-43.

[11] KYRIAKIDES L，CREEMERS B P M. A longitudinal study on the

stability over time of school and teacher effects on student outcomes[J]. Oxford Review of Education, 2008, 34(5):521-545.

[12] 谌启标.学校效能研究论纲[J].教育理论与实践, 2001(6):25-28.

[13] JAAP SCHEERENS, CREEMERS, BERT P. M. Conceptualizing school effectiveness[J]. International Journal of Educational Research, 1989, 13(7):691-706.

[14] SIRIN S R. Socioeconomic status and academic achievement: a meta-analytic review of research[J]. Review of Educational Research, 2005, 75(3): 417-453.

[15] SAMMONS P, NUTTALL D, CUTTANCE P. Differential School Effectiveness: results from a reanalysis of the lnner London Education Authority's Junior School Project Data [J]. British Educational Research Journal, 1993, 19(4):381−405.

[16] GOTTFRIED, ADELE E. Academic intrinsic motivation in young elementary school children[J]. Journal of Educational Psychology, 1990, 82 (3):525-538.

[17] HALAWAH, IBTESAM. The effect of motivation, family environment, and student characteristics on academic achievement[J]. Journal of Instructional Psychology, 2006, 33(2):91-99.

[18] KYRIAKIDES, LEONIDAS. Extending the comprehensive model of educational effectiveness by an empirical investigation[J]. School Effectiveness and School Improvement, 2005, 16(2):103-152.

[19] WENDY JOHNSON, MATT MCGUE, WILLIAM IACONO. Exploring the dynamic developments of school engagement and achievement in adolescence[C]. 41st Annual Meeting of the Behaviour-Genetics-Association, 2011.

[20] Marks H. M. Student engagement in instructional activity: patterns in the elementary, middle, and high school years[J]. American Educational Research Journal, 2000, 37(1):153-184.

[21] EDMONDS R. Effective schools for the urban poor[J]. Educational Leadership，1979，37(1):15-27.

[22] SCHROEDER C M, SCOTT T P, TOLSON H, et al. A meta-analysis of national research: Effects of teaching strategies on student achievement in science in the United States[J]. Journal of Research in Science Teaching，2007，44(10):1436-1460.

[23] CARO D H, LENKEIT J, KYRIAKIDES L. Teaching strategies and differential effectiveness across learning contexts: Evidence from PISA 2012[J]. Studies in Educational Evaluation，2016，49:30-41.

[24] PARK A，HANNUM E. Do teachers affect learning in developing countries? Evidence from matched student-teacher data from China[C]. Conference Rethinking Social Science Research on the Developing World in the 21st Century，2001.

[25] HOXBY C. The effects of class size on student achievement: New evidence from Population Variation[J]. The Quarterly Journal of Economics，2000，115(4): 1239-1285.

[26]BLATCHFORD P, GOLDSTEIN H, MARTIN C, et al. A study of class size effects in English school reception year classes[J]. British Educational Research Journal，2002，28(2):169-185.

[27] FREDRIKSSON P, ÖCKERT B, OOSTERBEEK H. Long-Term Effects of Class Size[J]. The Quarterly Journal of Economics，2012，128(1): 249-285.

[28] 贾勇宏. 农村中小学布局调整对学生学习时间的负面影响[J]. 教育学术月刊，2013(3):100-103.

[29] 梁文艳，胡咏梅. 西部农村初中效率的测算及影响因素分析:基于随机前沿生产函数模型的研究[J]. 教育与经济，2011(4):19-24.

[30] ANGRIST，LANG K. Does school integration generate peer effects? Evidence from Boston's Metco Program[J]. American Economic Review，

2004，94(5):1613-1634.

[31] 杨钋.同伴特征与初中学生成绩的多水平分析[J].北京大学教育评论,2009,7(04):50-64,189.

[32] 袁玉芝.教育中的同伴效应分析:基于上海 2012 年 PISA 数据[J].上海教育科研,2016(03):25,30-34.

[33] LEVINE, DANIEL U. Creating effective schools: findings and implications from research and practice[J]. Phi Delta Kappan, 1991, 72(5):389.

[34] DUPPER D R, MEYER-ADAMS N. Low-level violence: A neglected aspect of school culture[J]. Urban Education, 2002, 37(3):350-364.

[35] ENDYA B, STEWART. School structural characteristics, student effort, peer associations, and parental involvement: The influence of school- and individual-level factors on academic achievement[J]. Education and Urban Society, 2008, 40(2):179-204.

[36] BERT P. M. CREEMERS. 2-The History, Value and Purpose of School Effectiveness Studies[M]. //David Reynolds, Bert P. M. Creemers, Pamela S. Nesselrodt, et al. Advances in School Effectiveness Research and Practice. Oxford: Pergamon Press, 1994:9-23.

[37] JEYNES, WILLIAM H. A meta-analysis: The effects of parental involvement on minority children's academic achievement[J]. Education and Urban Society, 2003, 35(2):202-218.

[38] ANDREW J. HOUTENVILLE, KAREN SMITH CONWAY. Parental effort, school resources, and student achievement[J]. Journal of Human Resources, 2008,43(2):437-453.

[39] GROSS B, BOOKER T K, GOLDHABER D. Boosting student achievement: the effect of comprehensive school reform on student achievement[J]. Educational Evaluation and Policy Analysis, 2009,31(2): 111-126.

[40] CARLSON D, BORMAN G D, ROBINSON M. A multistate district-level cluster randomized trial of the impact of data-driven reform on read-

ing and mathematics achievement[J]. Educational Evaluation and Policy Analysis，2011，33(3):378-398.

[41] JAAP SCHEERENS，ROEL BOSKER. The foundations of educational effectiveness[M]. Oxford：Pergamon Press，1997:61-68.

[42] CREEMERS,B. P. M. ,KYRIAKIDES L. The dynamics of educational effectiveness:A contribution to policy，practice and theory in contemporary schools[M]. London:Routledge. 2008.

[43]克里默,胡咏梅,彭湃.学生能力大规模国际测评项目在教育效能研究中的应用[J].教育研究,2014,35(03):39-47.

[44] CARROLL J B. A Model of School Learning[J]. Teachers College Record，1963，64(8)：723-733.

[45] STEVENS F I. Applying an opportunity-to-learn conceptual framework to the investigation of the effects of teaching practices via secondary analyses of Multiple-Case-Study Summary Data[J]. Journal of Negro Education，1993，62(3):232-248.

[46] SCHMIDT W H，MAIER A. Opportunity to learn[A]. G. SYKES,et al. Handbook of education policy research[C]. New York:Routledge,2009：541-542.

[47] KLIEME E，PAULI C,REUSSER K. The pythagoras study:Investigating effects of teaching and learning in swiss and german classrooms[A]. T. JANIK，T. SEIDEL. The power of video studies in investigating teaching and learning in the classroom[C]. Münster:Waxmann Verlag,2009:137-160.

[48] KLIEME E,SCHÜMER G，KNOLL S. Mathematikunterricht in der sekundarstufe I：Aufgabenkultur und Unterrichtsgestaltung [A]. BUNDESMINISTERIUM FÜR BILDUNG UND FORSCHUNG(BMBF). TIMSS - Impulse für schule und unterricht. forschungsbefunde，reforminitiativen，praxisberichte und video-dokumente[C]. München:Medienhaus Biering,2001:43-57.

［49］BAUMERT，JÜRGEN，MAREIKE KUNTER，et al. Teachers' mathematical knowledge，cognitive activation in the classroom，and student progress[J]. American Educational Research Journal，2010，47(1)：133-180.

［50］LIPOWSKY，FRANK，KATRIN RAKOCZY，et al. Quality of geometry instruction and its short-term impact on students' understanding of the pythagorean theorem[J]. Learning and Instruction，2009，19(6)：527-537.

［51］KLIEME E，RAKOCZY K. Unterrichtsqualität aus schülerperspektive [A]. J BAUMERT，et al. PISA 2000. Eindifferenzierter blick auf die länder der bundesrepublik deutschland [C]. Opladen：Leske ＋ Budrich，2003：333-359.

［52］KUNTER M. Students' and mathematics teachers' perception of teacher enthusiasm and instruction[J]. Learning and Instruction，2008，18(5)：468-482.

［53］PIANTA R C，HAMRE B K. Conceptualization，measurement，and improvement of classroom processes：standardized observation can leverage capacity[J]. Educational Researcher，2009，38(2)：109-119.

［54］SAMMONS，PAM. The dynamics of educational effectiveness：a contribution to policy，practice and theory in contemporary schools[J]. School Effectiveness and School Improvement，2009，20(1)：123-129.

［55］NATIONAL CENTER FOR EDUCATION STATISTICS. The condition of education 2000[M]. Washington，DC：U. S. Government Printing Office，2000：125-156，186，190-197.

［56］胡学勤. 农民工受歧视的二元制度分析[J]. 扬州大学学报（人文社会科学版），2007，11(4)：89-93.

［57］蔺秀云，方晓义，刘杨，等. 流动儿童歧视知觉与心理健康水平的关系及其心理机制[J]. 心理学报，2009(10)：967-979.

［58］师凤莲. 社会性别视角下当代中国女性政治参与问题研究[D]. 济南：山东大学，2010.

[59] DWYER C A. Book reviews: Maccoby, E. E., and Jacklin, C. N. The psychology of sex differences Stanford, Calif.: Stanford University Press, 1974. 634 pp. $18.95[J]. American Educational Research Journal, 1975, 12 (4):513-516.

[60] LEWIS C A, MALTBY J. Religiosity and personality among usa adults[J]. Personality and Individual Differences, 1995, 18(2):293-295.

[61] 赖小琴,刘秋生. PISA 评价中性别表现差异的特点分析[J]. 教育测量与评价(理论版),2009,12:12-15.

[62] 胡咏梅,唐一鹏. 高中生科学素养的性别差异:基于无条件分位数回归的经验研究[J]. 北京大学教育评论. 2013(04): 110-128,188.

[63] 刘蕴坤,陶沙. 数学成就的性别差异[J].心理科学进展,2012,12: 1980-1990.

[64] MACHIN S, PEKKARINEN T. Global sex differences in test score variability[J]. Science, 2008, 322(5906):1331-1332.

[65] VOYER D, VOYER S D. Gender differences in scholastic achievement: A meta-analysis[J]. Psychological Bulletin, 2014, 140(4):1174-1204.

[66] 徐柱柱. 基于 PISA 2003 数学素养测试中的学生学习策略的性别差异研究[J]. 数学教育研究,2015(1):1-7.

[67] 杨超美.英语学习者性别差异的研究与对策[J]. 解放军外国语学院学报,1999(2):61-64.

[68] 青年参考.为何女孩成绩总比男孩好? [EB/OL]. (2014-10-15)[2019-07-20]. http://qnck. cyol. com/html/2014-10/15/nw. D110000qnck_20141015_1-22. htm.

[69] 靳世荣.性别差异与教育对策[J]. 现代中小学教育,1999(08):33-34.

[70] 张冲,孟万金. 中小学生综合幸福感发展现状和教育建议[J]. 中国特殊教育, 2018, 219(09):74-81.

[71] 姜言霞,卢巍,毕华林,等. 中小学生发展核心素养现状调查研究[J]. 山东师范大学学报(人文社会科学版),2017,62(6):94-104.

[72] 范兴华,方晓义,刘勤学,等. 流动儿童、留守儿童与一般儿童社会适应比较[J]. 北京师范大学学报(社会科学版),2009(05):33-40.

[73] 梁文艳,张亚星. 流动儿童与本地儿童学习行为差异:基于倾向得分配对模型的估计[J]. 教育科学,2013(06):42-49.

[74] 刘霞. 流动儿童的歧视知觉:特点、影响因素与作用机制[D]. 北京:北京师范大学,2008.

[75] 范方,桑标. 亲子教育缺失与"留守儿童"人格、学绩及行为问题[J]. 心理科学,2005,28(4):855-858.

[76] 郝振,崔丽娟. 自尊和心理控制源对留守儿童社会适应的影响研究[J]. 心理科学,2007,30(5):1199-1201.

[77] 黄爱玲. "留守孩"心理健康水平分析[J]. 中国心理卫生杂志,2004,18(5):351-353.

[78] 段成荣,周皓. 北京市流动儿童少年状况分析[J]. 人口与经济,2001(1):5-11.

[79] 周宗奎,孙晓军,刘亚,等.农村留守儿童心理发展与教育问题[J].北京师范大学学报(社会科学版),2005(01):71-79.

[80] 梅红,宋倩楠,王静静. 西部农村留守儿童学业绩效的影响因素与改善路径[J]. 西安交通大学学报(社会科学版),2018,38(05):73-80.

[81] 朱丽娜. 进城农民工子女城市适应状况调查[D].武汉:华中师范大学,2008.

[82] 韩煊,吴汉荣. 深圳市流动儿童心理健康状况分析[J]. 中国学校卫生,2010,31(1):64-65.

[83] 刘勇,杨永国. 福泉市流动儿童学习成绩分析及对策研究[J]. 未来英才,2015(10):225.

[84] 冯金兰. 流动儿童学业成绩及其影响因素分析[D]. 南京:南京师范大学,2011.

[85] 袁舟航,王晓兵,罗仁福,等.择校的困扰:流动儿童与农村儿童学业表现差异研究[J].中国农业大学学报(社会科学版),2019,36(01):128-136.

[86] 邢芸,胡咏梅.流动儿童学前教育选择:家庭社会经济背景及迁移状况的影响[J].教育与经济,2015(03):52-57.

[87] BEDARD K, DHUEY E. The persistence of early childhood maturity: international evidence of long-run age effects[J]. Quarterly Journal of Economics, 2006, 121(4):1437-1472.

[88] PUHANI P A, WEBER A M. Does the early bird catch the worm? [J]. Empirical Economics, 2007, 32(2-3):359-386.

[89] 王养华,阚蔚.关于年龄因素对小学生学习的影响的研究[J].教育理论与实践,1987(06):30-33.

[90] VERACHTERT, PIETER, BIEKE DE FRAINE, et al. Season of birth and school success in the early years of primary education[J]. Oxford Review of Education, 2010, 36(3):285-306.

[91] DHUEY E, LIPSCOMB S. What makes a leader? Relative age and high school leadership[J]. Economics of Education Review, 2008, 27(2):173-183.

[92] 马红梅,曾奇奇.出生时段、相对年龄与学校生活质量:来自 PISA-上海的经验证据[J].教育与经济,2015(03):15-22.

[93] 刘德寰,李雪莲."七八月"的孩子们:小学入学年龄限制与青少年教育获得及发展[J].社会学研究,2015(06):169-192,245.

[94] KUH G D. What we're learning about student engagement from NSSE: Benchmarks for effective educational practices[J]. Change the Magazine of Higher Learning, 2003, 35(2):24-32.

[95] FREDRICKS J A, BLUMENFELD P C, PARIS A H. School engagement: potential of the concept, state of the evidence[J]. Review of Educational Research, 2004, 74(1):59-109.

[96] 汤林春,傅禄建.课业负担与学业成绩关系的实证研究[J].上海教育科研,2007(12):32-36.

[97] 方丹,曹榕,程姝,等.小学生客观课业负担对主观课业负担的影响:

学习态度的调节作用[J]. 中国特殊教育，2018(2):77-82.

[98] 张锋，邓成琼，沈模卫. 中学生学业负担态度量表的编制[J]. 心理科学，2004，27(2):449-452.

[99] 秦玉友，赵忠平. 多不多？难不难？累不累？——中小学生课业负担调查研究[J]. 课程·教材·教法，2014(4):42-49.

[100] VERMA S，SHARMA D，LARSON R W. School stress in India: Effects on time and daily emotions[J]. International Journal of Behavioral Development，2002，26(6):500-508.

[101] 汤兆武，杨若翰. 从哪里看出学生课业负担过重:对课业负担测量的思考与建议[J]. 教育发展研究，2013(6):31-35.

[102] 艾兴，王磊. 中小学生学业负担:水平、特征及启示[J]. 教育研究，2016(8):77-84.

[103] 徐志伟. 绍兴县中小学生课业负担的调查研究[J]. 上海教育科研，2009(10):52-54.

[104] 卢珂. 中小学生课业负担的影响因素研究:基于北京市中小学调查数据[J]. 教育学术月刊，2016(12):49-54.

[105] BARBER M，MYERS K，DENNING T，et al. School performance and extra- curricular provision（improving schools series）[M]. London: DfEE，1997:99-102.

[106] WESTERHOF K J，CREEMERS B P M，DE JONG R. Homework and student math achievement in junior high schools[J]. Educational Research and Evaluation，2000，6(2):130-157.

[107] 王云峰，郝懿，李美娟. 小学生课业负担与学业成绩的关系研究[J]. 中国教育学刊，2014(10):59-63.

[108] MARTIO M O，MULLIS I V S，BEATON A E，et al. Mathematics achievement in the middle school years. IEA's third International Mathematics and Science Study（TIMSS)[J]. Academic Achievement，1996(100):79-85.

[109] FERNÁNDEZ-ALONSO，RUBÉN，SUÁREZ-ÁLVAREZ，et al.

Adolescents' homework performance in mathematics and science: Personal factors and teaching practices[J]. Journal of Educational Psychology, 2015, 107(4):1075-1085.

[110] 雷万鹏. 高中生教育补习支出:影响因素及政策启示[J]. 教育与经济, 2005(1):39-42.

[111] BUCHMANN C, ROSCIGNO C V J. Shadow education, american style: Test preparation, the SAT and college enrollment[J]. Social Forces, 2010, 89(2):435-461.

[112] 曾晓东, 周惠. 北京市四、八年级学生课后补习的代价与收益[J]. 教育学报, 2012, 8(6):103-109.

[113] 薛海平. 课外补习、学习成绩与社会再生产[J]. 教育与经济, 2016(2):32-43.

[114] 胡咏梅, 范文凤, 丁维莉. "影子教育"会扩大教育结果不均等吗?——基于 PISA 2012 数据的中国、日本、韩国比较研究[J]. 教育经济评论, 2017(05):43-71.

[115] 方晨晨, 胡咏梅, 张平平. 小学生能从课后学习时间中受益吗?[J]. 湖南师范大学教育科学学报, 2018(1):69-77.

[116] 汤林春, 傅禄建. 课业负担与学业成绩关系的实证研究[J]. 教学与管理, 2008(10):35-38.

[117] 张羽, 陈东, 刘娟娟. 小学课外补习对初中学业成绩的影响:基于北京市某初中九年追踪数据的实证研究[J]. 教育发展研究, 2015(2):18-25.

[118] ZHANG YU. Does private tutoring improve students' National College Entrance Exam Performance? —A case study from Jinan, China[J]. Economics of Education Review, 2013, 32:1-28.

[119] 杨亚威, 张敏强, 漆成明. 小学生学业负担与数学成绩的关系研究:基于潜在剖面分析[J]. 心理科学. 2017, 40(6):1372-1376.

[120] 杨雪. 小学低年级学生的时间分配[D]. 呼和浩特:内蒙古师范大学, 2014.

[121] 马健生,吴佳妮. 为什么学生减负政策难以见成效？——论学业负担的时间分配本质与机制[J]. 北京师范大学学报（社会科学版）,2014(02)：5-14.

[122] 易开春. 关于中学生课业负担过重的危害、原因及对策研究[D]. 武汉：华中师范大学,2001:3-4.

[123] 杨欣,陶蕾. 我国中小学生课余时间安排的调查与分析[J]. 中小学管理,2013(05):46-48.

[124] 郑惠生."考试至上时代"小学生课余时间用在哪儿？——小学生课外阅读调查研究之七[J]. 内蒙古师范大学学报（教育科学版）,2007(04)：102-111.

[125] 郑惠生. 关于"学生课余时间最喜欢做什么"的调研[J]. 内蒙古师范大学学报（教育科学版）,2008(04):25-33.

[126] 张晓静. 义务教育阶段学生学习压力情况分析[D]. 大连：东北财经大学,2010.

[127] 万作芳,朱宁洁. 小学生周末时间安排比例失调与调适：基于北京市小学生周末时间分配状况的调研[J]. 中国教育学刊,2016(06):58-63.

[128] 萧黎. 南京市1144名中小学生课后作息时间调查[J]. 中国学校卫生,2003(24):288-289.

[129] 周金燕. 流动儿童和城市本地儿童放学后时间分配的比较研究：来自北京市四所小学的调查证据[J]. 教育科学研究,2016(05):40-46.

[130] 鄢超云. 学习品质：美国儿童入学准备的一个新领域[J]. 学前教育研究,2009(4):11-14.

[131] 班华. 心育论[M]. 合肥：安徽教育出版社,1994:152.

[132] 彭贤智. 对学习品质的结构与培养策略的研究[J]. 唐山师范学院学报,2004,26(1):75-79.

[133] 郑秉洳. 论学习教育[M]. 天津：天津社会科学出版社,1996:99.

[134] 葛明贵,杨永平. 小学生学习品质训练的实验研究[J]. 安徽师范大学学报（人文社会科学版）,1997,25(3):98-102.

[135] 冯忠良,武新春,姚梅林,等.教育心理学[M].北京:人民教育出版社,2012:226.

[136] UGUROGLU M E，WALBERG H J. Motivation and achievement：A quantitative synthesis[J]. American Educational Research Journal，1979，16(4):375-389.

[137] 陈琦,刘儒德.当代教育心理学[M].北京:北京师范大学出版社,2011.

[138] 姜琨,张继东,张维东.基于学习动机与学业成绩关系的青少年学业生涯教育研究[J].教学与管理,2013(9):72-74.

[139] 张宏如,沈烈敏.学习动机、元认知对学业成就的影响[J].心理科学,2005,28(1):114-116.

[140] 霍金芝,邹艳,蔡琰,封卫娟.学习动机研究Ⅱ:动机和智力对学习成绩影响的分析[J].中国学校卫生,1998,19(3):181-182.

[141] 谷生华,辛涛,李荟.初中生学习归因、学习策略与学习成绩关系的研究[J].心理发展与教育,1998:21-25.

[142] 辛涛,李茵,王雨晴.年级、学业成绩与学习策略关系的研究[J].心理发展与教育,1998(4):41-44.

[143] 刘加霞,辛涛.中学生学习动机、学习策略与学业成绩的关系研究[J].教育理论与实践,2000(9):54-58.

[144] 佐斌,谭亚莉.初中生学业自我效能、学习动机与学业成绩的关系[J].应用心理学,2002,8(4):24-27.

[145] 张文静,辛涛.阅读投入对阅读素养影响的跨文化比较研究[J].心理发展与教育,2012(2):175-183.

[146] 胡定荣,徐昌,李先平,等.影响薄弱校初中生学业成绩的主因素分析[J].教育理论与实践,2010(10):39-41.

[147] 曾细花,王耘.初中生英语学习动机、学习行为和成绩的关系研究[J].教学与管理,2011(7):76-77.

[148] 杨新焕,戴璐.英语学习动机与学习者成绩的相关性研究[J].山西

师大学报(社会科学版),2011(06):158-160.

[149] 李炳煌.农村初中生学习动机、学习态度与学业成绩的相关研究[J].湖南科技大学学报(社会科学版),2012(04):146-149.

[150] 池丽萍,辛自强.大学生学习动机的测量及其与自我效能感的关系[J].心理发展与教育,2006(2):64-70.

[151] RIGNEY J W. Learning srategies:A theoretical perspective[M]. New York:Academic Press,1978:165-205.

[152] DUFFY G G. Fighting off the alligators:What research in real classrooms has to say about reading instruction[J]. Journal of Reading Behavior,1982,14(4):357-373.

[153] KAIL R,BISANZ J. Information processing and cognitive development[J]. Advances in Child Development and Behavior,1982,17(68):45-81.

[154] NISBET,JOHN DONALD,SHUCKSMITH,et al. Learning strategies[M]. New York:Routledge,1988:34.

[155] MAYER R E. Educational psychology:A cognitive approach[M]. Boston:Little Brown,1987.

[156] WONG,PHILIP SIEW KOON. The effects of academic settings on students' metacognition in mathematical problem solving[J]. Asia Pacific Journal of Education,1989,12(2):48-58.

[157] 史耀芳.浅论学习策略[J].心理发展与教育,1991(3):55-58.

[158] 刘电芝.学习策略[J].学科教育,1997(01):34-36.

[159] GRAHAM BUTT,HELEN GUNTER,HYWEL THOMAS. Modernizing schools:people,learning and organisations[M]. New York:Continuum,2007:120-122.

[160] 杨刚玲.浅析探究式教学模式及其案例[J].中小学实验与装备,2007(01):17-18.

[161] 徐学福.探究学习的内涵辨析[J].教育科学,2002,18(3):33-36.

[162] 冯新瑞.研究性学习的适应性分析[J].中国教育学刊,2002(3):

33-36.

[163] WEINSTEIN C E, PALMER D R. Learning and study strategies inventory-High school version[M]. Clearwater FL: H & H Publishing, 1990.

[164] POKAY P, BLUMENFELD P C. Predicting achievement early and late in the semester, the role of motivation and use of learning strategies[J]. Journal of Educational Psychology, 1990, 82(1):41-50.

[165] O'MALLEY J M, CHAMOT A U. Learning strategies in second language acquisition [M]. Cambridge, Eng: Cambridge University Press, 1990:43-47.

[166] 刘志华,郭占基.初中生的学业成就、动机学习策略与学业成绩关系研究[J].心理科学,1993(4):8-14,66.

[167] 王振宏,刘萍.动机因素、学习策略、智力水平对学生学业成就的影响[J].心理学报,2000(1):65-69.

[168] 胡桂英,许百华.初中生学习归因、学习自我效能感、学习策略和学业成就关系的研究[J].心理科学,2002(6):724,757-758.

[169] 李荟,辛涛,谷生华,等.中学生自我效能感、学习策略与学习成绩关系的研究[J].教育研究与实验,1998(4):48-52.

[170] 方义桂.高中生英语学习策略与成绩的相关研究[J].现代教育科学,2010(1):80-82.

[171] 葛明贵,晋玉.中学生英语学习策略水平及其与英语学业成绩的相关研究[J].心理科学,2005(2):451-453.

[172] BIGGS. Learning strategies, student motivation patterns and subjectively perceived success[M]. //KIRBY J R. Cognitive strategies and educational performance. Cambridge, Eng:Cambridge University Press,1994.

[173] 隋洁,朱滢.学习动机和学习策略与知识获得的关系[J].中国心理卫生杂志,2004(05):345-347.

[174] 秦行音.学习策略内隐理论的研究[D].北京:北京师范大学,1995.

[175] 潘颖秋,刘善循,龚志宇.北京地区中学生学习策略水平的调查研究

[J].心理科学,2000(6):694-698.

[176] 练国铮. 试谈学习自信心及其培养[J]. 现代教育科学,2000(2):24-27.

[177] 李艳萍.培养中专生数学学习自信心的探索研究[D].南京:南京师范大学,2004:3-4.

[178] 朱巨荣.中学生学习压力、学习动机、学习自信心与学业成就的关系研究[D].武汉:华中师范大学,2014:12.

[179] 车丽萍,黄希庭.青年大学生自信的理论建构研究[J].心理科学,2006(3):563-569.

[180] 毕重增,黄希庭.青年学生自信问卷的编制[J].心理学报,2009(05):444-453.

[181] REDDY M. Study of self-confidence and achievement motivation in relation to academic achievement[J]. Journal of Psychological Researches,1983(27):87-91.

[182] 姜月,杨丽珠.7～9岁儿童自信心发展特点及其对学业成绩影响的研究[J].中国健康心理学杂志,2011(01):55-56.

[183] 何声清,綦春霞.数学学优生和后进生学习表现及其影响因素的差异研究:基于我国6个地区的大规模测试[J].教育科学研究,2018(03):54-60.

[184] 胡鸿雁,段红萍,蒋果君. 自信心与英语学习成绩的相关性[J].衡阳师范学院学报,2002(04):119-120.

[185] DUCKWORTH, ANGELA, PETERSON L, et al. Grit: Perseverance and passion for long-term goals[J]. Journal of Personality and Social Psychology, 2007(9):1087-1101.

[186] HONORA D. Urban african american adolescents and school identification[J]. Urban Education (Beverly Hills, Calif.), 2003,38(1):58-76.

[187] VOELKL K E. Identification with school[J]. American Journal of Education,1997,105(3):294-318.

[188] FINN J D. Withdrawing from school[J]. Review of Educational

Research，1989,59(2):117-142.

[189] VOELKL K E. Measuring students' identification with school[J]. Educational and Psychological Measurement，1996,56(5):760-770.

[190] VOELKL K E. School identification[M]. //CHRISTENSON S, RESCHLY A, WYLIE C. Handbook of research on student engagement. Boston:Springer ，MA. ，2012:193-218.

[191] LIZZIO A，DEMPSTER N，NEUMANN R. Pathways to formal and informal student leadership：the influence of peer and teacher-student relationships and level of school identification on students' motivations[J]. International Journal of Leadership in Education，2011,14(1):85-102.

[192] 丁甜.大学生学校认同前因及结果的实证研究[D].湘潭:湘潭大学,2009.

[193] 杜好强. 大学生学校归属感及其影响因素研究[D]. 重庆:西南大学, 2010.

[194] GOODENOW C. The psychological sense of school membership among adolescents：Scale development and educational correlates[J]. Psychology in the Schools，1993，30(1):79-90.

[195] OSTERMAN K F. Students' need for belonging in the school community[J]. Review of Educational Research，2000,70(3):323-367.

[196] 陈权,陆蓉.大学生的学校组织认同感及其对学习的影响研究[J]. 河北师范大学学报(教育科学版),2013(09):84-89.

[197] REYNOLDS K J, LEE E, TURNER I, et al. How does school climate impact academic achievement? An examination of social identity processes [J]. School Psychology International，2017,38(1):78-97.

[198] 毛晋平,倪鑫庭,孙姣.学校认同与青少年领导力的关系:自尊的中介作用及其性别差异[J].中国临床心理学杂志,2021,29(02):263-266.

[199] BIZUMIC B，REYNOLDS K，TURNER J，et al. The role of the group in individual functioning：School identification and the psychological

well-being of staff and students[J]. Applied Psychology，2009，58（1）：171-192.

［200］CUNNINGHAM N J. Level of bonding to school and perception of the school environment by bullies，victims，and bully victims[J]. The Journal of Early Adolescence，2007，27(4)：457-478.

［201］FINN K V，FRONE M R. Academic performance and cheating：moderating role of school identification and self-efficacy[J]. Journal of Educational Research，2004，97(3)：115-121.

［202］LIBBEY H P. Measuring student relationships to school：attachment，bonding，connectedness，and engagement［J］. Journal of School Health，2004，74(7)：274-283.

［203］LIZZIO A，DEMPSTER N，NEUMANN R. Pathways to formal and informal student leadership：the influence of peer and teacher-student relationships and level of school identification on students' motivations[J]. International Journal of Leadership in Education，2011，14(1)：85-102.

［204］LEE E，REYNOLDS K，SUBASIC E，et al. Development of a dual school climate and school identification measure-student（SCASIM-St）［J］. Contemporary Educational Psychology，2017，49：91-106.

［205］MAXWELL S，REYNOLDS K，LEE E，et al. The impact of school climate and school identification on academic achievement：Multilevel modeling with student and teacher data［J］. Frontier Psychology，2017，8：2069.

［206］董晓丽. 探究家庭结构调整背景下的幼儿品德养成策略[D]. 上海：复旦大学，2012.

［207］BECKER G S，LEWIS H G. On the interaction between the quantity and quality of children［J］. Journal of Political Economy，1973（2）：279-288.

［208］龚继红，钟涨宝. 农村家庭子女数量对家庭教育投资行为影响的实

证研究：基于湖北省随州市农村家庭的调查[J]. 经济师，2006(8)：222-223.

[209] BECKER G S. Altruism in the family and selfishness in the market place[J]. Economics，1981，48(189)：1-15.

[210] DOWNEY D B. When bigger is not better：Family size，parental resources，and children's educational performance[J]. American Sociological Review，1995，60(5)：746-761.

[211] 张月云，谢宇. 低生育率背景下儿童的兄弟姐妹数、教育资源获得与学业成绩[J]. 人口研究，2015(4)：19-34.

[212] 郑磊，侯玉娜，刘叶. 家庭规模与儿童教育发展的关系研究[J]. 教育研究，2014(4)：59-69.

[213] 陶东杰. 同胞数量与青少年认知能力：资源稀释还是生育选择？[J]. 教育与经济，2019(03)：29-39.

[214] CHEVALIER A，MARIE O. Economic uncertainty，parental selection，and children's educational outcomes[J]. Journal of Political Economy，2017，125(2)：393-430.

[215] 郝玉章，风笑天. 亲子关系对独生子女成长的影响[J]. 华中科技大学学报(人文社会科学版)，2002(06)：109-112.

[216] 刘斌，邵月芬，杜屏. 同胞数量对小学生亲子关系的影响[J]. 教育科学研究，2018(11)：68-75.

[217] 范存仁，万传文，林国彬，等. 西安市小学生中独生与非独生子女个性品质的比较研究[J]. 心理科学，1994，17(02)：70-74.

[218] 何蔚. 高中生独生与非独生子女人格特质的比较研究[J]. 心理发展与教育，1997(1)：21-25.

[219] 王金云. 我国特殊结构家庭子女问题研究综述[J]. 河南师范大学学报(哲学社会科学版)，2009，36(01)：252-255.

[220] AMATO P R. The consequences of divorce for adults and children[J]. Journal of Marriage and Family，2000，62(4)：1269-1287.

[221] JEYNES W. Divorce，family structure，and the academic success of

children[M]. New York:Routledge，2012:109-150.

[222] POWELL M A，PARCEL T L. Parental work，family size and so-cial capital effects on early adolescent educational outcomes：The United States and Great Britain compared[J]. Research in Sociology of Work，1999（7）：1-30.

[223] RIALA K，ISOHANNI I，JOKELAINEN J，et al. The relation-ship between childhood family background and educational performance，with special reference to single-parent families：a longitudinal study[J]. Social Psy-chology of Education，2003，6（4）：349-365.

[224] MARKS G N. Family size，family type and student achievement：Cross-national differences and the role of socioeconomic and school factors[J]. Journal of Comparative Family Studies，2006，37（1）：1-24.

[225] 刘媛,姜潮,林媛,等. 单亲家庭子女心理健康的研究现状[J]. 辽宁师范大学学报(社会科学版),2009(03):56-59.

[226] 颜农秋. 单亲家庭子女成长环境的辩证分析[J]. 上海教育科研,2004(8):75-76.

[227] 凌辉,黄涛,李光程,等.离异型单亲家庭儿童自立行为的现状与特点研究[J].中国临床心理学杂志,2019(05):1045-1048.

[228] 胡咏梅,李佳哲.谁在受欺凌？——中学生校园欺凌影响因素研究[J].首都师范大学学报(社会科学版),2018(06):171-185.

[229] 孙立萍. 当前我国离婚式单亲家庭与其子女社会化[D]. 吉林:吉林大学,2005.

[230] HACKMAN D A，FARAH M J，MEANEY M J. Socioeconomic status and the brain：mechanistic insights from human and animal research[J]. Nature Reviews Neuroscience，2010，11（9）:651-659.

[231] 郑洁. 家庭社会经济地位与大学生就业:一个社会资本的视角[J]. 北京师范大学学报(社会科学版),2004(3):111-118.

[232] 任春荣. 学生家庭社会经济地位(SES)的测量技术[J]. 教育学报,

2010，06（5）：77-82.

[233] MEROLA S S. The problem of measuring ses on educational assessments[J]. Online Submission，2005(8)：18.

[234] HANUSHEK E. The economics of schooling：Production and efficiency in public school[J]. Journal of Economic Literature，1986，24（3）：1141-1177.

[235] VIGNOLES A，LEVA I R，WALKER J T，et al. The relationship between resource allocation and pupil attainment：A review[C]. // CEE Discussion Papers，Centre for the Economics of Education，LSE，2000.

[236] DEWEY J，HUSTED T A，KENNY L W. The ineffectiveness of school inputs：A product of misspecification？[J]. Economics of Education Review，2000，19(1)：27-45.

[237] WOESSMANN. Educational production in east asia：The impact of family background and schooling policies on student performance[J]. German Economic Review（Oxford），2005，6(3)：331-353.

[238] 胡宏伟,童玉林,杨帆,等. 母亲受教育水平与农民工子女学业成绩：基于农民工家庭的实证调查[J]. 江西农业大学学报（社会科学版），2012（03）：54-61.

[239] MCEWAN P J. Peer effects on student achievement：Evidence from Chile[J]. Economics of Education Review，2003，22(2)：131-141.

[240] NATIONAL CENTER FOR EDUCATION STATISTICS. Students do better when their fathers are involved at school（NCES 98-121）[EB/OL]. （1998-04）[2021-01-01]. https：//nces. ed. gov/pubs98/web/98121. asp.

[241] DAVIS-KEAN P E. The influence of parent education and family income on child achievement：the indirect role of parental expectations and the home environment[J]. Journal of Family Psychology，2005，19(2)：294.

[242] 杨宝琰,万明钢. 父亲受教育程度和经济资本如何影响学业成绩：基

于中介效应和调节效应的分析[J]. 北京大学教育评论,2015(02):127-145,192.

[243] HANUSHEK E A. The trade-off between child quantity and quality[J]. Journal of Political Economy,1992,100(1):84-117.

[244] CARNEIRO P,HECKMAN J J. The evidence on credit constraints in post-secondary schooling[J]. The Economic Journal,2002,112(482):705-734.

[245] LEVY D M,DUNCAN G. Using sibling samples to assess the effect of childhood family income on completed schooling[R]. Northwestern University/University of Chicago Joint Center for Poverty Research,2000.

[246] 宋志一,朱海燕,张锋. 父母亲职业类型对子女心理素质发展影响的测验研究[J]. 学术探索,2002(4):88-90.

[247] 杨春华. 教育期望中的社会阶层差异:父母的社会地位和子女教育期望的关系[J]. 清华大学教育研究,2006(04):71-76,83.

[248] 沈祖超,阎凤桥. 社会分层对于高等教育分层的影响:西安民办高校学生家庭背景的实证分析[J]. 北京大学教育评论,2006(02):72-84,191.

[249] 丹尼尔·U·莱文,瑞依娜·F·莱文. 教育社会学[M]. 郭锋,等,译. 北京:中国人民大学出版社,2010:93.

[250] 钟景迅,黄斌. 学生社会经济地位的概念、测量及其应用研究综述[J]. 全球教育展望,2012(12):31-39.

[251] EPSTEIN J L. School/family/community partnerships[J]. Phi Delta Kappan,1995,76(9):701.

[252] FANTUZZO J,TIGHE E,CHILDS S. Family involvement questionnaire:A multivariate assessment of family participation in early childhood education[J]. Journal of Educational Psychology,2000,92(2):367-376.

[253] GARBACZ S A,SHERIDAN S M. A multidimensional examination of New Zealand family involvement in education[J]. School Psychology International,2011,32(6):600-615.

［254］GROLNICK W，BENJET C，KUROWSKI C，et al. Predictors of parent involvement in children's schooling[J]. Journal of Educational Psychology，1997，89(3)：538-548.

［255］CHRISTENSEN A，HEAVEY C L. Gender and social structure in the demand/withdraw pattern of marital conflict[J]. Journal of Personality and Social Psychology，1990，59(1)：73-81.

［256］吴艺方，韩秀华，韦唯，等.小学生父母教育卷入行为理论模型的建构与验证[J].北京师范大学学报(社会科学版)，2013(01)：61-69.

［257］杨天平.欧洲七国关于家长参与学校教育项目的研究综述[J].内蒙古师范大学学报(教育科学版)，2003，16(3)：8-13.

［258］张旺.经合组织成员国"家长参与教育"概况及启示[J].外国中小学教育，2001(1)：28-31.

［259］PARCEL T L，DUFUR M J. Capital at home and at school：Effects on student achievement[J]. Social Forces，2001，79(3)：881-911.

［260］韩仁生，王晓琳.家长参与与小学生学习自我效能的关系研究[J].心理科学，2009，32(02)：430-432.

［261］WANG M T，SHEIKH-KHALIL S. Does parental involvement matter for student achievement and mental health in high school？[J]. Child Development，2014，85(2)：610-625.

［262］LEIBOWITZ A. Education and home production[J]. The american Economic Review，1974，64(2)：243-250.

［263］LEIBOWITZ A. Parental inputs and children's achievement[J]. The Journal of Human Resources，1977，12(2)：242-251.

［264］DATCHER-LOURY L. Effects of mother's home time on children's schooling[J]. The Review of Economics and Statistics，1988，70(3)：367-373.

［265］CHEN J J L. Grade-level differences：Relations of parental，teacher and peer support to academic engagement and achievement among Hong

Kong students[J]. School Psychology International，2008，29(2)：183-198.

[266] DALUN ZHANG，HSU H，KWOK O，et al. The impact of basic-level parent engagements on student achievement：Patterns associated with race/ethnicity and socioeconomic status (SES)[J]. Journal of Disability Policy Studies，2011，22(1)：28-39.

[267] 王盼，甘怡群，李敏. 高中生电脑游戏成瘾倾向与父母教养方式的关系[J]. 中国临床心理学杂志，2006，14(5)：460-462.

[268] 邓丽芳，徐慊，郑日昌. 大学生气质类型、父母教养方式与孤独感的关系研究[J]. 心理发展与教育，2006，22(3)：53-59.

[269] 蒋奖. 父母教养方式与青少年行为问题关系的研究[J]. 中国健康心理学杂志，2004(01)：72-74.

[270] 吴伟娥，赖文琴，张英. 中学生行为问题与家庭教育相关性分析[J]. 临床心身疾病杂志，2007(04)：350-351.

[271] 陈培娟. 家庭教养方式与学业成就相关研究[D]. 上海：上海师范大学，2012.

[272] BOONK L，GIJSELAERS H，RITZEN H，et al. A review of the relationship between parental involvement indicators and academic achievement [J]. Educational Research Review，2018(24)：10-30.

[273] 李波. 家长参与对子女发展的影响：基于学业成绩和非认知能力的视角[J]. 教育与经济，2018(03)：54-64.

[274] 周文叶. 家长参与：概念框架与测量指标[J]. 外国教育研究，2015 (12)：113-122.

[275] 马天宇. 左手 & 右手：上海市小学家长参与学校教育的现状调查及问题分析[D]. 上海：华东师范大学，2005.

[276] TAM V C，CHAN R M. Parental involvement in primary children's homework in Hong Kong[J]. School Community Journal，2009，19 (2)：81-100.

[277] SPENNER K I，FEATHERMAN D L. Achievement ambitions

[J]. Annual Review of Sociology，1978，4(1)：373-420.

[278] 李媛. 父母教育期望的模式及影响因素文献综述[C]. 全国学前教育学博士生学术论坛. 2010.

[279] 申南乔. 甘肃省农村残疾人社会经济地位对子女教育期望影响的实证研究[D]. 兰州：兰州大学，2009.

[280] SPERA C，WENTZEL K R，MATTO H C. Parental Aspirations for their children's educational attainment：relations to ethnicity，parental education，children's academic performance，and parental perceptions of school climate[J]. Journal of Youth and Adolescence，2009，38(8)：1140-1152.

[281] NATIONAL CENTER FOR EDUCATION STATISTICS. Parent Expectations and Planning for College：Statistical Analysis Report（NCES 2008-079）[EB/OL].（2008-04-22）[2021-01-01]. https：//nces. ed. gov/pubsearch/pubsinfo. asp？ pubid＝2008079.

[282] 刘保中，张月云，李建新. 家庭社会经济地位与青少年教育期望：父母参与的中介作用[J]. 北京大学教育评论，2017,13(3)：158-176.

[283] 梁梦健. 子代教育期望及教育资本代际传递的影响因素分析[J]. 黑龙江教育学院学报，2019，38(8)：64-66.

[284] 梁前德. 湖北城镇居民期望子女受教育程度调查报告[J]. 湖北经济学院学报，2002(1)：8-14.

[285] 刘守义. 河北省尚义县农村家庭教育投资行为研究[D]. 北京：中国农业科学院，2006.

[286] 于凤银，于目新. 论现代家庭教育对个体发展的负功能[J]. 基础教育研究，2013(24)：3-6.

[287] CARR D，SHERIDAN J. Family turning-points and career transitions at midlife [M]. // MARSHALL V，HEINZ W，KRÜGER H，et al. Restructuring work and the life course. Toronto：University of Toronto Press，2001：201.

[288] Ames C. Classrooms：goals，Structures，and Student Motivation[J].

Journal of Educational Psychology,1992,84(2):261-271.

[289] 庞维国,徐晓波,林立甲,等.家庭社会经济地位与中学生学业成绩的关系研究[J].全球教育展望,2013,42(02):12-21.

[290] 方晨晨."望子成龙""望女成凤"有用吗？——基于 CEPS2014 调查数据的经验研究[J].上海教育科研,2018(2):33-37.

[291] JACOB M J. Parental expectations and aspirations for their children's educational attainment：An examination of the college-going mindset among parents[D]. Minnesota：University of Minnesota Twin Cities，2010.

[292] 杨习超,姚远,张顺.家庭社会地位对青少年教育期望影响研究:基于 CEPS 2014 调查数据的实证分析[J].中国青年研究,2016(07):67-73.

[293] HANUSHEK，ERIC A. The economic value of higher teacher quality[J]. Economics of Education Review，2011，30(3):466-479.

[294] COOPER S T, COHN E. Estimation of a frontier production function for the South Carolina educational process[J]. Economics of Education Review，1997，16(3):313-327.

[295] KRUEGER A B. Experimental estimates of education production functions[J]. Quarterly Journal of Economics，1999，114(2):497-532.

[296] RIVKIN S G, HANUSHEK E A. Teachers, schools, and academic achievement[J]. Econometrica，2013，73(2):417-458.

[297] BOONEN T，DAMME J V，ONGHENA P. Teacher effects on student achievement in first grade：which aspects matter most? [J]. School Effectiveness and School Improvement，2014，25(1):126-152.

[298] FANG LAI, ELISABETH SADOULET, ALAIN DE JANVRY. The contributions of school quality and teacher quali? cations to student performance：Evidence from a natural experiment in Beijing middle schools[J]. 2011，46(1):123-153.

[299] 邓业涛.关于小学师资状况与教育质量关系的实证研究[D]. 北京：北京大学,2005.

［300］谢敏，辛涛，李大伟. 教师资格和职业发展因素对学生数学成绩的影响：一个跨文化比较［J］. 心理与行为研究，2008，6(2)：124-129.

［301］薛海平. 西部农村初中教师素质与教育质量关系的实证研究［J］. 教师教育研究，2008，20(4)：55-60.

［302］李赛琦. 新疆维吾尔族初中生学业成绩的影响因素研究［D］. 石河子：石河子大学，2015.

［303］白胜南，韩继伟，李灿辉. 教师变量对学生数学成绩影响的研究［J］. 教师教育研究，2019，31(03)：70-76，85.

［304］陈纯槿，胡咏梅. 西部农村中小学教师质量及其影响因素的实证分析［J］. 教师教育研究，2011(3)：61-65.

［305］DING W，LEHRER S F. Do peers affect student achievement in China's secondary schools？［J］. The Review of Economics and Statistics，2007，89(2)：300-312.

［306］FANG LAI，ELISABETH SADOULET，ALAIN DE JANVRY. The contributions of school quality and teacher qualifications to student performance：Evidence from a natural experiment in Beijing middle schools［J］. Journal of Human Resources，2011，46(1)：123-153.

［307］李琼，倪玉菁. 教师变量对小学生数学学习成绩影响的多水平分析［J］. 教师教育研究，2006，18(3)：74-80.

［308］王骏，彭顺绪，原莹. 重点高中、学校投入与学生学业成绩：基于J市普通高中的一个经验研究［J］. 世界经济文汇，2017(3)：17-45.

［309］胡咏梅，杜育红. 中国西部农村初级中学配置效率评估：基于DEA方法［J］. 教育学报，2009(05)：108-114.

［310］胡咏梅，杜育红. 中国西部农村小学资源配置效率评估［J］. 教育与经济，2008(01)：1-6.

［311］胡咏梅，卢珂. 教育资源投入对学生学业成绩的影响力评价：基于西部地区基础教育发展项目的研究［J］. 教育学报，2010，06(6)：67-76.

［312］李维，许佳宾，丁学森. 义务教育教师工作满意度的实证研究：基于9

省 20 县的调查[J].现代教育管理,2017(01):79-84.

[313] KUNTER M,KLUSMANN U,BAUMERT J, et al. Professional competence of teachers:Effects on instructional quality and student development[J]. Journal of Educational Psychology, 2013, 105(3):805-820.

[314] 张咏梅,郝懿,李美娟.教师因素、学生因素对学生学业成绩影响的实证研究:基于大规模测验数据的多层线性模型分析[J].教师教育研究,2012,24(04):56-62.

[315] 薛海平,王蓉.我国义务教育公平研究:教育生产函数的视角[J].教育与经济,2009(03):1-9.

[316] 薛海平,王蓉.教育生产函数与义务教育公平[J].教育研究,2010(01):9-17.

[317] 薛海平,闵维方.中国西部教育生产函数研究[J].教育与经济,2008(02):18-25.

[318] 薛海平,王蓉.义务教育教师绩效奖金、教师激励与学生成绩[J].教育研究,2016(5):21-33.

[319] CLOTFELTER C T, LADD H F, Vigdor J L. Teacher sorting, teacher shopping, and the assessment of teacher effectiveness[J]. Unpublished manuscript, Duke University, 2003.

[320] HANUSHEK E A, KAIN J F, RIVKIN S G. Teachers, schools, and academic achievement[J]. Econometrica, 2005, 73(2): 458-471.

[321] KRUEGER A B. Experimental estimates of education production functions[J]. Quarterly Journal of Economics, 1999,114(2):497-532.

[322] 曾晓东,鱼霞.教师蓝皮书:中国中小学教师发展报告(2014)[M].北京:社会科学文献出版社,2015.

[323] 张文静,辛涛,康春花.教师变量对小学四年级数学成绩的影响:一个增值性研究[J].教育学报,2010,6(02):69-76.

[324] 李康.教学策略及其类型探析[J].西北师大学报(社会科学版),1994(2):75-78.

[325] 王国英,沃建中.小学语文教师教学策略的结构[J].心理发展与教育,2000(03):59-62.

[326] 和学新.教学策略的概念、结构及其运用[J].教育研究,2000(12):54-58.

[327] SCHROEDER C M, SCOTT T P, TOLSON H, et al. A meta-analysis of national research: Effects of teaching strategies on student achievement in science in the United States[J]. Journal of Research in Science Teaching, 2007, 44(10):1436-1460.

[328] HELLER J, DAEHLER K, WONG N, et al. Differential effects of three professional development models on teacher knowledge and student achievement in elementary science[J]. Journal of Research in Science Teaching, 2012, 49(3):333-362.

[329] BEERENWINKEL A, ARX M V. Constructivism in practice: An exploratory study of teaching patterns and student motivation in physics classrooms in Finland, Germany and Switzerland[J]. Research in Science Education, 2017(47):237-255.

[330] 罗生全.中小学教师有效教学行为调查研究[J].教育研究,2014(4):129-137.

[331] 郑太年,王美,林立甲,等.我国教师的教学方法及其对学生数学成绩和问题解决能力的影响[J].全球教育展望,2013,42(02):34-44,62.

[332] 胡咏梅,唐一鹏.学习策略与教学策略哪个更重要?[J].北京师范大学学报（社会科学版）,2018(3):41-56.

[333] 教育部师范教育司.教师专业化的理论与实践(修订版)[M].北京:人民教育出版社,2006:19.

[334] ORNSTEIN A, LEVINE D. An introduction to the foundations of education[M]. Boston: Houghton Mifflin, 1984:39.

[335] 陈向明,张玉荣.教师专业发展和学习为何要走向"校本"[J].清华大学教育研究,2014,35(1):36-43.

［336］张志越. 教师专业发展与专业素质［M］. 太原：山西科学技术出版社，2002.

［337］KENNEDY M. Form and substance in inservice teacher education ［R］. National Institute for Science Education (NISE) Publications，University of Wisconsin-Madison，1998(13)：22.

［338］WILEY D E，YOON B. Teacher reports on opportunity to learn：analyses of the 1993 California Learning Assessment System (CLAS)［J］. Educational Evaluation and Policy Analysis，1995，17(3)：355-370.

［339］COHEN D K，HILL H C. Instructional policy and classroom performance：The mathematics reform in California［J］. Teachers College Record，2000,102(2)，294-343.

［340］DILDY P. Improving Student achievement by appropriate teacher in-service training：Utilizing Program for Effective Teaching (PET)［J］. Education，1982，103(2)：132-138.

［341］BRESSOUX P. The effects of teachers' training on pupils' achievement：The case of elementary schools in France［J］. School Effectiveness and School Improvement，1995，7(3)：252-279.

［342］ANGRIST J，LAVY V. Does teacher training affect pupil learning? Evidence from matched comparisons in Jerusalem public schools［J］. Journal of Labor Economics，1998，19(2)：343-369.

［343］JACOB B A，LEFGREN L. The impact of teacher training on student achievement：Quasi-experimental evidence from school reform efforts in Chicago［J］. Journal of Human Resources，2004，39(1)：50-79.

［344］HARRIS D N，SASS T R. Teacher training，teacher quality and student achievement［J］. Journal of Public Economics，2011，95 (7-8)：798-812.

［345］BASMA B，SAVAGE R. Teacher professional development and student literacy growth：A systematic review and meta-analysis［J］. Educational Psychology Review，2018(30):457-481.

[346] GOLDHABER D D，BREWER D J，EIDE E R，et al. Testing for Sample section in the Milwaukee school choice experiment[J]. Economics of Education Review，1999，18(2):259-267.

[347] DEE THOMAS S. Teachers，race and student achievement in a randomized experiment[J]. The Review of Economics and Statistics，2004，86(1): 195-210.

[348] RONFELDT M，LOEB S，WYCKOFF J. How teacher turnover harms student achievement[J]. American Educational Research Journal，2003，50(1): 4-36.

[349] 赵健，裴新宁，冯锐，等. 我国教师的专业发展实践及其对学生成绩的影响:基于五城市调研的分析[J]. 全球教育展望，2013，42(2):22-33.

[350] 和学新.班级规模与学校规模对学校教育成效的影响:关于我国中小学布局调整问题的思考[J].教育发展研究,2001(01):18-22.

[351] 陶青.班级规模与生师比的混用、辨析及其政策启示[J].上海教育科研,2008(11):17-20.

[352] ELIZABETH WORD，et al. Project STAR final executive summary report:Kindergarten through third grade (1985-1989)[M]. Tennessee: Tennessee State Department of Education，1990.

[353] FERGUSON R F，LADD H F. How and why money matters:An analysis of Alabama schools[M]. // LADD H F. Holding schools accountable:performance-based reform in education. Washington:Brookings,1996: 265-298.

[354] KRUEGER A，WHITMORE D. The effect of attending a small class in the early grades on college-test taking and middle school test results:Evidence from Project Star[J]. The Economic Journal (London)，2001，111(468): 1-28.

[355] ANGRIST J D，LAVY V. Using Maimonides' rule to estimate the

effect of class size on scholastic achievement[J]. Quarterly Journal of Economics，1999，114(2):533-575.

[356] HANUSHEK E A，KAIN J F，RIVKIN S G. Teachers，schools，and academic achievement[J]. NBER Working Paper，1998，6691.

[357] BLATCHFORD P，GOLDSTEIN H，MARTIN C，et al. A study of class size effects in English school reception year classes[J]. British Educational Research Journal，2002，28(2):169-185.

[358] CHO H，GLEWWE P，WHITLER M. Do reductions in class size raise students' test scores? Evidence from population variation in Minnesota's elementary schools [J]. Economics of Education Review，2012，31(3):77-95.

[359] TOMLINSON T. Do students learn more in smaller classes? [J]. Consumers' Research Magazine，1988，71(9):11-15.

[360] HANUSHEK E A. Some findings from an independent investigation of the Tennessee STAR experiment and from other investigations of class size effects[J]. Educational Evaluation and Policy Analysis，1999，21(2):143-163.

[361] GOLDHABER D D，BREWER D J. Why don't schools and teachers seem to matter? Assessing the impact of unobservables on education production[J]. Journal of Human Resources，1997，32(3):505-523.

[362] 郑琦,杨钋. 班级规模与学生学业成绩:基于 2015 年 PISA 数据的研究[J]. 北京大学教育评论，2018，16(4):105-127.

[363] 柳士彬,胡振京. 论"减负"背景下教师负担的减轻及其素质的提高[J]. 继续教育研究，2002(1): 64-66.

[364] 王毓珣，王颖. 关于中小学教师减负的理性思索[J]. 湖南师范大学教育科学学报，2013，12(4): 56-62.

[365] 奉一红. 中学教师工作量计量初探[J]. 教学与管理，1993(4):19.

[366] "全国中小学教师专业发展状况调查"项目组. 中国中小学教师专业发展状况调查与政策分析报告[J]. 教育研究，2011(3):3-12.

[367] 中央教科所教师发展研究中心.中国中小学教师发展水平不断提升[N].中国教育报,2009-11-30.

[368] 马里斯·特蕾莎·西尼斯卡尔科.世界教师队伍统计概览[M].丰继平,郝丽平,译.上海:华东师范大学出版社,2007.

[369] 郅庭瑾,马云,雷秀峰,等.教师专业心态的当下特征及政策启示:基于上海的调查研究[J].教育研究,2014(2):96-103.

[370] KYRIACOU, CHRIS. Teacher stress:Directions for future Research[J]. Educational review, 2001, 53(1):27-35.

[371] 彭小虎.社会变迁中的小学教师生涯发展[D]. 上海:华东师范大学,2005.

[372] 邵光华.中学教师压力谈[J].江苏教育,2003(17):28-30.

[373] 秦玉友,赵忠平,曾文婧.义务教育教师教学工作时间结构研究:基于全国10省20市(县)的数据[J].教师教育研究,2017,29(4):39-45.

[374] 童星.初中教师工作时间及其影响因素研究:基于中国教育追踪调查(CEPS)数据的分析[J].教师教育研究,2017,29(2):107-112.

[375] 王洁,宁波.国际视域下上海教师工作时间与工作负担:基于TALIS数据的实证研究[J].教师教育研究,2018,30(06):81-88.

[376] 范先佐.税费改革后农村义务教育面临的问题及对策[J].华中师范大学学报(人文社会科学版),2004,43(6):81-86.

[377] 邵光华,顾泠沅.关于我国青年教师压力情况的初步研究[J].教育研究,2002(9):21-25.

[378] 杨翠娥,黄祥祥.民族地区中小学教师职业压力及原因探析[J].湖南师范大学教育科学学报,2008,7(1):111-114.

[379] 李琼,张国礼,周钧.中小学教师的职业压力源研究[J].心理发展与教育,2011,27(1):97-104.

[380] 赵福江,刘京翠.我国中小学班主任工作现状问卷调查与分析[J].教育科学研究,2018,284(11):40-45.

[381] 李静美,邬志辉,王红.新形势下中小学班主任工作状况的调查与

反思[J]. 现代教育管理，2017(11):81-87.

[382] 耿申. 我国中小学班主任工作现状及对策[J]. 教育科学研究，2018，284(11):46-52.

[383] HAKANEN J J, BAKKER A B, SCHAUFELI W B. Burnout and work engagement among teachers[J]. Journal of School Psychology，2006(43):495-513.

[384] 李冰.上海市大、中、小学教师职业倦怠的现状及其影响因素研究[D].上海:上海师范大学，2004.

[385] 蔡永红，朱爱学.中学教师职业倦怠现状及其组织影响因素研究[J].教育研究与实验，2013(6):29-33.

[386] VAN DROOGENBROECK F, SPRUYT B, VANROELEN C. Burnout among senior teachers: Investigating the role of workload and interpersonal relationships at work[J]. Teaching and Teacher Education，2014(43):99-109.

[387] 齐亚静，伍新春，胡博. 教师工作要求的分类:基于对职业倦怠和工作投入的影响研究[J].教育研究，2016(2):119-126.

[388] SKAALVIK E, SKAALVIK S. Does school context matter? Relations with teacher burnout and job satisfaction[J]. Teaching and Teacher Education，2009，25(3):518-524.

[389] 李新翠.中小学教师工作量的超负荷与有效调适[J].中国教育学刊，2016(2):56-60.

[390] 李梅.中小学新教师工作满意度影响因素的实证研究[J].教师教育研究，2013，25(5):17,43-48.

[391] 穆洪华，胡咏梅，刘红云. 中学教师工作满意度及其影响因素研究[J]. 教育学报，2016(2):71-80.

[392] SIEGRIST J. Adverse health effects of high-effort/low-reward conditions[J]. Journal of Occupational Health Psychology，1996，1(1):27-41.

[393] 张河森.城市公办中小学代课教师问题研究:基于武汉市 6 所公办

中小学的调查[J].教育与经济,2014(04):64-69.

[394] 何旭明. 教师教学投入影响学生学习投入的个案研究[J]. 教育学术月刊,2014(7):93-99.

[395] BOYLE G J, BORG M G, FALZON J M, et al. A structural model of the dimensions of teacher stress[J]. British Journal of Educational Psychology, 2011, 65(1):49-67.

[396] 朱从书,申继亮,刘加霞. 中小学教师职业压力源研究[J]. 现代中小学教育,2002(3):50-54.

[397] 石林,程俊玲,邓从真,等. 中小学教师工作压力问卷的编制[J]. 教育理论与实践,2005(20):37-39.

[398] 张建人,阳子光,凌辉. 中小学教师工作压力、工作满意度与职业倦怠的关系[J]. 中国临床心理学杂志,2014(5):920-922.

[399] 韦恩・K・霍伊,塞西尔・G・米斯克尔. 教育管理学:理论・研究・实践[M]. 范国睿,译. 北京:教育科学出版社,2007.

[400] 常丽娟,谢力. 关于教师工作满意度几个问题的认识[J]. 教育探索,2014(09):101-102.

[401] 冯伯麟.教师工作满意及其影响因素的研究[J].教育研究,1996(2):42-49.

[402] BOGLER R. Two profiles of school teachers: A discriminant analysis of job satisfaction[J]. Teaching and Teacher Education,2001,18(6):665-673.

[403] MICHAELOWA, KATHARINA. Teacher job satisfaction, student achievement, and the cost of primary education[C]. Discussion Paper Series 26273, Hamburg Institute of International Economics,2002.

[404] 弗雷德里克・赫茨伯格,伯纳德・莫斯纳,巴巴拉・斯奈德曼.赫茨伯格的双因素理论[M]. 张湛,译. 北京:中国人民大学出版社,2016.

[405] LOKE E A. Motivation through conscious goal setting[J]. Applied and Preventive Psychology, 1996 (5):117-124.

[406] KLASSEN R M，CHIU M M. Effects on teachers' self-efficacy and job satisfaction：Teacher gender，years of experience，and job stress[J]. Journal of Educational Psychology，2010，102(3)：741-756.

[407] 国家教育督导团. 国家教育督导报告 2008(摘要)[EB/OL]. (2008-12-15）[2021-01-01]. http://www. gov. cn/zwgk/2008-12/15/content_1178668. htm.

[408] 陈云英,孙绍邦. 教师工作满意度的测量研究[J]. 心理科学,1994(3):146-149.

[409] GHAVIFEKR S，PILLAI N S. The relationship between school's organizational climate and teacher's job satisfaction：Malaysian experience[J]. Asia Pacific Education Review，2016,17(1)：87-106.

[410] 姜勇,钱琴珍,鄢超云. 教师工作满意度的影响因素结构模型研究[J]. 心理科学,2006(01):162-164.

[411] 耿文侠,石壮. 中学管理气氛对教师工作满意度的影响研究[J]. 教育学术月刊,2010(02):61-63.

[412] 潘孝富,秦启文. 中学组织气氛与教师工作满意度的相关分析[J]. 心理科学,2006(01):185-188.

[413] 贺文洁,李琼,穆洪华. 学校文化氛围对乡村教师工作满意度的影响:教师能动性的中介作用[J]. 教师教育研究,2018(3):39-45,128.

[414] 张忠山,吴志宏. 校长领导行为与教师工作满意度关系研究[J]. 心理科学,2001(01):120-121.

[415] 孙锦明,王健. 中学校长领导行为与教师工作满意度关系研究[J]. 上海教育科研,2008(02):23-24,27.

[416] HACKMAN J RICHARD,OLDHAM,GREG R. The job diagnostic survey：An instrument for the diagnosis of jobs and the evaluation of job redesign projects［EB/OL］. (1974-05)[2021-01-01]. http://www. eric. ed. gov/PDFS/ED099580. pdf.

[417] LESTER E P. Development and factor analysis of the teacher job

satisfaction questionnaire（TJSQ）[J]. Educational and Psychological Meas-urement，1987，47(1)：223-233.

[418] 吴明隆.结构方程模型——AMOS 的操作与应用[M].重庆:重庆大学出版社,2009:40-53,212-260,466-475.

[419] 胡咏梅.中学教师工作满意度及其影响因素的实证研究[J].教育学报,2007(5):46-52.

[420] 洪岑.高校博士学位教师工作满意度量表编制探析[J].扬州大学学报(高教研究版),2010(01):55-58.

[421] 李微光,程素萍.高校教师工作满意度调查问卷的编制与分析[J].中北大学学报(社会科学版),2007(1):87-89,93.

[422] 王彦斌.社会心理测量中降低主观性偏差的方法探索:一项关于组织认同的测量思路与量表设计及其结果[J].社会,2007(6):190.

[423] GEORGE CHENEY. On the various and changing meanings of or-ganizational membership：A field study of organizational identification[J]. Communication Monographs,1983,50(4)：342-362.

[424] 宝贡敏,徐碧祥.组织认同理论研究述评[J].外国经济与管理,2006,28(1)：39-45.

[425] 梁拴荣.教师管理:权力模式向交换模式的转变[J].教学与管理,2014(33)：71-73.

[426] 朱伏平.中国高校教师职业认同与组织认同研究[D].成都:西南财经大学,2012.

[427] 张宁俊,朱伏平,张斌.高校教师职业认同与组织认同关系及影响因素研究[J].教育发展研究,2013(21)：53-59.

[428] 董海樱,方建中.高校教师组织认同探微:基于浙江省高校的实证调查[J].教育发展研究,2012(1)：69-74.

[429] 方建中,金建东.高校教师组织认同探析[J].高教探索,2011(5):133-138.

[430] 李永鑫,李晓玉,张娜,等.组织竞争与教师组织认同的关系机制

[J]. 心理发展与教育,2010,26(1):37-41.

[431] 潘杨. 高校教师职业认同、组织认同与创新行为研究[D]. 成都:西南财经大学,2014.

[432] 姜红,刘斌. 高校教师组织认同的现状及其与工作绩效的关系[J]. 经济与管理研究,2015(12):75-81.

[433] 黎光明,周国华. 一项结构方程模型分析:高校教师组织认同感与组织公民行为的关系[J]. 心理研究,2012,5(5):51-57.

[434] 梁拴荣,胡卫平,贾宏燕,等. 教师组织支持感与组织公民行为的关系:教师组织认同的中介作用[J]. 江西师范大学学报(哲学社会科学版),2014(5):19-125.

[435] 杨东升. 关于小学校长专业化所面临的问题及对策研究[D]. 兰州:西北师范大学,2005.

[436] 王燕春,张咏梅. 北京市义务教育阶段 2008 年学业成绩差异分析研究报告[C]. 北京教育科学研究院 2010 年学术年会. 2010.

[437] 中央教育科学研究所中小学生学业成就调查研究课题组,田慧生. 我国小学六年级学生学业成就调查报告[J]. 教育研究,2011(1):27-38.

[438] 彭虹斌. 校长行为与学生成绩之间的关系研究[J]. 外国中小学教育,2010(3):54-59.

[439] HANUSHEK, ERIC A, et al. Making schools work:improving performance and controlling costs[M]. Washington:Brookings Institution Press,1994.

[440] GUNDLACH E, WOSSMANN L, GMELIN J. The decline of schooling productivity in OECD countries[J]. Economic Journal, 2001, 111(471):135-147.

[441] WOESSMANN L. Educational production in Europe[J]. Economic Policy, 2005,20 (43):445-504.

[442] WEST A, WEST R, PENNELL H, et al. Financing school based education in England:expenditure, poverty and outcomes[J]. Centre for Edu-

cational Research, 1990.

[443] JANE S, LOUPS. Do additional expenditures increase achievement in the high school economics class? [J]. Journal of Economic Education,1990, 21(3):277-286.

[444] WILSON K. Using the PSID to study the effects of school spending [J]. Public Finance Review, 2000,28(5): 428-451.

[445] FIGLIO D N. Did the "tax revolt" reduce school performance? [J]. Journal of Public Economics, 1997,65(3): 245-269.

[446]ANDREW JENKINS, ROSALIND LEVACIC, ANNA VIGNOLES, et al. The effect of school resources on pupil attainment in English secondary schools[J]. Institute of Education and Centre for the Economics of Education, 2005(4):1-38.

[447] CHILDS, SHAKESHAFT. A meta-analysis of research on the relationship between educational expenditures and student achievement [J]. Journal of Education Finance, 1986(12):191-222.

[448] HEDGES L V, LAINE R D, GREENWALD R. Does money matter? A meta-analysis of studies of the effects of differential inputs on student outcomes[J]. Educational Researcher, 1994,23 (4):5-14.

[449] GREENWALD R, HEDGES L V, LAINE R D. The effect of school resources on student achievement[J]. Review of Educational Research, 1996,66(3):361-396.

[450] 蒋鸣和.教育成本分析[M].北京:高等教育出版社,2000.

[451] 薛海平,王蓉.教育生产函数与义务教育公平研究[J].教育研究, 2010(1):9-17.

[452] HANUSHEK E A. The impact of differential expenditures on school performance[J]. Educational Researcher, 1989, 18(4):45-62.

[453] HEILIG J V, WILLIAMS A, JEZ S J. Inputs and student achievement: An analysis of Latina/o-Serving urban elementary schools[J]. Associa-

tion of Mexican American Educators Journal，2010,10(1)：48-58.

[454] 董玲玲. 县域内义务教育师资配置均衡化的对策研究：以内蒙古莫力达瓦旗为个案[D]. 重庆：西南大学，2010.

[455] 刘春峰. 县域义务教育城乡师资均衡发展研究：基于郑州市中原区教师队伍的个案研究[D]. 济南：山东师范大学，2008.

[456] 范先佐，曾新，郭清扬. 义务教育均衡发展与农村中小学教师队伍建设[J]. 教育与经济，2013(06)：36-43.

[457] LADD，HELEN F. The Dallas school accountability and incentive program：An evaluation of its impacts on student outcomes[J]. Economics of Education Review，1999，18(1)：1-16.

[458] DEE T，KEYS B. Does merit pay reward good teachers? Evidence from a randomized experiment[J]. Journal of Policy Analysis and Management，2004，23(3)：471-488.

[459] FIGLIO D N，KENNY L W. Individual teacher incentives and student performance [J]. Journal of Public Economics，2007(91)：901-914.

[460] LAVY V. Performance pay and teachers' effort, productivity, and grading ethics[J]. American Economic Review，2009(99)：1979-2011.

[461] ATKINSON A，U A. Evaluating the impact of performance-related pay for teachers in England[J]. Labour Economics，2009，16(3)：251-261.

[462] WOESSMANN L. Cross-country evidence on teacher performance pay[J]. Economic Policy,2011,26(67)：427-491.

[463] EBERTS R，HOLLENBECK K，STONE J. Teacher performance incentives and student outcomes[J]. Journal of Human Resources，2002,37(4)：913-927.

[464] GLEWWE P，ILIAS N，KREMER M. Teacher incentives[J]. American Economic Journal Applied Economics，2010,2(3)：205-227.

[465] 薛海平，王蓉. 教师绩效奖金对学生成绩影响研究[J]. 中国教育学刊，2013(5)：34-38.

［466］蒲蕊.当代学校自主发展:理论与策略［M］.广州:广东高等教育出版社,2005.

［467］滕大春.美国教育史［M］.北京:人民教育出版社,2001.

［468］陆震.中外学校教育考试制度探析［M］.北京:高等教育出版社,2008.

［469］罗朝猛.政府教育分权与放权:公立中小学校办学自主权落实的必要前提:美、英、日、澳政府教育分权与放权考察［J］.基础教育参考,2009(4):36-41.

［470］葛新斌,胡劲松.政府与学校关系的现状与变革:以珠江三角洲地区公立中小学为例［J］.华南师范大学学报(社会科学版),2001(6):86-92.

［471］张慧英.我国中小学自主办学的权限及存在问题［J］.教学与管理,2009(10):32-34.

［472］黄崴.校本管理:理论、研究、实践［M］.广州:广东高等教育出版社,2007:19.

［473］WÖBMANN L,WEST M. Class-size effects in school systems around the world:Evidence from between-grade variation in TIMSS［J］. European economic review, 2006,50(3):695-736.

［474］OECD. PISA 2009 Results:What makes a school successful? Resources, policies and practices (Volume IV)［R］. Paris: OECD Publishing, 2010.

［475］OECD. PISA 2012 Results:What makes schools successful? Resources, policies and practices (Volume IV)［R］. Paris: OECD Publishing, 2013.

［476］周金燕,邹雪.中美学生教育补习机会的影响因素比较:基于2012年中国上海和美国PISA数据的实证探索［J］.教育与经济,2016(2):46-52.

［477］黄亮,赵德成.校长领导力对学生学业成就的影响:教师教学投入与学校自主权的调节作用［J］.教育科学,2017(3):35-41.

［478］范勇,王寰安.学校自主权与学生学业成就:基于PISA 2015中国四

省市数据的实证研究[J]. 教育与经济,2018(01):57-64.

[479] 余芳. 公立中小学自主权的法理学探析[J]. 教学与管理,2002 (16):41-43.

[480] 顾明远主编. 教育大辞典[M]. 上海:上海教育出版社,1990.

[481] 夏禄祥.论校长课程领导力的提升[D]. 开封:河南大学,2008: 14-16.

[482] 刘永福,李保强.近二十年西方课程领导:理论进展与根本转向[J]. 比较教育研究,2013(8):67-72.

[483] GODDARD Y L, GODDARD R D, TSCHANNEN-MORAN M. A theoretical and empirical investigation of teacher collaboration for school improvement and student achievement in public elementary schools[J]. Teacher College Record, 2007,109(4):877-896.

[484] SHAW J, NEWTON J. Teacher retention and satisfaction with a servant leader as principal[J]. Education (Chula Vista), 2014,135(1): 101-107.

[485] 陈水英. 校长课程领导力与教学有效性的相关性研究[D]. 上海:华东师范大学,2010.

[486] 张平平,胡咏梅. 中小学校长领导力对教师专业合作行为的影响[J]. 湖南师范大学教育科学学报,2018(5):15-24.

[487] 劳凯声. 高等教育法规概论[M]. 北京:北京师范大学出版社, 1999:234-240.

[488] 张民选,黄华.自信·自省·自觉——PISA 2012 数学测试与上海数学教育特点[J].教育研究,2016,37(01):35-46.

[489] 张素芳.从纪录片《我们的孩子足够坚强吗? 中式学校》引发的思考[J].当代电视,2015(12):73-74.

[490] LAU K L, CHAN D. Motivational characteristics of under-achievers in Hong Kong[J]. Educational Psychology, 2001, 21(4):417-430.

[491] VERMUNT J D, VERMETTEN Y J. Patterns in student learn-

ing：Relationships between learning strategies，conceptions of learning，and learning orientations ［J］. Educational Psychology Review，2004，16 (4)：359-384.

［492］OECD. PISA 2009 results：Learning to learn：student engagement，strategies and practices (Volume III) ［R］. Paris：OECD Publishing，2010.

［493］CHIU M M，CHOW B W Y，MCBRIDE-CHANG C. Universals and specifics in learning strategies：Explaining adolescent mathematics，science，and reading achievement across 34 countries[J]. Learning and Individual Differences，2007，17：344-365.

［494］郭翠兰.年级、性别与中学生认知策略相关分析[J].河南教育学院学报(哲学社会科学版)，2008(03)：124-127.

［495］SHULMAN L. Those who understand：Knowledge growth in teaching[J]. Educational researcher，1986，15(2)：4-14.

［496］OECD. New insights from TALIS 2013：Teaching and learning in primary and upper secondary education[R]. Paris：OECD Publishing，2014.

［497］SCHROEDER C M，SCOTT T P，TOLSON H，et al. A meta-analysis of national research：Effects of teaching strategies on student achievement in science in the United States[J]. Journal of Research in Science Teaching，2007，44(10)：1436-1460.

［498］钟志勇，高苏.科学课程教学方法对不同学生学业成绩的影响：基于内蒙古地区 10 所初中学校调查的实证研究[J].宁夏社会科学，2013(05)：154-158.

［499］张林，张向葵.中学生学习策略的结构与使用特点[J].心理科学，2006(01)：98-102.

［500］朱智贤，林崇德. 思维发展心理学[M]. 北京：北京师范大学出版社，1986.

［501］程黎，李浩敬.教师课堂行为感知与家长参与对 10～12 岁低学业成就学生学习策略的影响[J].中国特殊教育，2015(07)：47-52.

[502] 葛祎敏. 英语阅读策略分组教学与学生阅读成绩相关度研究[D]. 苏州:苏州大学,2013.

[503] TOMLINSON C A, BRIGHTON C, HERTBERG H, et al. Differentiating instruction in response to student readiness, interest, and learning profile in academically diverse classrooms: A review of literature[J]. Journal for the Education of the Gifted, 2003, 27(2-3): 119-145.

[504] GODDARD Y, GODDARD R, KIM M. School instructional climate and student achievement: an examination of group norms for differentiated instruction[J]. American Journal of Education, 2015, 122(1): 111-131.

[505] Duffy G. Fighting off the alligators: What research in real classroom has to say about reading instruction[J]. Journal of Reading Behavior, 1982, 14(4):357-373.

[506] MAYER R E. Educational psychology: A cognitive approach[M]. Boston: Little Brown, 1987.

[507] 莫雷. 教育心理学[M]. 北京:教育科学出版社,2007.

[508] 刘电芝,黄希庭.学习策略研究概述[J].教育研究,2002(02):78-82.

[509] IRAN-NEJAD A, MCKEACHIE W J, BERLINER D C. The multisource nature of learning: An introduction[J]. Review of Educational Research, 1990, 60(4): 509-515.

[510] 陈琦,刘儒德. 当代教育心理学:第 2 版[M]. 北京:北京师范大学出版社,2009.

[511] ISRAELI O. A Shapley-based decomposition of the R-square of a linear regression[J]. Journal of Economic Inequality, 2007, 5(2): 199-212.

[512] HUETTNER F, SUNDER M. Axiomatic arguments for decomposing goodness of fit according to Shapley and Owen values[J]. Electronic Journal of Statistics, 2012,6: 1239-1250.

[513] STEVENSON D, BAKER D. Shadow education and allocation in formal schooling: Transition to university in Japan[J]. American Journal of

Sociology，1992，97(6)：1639-1657.

[514] KIM，KYUNG-KEUN. Educational equality[M]// LEE，CHONG JAE，KIM，et al. Sixty years of korean education. Seoul：Seoul National University Press，2010：285-325.

[515] Caritas，Community and Higher Education Service. Private supplementary tutoring of secondary students：investigation report[R]. Hong Kong：Caritas. 2010.

[516] 中国儿童中心. 中国儿童发展报告(2019)——儿童校外生活状况[R/OL]. (2019-08-20)[2021-01-01]. https://www.ccc.org.cn/art/2019/8/20/art_923191.html.

[517] MISCHO C，HAAG L. Expansion and effectiveness of private tutoring[J]. European Journal of Psychology of Education，2002，17(3)：263-273.

[518] JONG-TAE LEE，YANG-BOON KIM，CHO-HEE YOON. The effects of pre-class tutoring on student achievement：Challenges and implications for public education in Korea[J]. Journal of Educational Policy，2004，1(1)：25-42.

[519] SMYTH E. The more the better? Intensity of involvement in private tuition and examination performance [J]. Educational Research and Evaluation，2008，14(5)：465-476.

[520] DANG H A. The determinants and impact of private tutoring classes in Vietnam[J]. Economics of Education Review，2007，26(6)：683-698.

[521] RYU D，KANG C. Do private tutoring expenditures raise academic performance? Evidence from middle school students in South Korea[J]. Asian Economic Journal，2013，27(1)：59-83.

[522] 薛海平,王东,巫锡炜.课外补习对义务教育留守儿童学业成绩的影响研究[J].北京大学教育评论,2014,12(03):50-62,189-190.

[523] 孙伦轩,唐晶晶.课外补习的有效性:基于中国教育追踪调查的估计

[J].北京大学教育评论,2019,17(01):123-141,191.

[524] 吴岩.教育公平视角下初中阶段教育补习现状研究:以广州市为例[J].教育研究,2014,35(08):75-84.

[525] ROSENBAUM P, RUBIN D. The central role of the propensity scores in observational studies for causal effects[J]. Biometrika, 1983, 70(1): 41-55.

[526] 邓翔,朱海华,路征.劳动力流动与工资收入差距:理论和实证分析[J].人口研究,2018,42(04):39-50.

[527] KOENKER R, BASSETT J R G. Regression quantiles[J]. Econometrica, 1978, 46(1): 33-50.

[528] 刘冬冬,姚昊.课外补习对初中学生不同学科成绩的影响研究:基于CEPS(2013—2014)实证分析[J].教育学术月刊,2018(10):57-63.

[529] 方超,黄斌.家庭人力资本投资对儿童学业成绩的影响:基于CEPS追踪数据的多层线性模型分析[J].安徽师范大学学报(人文社会科学版),2018,46(02):116-124.

[530] 李佳丽.参加课外补习对西部农村学生的影响效应研究:基于面板数据的固定效应分析[J].基础教育,2018,15(01):90-98.

[531] National Research Council. Education for life and work: developing transferable knowledge and skills in the 21st century[R]. Washington, DC: The National Academies Press, 2012:5-7.

[532] Office of Educational Technology at U. S. Department of Education. Promoting grit, tenacity, and perseverance: critical factors for success in the 21st century(draft)[R]. Washington, DC: Office of Educational Technology at U. S. Department of Education, 2013:22-25.

[533] XIE Y, SHAUMAN K A. Women in science: Career processes and outcomes[M]. Cambridge, Mass: Harvard University Press, 2003:47-56.

[534] DUCKWORTH A L, QUINN P D. Development and validation of the short grit scale (Grit-S)[J]. Journal of Personality Assessment, 2009, 91

(2):166-174.

[535] PETERSON C, SELIGMAN M E P. Character strengths and virtues: A handbook and classification[M]. New York: American Psychological Association and Oxford University Press, 2004:110-112.

[536] DWECK C, WALTON G M, COHEN G L. Academic tenacity: Mindsets and skills that promote log-term learning[R]. Paper presented at the Gates Foundation, Seattle, WA, 2011:13-15.

[537] FARRINGTON C A, RODERICK M, ALLENSWORTH, et al. Teaching adolescents to become learners: The role of non-cognitive factors in shaping school performance, a critical literature review[R]. Chicago, IL: University of Chicago Consortium on Chicago School Research, 2012:45-47.

[538] 罗伊·鲍迈斯特,约翰·蒂尔尼. 意志力:关于专注、自控与效率的心理学[M]. 丁彤,译. 北京:中信出版社,2012:21-25.

[539] TOUGH P. How children succeed: Grit, curiosity, and the hidden power of character[M]. New York: Houghton Mifflin Harcourt, 2012:56-57.

[540] 张林,张向葵. 中学生学习策略运用、学习效能感、学习坚持性与学业成就关系的研究[J]. 心理科学,2003(4): 603-607.

[541] 魏军,刘儒德. 小学生学习坚持性和学习投入在效能感、内在价值与学业成就关系中的中介作用[J]. 心理与行为研究,2014(3):326-332.

[542] 赵亚男,郑日昌. 中学生意志力问卷的编制[J]. 中国健康心理学杂志,2006(5):531-533.

[543] 何莉,申卫华. 大学生英语学习意志调查问卷的初步编制[J]. 中国健康心理学杂志,2009(6):707-709.

[544] 梁崴,王丹丹. 简式毅力问卷(Grit-S)在青少年运动员群体中的检验[J]. 体育世界(学术版),2014(9):47-48.

[545] 辛涛,姜宇. 教育科学的因果推论:困境与超越[J]. 清华大学教育研究,2013(3):1-6.

[546] 张羽. 教育政策定量评估方法中的因果推断模型以及混合方法的启

参考文献

示[J]. 清华大学教育研究,2013(3):29-40.

[547] 胡安宁. 倾向值匹配与因果推论:方法论述评[J]. 社会学研究, 2012(1):221-242,246.

[548] 温兴祥,杜在超. 匹配法综述:方法与应用[J]. 统计研究,2015(4): 104-112.

[549] HECKMAN J, ICHIMURA H, TODD P E. Matching as an econometric evaluation estimator: Evidence from evaluating a job training programme[J]. The Review of Economic Studies, 1997, 64(4): 605-654.

[550] IMBENS G W, ROBIN D B. Causal inference for statistics, social, and biomedical sciences: An introduction[M]. Cambridge,Eng:Cambridge University Press, 2015: 336.

[551] BRUNELL T L, DINARDO J. A propensity score reweighting approach to estimating the partisan effects of full turnout in American presidential elections[J]. Political Analysis, 2004(12): 28-45.

[552] CERULLI G T. Treatrew: A user-written STATA routine for estimating average treatment effects by reweighting on propensity score[J]. Rapporto Tecnico,2012(7):11-14.

[553] 胡咏梅,范文凤,丁维莉.影子教育是否扩大教育结果的不均等:基于 PISA 2012 上海数据的经验研究[J].北京大学教育评论,2015,13(03):29-46,188.

[554] 颜宁. 女科学家去哪儿了? [EB/OL]. (2015-07-02)[2016-01-12]. http://www. sinano. cas. cn/dj/fwh/201507/t20150702_4383243. html.

[555] BRITNER S L. Motivation in high school science students: A comparison of gender differences in life, physical, and earth science classes[J]. Journal of Research in Science Teaching, 2008, 45(8): 955-970.

[556] BRYAN R, GLYNN S M, KITTLESON J M. Motivation, achievement, and advanced placement intent of high school students learning science[J]. Science Education, 2011, 95(6): 1049-1065.

［557］BLAU P M，DUNCAN O D．The American occupational structure ［M］．NewYork：Basic Books．1967．

［558］SEWELL W，HAUSER R，SPRINGER K，et al．As we age：A review of the Wisconsin longitudinal study，1957-2001［J］．Research in social stratification and mobility，2004，20：3-111．

［559］SEWELL W H，SHAH V P．Social class，parental education and children's educational aspirations［J］．American Journal of Sociology，1968，68（5）：559-572．

［560］SEWELL W H，HAUSER R M．The Wisconsin longitudinal study of social and psychological factors in aspirations and achievements［J］．Research in Sociology of Education and Socialization，1980，1：59-99．

［561］BRAY M．The shadow education system：Private tutoring and its implications for planner（Foundamentals of educational planning：61）［M］．Paris：UNESCO，1999．

［562］TANSEL A，BIRCAN BODUR F．Private supplementary tutoring in Turkey recent evidence on its various aspects（No 0802，ERC Working Papers）［R］．ERC - Economic Research Center，Middle East Technical University，2008．

［563］JELANI J，TAN A K．Determinants of participation and expenditure patterns of private tuition received by primary school students in Penang，Malaysia：An exploratory study［J］．Asia Pacific Journal of Education，2012，32（1）：35-51．

［564］BRAY M，ZHAN S，LYKINS C，et al．Differentiated demand for private supplementary tutoring：Patterns and implications in Hong Kong secondary education［J］．Economics of Education Review，2014，38：24-37．

［565］薛海平，丁小浩.中国城镇学生教育补习研究［J］.教育研究，2009（01）：39-46．

［566］楚红丽.我国中小学生课外补习家庭之背景特征及个人因素［J］.教

育学术月刊,2009(12):22-27.

[567] 薛海平.从学校教育到影子教育:教育竞争与社会再生产[J].北京大学教育评论,2015,13(03):47-69,188-189.

[568] 黄毅志,陈俊玮.学科补习、成绩表现与升学结果:以学测成绩与上公立大学为例[J].教育研究集刊,2008,54(1):117-149.

[569] 胡咏梅,杨素红.学生学业成绩与教育期望关系研究:基于西部五省区农村小学的实证分析[J].天中学刊,2010,25(06):125-129.

[570] SMYTH E. Buying your way into college? Private tuition and the transition to higher education in ireland[J]. Oxford Review of Education, 2009,35(1):1-22.

[571] SEWELL W H, HALLER A O, PORTES A. The educational and early occupational attainment process[J]. American Sociological Review, 1969,34(1):82-92.

[572] SEWELL W H, HALLER A O, OHLENDROF G W. The educational and early occupational status attainment process: Replication and revision[J]. American Sociological Review, 1970, 35(6):1014-1027.

[573] CAMPBELL R T. Status attainment research: End of the beginning or beginning of the end? [J]. Sociology of Education, 1983, 56(1): 47-62.

[574] SUNDERMAN G L. Do supplemental educational services increase opportunities for minority students[J]. Phi Delta Kappan, 2006, 88(2): 117-122.

[575] 江芳盛.国中生课业补习效果之探讨[J].台北市立教育大学学报(教育类),2006,37(1):131-148.

[576] 刘正.补习在台湾的变迁、效能与阶层化[J].教育研究集刊,2006, 52(4):1-33.

[577] 方杰,温忠麟,张敏强,孙配贞.基于结构方程模型的多重中介效应分析[J].心理科学,2014,37(03):735-741.

［578］柳士顺,凌文辁.多重中介模型及其应用［J］.心理科学,2009,32（02）:407,433-435.

［579］张川川,王玥琴.教育减负、家庭教育股入与教育不平等［J］.管理世界,2022（09）:7,83－95.

［580］王甫勤,时怡雯.家庭背景、教育期望与大学教育获得:基于上海市调查数据的实证研究［J］.社会,2014,34（01）:175-195.

［581］ZHAN M. Assets, parental expectations and involvement, and children's educational performance［J］. Children and Youth Services Review, 2006, 28(8): 961-975.

［582］GOODMAN A, GREGG P. Children's educational outcomes: The role of attitudes and behaviours, from early-childhood to late adolescence［R］. Final Report for the Joseph Rowntree Foundation. 2009.

［583］ZHANG Y. The determinants of national college entrance exam performance in china: With an analysis of private tutoring［D］. Columbia: Columbia University, 2011.

［584］JACOB B A, WILDER T. Educational expectations and attainment［M］// GREG J. DUNCAN, RICHARD J. MURNANE. Whither opportunity? Rising inequality and the uncertain life chances of low-income children. New York: Russell Sage Press, 2010.

［585］RAUDENBUSH S, ESCHMANN R. Does schooling increase or reduce social inequality?［J］. Annual Review of Sociology, 2015, 41(1): 443-470.

［586］ALEXANDER K L, D R ENTWISLE, H R OLSEN. Schools, achievement, and inequality: A seasonal perspective［J］. Educational Evaluation and Policy Analysis, 2001, 23(2): 171-191.

［587］DOWNEY D B, P T V HIPPEL, B A BROH. Are schools the great equalizer? Cognitive inequality during the summer months and school year［J］. American Sociological Review, 2004, 69(5): 613-635.

［588］READY D D. Socioeconomic disadvantage, school attendance, and early cognitive development: The differential effects of school exposure［J］. Sociology of Education, 2010, 83(4): 271-286.

［589］DOWNEY D B, D J CONDRON. Fifty years since the Coleman report: Rethinking the relationship between schools and inequality［J］. Sociology of Education, 2016, 89(3): 207-220.

［590］ROSS C E, J MIROWSKY. Sex differences in the effect of education on depression: Resource multiplication or resource substitution? ［J］. Social Science and Medicine, 2006, 63(5): 1400-1413.

［591］BORMAN G D, M DOWLING. Schools and inequality: A multilevel analysis of Coleman's equality of educational opportunity data［J］. Teachers College Record, 2010, 112(5): 1201-1246.

［592］OECD. School factors related to quality and equity: Results from PISA 2000 ［R］. Paris: OECD Publishing, 2005.

［593］杜屏,杨中超.农村小学学校效能及其影响因素研究:学校效能综合模型在我国的运用［J］.教育与经济,2012(02):45-50.

［594］任春荣,辛涛.学校在教育结果公平进程中的作用:基于学校对学生成绩影响的视角［J］.基础教育,2011,8(02):30-35.

［595］谢桂华,张阳阳.点石成金的学校?——对学校"加工能力"的探讨［J］.社会学研究,2018,33(03):141-165,245.

［596］ZIMMER R W, E F TOMA. Peer effects in private and public schools across countries［J］. Journal of Policy Analysis and Management, 2000, 19(1): 75-92.

［597］GUSTAFSSON J E, T NIELSEN, K Y HANSEN. School characteristics moderating the relation between student socio-economic status and mathematics achievement in grade 8: Evidence from 50 countries in TIMSS 2011［J］. Studies in Educational Evaluation, 2016(57): 16-30.

［598］ANJANI K. Conversations in education reform: Socioeconomic integration as a tool for student success[J]. Gettysburg Social Sciences Review，2016，1(1)：46-64.

[599] RUMBERGER R，G PALARDY. Does segregation still matter? The impact of student composition on academic achievement in high school[J]. Teachers College Record，2005，107(9)：1999-2045.

[600] PERRY L B，A MCCONNEY. Does the SES of the school matter? An examination of socioeconomic status and student achievement using PISA 2003[J]. Teachers College Record，2010，112(4)：7-8.

[601] HEYNEMAN S P，W A LOXLEY. The effect of primary school quality on academic achievement across twenty-nine high- and low-income countries[J]. American Journal of Sociology，1983，88(6)：1162-1194.

[602] BAKER D P，B GOESLING，G K LETENDRE. Socioeconomic status，school quality，and national economic development：A cross-national a-nalysis of the "Heyneman-Loxley Effect" on mathematics and science achieve-ment[J]. Comparative Education Review，2002，46(3)：291-312.

[603] NDLOVU N. School resources and student achievement：A study of primary schools in Zimbabwe[J]. Educational Research and Reviews，2018，13(7)：236-248.

[604] AGASISTI T，S LONGOBARDI. Inequality in education：Can I-talian disadvantaged students close the gap? [J]. Journal of Behavioral and Ex-perimental Economics，2014，52(1)：8-20.

[605] AGASISTI T，F AVVISATI，F BORGONOVI，et al. Academic resilience：What schools and countries do to help disadvantaged students suc-ceed in PISA (OECD Education Working Papers，No. 167) [R]. Paris：OECD Publishing，2018.

[606] SOUTHWORTH S. Examining the effects of school composition on North Carolina student achievement over time[J]. Education Policy Analy-sis Archives，2010，18(29)：1-45.

[607] FINN J D, C M ACHILLES. Tennessee's class size study: Findings, implications, misconceptions [J]. Educational Evaluation and Policy Analysis, 1999, 21(2): 97-109.

[608] NYE B, KONSTANTOPOULOS S, HEDGES L V. How large are teacher effects? [J]. Educational Evaluation and Policy Analysis, 2004, 26(3): 237-257.

[609] 侯玉娜,沈爱祥.学校资源对上海基础教育质量与公平的影响:基于国际学生评估项目(PISA 2009)数据的实证研究[J].教育学术月刊,2014(09): 38-45.

[610] KLIEME E, PAULI C, REUSSER K. The pythagoras study: Investigating effects of teaching and learning in swiss and german classrooms [A]. //T JANIK, T SEIDEL. The power of video studies in investigating teaching and learning in the classroom[C]. Münster: Waxmann Verlag, 2009: 137-160.

[611] KONSTANTOPOULOS S, V CHUNG. Teacher effects on minority and disadvantaged students' grade 4 achievement[J]. The Journal of Educational Research, 2011, 104(2): 73-86.

[612] VANLAAR G, KYRIAKIDES L, PANAYIOTOU A, et al. Do the teacher and school factors of the dynamic model affect high- and low-achieving student groups to the same extent? A cross-country study[J]. Research Papers in Education, 2016, 31(2): 183-211.

[613] SOSA T, K GOMEZ. Connecting teacher efficacy beliefs in promoting resilience to support of Latino students[J]. Urban Education, 2012, 47(5): 876-909.

[614] WAXMAN H C, S L HUANG, M C WANG. Investigating the multilevel classroom learning environment of resilient and non-resilient students from inner-city elementary schools[J]. International Journal of Educational Research, 1997, 27(4): 343-353.

［615］DOWNEY J A. Recommendations for fostering educational resilience in the classroom［J］. Preventing School Failure，2008，53(1)：56-64.

［616］WANG M C，G D HAERTL，H J WALBERG. Building educational resilience［J］. Phi Delta Kappa Fastback，1998 (30)：1-64.

［617］BORMAN G D，L T RACHUBA. The characteristics of schools and classrooms attended by successful minority students［C］. The Annual Meeting of the American Educational Research Association. 2000.

［618］CHEEMA J R，A KITSANTAS. Influence of disciplinary classroom climate on high school student self-efficacy and mathematics achievement：A look at gender and racial ethnic differences［J］. International Journal of Science and Mathematics Education，2014，12(5)：1261-1279.

［619］BERKOWITZ R，H GLICKMAN，R BENBENISHTY，et al. Compensating，mediating，and moderating effects of school climate on academic achievement gaps in Israel［J］. Teachers College Record，2015，117(4)：1-34.

［620］BERKOWITZ R，H MOORE，R A ASTOR，et al. A research synthesis of the associations between socioeconomic background，inequality，school climate，and academic achievement［J］. Review of Educational Research，2017，87(2)：425-469.

［621］蒲显伟.定量数据分析效应值：意义、计算与解释［J］.心理学探新，2016，36(01)：64-69.

［622］LEE V E，L F WINFIELD，T C WILSON. Academic behaviors among high-achieving African american students［J］. Education and Urban Society，1991，24(1)：65-86.

［623］OECD. Against the odds：Disadvantaged students who succeed in school［R］. Paris：OECD Publishing，2011.

［624］何孟姐，杨涛，辛涛.心态×资源：影响小学流动和留守儿童学业成就的关键——基于全国8590名四年级小学生的"学业韧性"调研及启示［J］.中

小学管理,2016(11):27-31.

[625] WAXMAN H C, Y N PADRÓN, J Y SHIN, et al. Closing the achievement gap within reading and mathematics classrooms by fostering Hispanic students' educational resilience[J]. International Journal of Social Sciences, 2008, 3(1): 641-651.

[626] VOIGHT A, G AUSTIN, T HANSON. A climate for academic success: How school climate distinguishes schools that are beating the achievement odds[M]. San Francisco, CA: WestEd. 2013.

[627] 连玉君,廖俊平. 如何检验分组回归后的组间系数差异? [J]. 郑州航空工业管理学院学报,2017,35(06):97-109.

[628] PALARDY G J. High school socioeconomic segregation and student attainment[J]. American Educational Research Journal, 2013, 50(4): 714-754.

[629] PERRY L B. What do we know about the causes and effects of school socio-economic composition? A review of the literature[J]. Education and Society, 2012, 30(1): 19-35.

[630] MANSKI C F. Identification of endogenous social effects: The reflection problem[J]. The Review of Economic Studies, 1993, 60(3): 531-542.

[631] 吴愈晓,黄超. 基础教育中的学校阶层分割与学生教育期望[J]. 中国社会科学,2016(04):111-134,207-208.

[632] KAHLENBERG R D. From all walks of life: New hope for school integration[J]. American Educator, 2013, 36(2): 2-14.

[633] 王丹丹,周加仙. 贫困对大脑结构与功能的影响及教育干预策略[J]. 教育生物学杂志,2017,5(01):47-54.

[634] CONWAYTURNER J. Does diversity matter? The impact of school racial composition on the academic achievement of elementary school students in an ethnically diverse low-income sample[D]. Virginia: George Mason University, 2016.

［635］AGASISTI T，S LONGOBARDI. Equality of educational opportunities，schools' characteristics and resilient students：An empirical study of EU-15 countries using OECD-PISA 2009 Data［J］. Social Indicators Research，2017，134(3)：1-37.

［636］何孟姐. 流动和留守抗逆学生的特征及其对学业抗逆结果的预测作用研究［D］. 北京：北京师范大学，2013.

［637］ROORDA D L，H M KOOMEN，J L SPILT，et al. The influence of affective teacher-student relationships on students' school engagement and achievement：A meta-analytic approach［J］. Review of Education Research，2011，81(4)：493-529.

［638］李海垒，张文新. 心理韧性研究综述［J］. 山东师范大学学报（人文社会科学版），2006(03)：149-152.

［639］储朝晖. 校园欺凌的中国问题与求解［J］. 中国教育学刊，2017(12)：42-48.

［640］OLWEUS D. Bullying at school：long-term outcomes for the victims and an effective school-based intervention program［M］// L R HUESMANN. Aggressive behavior：current perspectives. New York：Plenum Press，1994：97-130.

［641］李明，郭瑞迎. 境外校园欺凌研究文献计量及可视化分析［J］. 比较教育研究，2017，39(09)：103-109.

［642］冯帮，李璇. 我国近十年校园欺凌问题研究述评［J］. 上海教育科研，2017(04)：10-15.

［643］黄明涛. 国外校园欺凌立法治理体系：现状、特点与借鉴——基于七个发达国家的比较分析［J］. 宁夏社会科学，2017(06)：55-63.

［644］GAGE N A，PRYKANOWSKI D A，LARSON A. School climate and bullying victimization：A latent class growth model analysis［J］. School Psychology Quarterly，2014 (29)：256-271.

［645］黄亮. 我国 15 岁在校学生遭受校园欺凌的情况及影响因素：基于

PISA 2015 我国四省市数据的分析[J]. 教育科学研究,2017(11):36-42.

[646] 马雷军. 让每个学生都安全:校园欺凌相关问题及对策研究[J]. 中小学管理,2016(08):4-8.

[647] 纪林芹,魏星,陈亮,张文新. 童年晚期同伴关系不利与儿童的攻击行为:自我概念与同伴信念的中介作用[J]. 心理学报,2012,44(11):1479-1489.

[648] FARIS R, FELMLEE D. Casualties of social combat school networks of peer victimization and their consequences[J]. American Sociological Review, 2014, 79(2): 228-257.

[649] FERGUSON K M, XIE B. Adult support and substance use among homeless youths who attend high school[J]. Child and Youth Care Forum, 2012,41(5): 427-445.

[650] 张小华,项宗友. 浙江中学生校园欺凌的实证调查及影响因素分析:以生活方式理论和日常活动理论为视角[J]. 晋阳学刊,2016(05):101-105.

[651] CRAIG W, et al. A cross-national profile of bullying and victimization among adolescents in 40 countries[J]. International Journal of Public Health, 2009, 54(2): 216-224.

[652] ELGAR F J, PICKETT K E, PICKETT W, et al. School bullying, homicide and income inequality: A cross-national pooled time series analysis[J]. International Journal of Public Health, 2013 (58):237-245.

[653] 黄亮,赵德成. 家庭社会经济文化地位与学生遭受校园欺凌关系的实证研究:家长支持和教师支持的中介作用[J]. 教育科学,2018,34(01):7-13.

[654] 滕洪昌,姚建龙. 中小学校园欺凌的影响因素研究:基于对全国 10 万余名中小学生的调查[J]. 教育科学研究,2018(03):5-11+23.

[655] 周逸先. 防治校园欺凌要从家庭教育抓起[N]. 中国教育报. 2017-12-20.

[656] MALECKI C K, DEMARAY M K, COYLE S, et al. Frequency, power differential, and intentionality and the relationship to anxiety, depression and self-esteem for victims of bullying[J]. Child Youth Care Forum, 2015

(44)：115-131.

［657］谷传华,张文新.小学儿童欺负与人格倾向的关系[J].心理学报,2003(01)：101-105.

［658］雷雳,王燕,郭伯良,张雷.班级行为范式对个体行为与受欺负关系影响的多层分析[J].心理学报,2004(05)：563-567.

［659］VEENSTRA R，et al. Bullying and victimization in elementary schools：A comparison of bullies，victims and uninvolved preadolescents[J]. Developmental Psychology，2005，41(4)：672-682.

［660］PEETS K，KIKAS E. Aggressive strategies and victimization during adolescence：Grade and gender differences and cross-informant agreement [J]. Aggressive Behavior，2006，32(1)：68-79.

［661］FU Q，LAND K C，LAMB V L. Bullying victimization，socioeconomic status and behavioral characteristics of 12th graders in the United States，1989 to 2009：Repetitive trends and persistent risk differentials[J]. Child Indicators Research，2013 (6)：1-21.

［662］陈纯槿,郅庭瑾.校园欺凌的影响因素及其长效防治机制构建：基于2015青少年校园欺凌行为测量数据的分析[J].教育发展研究,2017,37(20)：31-41.

［663］邹泓,林崇德.青少年的交往目标与同伴关系的研究[J].心理发展与教育,1999(02)：2-7.

［664］寇彧,付艳,张庆鹏.青少年认同的亲社会行为:一项焦点群体访谈研究[J].社会学研究,2007(03)：154-173,245.

［665］张云.《中国校园欺凌调查报告》发布:语言欺凌是主要形式[EB/OL]. (2017-05-21)[2017-10-12]. http:／/www. chinanews. com/sh/2017/05-21/8229705. shtml.

［666］周金燕,冯思澈.北京市中小学生校园欺凌现象的调查及分析[M]//杨东平,杨旻,黄胜利.中国教育发展报告(2017).北京:社会科学文献出版社,2017:215-229.

［667］刘洪超,孙振.住手！校园欺凌（微调查）［N］.人民日报.2015-5-29.

［668］刘雪可,闫巧.农村中小学校园欺凌现状及规避策略研究［J］.当代教育科学,2017(11):68-72.

［669］FERGUSON K M, XIE B. Adult support and substance use among homeless youths who attend high school［J］. Child and Youth Care Forum, 2012,41(5): 427-445.

［670］BARBOZA G E, SCHIAMBERG L B, OEHMKE J, et al. Individual characteristics and the multiple contexts of adolescent bullying: An ecological perspective［J］. Journal of Youth and Adolescence, 2009, 38(1):101-121.

［671］CHAN H C O, WONG D S W. The overlap between school bullying perpetration and victimization: Assessing the psychological, familial and school factors of chinese adolescents in Hong Kong［J］. Journal of Child and Family Studies, 2015(24): 3224-3234.

［672］王玉香.农村留守青少年校园欺凌问题的质性研究［J］.中国青年研究,2016(12):63-68.

［673］JING WANG, RONALD J IANNOTTI, TONJA R NANSEL, et al. School bullying among adolescents in the United States: Physical, verbal, relational, and cyber［J］. Journal of Adolescent Health, 2009, 45 (4): 368-375.

［674］LAZARUS P J, PFOHL W. Bullying prevention and intervention: Information for educators. ［J］. Communiqué, 2012(4):27-28.

［675］Hanushek E A, Woessmann L. The Knowledge Capital of Nations［M］.银温泉,等,译.北京:中信出版社,2017:43,100,185.

［676］贝磊. 教育全成本核算［M］. 胡文斌,译.北京:北京师范大学出版社, 2000.

［677］OECD. Education at a glance: OECD indicators［R］. Paris: OECD Publishing, 2019.

［678］COLEMAN J S, CAMPBELL E Q, HOBSON C F, et al. Equality

of educational opportunity[R]. Washington，DC：U. S. Dept. of Health，Education，and Welfare Office of Education. 1966.

[679] FERGUSON R F. Paying for public education：New evidence on how and why money matters[J]. Harvard Journal on Legislation，1991，28 (2)：465-499.

[680] MONK D H. Education productivity research：An update and assessment of its role in education finance reform[J]. Educational Evaluation and Policy Analysis，1992,14(4)：307-332.

[681] HANUSHEK E A. Assessing the effects of school resources on student performance：An update [J]. Educational Evaluation and Policy Analysis，1997,19(2)：141-164.

[682] 胡咏梅. 学校资源配置与学生学业成绩关系研究[D].北京:北京师范大学,2007.

[683] 薛海平. 中国西部教育生产函数研究:甘肃农村初中学生成绩影响因素分析[D].北京:北京大学,2007.

[684] 杨文杰,范国睿.教育机会均等研究的问题、因素与方法:《科尔曼报告》以来相关研究的分析[J].教育学报,2019,15(02):115-128.

[685] COLEMAN J S. Families and schools[J]. Educational Researcher，1987，16(6)：32-38.

[686] CALDAS S J，BANKSTON C. Effect of school population socioeconomic status on individual academic achievement[J]. Journal of Educational Research，1997，90(5)：269-277.

[687] SHELDON S B，EPSTEIN J L. Involvement counts：family and community partnerships and mathematics achievement[J]. Journal of Educational Research，2005，98(4)：196-207.

[688] SEWELL W H，SHAH V P. Parents' education and children's educational aspirations and achievements[J]. American Sociological Review，1968，33(2)：191-209.

［689］胡咏梅,杜育红.中国西部农村初级中学教育生产函数的实证研究[J].教育与经济,2008(03):1-7.

［690］VELZ E, SCHIEFELBEIN E, VALENZUELA J. Factors affecting achievement in primary education (HRO Working Paper No. 2.) [R]. Washington, DC: The World Bank, 1993.

［691］ROBINSON V M J, LLOYD C A, ROWE K J. The impact of leadership on student outcomes: An analysis of the differential effects of leadership types[J]. Educational Administration Quarterly, 2008, 44(5): 635-674.

［692］HANUSHEK E A, WOESSMANN L. How much do educational outcomes matter in OECD countries? [J]. Economic Policy, 2011, 26(67): 427-491.

［693］HANUSHEK E A. Economic growth in developing countries: The role of human capital [J]. Economics of Education Review, 2013 (37): 204-212.

［694］胡咏梅,唐一鹏."后4％时代"的教育经费应该投向何处?:基于跨国数据的实证研究[J].北京师范大学学报(社会科学版),2014(05):13-24.

［695］胡咏梅,杜育红.中国西部农村小学教育生产函数的实证研究[J].教育研究,2009,30(07):58-67.

［696］李佳丽,胡咏梅,范文凤.家庭背景、影子教育和学生学业成绩:基于Wisconsin模型的经验研究[J].教育经济评论,2016,1(01):70-89.

［697］郑磊,翁秋怡,龚欣.学前教育与城乡初中学生的认知能力差距:基于CEPS数据的研究[J].社会学研究,2019,34(03):122-145,244.

［698］COLEMAN J S. Social capital in the creation of human capital[J]. American Journal of Sociology, 1988, 94: 95-120.

［699］M.卡诺依.教育经济学国际百科全书:第二版[M].闵维方,等,译.北京:高等教育出版社,2000.

［700］CHIAPPERO-MARTINETTI E, SABADASH A. The capability approach, integrating human capital and human capabilities in understanding the value of education[M]. London: Palgrave Macmillan, 2014: 213-214.

[701] LAMDIN D. Evidence of student attendance as an independent variable in education production functions[J]. Journal of Educational Research, 1996, 89(3): 155-162.

[702] BOWLES S, GINTIS H, OSBORNE M. The determinants of individual earnings: skills, preferences, and schooling[J]. Journal of Economic Literature, 2000, 39: 1137-1176.

[703] MURNANE R J. Priorities for federal education statistics [R]. National Center for Education Statistics (ED), Washington, DC:1985.

[704] KNOEPPEL R, VERSTEGEN D, RINEHART J. What is the relationship between resources and student achievement? A canonical analysis [J]. Journal of Education Finance, 2007, 33(100): 183-202.

[705] HECKMAN J, STIXRUD J, URZUA S. The effects of cognitive and noncognitive abilities on labor market outcomes and social behavior[J]. Journal of Labor Economics, 2006, 24(3): 411-482.

[706] HOLMLUND H, MCNALLY S, VIARENGO M G. Does money matter for schools? [J]. Economics of Education Review, 2010, 29(6): 1154-1164.

[707] NICOLETTI C, RABE B. The effect of school spending on student achievement: addressing biases in value-added models [J]. Journal of the Royal Statistical Society, 2017, 181(2): 487-515.

[708] 李祥云,张建顺.公共教育投入对学校教育结果的影响:基于湖北省70所小学数据的实证研究[J].中南财经政法大学学报,2018(06):81-88,160.

[709] GRUBB W N. Multiple resources, multiple outcomes: Testing the "improved" school finance with NELS88[J]. American educational research journal, 2008, 45(1): 104-144.

[710] WITTE K D, KORTELAINEN M. What explains the performance of students in a heterogeneous environment? Conditional efficiency estimation

with continuous and discrete environmental variables[J]. Applied Economics, 2013,45(16-18): 2401-2412.

[711] LOUNKAEW K. Explaining urban-rural differences in educational achievement in Thailand: Evidence from PISA literacy data[J]. Economics of Education Review, 2013(37): 213-225.

[712] DINCER M A, UYSAL G. The determinants of student achievement in Turkey[J]. International Journal of Educational Development, 2010, 30(6): 592-598.

[713] RIVKIN S G, HANUSHEK E A, KAIN J F. Teachers, schools and academic achievement[J]. Econometrica, 2005, 73(2): 417-458.

[714] CLOTFELTER C T, LADD H F, VIGDOR J L. Teacher credentials and student achievement: Longitudinal analysis with student fixed effects [J]. Economics of Education Review, 2007, 26(6): 673-682.

[715] WOSSMANN L. Schooling resources, educational institutions and student performance: The international evidence[J]. Oxford Bulletin of Economics and Etatistics, 2003, 65(2): 117-170.

[716] SCHROEDER C M, SCOTT T P, TOLSON H, et al. A meta-analysis of national research: Effects of teaching strategies on student achievement in science in the United States[J]. Journal of Research in Science Teaching, 2007, 44(10):1436-1460.

[717] TEACHMAN J D. Family background, educational resources, and educational attainment [J]. American Sociological Review, 1987, 52 (4): 548-557.

[718] 李春玲. 社会政治变迁与教育机会不平等:家庭背景及制度因素对教育获得的影响(1940—2001)[J]. 中国社会科学,2003(03):86-98,207.

[719] 薛海平. 家庭资本与教育获得:基于影子教育中介效应分析[J]. 教育与经济,2018(04):69-78.

[720] SPERA C, WENTZEL K R, MATTO H C. Parental Aspirations

for their children's educational attainment：relations to ethnicity，parental education，children's academic performance，and parental perceptions of school climate[J]. Journal of Youth and Adolescence，2009，38(8)：1140-1152.

[721] TOPOR D R，KEANE S P，SHELTON T L，et al. Parent involvement and student academic performance：A multiple mediational analysis[J]. Journal of Prevention and Intervention in the Community，2010，38(3)：183-197.

[722] 李佳丽,薛海平.父母参与、课外补习和中学生学业成绩[J].教育发展研究,2019,39(02):15-22.

[723] HANGO D. Parental investment in childhood and educational qualifications：Can greater parental involvement mediate the effects of socioeconomic disadvantage? [J]. Social Science Research，2007，36(4)：1371-1390.

[724] 李忠路,邱泽奇.家庭背景如何影响儿童学业成就？——义务教育阶段家庭社会经济地位影响差异分析[J].社会学研究,2016,31(04):121-144,244-245.

[725] 李佳丽,何瑞珠.家庭教育时间投入、经济投入和青少年发展:社会资本、文化资本和影子教育阐释[J].中国青年研究,2019(08):97-105.

[726] MANCEBóN M，CALERO J，CHOI á，et al. The efficiency of public and publicly subsidized high schools in Spain：Evidence from PISA-2006 [J]. Journal of the Operational Research Society，2012，63：1516-1533.

[727] 李斌,张文静,辛涛.学校教育资源对科学素养成绩影响的跨文化比较:以中国香港、日本、芬兰和美国学生 PISA 成绩为例[J].湖南师范大学社会科学学报,2010,39(06):91-96.

[728] 赵必华.影响学生学业成绩的家庭与学校因素分析[J].教育研究,2013,34(03):88-97.

[729] 王红,陈纯槿,杜育红.西部农村小学学校效能及其影响因素研究[J].教育研究,2011,32(01):61-67.

[730] HO S C. Parent involvement：A comparison of different definitions

and explanations [J]. Chinese University Education Journal，1995，23：39-68.

[731] LAU Y. Parental involvement in early childhood education and children's readiness for school：A longitudinal study of Chinese parents in Hong Kong and Shenzhen [D]. Hong Kong：The University of Hong Kong，2011.

[732] SANDERS W L，HORN S P. Research findings from the Tennessee Value-Added Assessment System（TVAAS）Database：Implications for educational evaluation and research[J]. Journal of Personnel Evaluation in Education，1998，12(3)：247-256.

[733] SANDERS W L. Value-added assessment from student achievement data：Opportunities and hurdles create national evaluation institute July 21，2000[J]. Journal of Personnel Evaluation in Education，2000，14(4)：329-339.

[734] 唐一鹏,王闯,胡咏梅.如何提升中小学生的学业成绩？——基于学习策略与教学策略改进的视角[J].华东师范大学学报（教育科学版）,2020,38(03):93-105.

[735] KAPLAN D S，LIU X，KAPLAN H B. Influence of parents' self-feelings and expectations on children's academic performance[J]. Journal of Educational Research，2001，94(6)：360-370.

[736] FAN X. Parental involvement and students' academic achievement：A growth modeling analysis [J]. The Journal of Experiment Education，2001，70(1)：27-61.

[737] 张志勇,贾瑜.自信与反思:从 PISA 2018 看我国基础教育改革走向[J].中国教育学刊,2020(01):1-6.

[738] 国家卫生健康委员会.中国流动人口发展报告 2018[M].北京:中国人口出版社,2018.

[739] 教育部发展规划司. 2014 年教育统计数据[EB/OL].（2015-08-31）[2016-01-01]. http://www. moe. gov. cn/s78/A03/moe_560/jytjsj_2014/.

［740］卢伟．北京市九年一贯制学校办学现状的调查研究［J］．上海教育科研，2014(11)：43-46.

［741］高瑜，杨霖．九年一贯制学校的办学优势、困境与出路［J］．现代教育科学，2013(6)：20-21,36.

［742］尹丽君，陆云泉，王建忠．九年一贯制办学模式创新［M］．北京：中华书局，2016：221-222.

［743］钱林晓．以九年一贯制学校为主体的义务教育体制构建设想：基于效率与公平视角的经济学研究［J］．教育理论与实践，2006，26 (11)：24-28.

［744］孟嘉．关于日本小中一贯制教育实施的研究［D］．大连：辽宁师范大学，2015.

［745］官芹芳．英国迎来一贯制学校"新时代"［J］．上海教育，2014 (15)：36-37.

［746］朱闵．九年一贯制学校与分段式小学和初中学校管理的比较研究［D］．南昌：江西师范大学，2010.

［747］叶庆娜．农村学校布局调整中大规模学校成因的经济学分析：基于规模经济和范围经济的视角［J］．教育与经济，2013 (2)：33-37.

［748］薛海平，胡咏梅．我国义务教育学校范围经济研究［J］．现代教育管理，2013(12)：24-29.

［749］潘国青．九年一贯制办学实践的回顾与思考［J］．上海教育科研，2015 (10)：9-13.